中国社会科学院财经战略研究院报告
National Academy of Economic Strategy Report Series

NAES月度经济分析报告2014
NAES MONTHLY ECONOMIC ANALYSIS REPORT 2014

高培勇 夏杰长 / 主编

社会科学文献出版社
SOCIAL SCIENCES ACADEMIC PRESS (CHINA)

出版前言

中国社会科学院财经战略研究院始终提倡"研以致用",坚持"将思想付诸实践"作为立院的根本。按照"国家级学术型智库"的定位,从党和国家的工作大局出发,致力于全局性、战略性、前瞻性、应急性、综合性和长期性经济问题的研究,提供科学、及时、系统和可持续的研究成果,当为中国社会科学院财经战略研究院科研工作的重中之重。

为了全面展示中国社会科学院财经战略研究院的学术影响力和决策影响力,着力推出经得起实践和历史检验的优秀成果,服务于党和国家的科学决策以及经济社会的发展,我们决定出版"中国社会科学院财经战略研究院报告"。

中国社会科学院财经战略研究院报告,由若干类专题报告组成。拟分别按年度出版发行,形成可持续的系列,力求达到中国财经战略研究的最高水平。

我们和经济学界以及广大的读者朋友一起瞩望着中国经济改革与发展的未来图景!

中国社会科学院财经战略研究院
学术委员会
2013 年 6 月

主编的话

自2011年末中国社会科学院财经战略研究院（NAES）正式组建以来，我们一直在为探索"国家级学术型智库"的运行机制而积极努力。三年的切身实践不断地启示我们，智库是一种提供思想产品的特殊产业，具有不同于一般学术机构的特殊运行规律。这就需要创新科研组织方式，加快学术成果、研究成果向智库成果的转化。实现这个转化，既要搭建必要的平台，也要有恰当的成果形式。

经过学术委员会多次讨论，我们决定，从2014年第一季度起，定期出版"NAES月度经济分析"系列报告。这一套系列报告，覆盖了宏观经济、财税、内贸、进出口、服务业、物价、住房、改革动态八个领域。每个领域的每一份月度报告，都要对上个月（季度）主要经济（行业）运行或改革动态给出清晰概括、客观判断和恰当描述，因而它们实质上是对中国经济的持续性跟踪分析，记录了2014年中国经济的运行实情。

一年来，我们的这套系列报告，由社会科学文献出版社以活页方式按月印制，并通过邮递和电子邮件形式发送给相关部门以及相关部门的领导和专家，以求为党和国家的经济决策提供智力支撑。

为了全面反映中国经济运行的实际轨迹，系统提供我们对于中国经济持续性跟踪分析的成果，我们决定，不仅这项工作要持续进行下去，而且，按年度将这套系列报告结集出版。呈现在读者面前的这本《NAES月度经济分析报告2014》，就是基于如此的考虑而形成的。

我们深知，这项工作看似容易，实则异常艰难。特别是要达到"做好、做精、做深"的境界，更是难上加难。我们只有一个选择，那就是继续努力，履行好"国家级学术型智库"的使命。

期待着广大读者的批评指正。

高培勇　夏杰长

二〇一五年二月二十三日

目 录

系列一 宏观经济月度形势分析 …………………………………………… 001
    二月份宏观经济形势分析 ………………………………………………… 003
    三月份宏观经济形势分析 ………………………………………………… 007
    四月份宏观经济形势分析 ………………………………………………… 010
    五月份宏观经济形势分析 ………………………………………………… 014
    六月份宏观经济形势分析 ………………………………………………… 018
    七月份宏观经济形势分析 ………………………………………………… 022
    八月份宏观经济形势分析 ………………………………………………… 026
    九月份宏观经济形势分析 ………………………………………………… 030
    十月份宏观经济形势分析 ………………………………………………… 034
    十一月份宏观经济形势分析 ……………………………………………… 038
    十二月份宏观经济形势分析 ……………………………………………… 042

系列二 财政税收月度形势分析 …………………………………………… 047
    第一季度财税形势分析 …………………………………………………… 049
    第一季度区域财税形势分析 ……………………………………………… 053
    上半年财税形势分析 ……………………………………………………… 057
    上半年区域财税形势分析 ………………………………………………… 062
    八月份财税形势分析 ……………………………………………………… 066
    第三季度财税形势分析 …………………………………………………… 071

第三季度区域财税形势分析……………………………………………… 076
十一月份财税形势分析…………………………………………………… 080
十一月份区域财税形势分析……………………………………………… 087
第四季度区域财税形势分析……………………………………………… 093

系列三 内贸月度形势分析……………………………………………… 097
第一季度内贸形势分析…………………………………………………… 099
四月份内贸形势分析……………………………………………………… 105
五月份内贸形势分析……………………………………………………… 109
七月份内贸形势分析……………………………………………………… 113
八月份内贸形势分析……………………………………………………… 117
第三季度内贸形势分析…………………………………………………… 122
十月份内贸形势分析……………………………………………………… 127
十一月份内贸形势分析…………………………………………………… 132
十二月份内贸形势分析…………………………………………………… 137

系列四 进出口月度形势分析…………………………………………… 141
二月份进出口形势分析…………………………………………………… 143
第一季度进出口形势分析………………………………………………… 147
七月份进出口形势分析…………………………………………………… 151
八月份进出口形势分析…………………………………………………… 156
九月份进出口形势分析…………………………………………………… 161
第三季度进出口形势分析………………………………………………… 166
十月份进出口形势分析…………………………………………………… 171
十二月份进出口形势分析………………………………………………… 175

系列五 服务业月度形势分析…………………………………………… 179
第一季度服务业形势分析………………………………………………… 181
第一季度服务业（电子商务）形势分析………………………………… 186
五月份服务业形势分析…………………………………………………… 190

七月份服务业形势分析……………………………………………… 195
　　八月份服务业形势分析……………………………………………… 200
　　九月份服务业形势分析……………………………………………… 204
　　十月份服务业形势分析……………………………………………… 209
　　十一月份服务业形势分析…………………………………………… 213
　　十二月份服务业形势分析…………………………………………… 217

系列六　物价月度形势分析……………………………………………… 223
　　三月份物价形势分析………………………………………………… 225
　　四月份物价形势分析………………………………………………… 229
　　六月份物价形势分析………………………………………………… 234
　　七月份物价形势分析………………………………………………… 238
　　八月份物价形势分析………………………………………………… 242
　　九月份物价形势分析………………………………………………… 246
　　十月份物价形势分析………………………………………………… 250
　　十一月份物价形势分析……………………………………………… 254
　　十二月份物价形势分析……………………………………………… 258

系列七　住房月度形势分析……………………………………………… 263
　　第一季度住房形势分析……………………………………………… 265
　　四月份住房形势分析………………………………………………… 270
　　五月份住房形势分析………………………………………………… 275
　　六月住房形势分析…………………………………………………… 281
　　七月份住房形势分析………………………………………………… 286
　　八月份住房形势分析………………………………………………… 291
　　九月份住房形势分析………………………………………………… 296
　　十月份住房形势分析………………………………………………… 301
　　十一月份住房形势分析……………………………………………… 306
　　十二月份住房形势分析……………………………………………… 311

系列八 改革动态 …… 317
 上半年改革动态 …… 319
 七月份改革动态 …… 322
 九月份改革动态 …… 326
 十月份改革动态 …… 331
 十一月份改革动态 …… 336
 十二月份改革动态 …… 341

系列一　宏观经济月度形势分析

二月份宏观经济形势分析

- 1~2月工业增加值增长8.6%，大幅低于市场预期
- 房地产开发投资和政府主导性投资增长乏力驱使投资需求走弱
- 餐饮收入增幅有所提高，商品零售增速趋于放缓
- CPI同比上涨2.0%，通货膨胀压力显著降低
- 偶发性因素引致了出口意外骤跌
- 融资各方对信用风险的规避行为有所增强

1~2月份规模以上工业增加值累计增速为8.6%，而市场一致预期为9.5%，工业增加值大幅低于市场预期。其中，黑色金属冶炼和压延加工业、纺织业、计算机、通信和其他电子设备制造业及电力、热力生产和供应业等工业增加值增速同比回落幅度较大，特别是水泥、钢材和十种有色金属产量增速分别同比回落8.4个、9.3个和7.4个百分点。社会投资萎缩和出口放缓是影响工业增加值增速下滑的主要因素。图1为2012年以来规模以上工业增加值月度同比变化。

1~2月份全国固定资产投资同比名义增长17.9%，其中房地产开发投资为19.3%，分别同比回落3.3个和3.5个百分点（见图2）。三大产业投资增速都有不同程度的下滑，特别是第三产业投资增速同比回落达4.2个百分点。制造业投资增速稳中略有回落，但电力、热力、燃气及水的生产和供应业，水利、环境和公共设施管理业的投资增速下滑幅度都很大。房地产开发投资和政府主导性投资增长乏力驱使投资需求走弱。

餐饮收入增幅有所提高，商品零售增速趋于放缓（见图3）。1~2月份社会消费品零售总额同比名义增长11.8%，同比回落0.5个百分点，其中餐饮收入增速提高1.2个百分点，但商品零售额回落幅度较大。

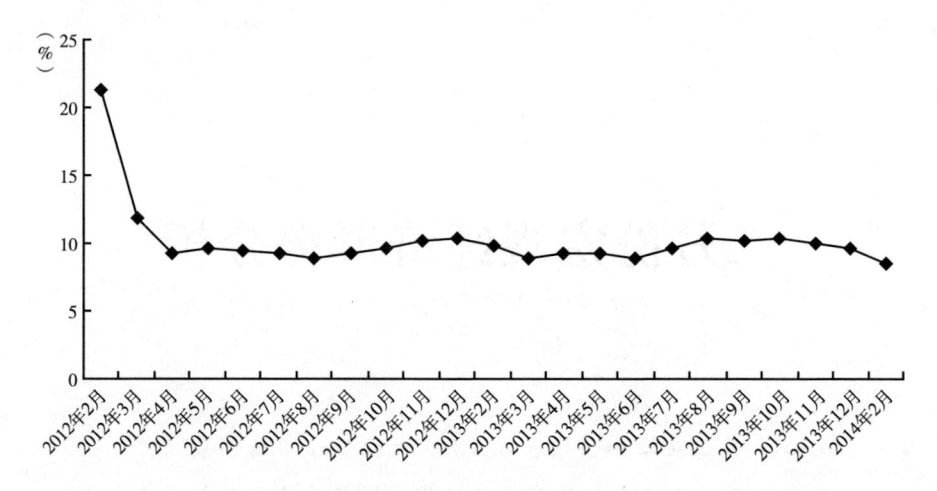

图 1 2012 年以来规模以上工业增加值月度同比变化

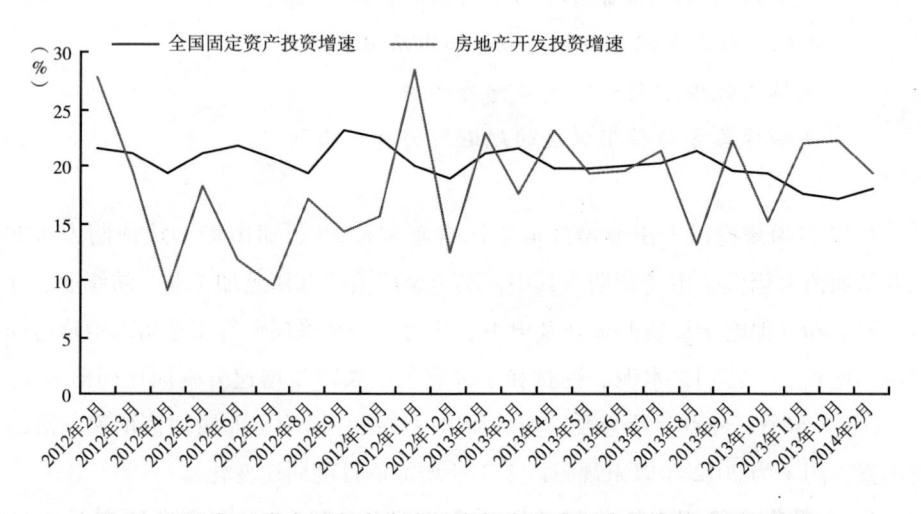

图 2 2012 年以来全国固定资产投资与房地产开发投资月度同比变化

2月份全国居民消费价格（CPI）同比涨幅为2.0%，较1月份回落0.5个百分点，全国工业生产者出厂价格（PPI）同比降幅为2.0%，较1月份扩大0.4个百分点（见图4）。春节过后消费需求减少、生猪价格周期下降和改革对奢侈消费的抑制效应是CPI涨幅回落的根本原因。PPI下降主要是由春节前后开工不足及投资需求放缓所致。数据表明，全年通货膨胀压力大为降低，生产领域通货紧缩的风险在增大。

2月份，我国进出口总值同比下降4.8%，按美元计算，出口下降

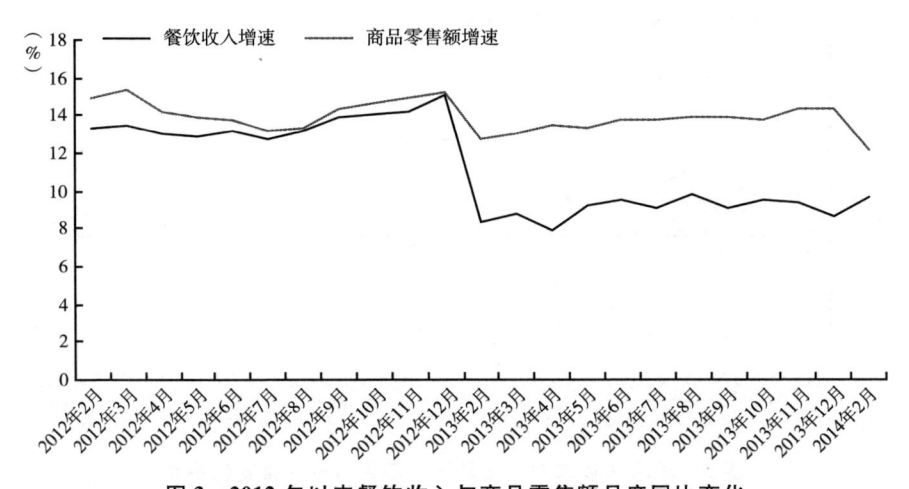

图3 2012年以来餐饮收入与商品零售额月度同比变化

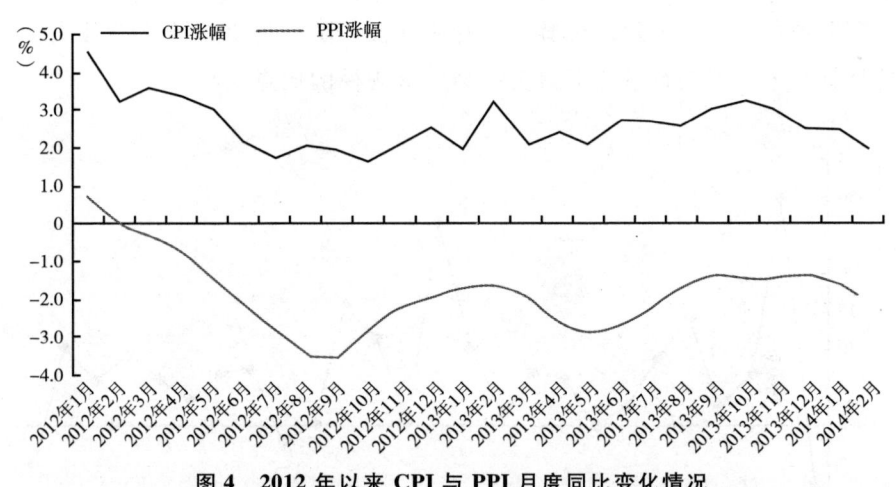

图4 2012年以来CPI与PPI月度同比变化情况

18.1%，进口增长10.1%，贸易逆差达229.8亿美元（见图5）。春节前企业突击出口、上年同期出口基数较高等偶发性因素引致了出口意外骤跌。但美国等发达经济体经济复苏对我国出口的带动能力是否趋弱也有待观察。

2月末，广义货币（M2）余额同比增长13.3%，狭义货币（M1）余额同比增长6.9%，货币供应量增速较为平稳。2月份社会融资规模为9387亿元，比上年同期减少1318亿元，特别是表外融资增速明显回落。这一定程度上反映了社会融资活动不够活跃，同时金融体系去杠杆化使得表外融资活动出现萎

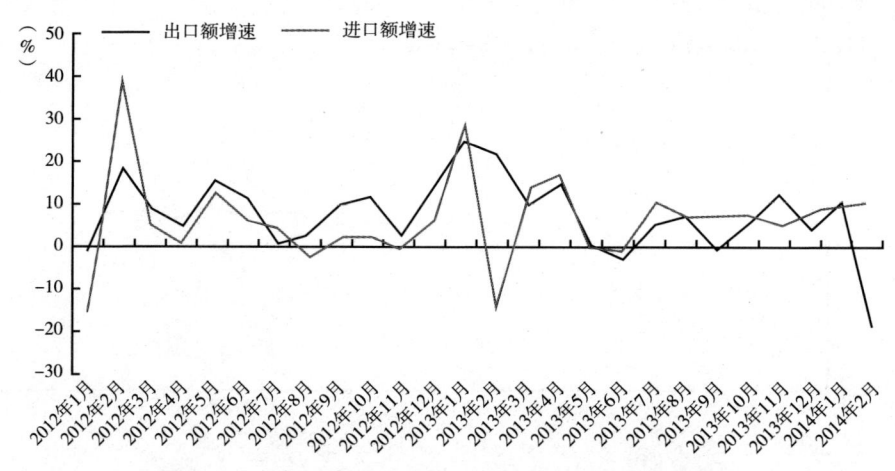

图5　2012年以来对外贸易进出口额月度同比变化情况

缩。这凸显了中央银行治理非标的决心和力度，但也反映了在经济悲观预期下，融资各方对信用风险的规避行为有所增强。图6是2012年以来委托贷款、信托贷款和未贴现银行承兑汇票占社会融资规模的比重。

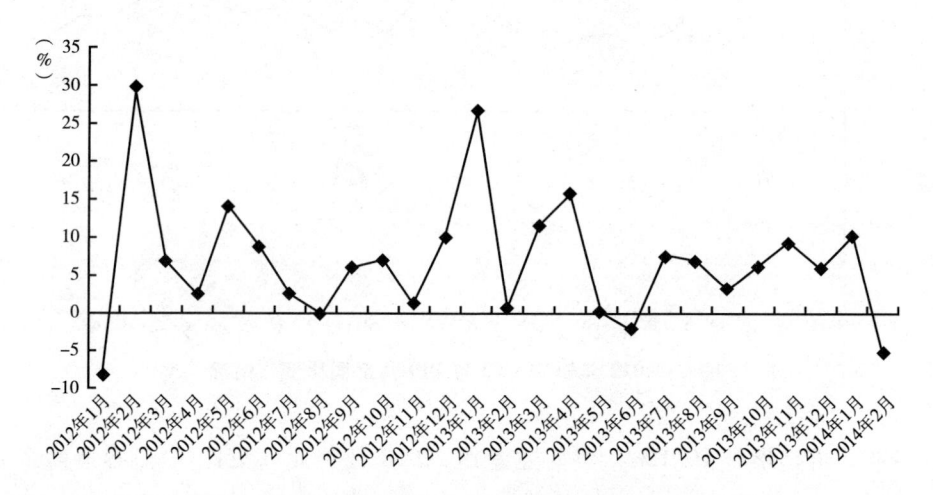

图6　2012年以来委托贷款、信托贷款和未贴现银行承兑汇票占社会融资规模的比重

（执笔人：吕风勇）

三月份宏观经济形势分析

- 经济下行压力进一步加大,目前尚在合理区间
- 工业经济增长缓中趋稳,过剩产能亟待化解
- 投资政策与消费"稳增长"的作用上升
- CPI环比下降和PPI降幅继续扩大,我国经济出现轻微通货紧缩征兆
- 保持宏观政策的基本稳定,推动供给面体制机制改革

第一季度我国国内生产总值同比增长7.4%。虽略高于各大机构之前的预期,但创出20个季度以来的新低。这表明,虽然我国经济增长仍处在7.5%左右的合理区间,但下行压力进一步加大。第三产业增加值占GDP的比重保持稳步提升态势,第一季度已达49%,比第二产业高出4.1个百分点;第三产业增加值同比增速为7.8%,也比第二产业高出0.5个百分点。我国服务业多属劳动密集型产业,第三产业增加值占比的增加使得经济增长对就业的拉动作用更加明显。第一季度城镇新增就业人数超过300万,比上年同期有所增加。值得注意的是,第一季度第三产业增加值比重增速仅为7.8%,同比下降了0.5个百分点。第三产业增加值比重的持续增加,主要由第二产业增长更为乏力造成,这对我国经济的稳定运行和效率提升构成了负向冲击。

在经济下行的压力下,第一季度规模以上工业增加值增速仅为8.7%,延续了"十二五"以来持续下降势头(见图1)。3月份工业增加值同比增速升至8.8%,比1~2月份提升0.2个百分点。其中,制造业增加值增速由1~2月份的9.8%提升到9.9%,初现企稳势头。但总体而言,当前工业经济尚处于不景气区间,工业增长减速趋稳的基本态势已经形成。与此对应,国内部分工业行业的过剩产能仍亟待化解。例如,第一季度黑色金属冶炼和压延加工业

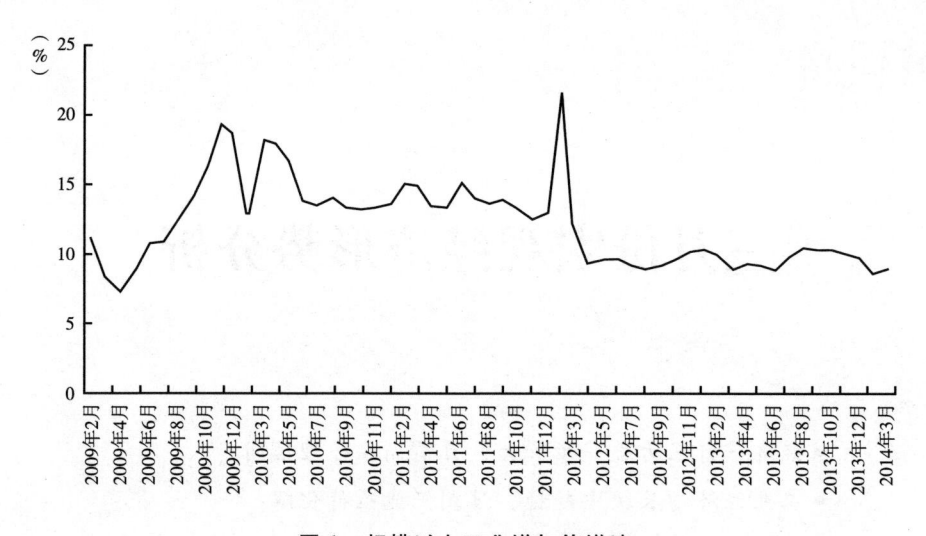

图 1　规模以上工业增加值增速

增加值仅为7.2%，同比降低3.4个百分点，增长仍处于下滑通道上。

第一季度，全国固定资产投资同比名义增长17.6%，比1~2月份回落0.3个百分点，同比回落3.3个百分点（见图2）。其中，部分二线以下城市的房地产市场正从供不应求向供求平衡乃至供大于求的方向转变。受此因素影响，第一季度房地产开发投资名义增速为16.8%，比1~2月份回落2.5个百分点，比上年同期回落3.4个百分点，是导致投资需求回落的主要因素。随着市场环境的变化，预计第二季度房地产投资的增速可能继续回落，需警惕部分城市房地产价格向下波动并引发局部风险。第一季度制造业投资状况总体也不容乐观，15.2%的增速虽比1~2月份加快0.1个百分点，但比上年同期回落3.5个百分点。不过，第一季度交通运输、仓储和邮政业，水利、环境和公共设施管理业以及通用设备制造业投资增速均高于全国固定资产投资平均增速，反映出2013年以来实施的一系列稳增长、扩内需、调结构的宏观政策初见成效。相对于投资增速的较快下滑，消费增速表现得较为平稳。3月份，社会消费品零售总额同比名义增长12.2%，比上年同期只回落0.4个百分点，比1~2月份加快0.4个百分点，对稳定经济起到了一定作用。

3月份，物价总体延续了年初以来的偏弱运行态势，全国居民消费价格（CPI）同比涨幅为2.4%，环比下降0.5%；全国工业生产者出厂价格（PPI）同比降幅为2.3%，环比下降0.3%，我国经济已出现轻微通货紧缩征兆（见

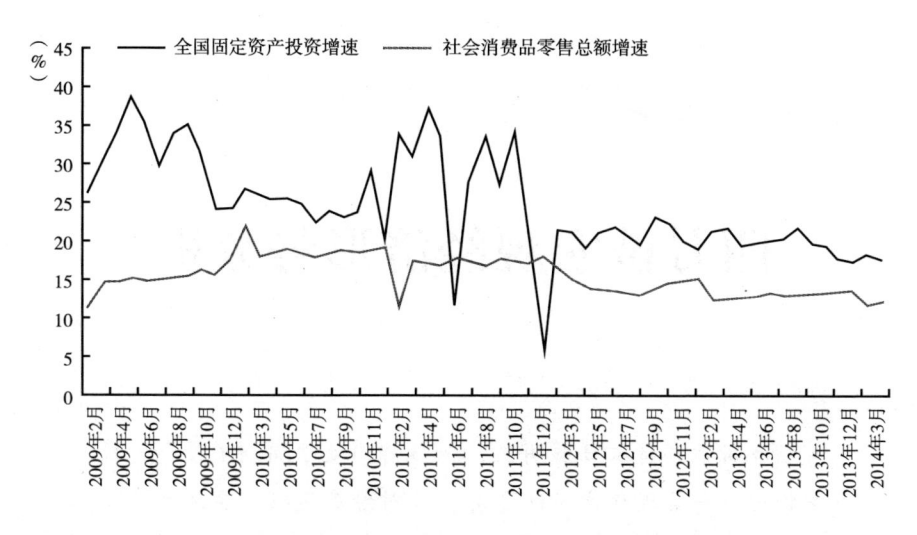

图2 全国固定资产投资和社会消费品零售总额增速

图3）。肉禽等主要食品价格的周期性下行，抑制了CPI同比的走高，并促使其环比下降；产能过剩问题进一步凸显，国内需求相对不足，以及全球制造业的回落，推动PPI降幅连续3个月扩大。由于总供给大于总需求的格局短时难以改变，第二季度中国的CPI与PPI仍将持续走低。

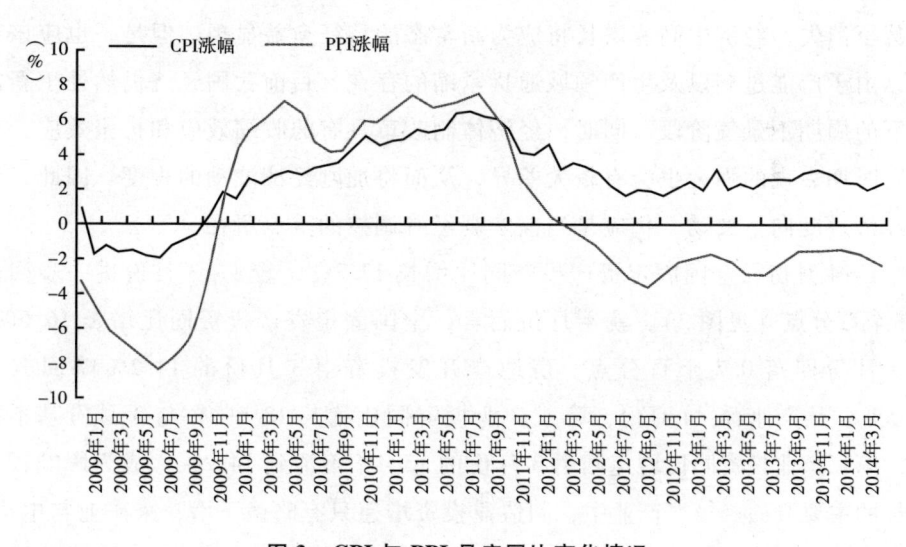

图3 CPI与PPI月度同比变化情况

（执笔人：吕风勇）

四月份宏观经济形势分析

- 经济新常态特征日益明显，但当前仍处于周期不景气阶段
- 物价水平呈现环比下降态势，或对经济运行产生压力
- 制造业投资基本平稳，上游行业和部分基础设施类投资增速回落
- 社会消费品零售总额增速略有下降，但服务类产品消费或将提速

4月份，我国工业增加值同比增长8.7%，较3月份回落0.1个百分点，表现基本平稳，但略低于市场预期（见图1）。进入2014年以来，我国工业增加值连续4个月在8.7%左右的水平波动，表明经济收缩的力度已经在逐渐减小甚至消失，经济中高速增长将成为新常态的特征愈益显现。但是，也应该看到，由于产能过剩以及生产领域通货紧缩的存在，目前我国经济仍然处于新常态下的周期不景气阶段。同时，经济体制改革具有的收缩效应和扩张效应，在不同时期表现的强度也会有较大差异，从而将加剧经济波动的程度。因此，避免经济过度向下波动，仍应是当前宏观经济调控的重点所在。

1~4月份，全国固定资产投资同比增长17.3%，较1~3月份进一步回落0.3个百分点（见图2）。就4月份而言，全国固定资产投资同比增长16.6%，比3月份回落0.7个百分点。房地产开发投资由3月份的14.2%略回升至15.5%。从产业看，4月份，第三产业投资同比增长18.6%，与3月份基本持平；第二产业投资同比增速则由3月份的15.4%下滑到14.2%，成为影响投资增长的主要方面。第二产业中，制造业投资增速只有略微下滑；采矿业与电力、热力、燃气及水的生产和供应业投资增速下滑明显，是影响第二产业投资增速回落的主要因素。总体来看，上游行业受需求疲弱的影响，投资增速趋于放缓；基础设施类投资则主要受政府融资能力的制约，没有出现预期中的明显增长。

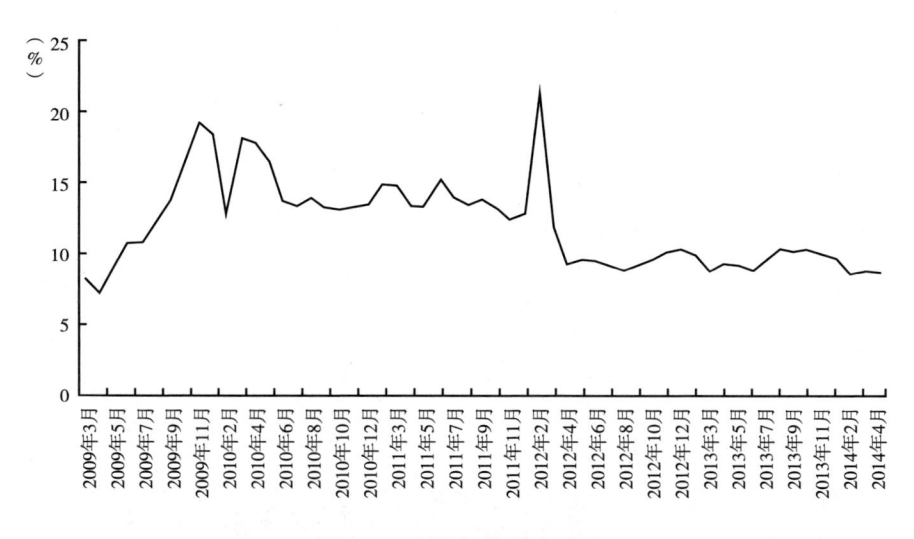

图 1　工业增加值月度增速

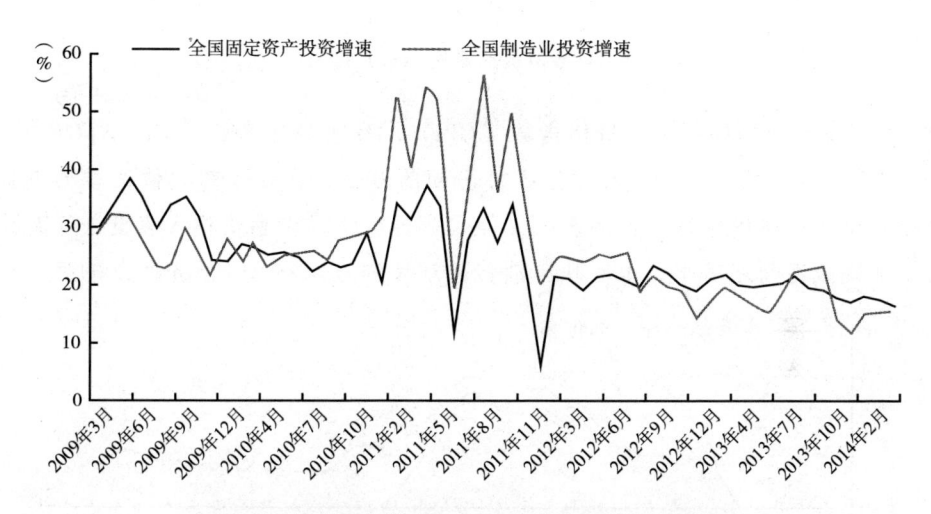

图 2　全国固定资产投资和制造业投资月度增速

4月份,社会消费品零售总额同比增长11.9%,较3月份回落0.3个百分点(见图3)。分项来看,金银珠宝、化妆品、汽车以及家用电器和音像器材、家具等产品,消费增长速度比3月份都有所回落。不过,汽车、家具、建筑及装潢材料、通信器材和中西药品等产品的消费增速明显高于社会消费品零售总额平均增速,表明消费结构升级、新兴科技产品、体制改革和社会人口结构变迁等,成为影响产品消费增长的重要因素。而且,由于消费结构升级与人均可支配收入较快增长，服务消费增长速度或将持续高于产品消费，从而促使消费需求增速呈现稳中趋升态势。

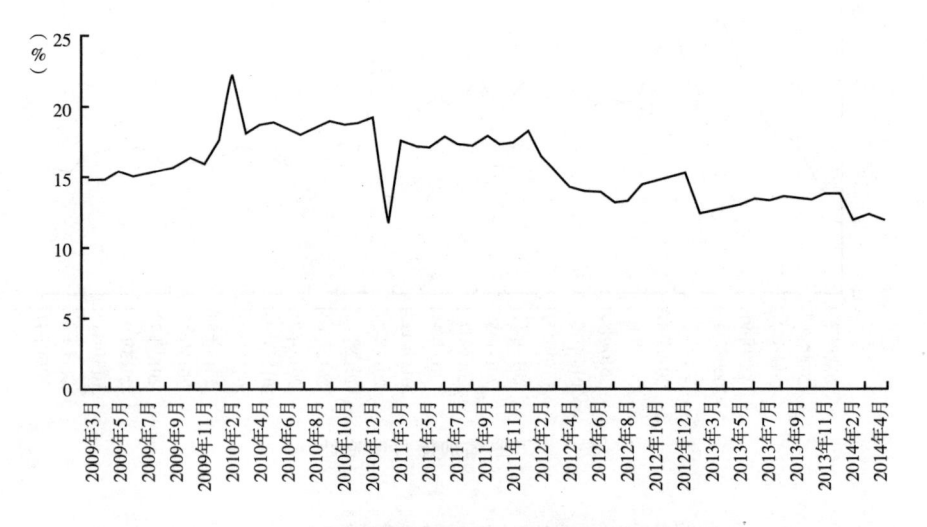

图 3　社会消费品零售总额月度增速

4月份，全国居民消费价格指数（CPI）同比上涨1.8%，环比下降0.3%（见图4）；4月份CPI同比涨幅比3月份回落较多，主要受鲜菜价格季节气候变化和猪肉价格周期性下行的影响，但是其他类产品消费价格大多低于3月份价格涨幅或者与之持平，也反映出消费需求疲弱是影响CPI涨幅回落的另一原

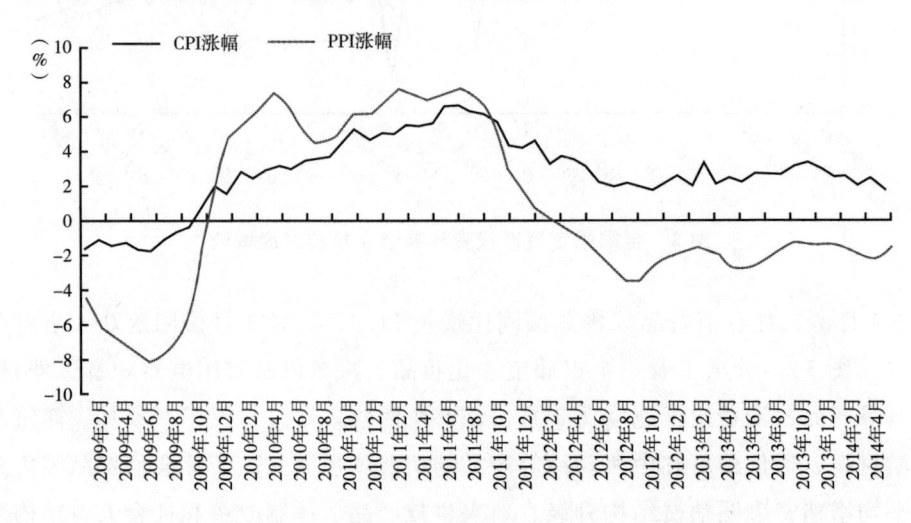

图 4　CPI 与 PPI 月度涨幅

因。4月份，工业生产者出厂价格指数（PPI）同比下降2.0%，环比下降0.2%。PPI连续4个月环比为负，虽然环比幅度略有收窄，但是并不能体现其趋势性变化。物价水平特别是PPI的持续走低是经济需求疲弱导致的结果，但反过来也会对经济产生压力。

（执笔人：吕风勇）

五月份宏观经济形势分析

- 经济显现回稳迹象,但经济运行的内在根基仍然非常不稳定
- 全国固定资产投资结构性波动加剧,市场内生性投资低迷而政府主导性投资趋于扩张
- 社会消费品零售总额增速提高,但是部分源于商品价格的较快上升
- CPI扭转环比负增长态势,但是PPI仍将由于供给结构性过剩而继续承压

5月份,我国工业增加值同比增长8.8%,较4月份提高0.1个百分点,经济稳定性进一步增强(见图1)。特别是消费品类、原材料类和运输设备类工业,或者受益于居民消费回升和政府扩大投资,或者经历过前期的深刻调整,增加值增速都比上月有明显提高。不过,专用设备制造业、电气机械和器材制造业、通信和其他电子设备制造业等出口比重较大的行业,主要受外需回落的影响,增加值增速仍然呈现下滑趋势。尽管5月份工业增加值增速出现了一定程度的提高,经济进一步下滑的势头得到初步扭转,但主要由于政府稳增长、扩内需的政策刺激所致,而且,我国出口特别是加工贸易出口将会长期处于调整萎缩过程中,工业出厂价格环比下跌趋势在短期内也难以得到改变,所以,继续维持当前的微刺激政策,甚至是略微加强微刺激力度,仍然是十分必要的。

1~5月份,全国固定资产投资同比增长17.2%,较1~4月份回落0.1个百分点。就5月份而言,全国固定资产投资同比增长16.9%,比3月份回升0.3个百分点。5月份,房地产开发投资同比增速只有10.5%,比4月份的15.5%下降了5个百分点;全国制造业投资同比增速只有11.9%,比4月份的

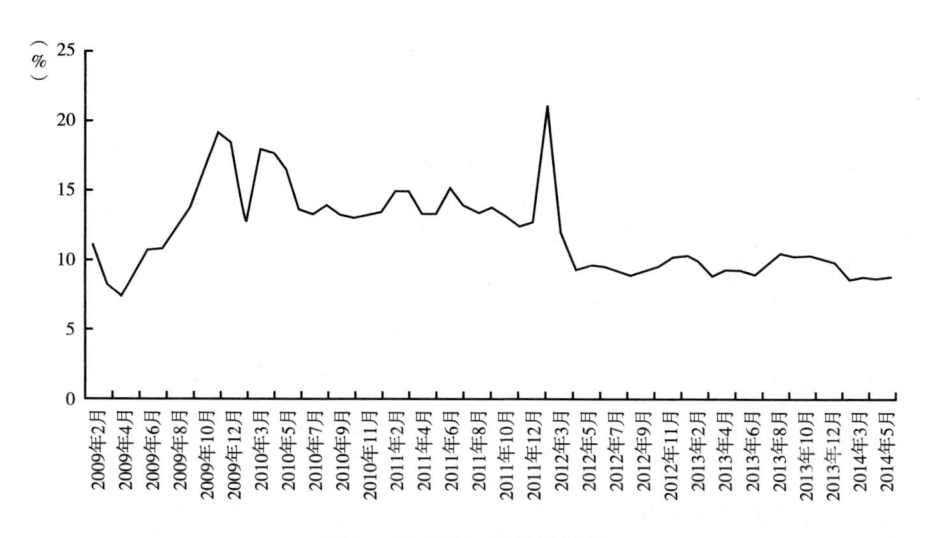

图 1　工业增加值月度增速

15.2%下降了 3.3 个百分点（见图 2）。但是，5 月份，电力、热力、燃气及水生产和供应业，交通运输、仓储和邮政业，水利、环境和公共设施管理业，合计投资完成额同比增速提达到 28.0%，比 4 月份的 20.8%提高了 7.2 个百分点，由于三行业投资完成额占第三产业投资额的比重达到 39.5%，从而成为促使 5 月份第三产业投资乃至全国固定资产投资增速不降反升的主要因素。这进一步表明，5 月份工业生产的回暖，很大程度上是由于政府扩大内需的政策所致，经济运行的内在根基仍然非常不稳定。

5 月份，社会消费品零售总额同比增长 12.5%，较 4 月份提高 0.6 个百分点（见图 3）。5 月份社会消费品零售总额出现超预期增长，主要是由于两个方面的因素。一是部分商品价格特别是食品和服装类商品价格的上涨，推动了社会名义消费品零售总额增速的提高。事实上，5 月份社会消费品零售总额同比实际增速只有 10.7%，甚至低于 4 月份 0.2 个百分点。二是部分前期消费增速下降较快的商品，消费出现了一定程度的回升，如化妆品、金银珠宝、家用电器和音像器材等商品消费。此外，日用品和石油用品消费继续保持了趋势性增长，对稳定社会消费也起到了重要的作用。

5 月份，全国居民消费价格指数（CPI）同比上涨 2.5%，环比上升 0.1%，扭转了连续两月环比下降的趋势（见图 4）。其中，食品特别是鲜果和肉禽及其制品的价格上涨，是促使 5 月份 CPI 同比增速反弹的重要因素。同

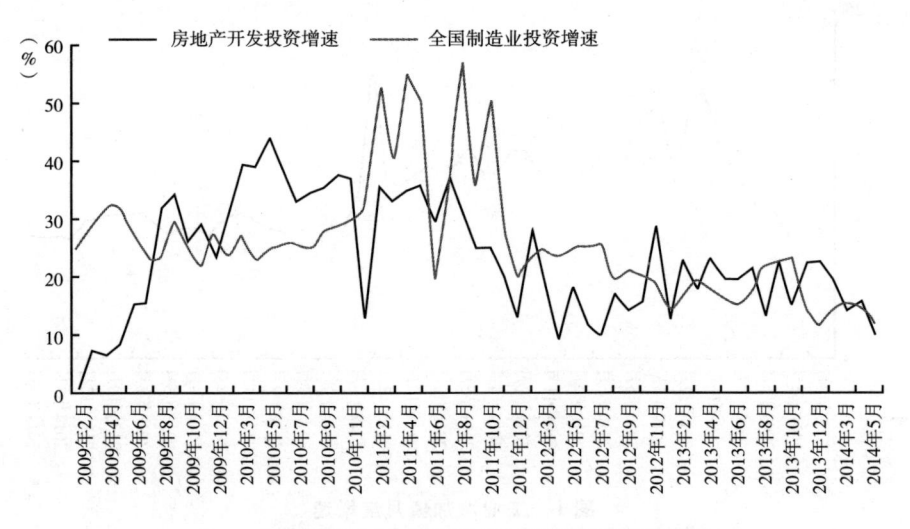

图2　全国房地产开发投资和制造业投资月度增速

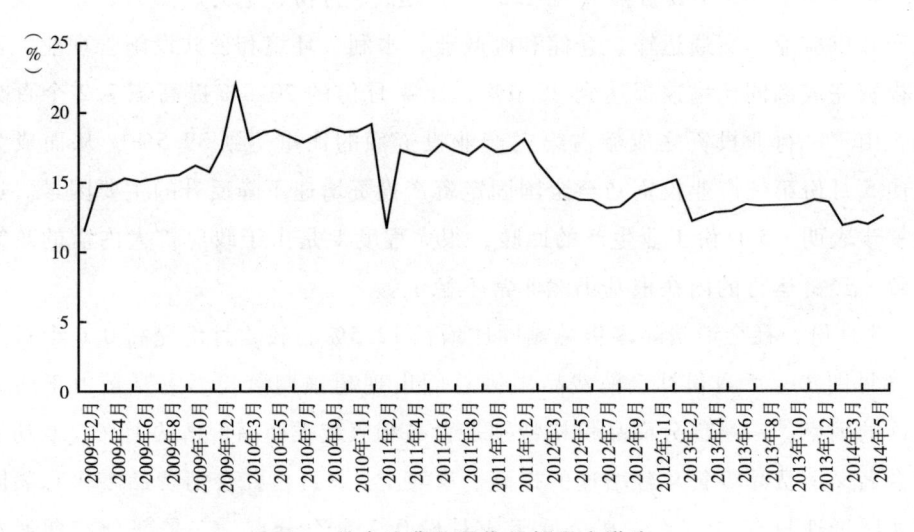

图3　社会消费品零售总额月度增速

时，非食品类商品价格继续保持了平稳增长态势。5月份，全国工业生产者出厂价格和工业生产者购进价格分别同比下降1.4%和1.8%，并且继续维持了环比下降趋势。当前物价运行中存在的主要矛盾仍然是结构性矛盾。伴随着人均可支配收入的快速提高，居民消费特别是服务消费的增长将继续得到有力支撑，CPI长期上涨趋势不会改变。但是，由于产业结构的深刻调整仍将持续相当长一段时间，工业生产还将不得不承受需求不足和供给过剩的压力，PPI 要有效走出负增长区间尚需时日。

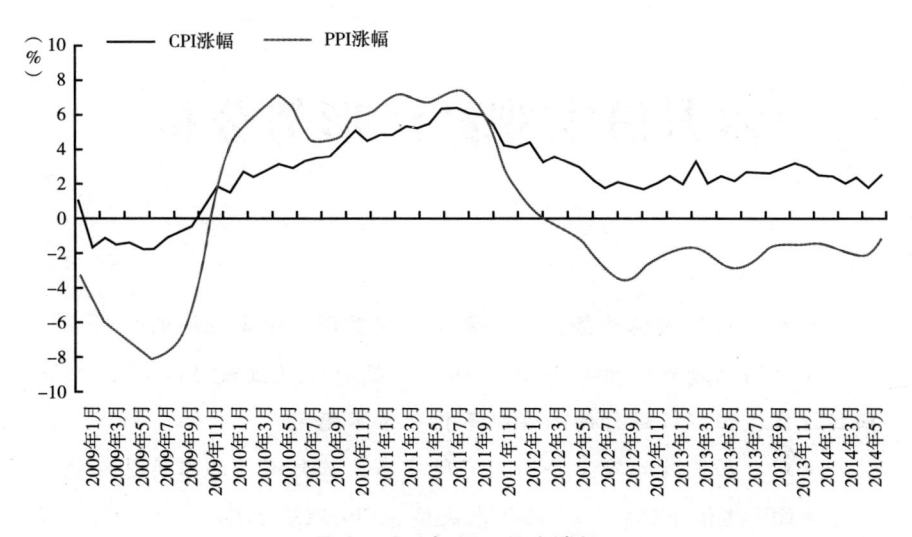

图 4　CPI 与 PPI 月度涨幅

（执笔人：吕风勇）

六月份宏观经济形势分析

- 经济延续回稳趋势，但仍需发挥宏观调控稳定经济的作用
- 全国制造业投资增速止跌回升，经济活跃度趋于上升，经济显现回稳迹象，但经济运行的内在根基仍非常不稳定
- 城乡居民收入较上年同期有所提高，社会消费品零售总额稳定增长
- CPI总体平稳，工业品供求失衡，PPI继续承压

第二季度，我国国内生产总值增长7.5%，比第一季度环比增长2.0%，经济呈现总体回稳态势。从产业来看，第一季度第三产业增加值增速超过第二产业0.6个百分点，占GDP的比重比上年同期提高1.3个百分点，达到46.6%，第三产业发展的独立性越来越强，稳定经济的作用将越来越大（见图1）。单从6月份来看，全国规模以上工业增加值增速达到9.2%，比5月份提高了0.4个百分点，包含工业在内的第二产业增加值增速的回升，也有助于使经济稳定趋势得到延续。但是，由于上年第三季度经济增长的基数较高，加之经济内生增长动力较弱，未来一段时期要保持经济的稳定运行，仍然需要政府采取更加积极的宏观调控措施。

1~6月份，全国固定资产投资同比增长17.3%，较1~5月份回升0.1个百分点。6月份，全国固定资产投资和房地产开发投资同比增速都比5月份有所回升，特别是制造业投资增速，更是由5月份的11.9%提高至16.7%，迅速回升了4.8个百分点（见图2）。制造业中，6月份投资占比较大的农副食品加工业、化学原料和化学制品制造业、非金属矿物制品业、通用设备制造业和专用设备制造业投资增速都较5月份有了明显提高。相对于5月份，6月份经济回稳的内生性在增强，而且制造业投资的回升，也有助于未来工业产出的逐步提高。

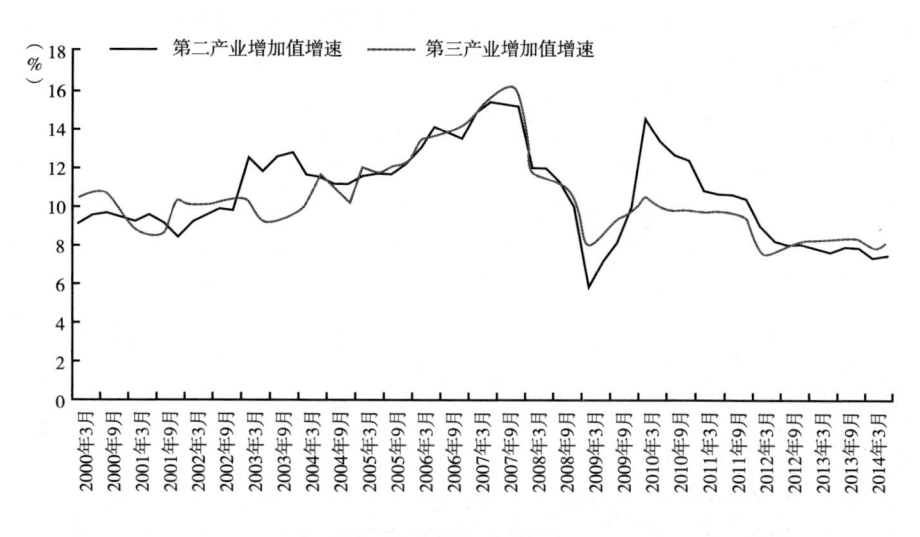

图1 第二产业和第三产业增加值增速变化

图2 全国制造业投资月度增速

6月份，社会消费品零售总额同比增长12.4%，较5月份略低0.1个百分点。6月份，只有限额以上单位餐饮收入增速下滑较为明显，金银珠宝、家用电器和音像器材以及通信器材的消费则有明显回升，其他项目的消费则相对平稳。社会消费保持平稳增长，一方面受城镇新增就业人员迅速增加、城乡人均可支配收入提升较快的影响，另一方面也反映了居民对未来的乐观预期，消费信心在逐步增强。图 3 是 2010 年第一季度至 2014 年第二季度城镇和农村人均收入增速变化。

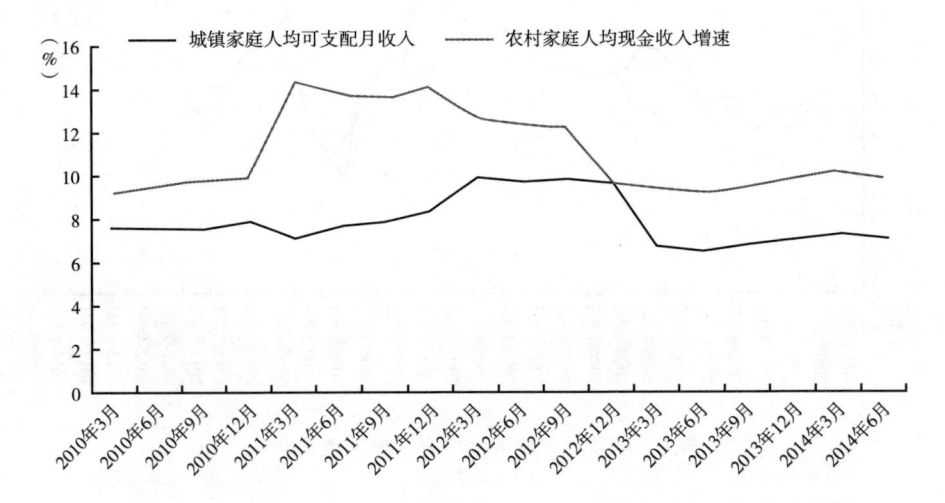

图 3　2010 年第一季度至 2014 年第二季度城镇和农村人均收入增速变化

6 月份，全国居民消费价格指数（CPI）同比上涨 2.3%，比 5 月份回落 0.2 个百分点（见图 4）。从环比增速看，6 月份 CPI 环比下降 0.1%，尽管再度呈现环比下降的态势，但这种下降主要是由季节性因素导致的食品和服装价格增速的下降引起的，而且环比下降幅度较小，所以，CPI 总体上维持了 5 月

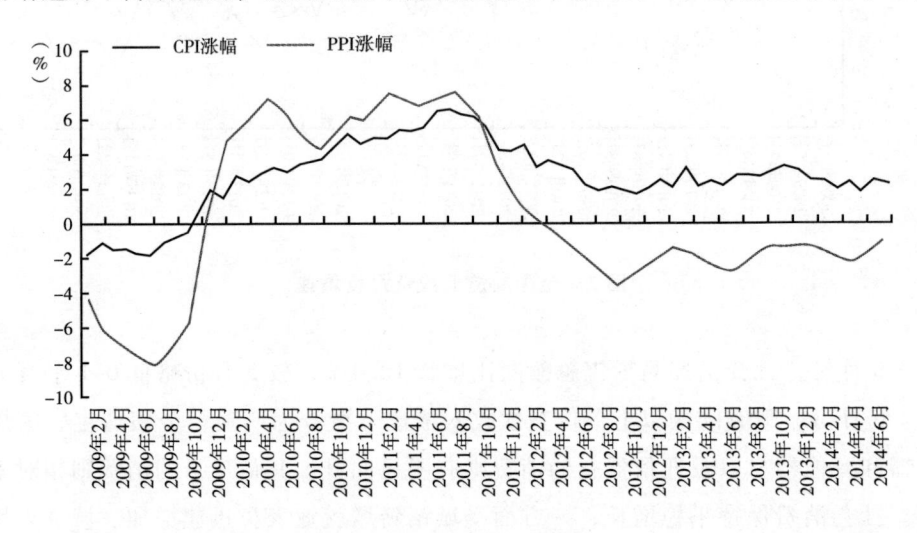

图 4　CPI 与 PPI 月度涨幅

份的走势，总体相对平稳。6月份，工业生产者价格指数（PPI）下降，降幅较上月收窄0.3个百分点，但从环比看，PPI环比下降0.2个百分点，较上月扩大0.1个百分点。这表明，当前工业品供求失衡问题仍然存在，总体工业运行形势仍然不容过度乐观。

（执笔人：吕风勇）

七月份宏观经济形势分析

- 经济稳中趋落，表明经济内在的复杂调整远未结束
- 房地产投资增速持续回落，受其影响固定资产投资增速波动加大
- 消费表现平稳，但应警惕投资过度波动产生的关联效应
- 物价走势相对平稳，但结构分化特征明显

7月份，我国规模以上工业增加值同比增长9.0%，较6月份回落0.2个百分点，经济出现稳中趋落态势（见图1）。工业增加值增速出现回落主要有两个方面的原因。一是上年同期工业增加值增速较高导致的基数效应，二是当月固定资产投资增速的下滑。总体来看，由于上半年全国工业企业利润总额增速上升至11.4%，而且工业原料价格的持续下滑为下游加工企业打开了利润空间，工业企业存在着扩大生产的冲动。然而，由于产能结构性过剩的问题依然存在，以及房地产市场的交易清淡影响了房地产投资乃至制造业投资，工业生产仍将在较窄的区间内波动。为了维持一定的增长率，宏观调控仍将重在定向宽松，从而会在一定程度上保障工业生产的稳定运行，但这种政策效应将会随着时间的流逝而递减。因此，仍然需要警惕工业生产波动向下乃至突破下限的可能性。

7月份，全国固定资产投资同比增长17.0%，较1~6月份回落0.3个百分点。其中，房地产开发投资增速由1~6月份的14.1%回落到13.7%，制造业投资增速则由14.8%回落到14.6%。而且，房地产开投资自进入2014年以来，增速已经连续7个月份呈现逐月下滑趋势（见图2）。尽管我国经过连续两年多的持续调整，经济内在收缩的程度在趋弱，企业盈利水平在逐渐恢复，但是仍然缺乏投资增长的热点，制约了经济主体的投资热情，而对于房地产市场走势乃至与之相关联的金融风险的担忧也对投资起到了一定的抑制作用。

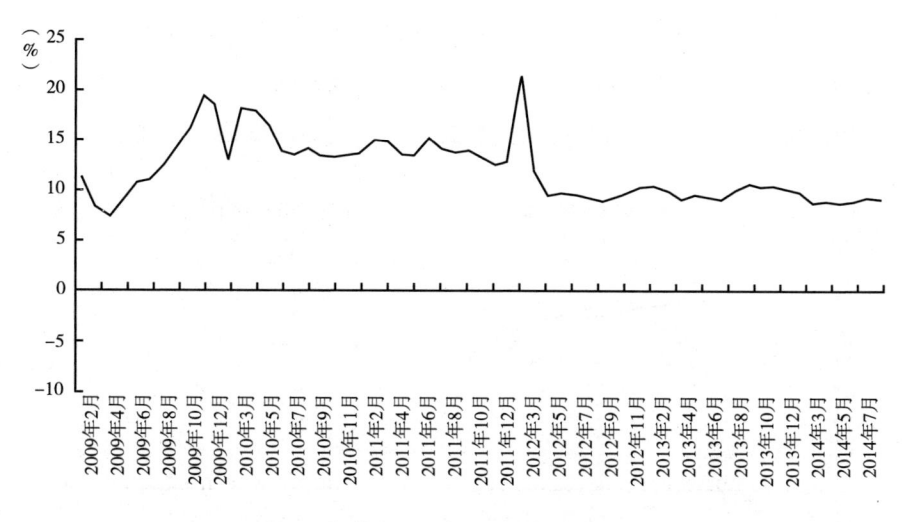

图 1　规模以上工业增加值增速变化

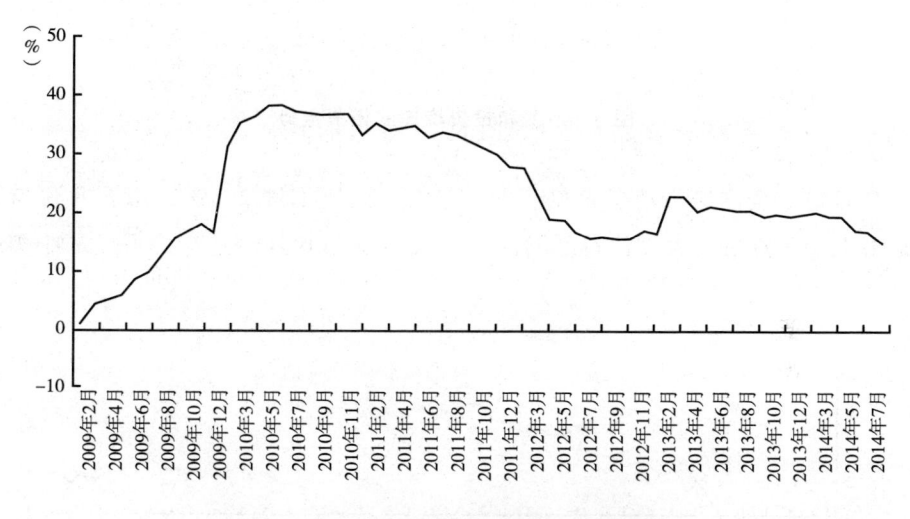

图 2　房地产开发投资总额累计增速变化

7月份，社会消费品零售总额同比增长12.2%，较6月份略低0.2个百分点（见图3）。分项目看，粮油食品和饮料烟酒的零售额增速由6月份的12.4%下滑到10.2%，金银珠宝零售额的降幅则由6月份的-0.2%进一步扩大到-11.7%，对社会消费品零售总额增速的回落有一定影响；其他项目零售额增速表现得都较为平稳。消费相对投资具有更强的稳定性，有利于稳定经济运行；但是，居民消费对社会投资活动仍然存在着一定的依赖性，投资的过度波动在超出一定临界点时，也会对消费明显影响。同时，正在积极推进的社会经济体制改革，已经由点及面、由浅入深地展开，它所产生的经济影响正在发酵，甚至已经开始影响到部分行业的重新洗牌，居民消费究竟会受到多大程度的冲击也有待观察。

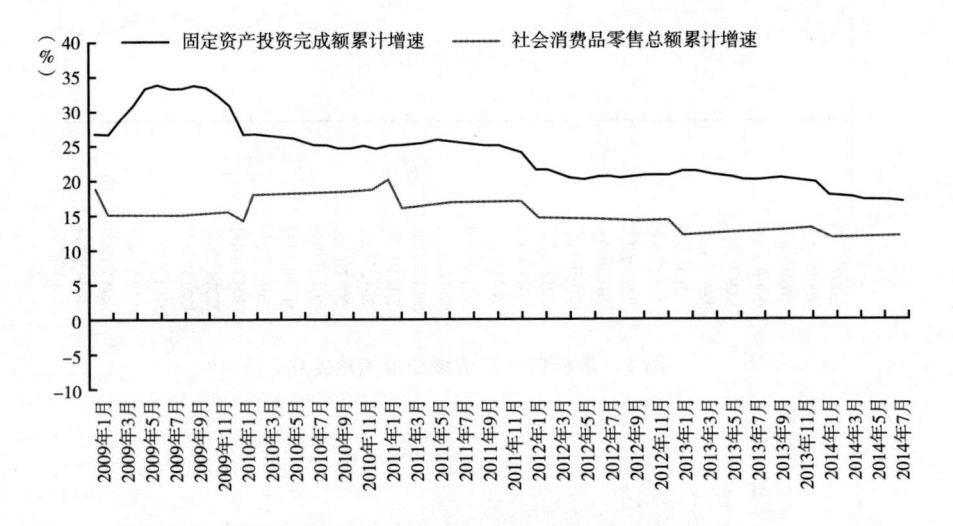

图3 消费和投资增速的相关走势

7月份，全国居民消费价格指数（CPI）同比上涨2.3%，与6月份持平（见图4）。7月份八大类消费品的同比涨幅也都与6月份基本持平。从小类来

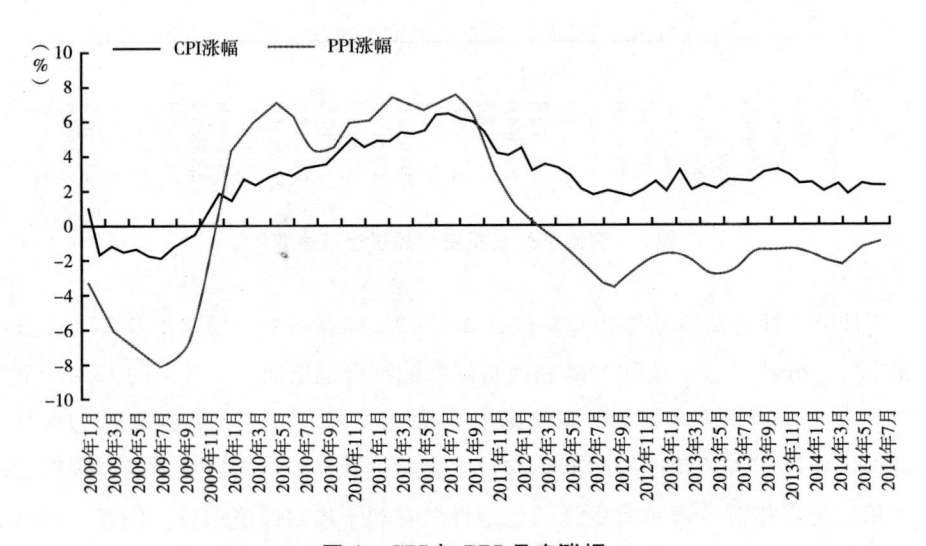

图4 CPI与PPI月度涨幅

看，除粮食、家庭服务及加工维修服务继续保持了较大的涨幅外，蛋类产品价格环比和同比的涨幅都出现了较大的跃升，成为 CPI 中新的涨价因素。工业生产者出厂价格指数（PPI）虽然环比仍然出现了 0.1% 的下降，但是同比降幅已由 6 月份的 -1.1% 收窄到了 7 月份的 -0.9%，结构性通货紧缩程度有所缓解。应该说，当前社会需求的相对疲弱有效地抑制了物价的过快上行，但是物价变动的结构性特征依然突出，即那些劳动生产效率提高缓慢的产品和服务价格依然维持向上运行趋势，如食品和劳务等项目。不过，物价水平的结构性上涨不应成为束缚宽松货币政策的影响因素。

（执笔人：吕风勇）

八月份宏观经济形势分析

- 经济下行压力加大,结构调整仍是经济运行的主导因素
- 微刺激政策效应逐渐递减,固定资产投资向下波动幅度加大
- 消费稳中趋降,投资疲弱对消费的负面影响逐渐显现
- 物价水平走低,经济运行或受一定冲击

8月份,我国规模以上工业增加值同比增长6.9%,较7月份回落2.1个百分点,下降幅度之大几乎使工业生产增速逼近下限(见图1)。工业增加值增速大幅下降受到上年同期高基数的负向影响,也受到全国气温波动的较大冲击,不过最主要的还是由于企业投资表现疲弱和居民消费热点的减少。工业生产不景气致使8月份工业生产者出厂价格指数再度环比下降0.2%,同比降幅也扩大到1.2%。在工业增加值增速放缓和工业生产者出厂价格下降的情况下,工业企业赢利能力也势必受到影响,从而工业企业利润增幅会再度放缓,企业未来扩大投资的意愿和能力也会遭到削弱。这表明,当前工业生产增长速度放缓受到了一些暂时的外部冲击,但这些冲击与经济的自我调整相叠加,仍然会对经济稳定运行产生较大的影响,并加深经济自我调整的程度。8月份规模以上工业增加值的大幅回落,表明我国经济仍然处在结构的深度调整过程中,结构调整仍是主导我国宏观经济走势的主要因素,其他偶尔的冲击都不足以改变或冲抵结构调整的趋势性影响。

1~8月份,全国固定资产投资同比增长16.5%,较1~7月份回落0.5个百分点。其中,房地产开发投资增速由1~7月份的13.7%回落到13.2%,制造业投资增速由14.6%回落到14.1%。分行业看,1~8月份,不仅专用设备制造业、汽车制造业、电气机械和器材制造业等制造业投资增速明显回落,而

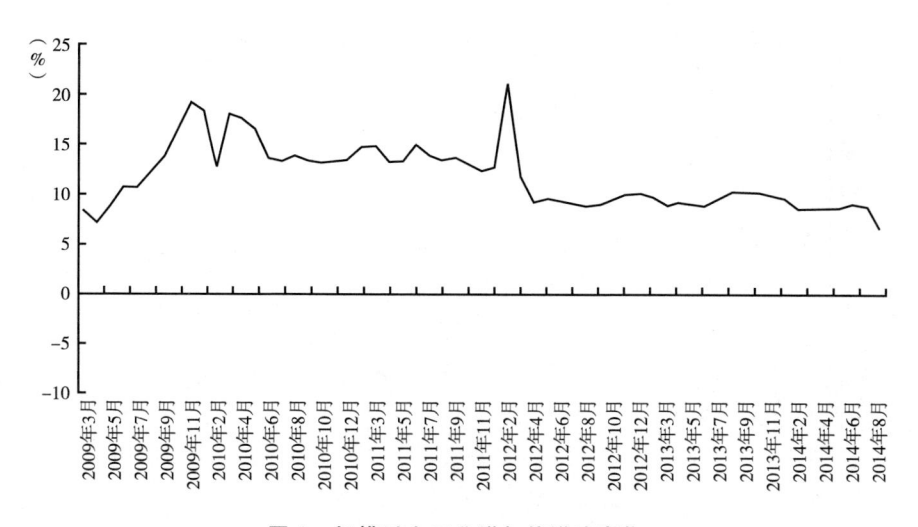

图1 规模以上工业增加值增速变化

且交通运输、仓储和邮政业，水利、环境和公共设施管理业等政府主导投资的服务业投资增速也明显回落。究其原因，房地产市场的疲弱和部分行业产能结构性过剩对投资产生了较大的不利影响，同时，汽车等产品消费需求增速趋缓和微刺激政策的效应递减也影响了相关行业投资的增长。图2是2009年2月至2014年7月全国固定资产投资完成额累计同比增速。

8月份，社会消费品零售总额同比增长11.9%，较7月份略低0.3个百分点（见图3）。社会消费品零售总额增速的下滑，既受消费热点转换的影响，也受市场周期波动的影响，甚至某种程度上还受体制改革的影响。其中，汽车、石油及其制品等交通项目的消费增速出现了明显下滑，分别比7月份下滑2.7个和3.7个百分点，汽车消费继续维持了5月份以来的个位数增速并进一步降低，未来有可能呈现出趋势性下降，石油及其制品消费增速下降则主要是暂时受到了价格下降的影响；建筑及装潢材料、家用电器和音像器材、家具等居住类项目的消费增速也出现了较大幅度回落，分别比7月份回落2.4个、2.9个和3.0个百分点，表明房地产市场疲弱的负面影响逐步开始显现；文化办公用品消费增速比7月份也出现了3.2个百分点的降幅，有可能部分受到八项规定、提倡政府节俭办公的影响，未来的变化情况仍有待观察。8月份社会消费品零售总额增速再度降至12%以下，这将迟滞投资消费结构的转换进程，并对经济运行稳定产生不利影响，需要引起我们的密切关注。

8月份，全国居民消费价格指数（CPI）同比上涨2.0%，比7月份回落

图 2　2009 年 2 月至 2014 年 7 月全国固定资产投资完成额累计同比增速

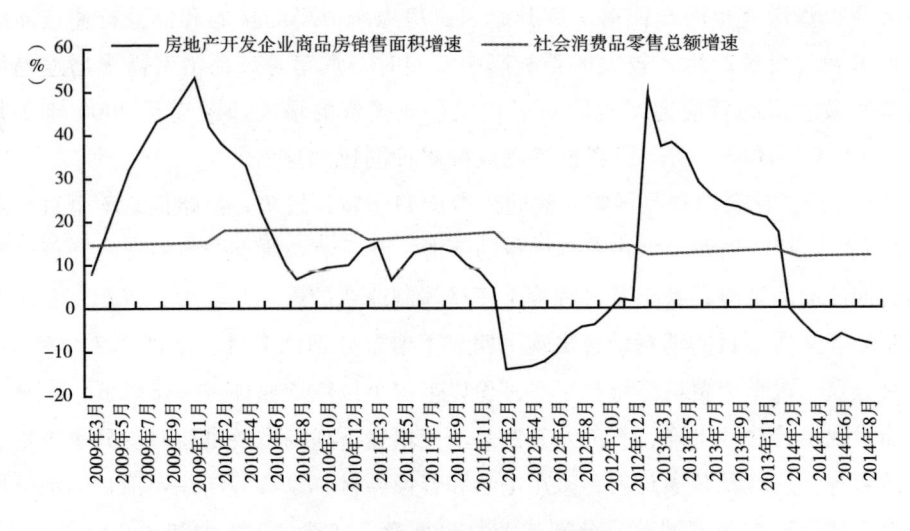

图 3　社会消费品零售总额和房地产开发企业商品房销售面积累计同比增速

0.3 个百分点（见图 4）。其中，食品价格虽然比 7 月份环比上升 0.7%，但同比涨幅仍比 7 月份回落 0.6 个百分点，是影响 CPI 走势的主要因素。此外，交通和通信类消费品价格同比涨幅也比 7 月份回落 0.4 个百分点，特别是其中的车用燃料及零配件项目的价格比 7 月份大幅回落了 3.7 个百分点，是影响 CPI

走势的另一主要因素。其他项目价格总体保持平稳。8月份工业生产者出厂价格指数（PPI）也再度环比下降0.2%，同比下降1.2%。物价水平走低对于降低居民生活成本具有积极意义，但这种平稳更多受到需求疲弱的影响，而不是生产和流通成本降低带来的，所以它也会对微观经营活动和宏观经济运行可能产生更大的不利冲击，这一点值得警惕。

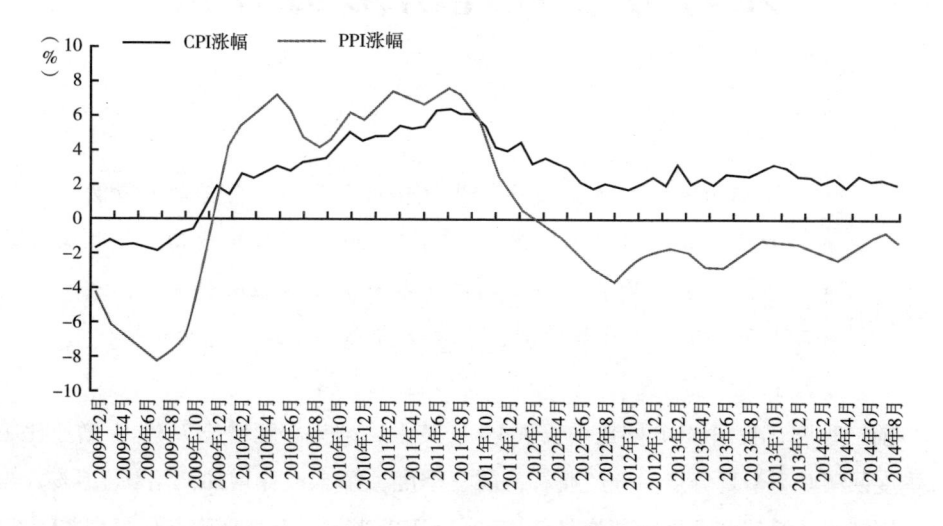

图4 CPI与PPI月度涨幅

（执笔人：吕风勇）

九月份宏观经济形势分析

- 经济稳中有降，体制改革或是推动服务业率先复苏的新动力
- 房地产投资增速持续下滑，抑制房地产投资过度波动亟须机制重设
- 消费延续弱势增长，降低物流和垄断成本势在必行
- CPI 和 PPI 增速双双回调，宏观运行和企业经营持续承压

前三季度，我国 GDP 同比增长 7.4%。其中，第三季度增长 7.3%，增速比第二季度回落 0.2 个百分点。分产业看，前三季度，第二产业增加值增长 7.4%，与上半年持平，第三产业增加值增长 7.9%，低于上半年 0.1 个百分点（见图 1）。这表明，第三产业增加值增速的放缓是第三季度 GDP 增速放缓的主要原因。2011 年以来，相对于第二产业增加值增幅的急剧放缓，第三产业运行表现得要更加平稳，成为维护经济稳定的重要因素。但是，虽然服务业体制改革已在紧锣密鼓推进之中，但还远没有充分发挥应有的政策激励作用，从而致使服务业仍然没有有效摆脱对第二产业发展的过度依赖，难以实现独立较快发展。9 月份，虽然规模以上工业增加值同比实际增长比 8 月份加快 1.1 个百分点，但也只有 8.0%。由于全国房地产开发投资增速的持续下滑，以及我国对外贸易的调整仍未结束，工业部门的弱势调整仍会持续相当长一段时间，或许会对第三产业的发展进一步产生压制作用。未来一段时期，要更加关注第二产业和第三产业发展的同步性，警惕两大产业调整共振可能带来的经济向下运行的压力。

1~9 月份，全国固定资产投资同比增长 16.1%，较 1~8 月份回落 0.4 个百分点（见图 2）。其中，房地产开发投资增速由 1~8 月份的 13.2% 回落到 12.5%，制造业投资增速由 14.1% 回落到 13.8%。分行业看，制造业中纺织业，医药制造业，通用设备制造业，铁路、船舶、航空航天和其他运输设备制

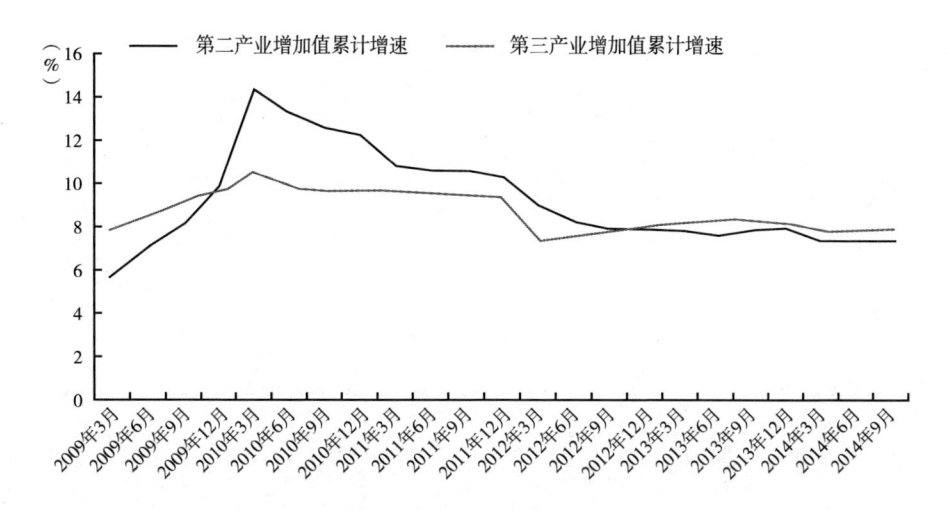

图 1　第二产业和第三产业增加值增长变化趋势

造业等行业投资增速回落幅度相对较大，第三产业中的交通运输、仓储和邮政业，水利、环境和公共设施管理业等政府主导投资的服务业投资增速延续了上月的回落趋势，但增速回落最大的还是房地产投资，正是房地产投资增速相对上年同期7个百分点的回落幅度，才导致了全国固定资产投资增速较上年同期的明显下滑。当前房地产市场价格回调，以及房地产成交量萎缩，将对房地产投资产生较严重的抑制作用，并会对相关上游产业投资产生不利影响，全国固定资产投资增速在短期内难以恢复较快增长。因此，制定长期有效机制抑制房地产投资的过度波动，将是宏观调控面临的一个新命题。

9月份，社会消费品零售总额同比增长11.6%，较8月份略低0.3个百分点（见图3）。其中，粮油食品和饮料烟酒、家用电器和音像器材、石油及制品、建筑及装潢材料等项目消费增速都有较大幅度的降幅。9月份社会消费品零售总额增速的再度放缓，既有部分消费品价格增速下行的原因，也受到房地产市场成交量萎缩导致的家居用品消费增速回落的冲击。随着体制改革的深入推进以及电子商务的发展，物流成本将趋于降低，垄断过度加价有望得到破除，从而对消费将产生一定的刺激作用。不过总体来看，在深化体制改革、需求依旧疲弱、物价涨幅回落等因素的共同影响下，我国消费增长呈现稳中有降趋势，未来增速仍然难以有较大幅度的回升。

2014年9月份工业品出厂价格指数（PPI）同比下降1.8%，降幅比上月扩大0.6个百分点；环比下降0.4%，降幅比上月扩大0.2个百分点（见图4）。

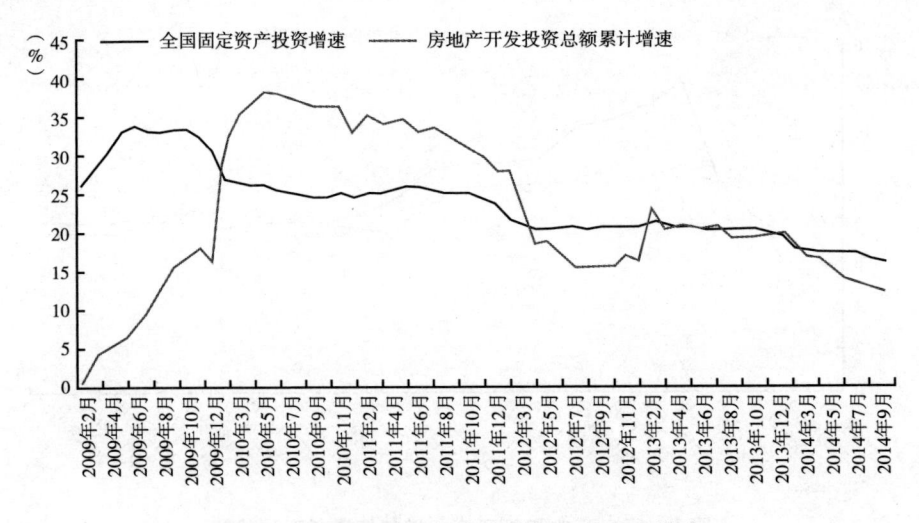

图 2　全国固定资产投资完成额累计同比增速

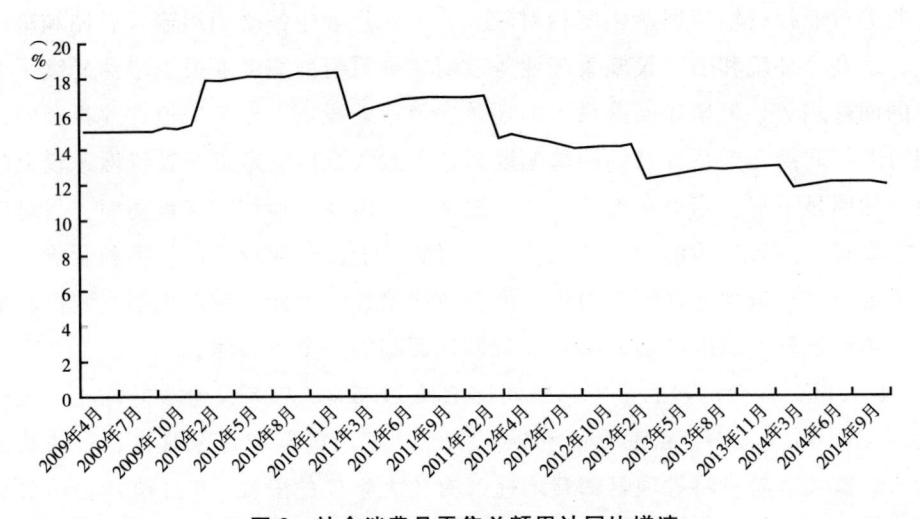

图 3　社会消费品零售总额累计同比增速

PPI持续负增长，主要因为上游采掘业价格降幅较大，而且，上游工业品产能过剩与库存偏高也加剧了工业领域通缩压力。9月份，黑色金属材料类、黑色金属矿采选业、黑色金属冶炼和压延加工业（钢铁）价格分别同比增长-6.1%、-12.6%、-7.9%，汽车制造业价格同比也下降了0.4%。PPI持续负增长，还对全国居民消费价格产生了较大的负向冲击。9月份，全国居民消费价格指数（CPI）同比上涨1.6%，比8月份回落0.4个百分点，不仅为年内新低，也创下了 2010 年 2 月以来的最低点。除了工业品价格走低对 CPI 上涨产生明显的抑制作用外，食品特别是粮食价格的走稳也对 CPI 走势具有较大的影响。未来一段时间，工业品价格向下调整和食品价格走势趋稳仍是影响 CPI 走势的主导因素，并将在一定程度上侵蚀企业利润。

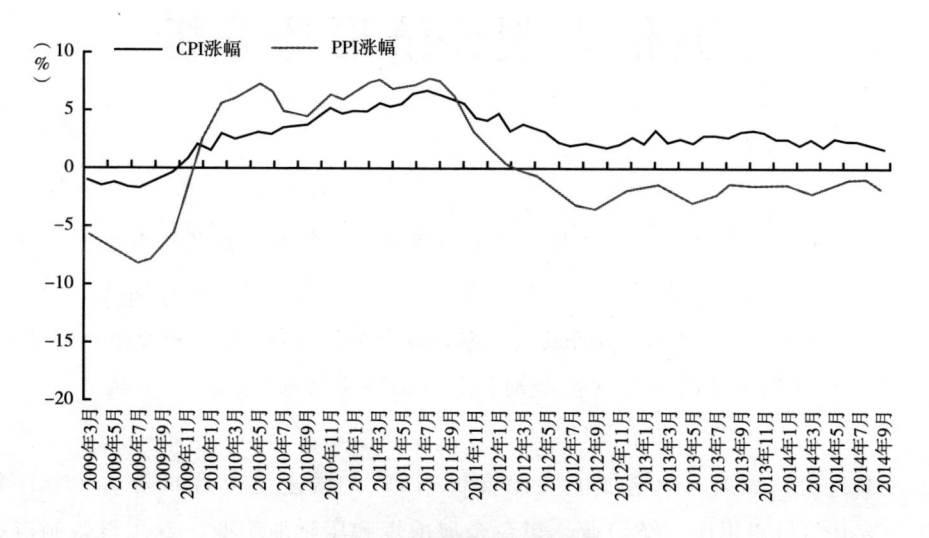

图 4　CPI 与 PPI 月度涨幅

（执笔人：吕风勇）

十月份宏观经济形势分析

- 终端需求周期性及趋势性紧缩并存，工业生产结构调整任重道远
- 第二产业投资增速继续放缓，第三产业投资增速回升明显
- 餐饮收入增速低水平企稳，限额以上单位商品零售总额增速趋于回落
- CPI和PPI走势仍显疲弱，但全面通货紧缩特征尚不明显

10月份，我国工业增加值同比增长7.7%，增速比上月回落0.3个百分点。与上年同期相比，纺织业、黑色金属冶炼和压延加工业、专用设备制造业的增加值增速都有较大幅度的回落。其中，纺织业增加值增速回落带有较强的趋势性，2011~2013年纺织业增加值增长率逐年下降，分别为10.7%、10.8%和8.3%，2014年1~10月份继续回落到6.5%（见图1）。这一趋势的形成主要是我国各类生产要素成本的上升，导致了越来越多的纺织企业开始向生产要素成本较低的东南亚等周边国家转移。1~10月份黑色金属冶炼和压延加工业增加值增速只有6.0%，较上年同期回落4.4个百分点，表明产能过剩局面仍然没有得到根本的扭转。10月份专业设备制造业增加值增速由上月的4.6%继续下滑到3.5%，主要是经济活动萎缩向各行业蔓延使全社会固定资产投资下降引起的。例如，1~10月份固定资产投资中的工具器械购置增长只有11.5%，较上年同期回落7.5个百分点。房地产投资和出口贸易等终端需求增速的放缓，仍将在未来相当长一段时期对上游原材料加工类和工具设备制造类等行业产生较大的影响。

1~10月份，全国固定资产投资同比增长15.9%，较1~9月份回落0.2个百分点，但10月当月同比增速仍然比上月提高了2.4个百分点。其中，第一产业投资增速由1~9月份的27.7%提高到28.9%，第三产业投资增速为

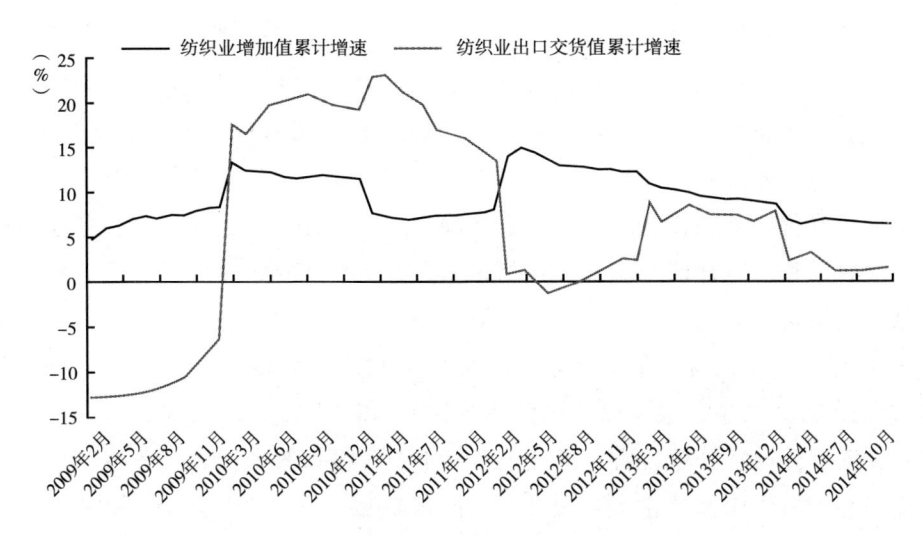

图 1　纺织业增加值增速变化情况

17.4%，与1~9月份持平，第二产业投资增速则出现明显下滑，比1~9月份回落0.3个百分点（见图2）。就10月份当月而言，第三产业投资增速较上月11.4%的增速提高了5.2个百分点，而第二产业投资增速却比上月回落0.8个百分点，只有9.8%，成为影响全国固定资产投资下滑的主要方面。10月份房地产开发投资增速企稳回升，比上月提高3.2个百分点，对稳定第三产业投资起到了一定的作用；不过，10月份，"稳增长"调控政策力度有所加大，突出

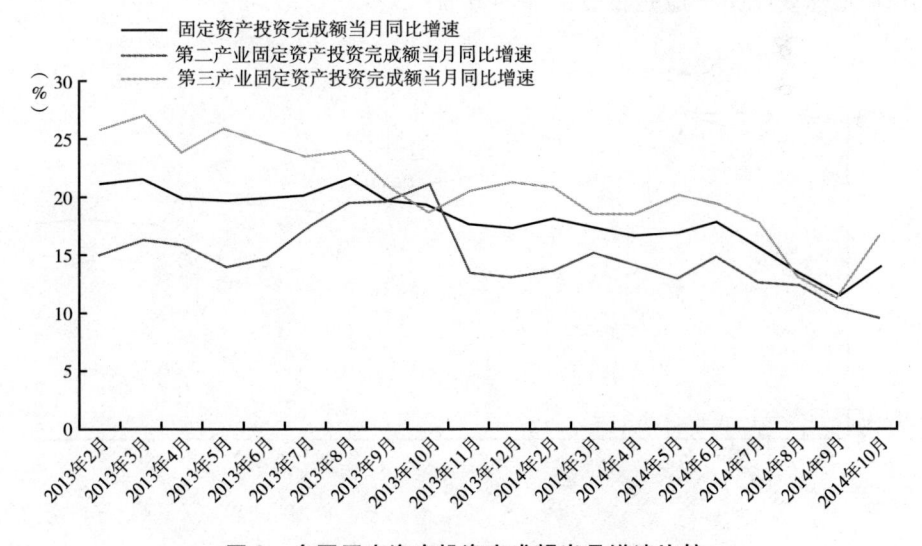

图 2　全国固定资产投资完成额当月增速比较

表现在交通运输、仓储和邮政，水利、环境和公共设施管理业等行业投资增速都有不同程度的提高，成为促使第三产业投资增速反弹的最主要影响因素。10月份第二产业投资增速的下降则主要受橡胶和塑料制品业、通用设备制造业、专用设备制造业等制造业投资增速下降的影响，而这些行业投资增速下降又是需求疲弱和价格下跌使企业投资意愿下降所致。正是由于工业增加值增速的持续放缓将导致需求疲弱和工业品价格走低，并且削弱相关企业的投资意愿，从而社会固定资产投资特别是制造业投资的调整也就不可避免。

10月份，社会消费品零售总额同比增长11.5%，较上月回落0.1个百分点（见图3）。其中，限额以上单位消费品零售额同比增长8.3%，比9月份回落0.2个百分点。分项目看，虽然限额以上单位餐饮收入扭转了连续两个月的下降趋势，但同比增速也只有2.1%，而限额以上单位商品零售额同比增长8.7%，不仅比上月大幅回落了0.5个百分点，而且2008年全球金融危机以来首次跌落至9.0%以下。限额以上单位消费品零售总额占全社会消费品零售总额的比重达到49.0%，其增速明显的下滑对于社会消费品零售总额的冲击是显著的。这一方面与经济整体表现疲弱有关，另一方面也反映了体制改革遏制公务消费的成就和影响。从趋势来看，尽管餐费收入增速仍然低于商品零售总额增速2.0个百分点，但是这种差距已经因餐费收入增速的基本企稳和商品零售总额增速的下滑而明显缩小。未来商品零售总额特别是限额以上单位商品零售总额增速变化情况应是重点关注的方面。

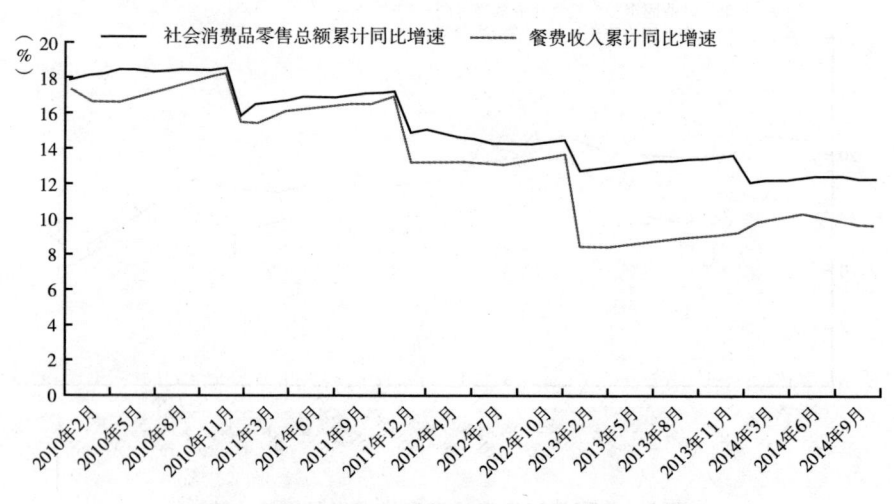

图3 社会消费品零售总额分项目累计同比增速

2014年10月份居民消费价格指数（CPI）同比上涨1.6%，涨幅与上月基本持平，维持了低速增长的态势。其中，消费品价格上涨1.45%，比上月略有回升，但是服务项目价格涨幅继续回落，只有1.97%，已是连续第9个月出现回落。不过，服务项目中的家庭服务及加工维修服务价格继续维持上涨态势，涨幅达到7.6%，比9月份提高0.1个百分点。服务项目价格涨幅整体呈现下降态势，而具有劳务性质的家庭服务及加工维修服务价格的持续上升，表明居民消费需求整体呈现疲软特征，但是人工成本依然保持了较快的上升态势（见图4）。这种局面有助于居民收入的提高和生活福利的改善，但是将会对企业利润产生侵蚀作用，对经济复苏形成一定的抑制作用。10月份工业品出厂价格指数（PPI）降幅进一步扩大，下降2.2%，比上月回落0.4个百分点。其中，石油工业、冶金工业和煤炭及炼焦工业产品出厂价格降幅明显，是影响10月份PPI降幅扩大的主要因素。不过，与上年同期相比，除了石油工业（价格波动受国际市场影响较大）、冶金工业、煤炭及炼焦工业产品、纺织工业等部门产品出厂价格降幅有较明显的扩大外，其他工业部门产品出厂价格有些依然保持上涨，有些降幅收窄或基本持平，因此所谓的通货紧缩仍然只是带有比较强的结构性特征，需要警惕但无须过度担忧。

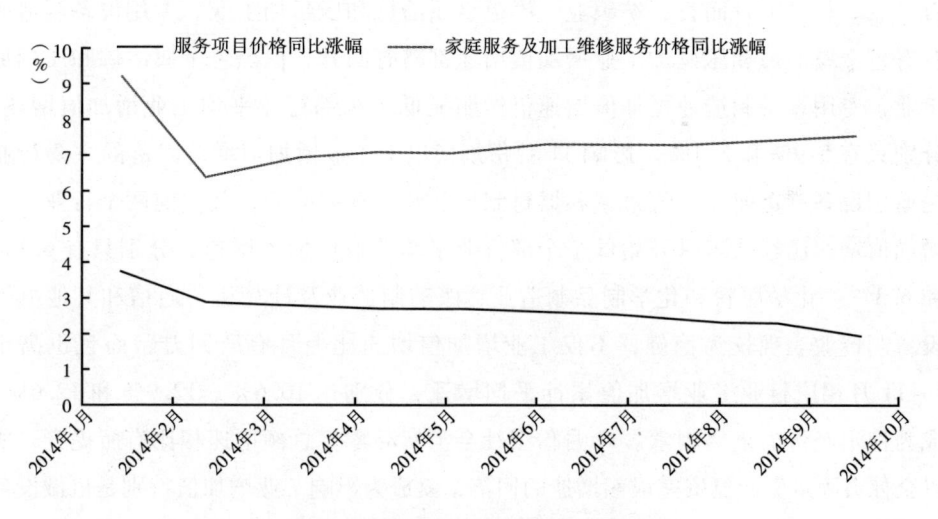

图4 居民服务消费项目价格涨幅

（执笔人：吕风勇）

十一月份宏观经济形势分析

- 固定资产投资增速的较快回落，威胁工业经济的稳定运行
- 第三产业特别是房地产业投资增速回落，采矿等上游行业投资受累下滑明显
- 社会消费品零售总额增速有所回升，但难以形成趋势
- 物价总体依然维持下行态势，扩大了货币政策操作空间

11月份，我国规模以上工业增加值同比增长7.2%，增速比上月回落0.5个百分点。相对上月而言，纺织业、黑色金属冶炼和压延加工业、专用设备制造业及有色金属冶炼和压延加工业增加值增速都略有回升，但黑色金属冶炼和压延加工业、专用设备制造业增加值增速仍然明显低于全部行业平均工业增加值增速，分别只有5.9%和5.4%。影响11月份规模以上工业增加值增速回落的主要行业是通用设备制造业、电气机械和器材制造业及汽车制造业，其中前两个行业工业增加值增速已经从当月开始低于全部行业平均工业增加值增速，分别只有6.1%和6.3%。化学原料和化学制品制造业、医药制造业及计算机、通信和其他电子设备制造业表现较为稳健，不仅工业增加值增速比上月有所回升，而且也高于1~11月相应行业工业增加值累计平均增速，分别达10.6%、12.9%和12.6%，成为稳定经济的重要因素。11月份全社会消费品零售总额增速相比有所提升，所以全社会固定资产投资完成额增速的回落，就成为影响工业增加值特别是机械设备制造业增加值增速回落的主要影响因素。此外，11月份出口特别是机械设备出口增速也有所放缓，也对工业增加值特别是机械设备制造业生产带来了负面冲击。

1~11月份，全国固定资产投资同比增长15.8%，较1~10月份回落0.1个百分点；10月份当月同比增速则比上月回落0.56个百分点。11月份，第一

产业和第二产业投资增速较上月都有所提高，但第三产业投资受房地产开发投资增速下滑的影响，增速比上月回落2.3个百分点，只有14.3%。相对上月而言，11月份，农林牧渔业，黑色金属矿采选业，非金属矿采选业，黑色金属冶炼和压延加工业，通用设备制造业，专用设备制造业，铁路、船舶、航空航天和其他运输设备制造业，文化、体育和娱乐业，公共管理、社会保障和社会组织投资都有明显回升，不过黑色金属矿采选业投资仍呈现负增长，黑色金属冶炼和压延加工业、专用设备制造业投资增速也明显低于全部行业平均投资增速。石油和天然气开采业，电气机械和器材制造业，交通运输、仓储和邮政业等行业投资增速则有较大幅度的回落，其中石油和天然气开采业投资下降4.0%，电气机械和器材制造业，交通运输、仓储和邮政业投资增速分别只有6.6%和7.7%（见图1）。1~11月份，采矿业、黑色金属矿采选业、有色金属矿采选业、化学原料和化学制品制造业、黑色金属冶炼和压延加工业、有色金属冶炼和压延加工业投资有的呈现负增长，有的增长率仅为个位数，是影响全社会固定资产投资增速的主要因素。尽管APEC会议期间限产令对部分省市企业投资活动产生了一定的不利影响，但是其自身调整的要求仍是投资增速放缓的主要内因。

11月份，社会消费品零售总额同比增长11.7%，较上月回升0.2个百分点。其中，粮油食品、饮料烟酒，服装鞋帽、针纺织品，日用品，中西药品，家具，通信器材和建筑及装潢材料等多个消费项目同比增速都有明显的提高，并都超过了1~11月份相应项目的平均增速（见图2）；只有文化办公用品、石油及制品和汽车等项目消费增速出现了一定程度的下滑。11月份内社会消费品零售总额增速回升主要是受"11·11"电商促销和iPhone 6上市的带动影响，同时房地产相关项目消费延续上月以来的回升态势，应该是对以往数月增速过快下滑的一种修复。因此，尽管11月份社会消费品零售总额增速有所回升，但是这种回升尚未形成一种趋势，未来的变化态势仍需密切关注。

2014年11月份居民消费价格指数（CPI）同比上涨1.4%，涨幅比上月回落0.2个百分点，维持了低速增长的态势（见图3）。扣除0.3个百分点的翘尾因素后，新涨价因素影响11月份居民消费价格指数1.1个百分点，比9月份和10月份降低0.2个百分点。其中，肉禽及其制品、酒类制品、交通工具、车用燃料及零配件、旅游和居住类项目价格涨幅都有较大幅度的回落，其余项目价格保持基本平稳。11月份工业生产者价格指数（PPI）继续维持负增长，

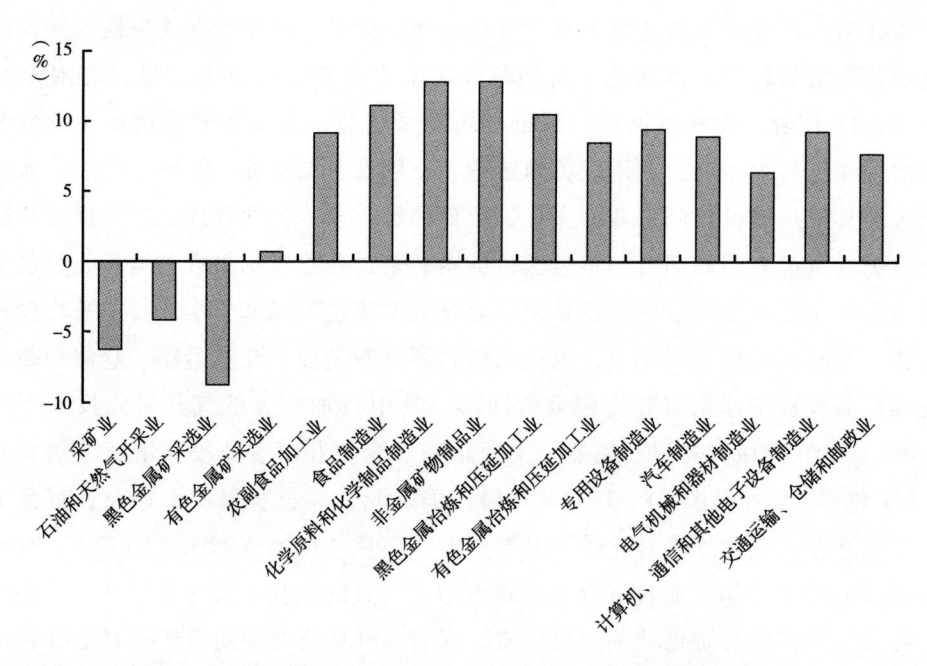

图1 11月份投资完成额增速低于全部行业平均增速的主要行业

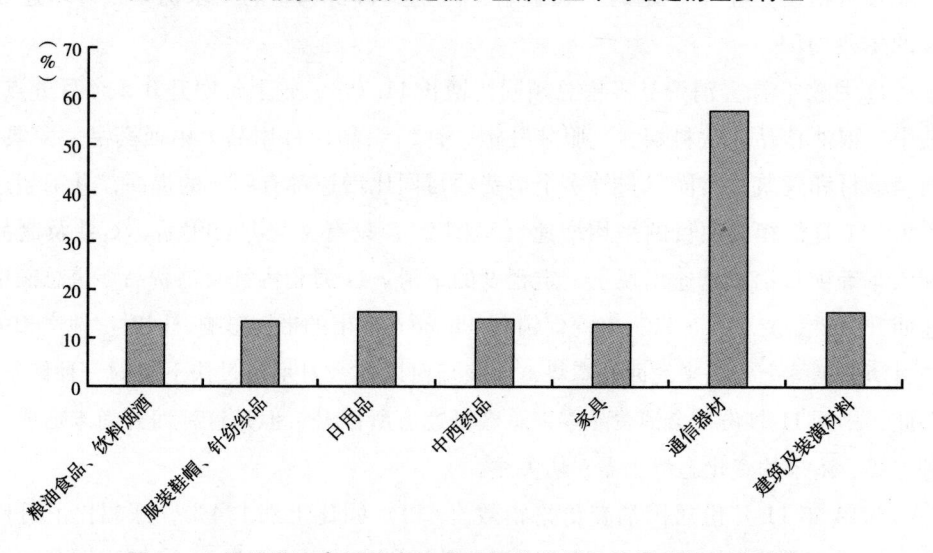

图2 11月份增速高于社会消费品零售总额平均增速的消费项目

环比下降0.5个百分点，同比下降2.7个百分点；工业生产者购进价格指数环比下降0.7个百分点，同比下降3.2个百分点。尽管全面通货紧缩特征尚不明显，不宜推出以刺激物价为目的的调控措施，但是物价涨幅趋缓或下降，却为更积极的"稳增长"调控政策留下了较大空间,特别是房地产价格出于自身调整的需要也将在未来较长一段时间内保持稳定,也减少了"稳增长"政策特别是货币政策操作可能带来的负面影响,当前适度提高对经济的刺激力度既有必要性也具可行性。

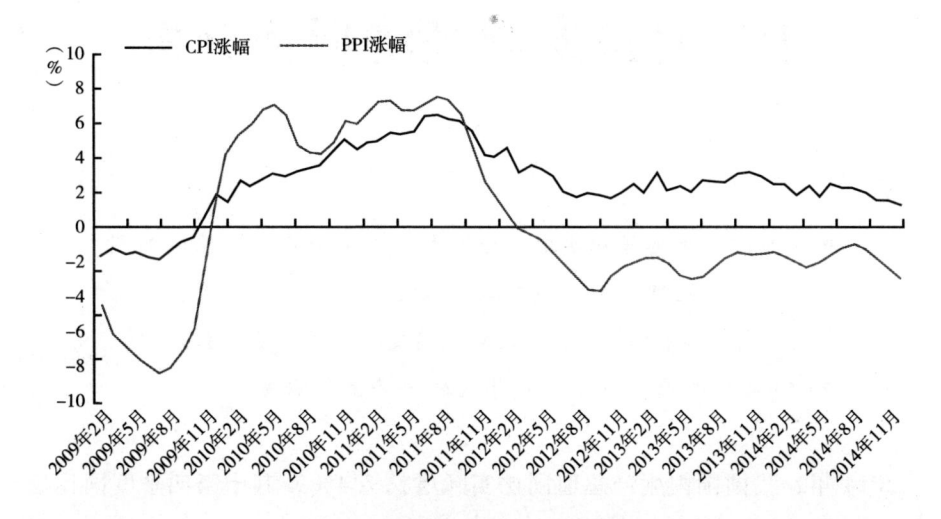

图3 居民服务消费项目价格涨幅

(执笔人:吕风勇)

十二月份宏观经济形势分析

- 经济增长目标基本实现，企业利润下滑昭示经济低迷加剧
- 投资增速继续下滑，城镇就业人员增幅下降将抑制住宅投资
- 消费需求略有回升，但居民收入趋缓的抑制作用渐显
- CPI指数略有回升，但走势疲弱态势更加明显

2014年，我国国内生产总值同比实际增长7.4%，其中第四季度同比增长7.3%，与第三季度持平，经济增速下滑的势头初步得到遏制。不过，工业经济发展形势仍然不容乐观，尽管12月全国规模以上工业增加值同比增长7.9%，分别高于10月份和11月份0.2个和0.7个百分点，但仍然在8.0%以下低位徘徊。从7月份以来，规模以上工业企业利润总额同比增速持续滑落，1~11月累计只有5.3%，比1~10月进一步降低1.4个百分点，预计2014年全年只能勉强维持在5.0%左右。由于2014年规模以上工业增加值累计增长8.3%，即使考虑到工业品出厂价格累计1.9%的增速，利润总额的增速也仍然慢于工业增加值的增速。特别是2014年第二季度以来，规模以上工业企业利润总额增速下滑进一步加剧，更是大幅低于同期工业增加值的增速（见图1）。这一定程度上表明，我国经济仍然处于经济周期的不景气阶段。同时，考虑到经济增速正在逐渐逼近7.0%的关口，出台更加宽松的宏观调控措施仍是非常迫切的。

2014年1~12月，全国固定资产投资同比增长15.7%，比1~11月下降0.1百分点。从产业角度看，12月份全国固定资产投资主要受第三产业投资增速下降较多的影响，不过，第一产业投资增速提升幅度较大，在一定程度上减弱了第三产业投资的不利影响。从行业来看，1~12月份制造业投资增

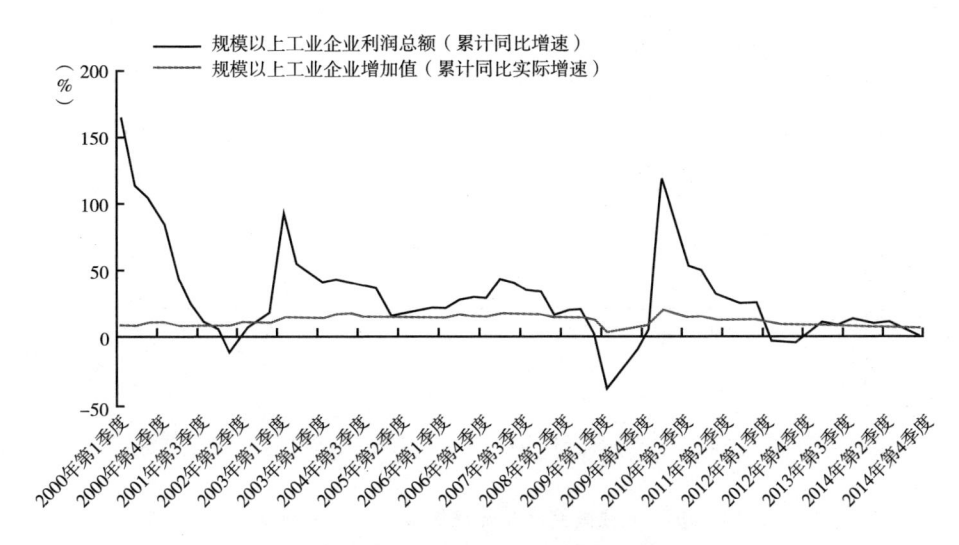

图1 2000年第1季度至2014年第4季度规模以上工业企业
增加值和利润总额累计增速

速与1~11月持平，基本保持稳定增长的态势；房地产开发投资增速却比1~11月继续下滑1.4个百分点，基础设施行业投资也下滑了0.3个百分点，成为影响第三产业投资增速放缓的主要方面。由于经济调整导致的城镇就业人数的增加速度在放缓，未来房地产开发投资特别是住宅开发投资增速仍然难有明显的回升。事实上，2010~2014年，年末城镇就业人员增加数在持续减少，并且降幅也呈逐渐扩大之势，2012年、2013年和2014年每年增加的城镇就业人员数降幅分别达到3.1%、4.2%和5.9%。城镇就业人员数增速的放缓，将对房地产开发投资产生持续的不利影响，这需要适度扩大政府主导的投资支出，以对冲房地产开发投资增速过快下滑可能对宏观经济稳定运行带来的风险。图2是1997~2014年城镇就业人员增加数与住宅开发投资同比增速。

12月份，社会消费品零售总额同比增长11.9%，又较上月提高0.2个百分点，维持了11月份以来的回升态势。不过，服装鞋帽、针纺织品、化妆品和日用品等生活用品增速开始出现下滑，反之，文化办公用品和汽车等项目消费增速出现了明显反弹。家用电器和音像器材、通信器材和建筑及装潢材料增速则延续了上月以来的升势。特别需要指出的是，餐饮收入和限额以上单位商品零售额增速分别比上月提高0.3个和0.5个百分点，

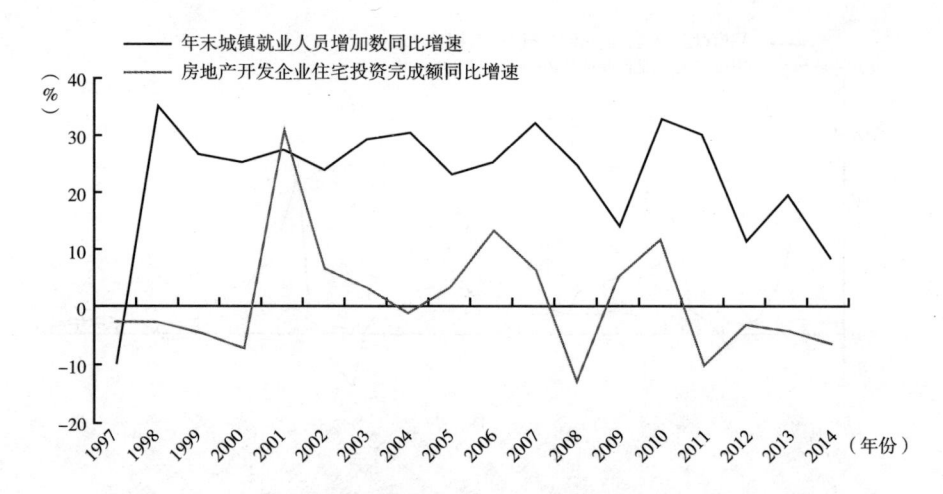

图 2　1997~2014 年城镇就业人员增加数与住宅开发投资同比增速

注：年末城镇就业人员增加数等于城镇新增就业人员减去从城镇岗位退休的人员。

回升幅度较上月有所扩大，一定程度上说明中央反腐和整顿吏治对消费增速带来的短期影响逐渐得到消解。社会消费需求的回升对当前中国经济发展起到了重要的稳定作用，短期内社会消费有望保持相对稳定。但是，由于经济增速的放缓，不仅城镇新增就业人员数量增速在逐渐放缓，而且城镇人均可支配收入实际增速也由上年的 7.0% 下降到 6.8%，简单依靠居民收入的提高来扩大消费需求存在难度，仍然应将调控重点放在体制改革和政策调整方面，引导居民适度降低储蓄率及合理增加消费。2000~2014 年城镇人均可支配收入和社会消费品零售总额同比增速见图 3。

2014 年 12 月份居民消费价格指数（CPI）同比上涨 1.5%，涨幅比上月回升 0.1 个百分点，基本维持了低速增长的态势（见图 4）。分项目看，除了食品、医疗保健和个人用品价格涨幅比上月有所提高外，其他项目价格涨幅都有不同程度的下降。而且，食品价格涨幅的上涨主要是受到鲜菜价格 7.2% 的较大涨幅所致，食品类中的其他项目价格涨幅都比上月有所回落。同时，受到国际大宗商品价格大幅下降的影响，工业品出厂价格同比降幅继续扩大，12 月份同比下降了 3.3%。再考虑到出口维持低速增长、投资增速持续放缓和消费需求难以有效扩大这些因素，我国物价总体呈现偏弱的走势在未来一段时间内难以明显改变。因此，物价疲弱即使不能成为当下货币政策亟须操作和治理的目标，至少也为积极的货币政策打开了足够的操作空间。

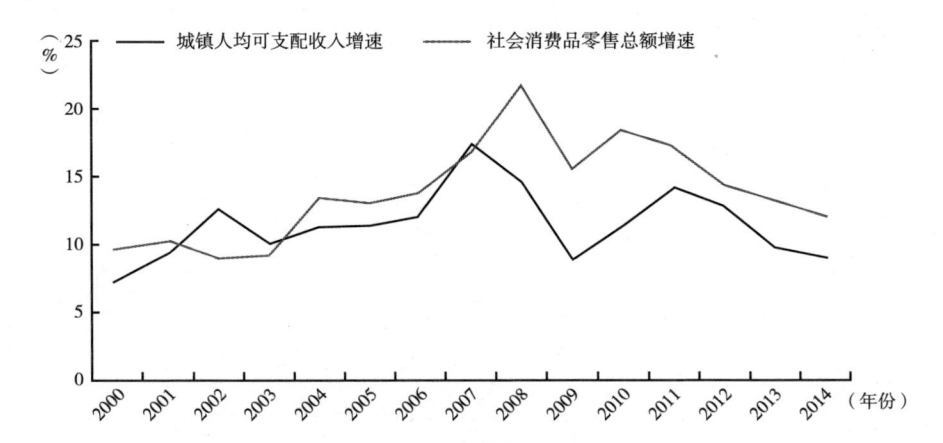

图3　2000~2014年城镇人均可支配收入和
社会消费品零售总额同比增速

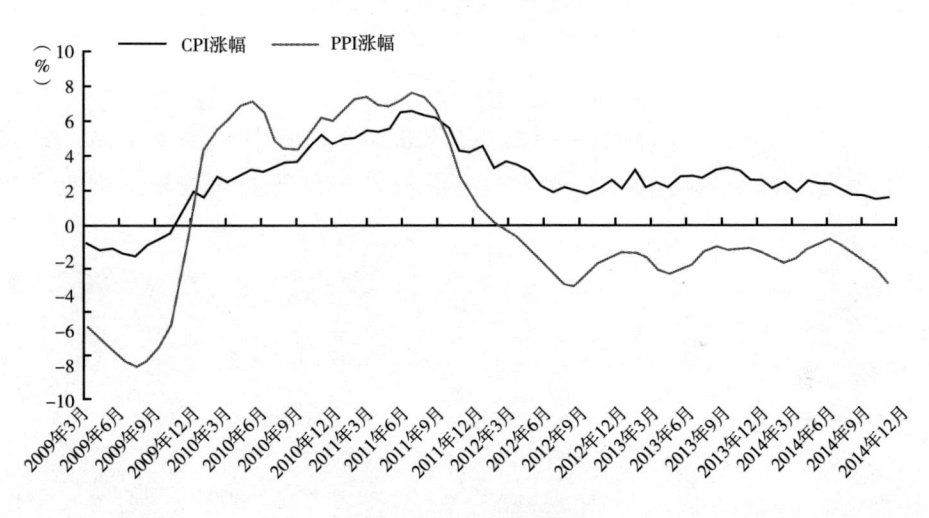

图4　CPI和PPI涨幅

(执笔人：吕风勇)

系列二 财政税收月度形势分析

附录二 爆炸相关计算资料

第一季度财税形势分析

- 财政收入增长乏力，形势严峻
- 财政支出仍然较大
- 寻找中国经济增长新动力，特别是鼓励创新、创造新财源，对于财政的可持续运行至关重要
- 应从提高财政资金效率着手，特别是进一步提高财政治理水平

2014年第一季度，财政收入同比增长9.3%，但增速逐月回落，财政收入形势严峻，财政支出压力仍然较大。国家正在全面深化改革，需要财政的全力保障。保证财政的平稳运行，改善财政治理，为深化改革提供必要支撑，是未来一段时期内财税工作的重要内容。

一 第一季度财政运行基本情况

1~3月累计，全国财政收入为35026亿元，同比增长9.3%。其中，中央本级收入为15545亿元，同比增长6.4%；地方本级收入为19481亿元，同比增长11.8%。全国财政支出30432亿元，同比增长12.6%。其中，中央本级支出4385亿元，同比增长8.4%；地方财政支出26047亿元，同比增长13.3%。

二 第一季度财政运行主要特点

（一）财政收入增长乏力

1~3月，全国财政收入同比增速逐月递减，分别为13%、8.2%和5.2%

(见图1)。

1～3月，国内增值税收入为7594亿元，同比增长9.4%，但剔除"营改增"因素，同口径增长仅4.8%。2013年第一季度国内增值税收入同比增长5.2%。国内增值税收入是一个与宏观经济面相关性较强的指标，其增速是经济增长放缓的直接结果。

1～3月，营业税收入为4765亿元，同比增长4.2%，剔除"营改增"因素，同口径增长10.9%。2013年第一季度营业税收入同比增长14.0%。营业税收入增长回落情况与增值税相似，进一步说明了经济增长放缓对税收收入的冲击。

1～3月，进口货物增值税和消费税收入为3328亿元，同比增长12.2%；关税收入为665亿元，同比增长17.5%。进口环节税收增长较快虽有2013年同期进口环节税收大幅下降达28.5%的因素，但也反映出国内经济增长仍有一定支撑力。

1～3月，企业所得税收入为5663亿元，同比增长8.9%，主要受企业效益下滑、企业利润增长放缓的影响。

第一季度财政收入增速虽达到9.3%，高于2013年同期的6.9%，但第一季度财政收入同比增速逐月递减，特别是3月份增速仅为5.2%，说明财政收入形势仍然非常严峻。

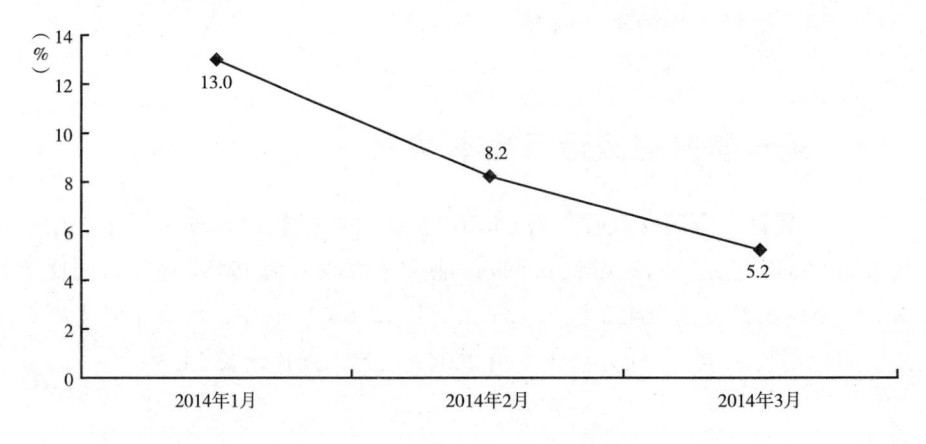

图1 1～3月份财政收入增速趋势

（二）财政支出压力仍然较大

1～3月，农林水支出2753亿元，同比增长12%；社会保障和就业支出

4823亿元，同比增长14.2%；医疗卫生与计划生育支出2172亿元，同比增长26.4%；教育支出4356亿元，同比增长14%；科学技术支出663亿元，同比增长3.4%；文化体育与传媒支出377亿元，同比增长5.8%；住房保障支出611亿元，同比增长3.7%；交通运输支出1497亿元，同比增长3.8%；城乡社区支出2542亿元，同比增长17.7%。

1~3月，财政支出同比增长12.6%，与2013年同期的12.1%大致持平。增速较快的社会保障和就业、医疗卫生与计划生育支出中有诸多属于刚性支出，这也反映出未来财政支出的压力。

三 对第一季度财政收支运行情况的分析与未来展望

（一）财政压力对财税改革的可能影响需要充分考虑

充足的财政收入，可以保证财税改革的顺利进行。第一季度国内生产总值（GDP）同比增速回落到7.4%。经济增长放缓已体现在财政收入上。如何遏止财政收入逐月增速的势头，是未来一段时期内财政工作的重要任务。

社保医疗等刚性支出的压力需靠一定的财政收入增速才能缓解。各类改革所带来的支出压力仍然不能小觑。例如，公务车改革，短期内因司机补偿支出，不仅难以节约开支，反而可能扩大支出。人员经费的欠账，包括公务员工资以及与公务员工资关联的数千万事业单位工作人员工资的上涨压力，都需可靠的财政收入加以支撑。

目前，房地产行业发展已经进入一个重要的转折期。与居民收入水平脱节的高房价，已成为悬在中国经济头上的达摩克利斯之剑。高房价也不利于社会资金投入各种亟待创新的产业。从经济和社会发展来看，这种状况亟待改变。房地产行业的发展与地方政府收入（包括营业税等收入和国有土地使用权出让金收入）关系密切，与地方政府性债务的偿还关系密切。因此，房地产行业改变之中可能释放的风险，不能不小心应对。

寻找中国经济增长新动力，特别是鼓励创新、创造新财源，对于财政的可持续运行至关重要。政府收入的取得，应更多地适应经济结构调整的新形势。

（二）提高财政资金效率，改善财政治理水平

2014年中国财政预算赤字达1.35万亿元，创历史新高。但从2.1%的赤字率来看，仍保持在与2013年同样的水平上。这反映出中国财政政策的连续性。财政政策既不进一步扩张，也不进一步紧缩。

在财政赤字率不进一步提高的前提之下，如何更好地发挥财政在国家治理现代化中的作用，是一个重要问题。时下，应从提高财政资金效率着手，特别是进一步提高财政治理水平，减少财政支出中的各种浪费现象。这不仅仅指财政拨款占比较低的"三公经费"。各种项目支出的绩效需特别加以审视。最近，全国在清理办公用房。其成果要巩固，就必须将清理出来的办公用房加以综合利用。现实中，有办公用房富余的机构单位，也有在租房的单位，如能兼顾办公地点的便利性，结合办公需要，对富余的办公费用加以调剂使用，则可节约大量财政资金。

进一步理顺财政与国库的关系，提高国库现金管理水平，盘活财政资金存量，也可以为财政改革提供财力支持。

财政与经济的关系，应更加突出市场在资源配置中的决定性作用，特别注意避免各种名目的财政补贴（如财政资金奖励等）干扰市场公平竞争的行为。这既可以减少财政支出压力，也可以促进市场的公平竞争。

（执笔人：杨志勇）

第一季度区域财税形势分析

- 2014年第一季度，31个省份GDP与公共财政收入增长高度不均衡，公共财政收入增长率分化严重
- 西部地区非加权平均GDP增长率高，东部地区公共财政收入增幅高
- 山西、黑龙江、河北、甘肃、广西、吉林的GDP和公共财政收入增幅较低

2014年第一季度，全国GDP为128213亿元，实际增长7.4%，名义增长率为7.9%。全国财政收入为35026亿元，增长9.3%，超过GDP名义增长率1.4个百分点，其中地方财政收入19481亿元，增长11.8%，超过GDP名义增长率3.9个百分点。但是，31个省份GDP和公共财政收入增长分化严重。

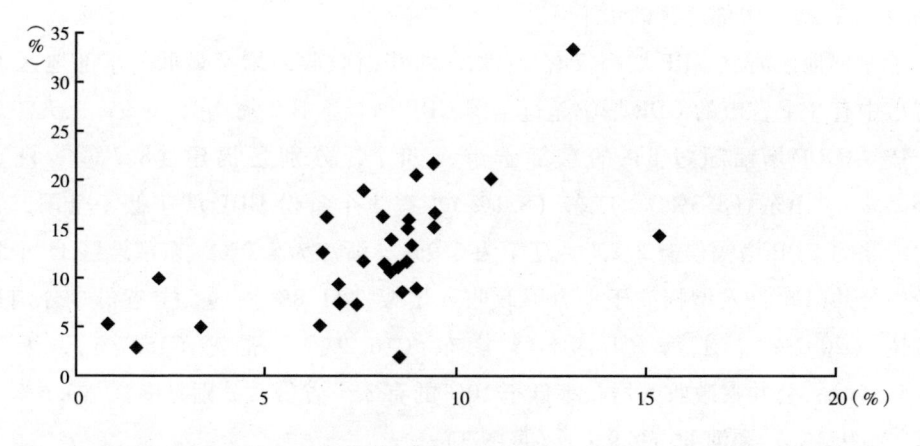

图1 31个省份GDP（横轴）与公共财政收入（纵轴）增长率散点图

图 1 左侧四个点分别是山西（0.8%、5.3%）、黑龙江（1.6%、3.0%）、河北（2.2%、9.9%）、甘肃（3.3%、5.0%）；底部最下方的点是广西，GDP 增长率 8.5%，但财政收入增长率仅为 2.2%；GDP 和财政收入均较低的省份还有吉林（6.4%、5.1%）；最右侧的是贵州（15.4%、14.2%）；最上部的是西藏（13.1%、33.0%）。公共财政收入增幅超过 20% 的省份除西藏外，还有湖北（21.4%）、新疆（20.5%）和海南（20.2%）。

第一季度有 6 个省份财政收入增长率低于名义 GDP 增长率。各省份名义 GDP 增长率与财政收入增长率关系的分化也非常明显，第一季度财政收入增长率低于名义 GDP 增长率的省份有 6 个，分别是广西（-6.0%）、甘肃（-2.9%）、吉林（-1.9%）、青海（-1.3%）、黑龙江（-1.1%）和山西（-0.2%）；财政收入增长率高于名义 GDP 增长率 10 个百分点以上的省份有 5 个，分别是西藏（23.8%）、海南（12.9%）、湖北（12.2%）、上海（11.9%）和新疆（10.3%）。上述数据说明在各省份 GDP 增长率出现分化的同时，各省份 GDP 与财政收入的关系也产生了较大的差异。

西部地区 GDP 增长率高，东部地区财政收入增幅大。通过对第一季度东、中、西部地区非加权平均的 GDP 和公共财政收入增长率的对比分析可以看出，GDP 实际增长率西部最高（8.91%），其次是东部（7.75%），中部地区最低（6.31%）；但从公共财政收入增长率来看，则是东部最高（13.31%），其次是西部（12.76%），中部地区最低（11.45%）（见图 2）。由于西藏的财政收入增幅第一季度高达 33.0%，删除西藏后西部地区公共财政收入的增长率为 10.91%，低于中部地区的水平。

东部地区河北 GDP 增幅仅有 2.2%，浙江财政收入增幅最低。东部地区 11 省市中有 8 个省市的 GDP 增幅超过全国 GDP 增幅，其中海南为 10.9%，天津为 9.4%。GDP 增幅超过 8% 的东部省市有四个，分别是福建（8.7%）、江苏（8.5%）、山东（8.3%）、广东（8.1%）。有 3 个省份 GDP 增速低于全国，其中河北的 GDP 增幅仅为 2.2%，辽宁为 6.9%，浙江为 7.0%。东部地区 11 个省份中公共财政收入增幅高于地方财政收入增幅（11.8%）的 5 个省，分别是海南（20.2%）、上海（18.9%）、广东（16.2%）、福建（15.7%）、天津（15.3%）；公共财政收入增长率低于 10% 的有 3 个省份，分别是浙江（7.6%）、辽宁（9.3%）和河北（9.9%）（见图 3）。

中部 8 省中山西、黑龙江的 GDP 增幅仅有 0.8% 和 1.6%。中部地区 8 省

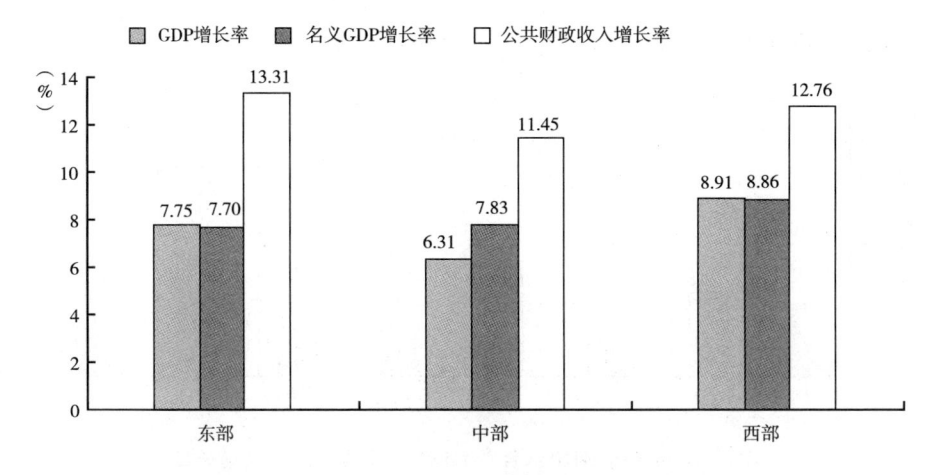

图 2　东、中、西部 GDP、名义 GDP 与公共财政收入增长率

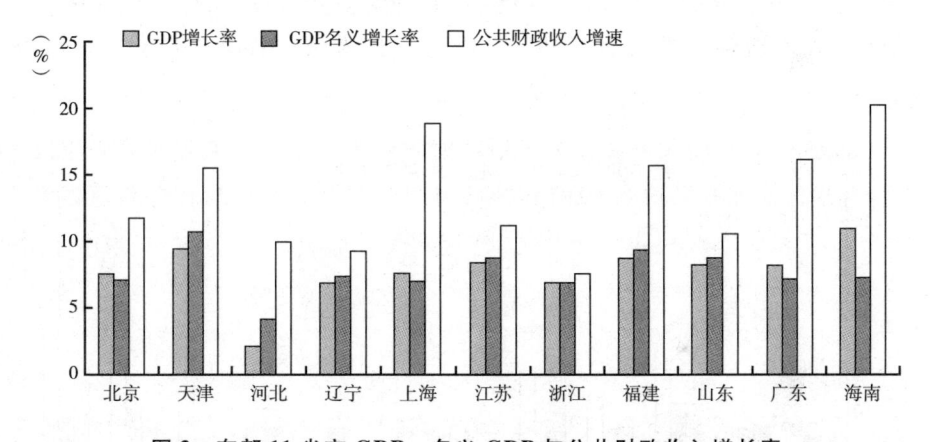

图 3　东部 11 省市 GDP、名义 GDP 与公共财政收入增长率

GDP 增幅的分化严重，其中有 4 个省的 GDP 增幅超过全国 GDP 增幅，其中湖北为 9.3%，安徽和江西均为 8.7%，湖南为 8.2%。中部地区 8 省中公共财政收入增幅高于地方财政收入增幅（11.8%）的有 4 个省份，分别是湖北（21.4%）、河南（16.3%）、江西（15.1%）、湖南（13.9%）；黑龙江、吉林、山西三省的公共财政收入增幅较低，分别为 3.0%、5.1% 和 5.3%（见图 4）。

甘肃、宁夏的 GDP 增幅低，广西财政收入的增幅全国最低。西部 12 省区 GDP 增幅超过 10% 的是贵州（15.4%）和西藏（13.1%）；GDP 增幅低于全国的有两个省份，分别是甘肃（3.3%）和宁夏（6.5%）。西部 12 省区公共财政收入高于地方财政收入增幅（11.8%）的有 6 个，分别是西藏（33.0%）、新疆

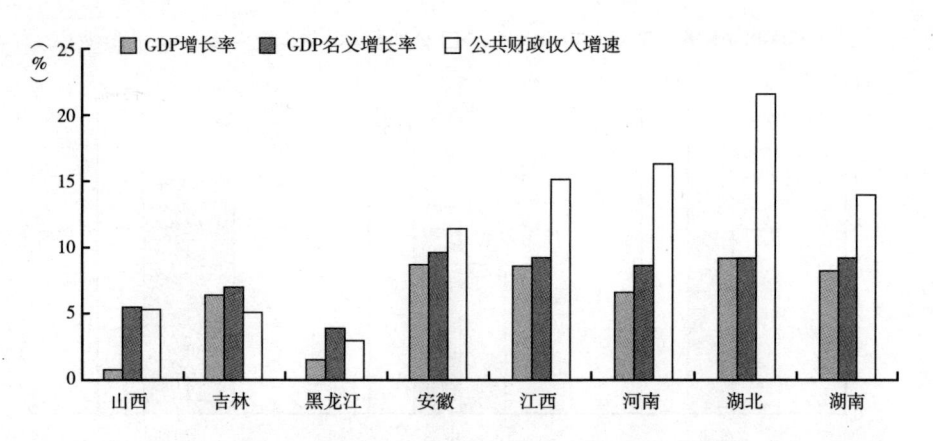

图 4　中部 8 省 GDP、名义 GDP 与公共财政收入增长率

（20.5%）、重庆（16.5%）、贵州（14.2%）、陕西（13.4%）和宁夏（12.5%）；公共财政收入增幅较低的有广西（2.0%）、甘肃（5.0%）、内蒙古（7.3%）（见图 5）。

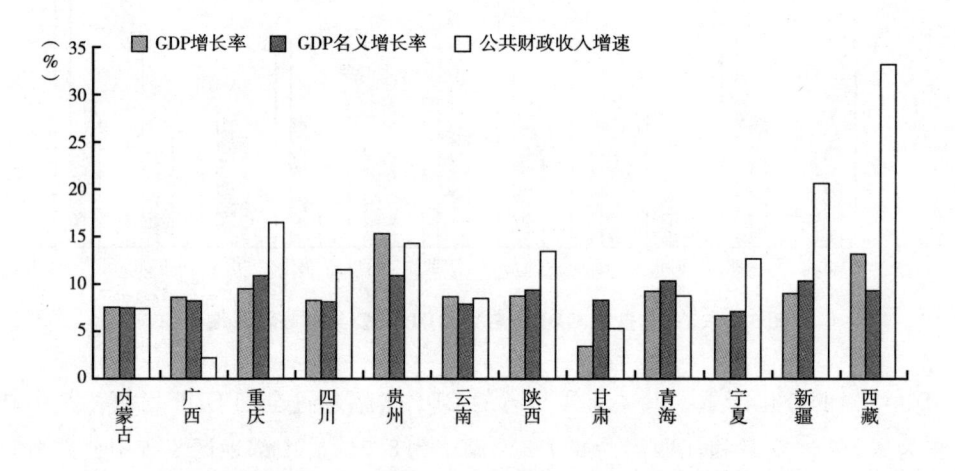

图 5　西部 12 省区市 GDP、名义 GDP 与公共财政收入增长率

（执笔人：张斌）

上半年财税形势分析

- 上半年，财政收入增速总体平稳，但波动较大
- 财政支出增速明显加快
- 稳定经济对财政收入仍至关重要
- 调整中央和地方事权配置格局，保障公共服务的顺利提供

2014年上半年，财政收入同比增长8.8%，但增速波动较大；财政支出增速明显加快。财政收入形势仍然严峻，稳定经济对财政收入仍至关重要。调整中央和地方事权配置格局，上移事权，才能保障公共服务的顺利提供。

一 上半年财政运行基本情况

1~6月累计，全国财政收入74638亿元，同比增长8.8%。其中，中央本级收入34327亿元，同比增长6.2%；地方本级收入40311亿元，同比增长11.1%。全国财政支出69154亿元，同比增长15.8%。其中，中央本级支出10812亿元，同比增长13%；地方财政支出58342亿元，同比增长16.4%。

二 上半年财政运行主要特点

（一）财政收入增长总体平稳，但波动较大

1~6月，全国财政收入同比增速总体平稳，但月度不均，波动较大。第

一季度财政收入逐月下降，4月份回升较多，5月份却又回落，6月份达到8.8%（见图1）。

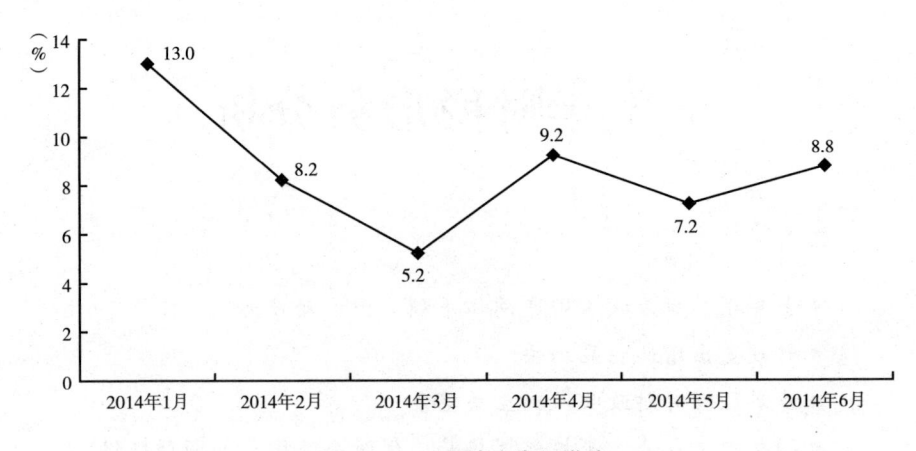

图1　1~6月财政收入增速

1~6月，国内增值税收入为15197亿元，同比增长6.1%。国内增值税收入在第一季度回落的基础之上，进一步回落。6月份，国内增值税收入增速甚至为-0.5%，出现了负增长（见图2）。

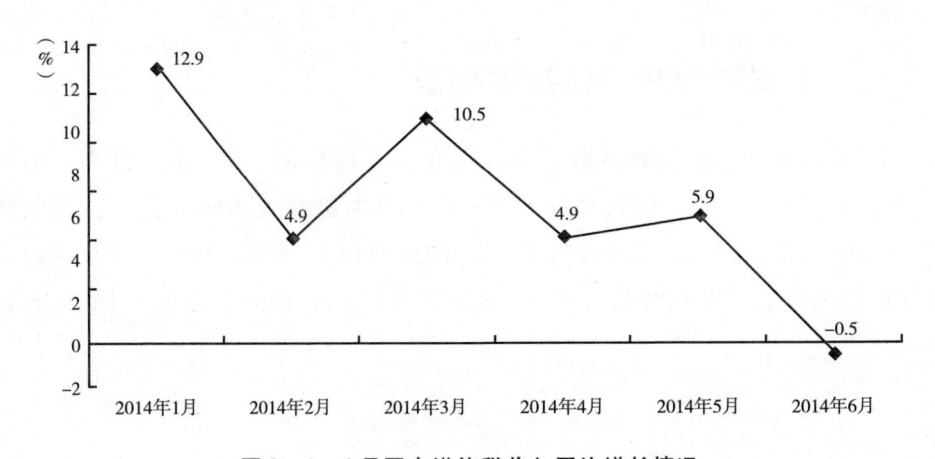

图2　1~6月国内增值税收入同比增长情况

剔除"营改增"因素，上半年，国内增值税收入同口径增长仅为1.4%，6月份更是下降4.5%，其增速下降说明稳增长压力仍然较大。

1~6月，营业税收入为9200亿元，同比增长4%，剔除"营改增"因素，同口径增长11%。2013年上半年营业税收入同比增长12.9%。相比较而言，营业税收入增长回落情况慢于增值税，但增速下降也说明经济增长放缓对税收收入的负面冲击。图3是1～6月营业税同比增速情况。

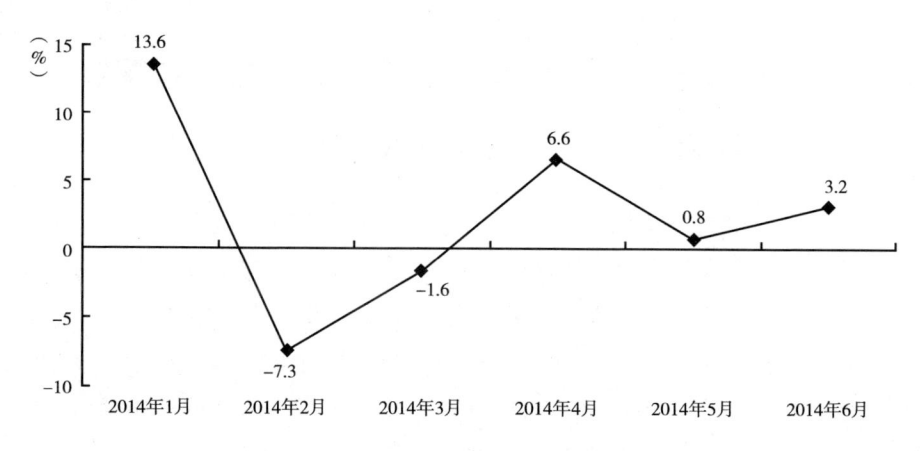

图3 1～6月营业税同比增速

1～6月，进口货物增值税和消费税收入为6933亿元，同比增长8.6%；关税收入为1398亿元，同比增长15.3%。这主要是由进出口形势转好所致。1～6月，企业所得税收入为16253亿元，同比增长8.6%。

上半年财政收入增速虽达到8.8%，高于2013年同期的7.5%，但2014年财政收入增速波动大，说明财政收入形势仍然严峻。

（二）财政支出增速较快

1～6月，全国财政支出69154亿元，同比增长15.8%，明显快于2013年同期10.8%的增速。其中，中央财政本级支出10812亿元，同比增长13%，而2013年同期增速为8.1%；地方财政支出58342亿元，同比增长16.4%，而去年同期为11.3%。

1～6月，农林水支出6047亿元，同比增长17.5%；社会保障和就业支出8625亿元，同比增长13.4%；医疗卫生与计划生育支出4905亿元，同比增长18.4%；教育支出9920亿元，同比增长13.4%；科学技术支出2041亿元，同比增长1.8%；文化体育与传媒支出968亿元，同比增长14.2%；住房保障支出2019亿元，同比增长30.2%；交通运输支出4404亿元，同比增长22.1%；城乡社区支出6180亿元，同比增长23.6%；粮油物资储备支出1079亿元，同比增长20.3%；资源勘探电力信息等支出2284亿元，同比增长18.3%。住房保障支出、城乡社区支出和交通运输支出增速较快。

三 对上半年财政收支运行情况的分析与未来展望

（一）稳定经济之于财政收入仍至关重要

上半年，宏观经济运行平稳，国内生产总值（GDP）增长7.4%，财政收入增速为8.8%，略快于经济增速。第一季度GDP同比增长7.4%，第二季度GDP增长7.5%。经济增长在很大程度上保证了财政收入的增速。

上半年，物价形势相对较好，居民消费价格同比增长2.3%。上半年，进出口增速由负转正，进出口总额同比增长1.2%（第一季度同比下降1.0%），这保证了进口环节增值税和消费税的稳定增长。

上半年，房地产市场有一定隐忧，全国房地产开发投资同比名义增长14.1%（扣除价格因素实际增长13.1%），增速比第一季度回落2.7个百分点；房屋新开工面积同比下降16.4%；全国商品房销售面积同比下降6.0%，其中住宅销售面积下降7.8%；全国商品房销售额同比下降6.7%，其中住宅销售额下降9.2%；房地产开发企业土地购置面积同比下降5.8%。房地产市场的状况直接导致房地产交易环节税收增速普遍回落。1～6月，房地产营业税、契税同比分别增长6.6%、11.7%，增速同比分别回落39.1个、28.1个百分点，这不可避免地会影响地方政府可支配财力。

（二）进一步调整中央和地方事权配置格局，保障公共服务顺利提供

尽管上半年地方本级财政收入同比增长11.1%，但是随着"营改增"进程的加快，寻找新的地方可支配财力必须尽快提上议事日程。实际上，地方本级财政收入不足以充分反映地方可支配财力。对于地方公共服务来说，国有土地出让收入在地方政府可支配财力中的分量更足。但是，在上半年地方政府性基金收入（本级）仍保持同比增长24.8%的形势下，6月份，地方本级的国有土地使用权出让收入增长回落至7.3%，显示其增长乏力的态势。

对于地方来说，由于商品房形成来源的特殊性和房价短时期内上涨较快的

现实，面向住房的房地产税即使开征，也需要大量的减免额。即使未来房地产税收入增加，也是"远水解不了近渴"。如果维持中央和地方财力格局基本稳定，那么规范地方政府的事权和上移事权就显得特别重要。

政府职能尚在转变之中，政府权力清单尚未清晰地罗列出来，地方政府该做什么，不该做什么，界限仍不够明确。特别是，一些公共产品和公共服务，很明显地属于地方政府职责，但是，提供多少，按照什么样的品质提供，仍是未知数。经济社会转型期，地方政府所面临的任务本来就比平常时期要多。转型决定了许多支出压力是一次性的。这样的支出压力，通常没有对应的经常性收入来源。地方政府如何筹集财力，如何获得相应的财权，都是难题。既往的土地财政模式，为地方政府治理提供了较充足的财力，但这一做法或因卖地的不可持续性，或因拆迁征地中的利益冲突越发激烈，变得更为艰难。

改革需要统一的劳动力市场。机关事业单位社保体系如何与企业衔接，仍是难题。过去的欠账如要一次性补齐，则所需财力恐很难充分筹集。如果只是在相关人员退出机关事业单位序列时予以补齐，而未退出时保证对应的社保待遇，则地方政府财力挑战就要小得多。地方政府在社保中承担多少责任，也会决定地方财力的负担程度。如果社保职责更多地归属于中央政府，那么地方政府财政压力就会小得多，可持续运行就更有保障。

(执笔人：杨志勇)

上半年区域财税形势分析

- 2014年上半年,31个省份GDP与公共财政收入增长高度不均衡
- 西部地区非加权平均GDP增长率高,东部地区公共财政收入增幅高
- 山西、黑龙江、内蒙古、浙江、吉林、辽宁的GDP和公共财政收入增幅较低

2014年上半年,全国GDP为269044亿元,实际增长7.4%,名义增长率为8.47%。全国财政收入74638亿元,增长8.8%,超过GDP名义增长率0.33个百分点,其中地方财政收入40311亿元,增长11.1%,超过GDP名义增长率2.63个百分点。31个省份GDP和公共财政收入增长分化严重。

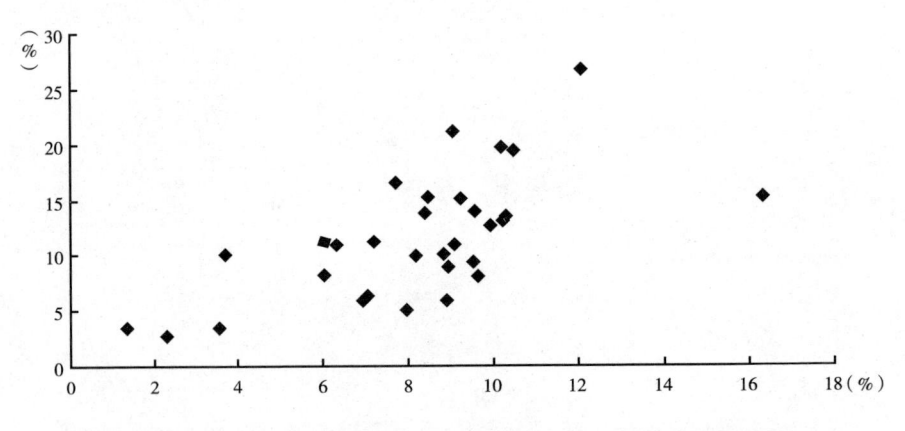

图1 31个省份GDP(横轴)与公共财政收入(纵轴)增长率散点图

图1左侧四个点分别是山西(1.35%、3.46%)、黑龙江(2.29%、2.67%)、内蒙古(3.54%、3.37%)、河北(3.69%、10.05%);最右侧的是贵州

(16.32%、15.27%);最上部的是西藏(12.06%、26.70%)。公共财政收入增幅超过18%的省份除西藏外,还有新疆(21.17%)、湖北(19.73%)和海南(19.41%)。

2014年上半年有9个省份财政收入增长率低于名义GDP增长率。各省份名义GDP增长率与财政收入增长率关系的分化也非常明显,2014年上半年财政收入增长率低于名义GDP增长率的省份有9个,分别是云南(-3.00%)、广西(-2.96%)、湖南(-1.64%)、贵州(-1.05%)、吉林(-1.04%)、辽宁(-0.73%)、陕西(-0.23%)、内蒙古(-0.17%)和四川(-0.03%);财政收入增长率高于名义GDP增长率10个百分点以上的省份有2个,分别是西藏(14.64%)与新疆(12.10%)。上述数据说明在各省份GDP增长率出现分化的同时,各省份GDP与财政收入的关系也产生了较大的差异。

西部地区GDP增长率高,东部地区财政收入增幅大。通过对2014年上半年东、中、西部非加权平均的GDP和公共财政收入增长率的对比分析可以看出,GDP实际增长率西部最高(9.26%),其次是中部(9.16%),东部地区最低(7.97%);但从公共财政收入增长率来看,则是东部最高(12.30%),其次是西部(12.01%),中部地区最低(11.08%)(见图2)。由于2014年上半年西藏的财政收入增幅高达26.70%,删除西藏后西部地区公共财政收入的增长率为10.68%,低于中部地区的水平。

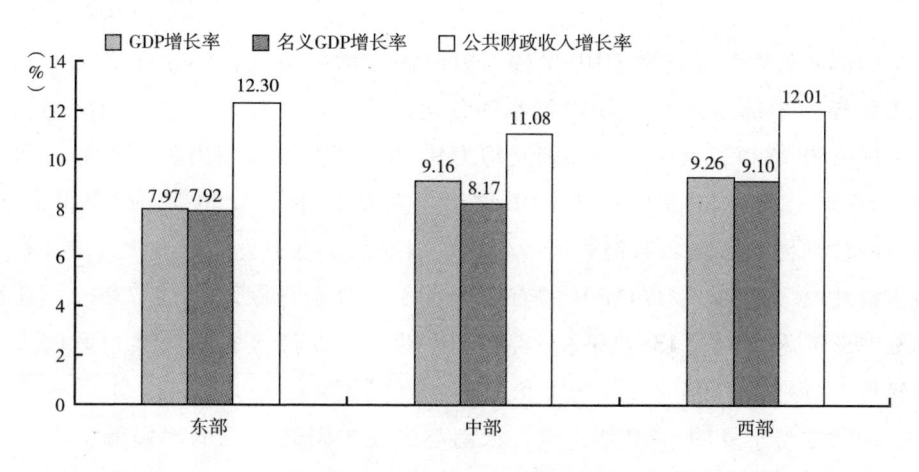

图2 东、中、西部地区GDP、名义GDP与公共财政收入增长率

东部地区河北GDP增幅仅为5.80%,辽宁财政收入增幅最低。东部地区11省市中有6个省市的GDP增幅超过全国GDP增幅,其中天津为10.30%,福建为

9.70%；GDP增幅超过8%的东部省市有3个，分别是江苏（8.90%）、山东（8.80%）和海南（8.00%）。有5个省市低于全国，其中河北GDP增幅仅为5.80%，上海为7.10%，浙江、辽宁和北京均为7.20%。东部地区11个省市中公共财政收入增幅高于地方财政收入增幅（11.1%）的有6个，分别是海南（19.41%）、上海（16.46%）、广东（15.27%）、天津（15.09%）、福建（12.62%）和北京（11.14%）；公共财政收入增长率低于10%的有3个省份，分别是山东（9.84%）、浙江（8.18%）和辽宁（6.35%）（见图3）。

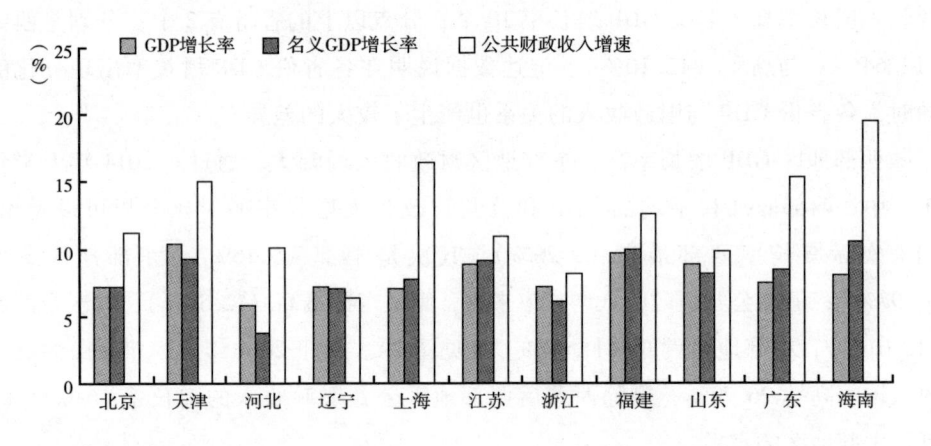

图3 东部11省市GDP、名义GDP与公共财政收入增长率

中部8省中黑龙江的GDP增幅与财政收入增幅最低，仅分别增长4.80%和2.67%。中部地区8省GDP增幅的分化严重，其中有5个省的GDP增幅超过全国GDP增幅，其中江西和湖北均为9.50%，安徽和湖南为9.30%，河南为8.80%；而山西、黑龙江的GDP增幅仅有6.10%和4.80%，在全国31个省份中位列倒数第三名和倒数第一名。中部地区8省中公共财政收入增幅高于地方财政收入增幅（11.1%）的有3个省份，分别是湖北（19.73%）、江西（13.99%）和河南（13.74%）；吉林、山西、黑龙江三省的公共财政收入增幅较低，分别为5.90%、3.46%和2.67%（见图4）。

内蒙古与宁夏的GDP增幅低，云南与内蒙古财政收入的增幅低。西部12省区GDP增幅超过10%的省份有重庆（10.90%）、贵州（10.80%）、西藏（10.70%）、青海（10.20%）、新疆（10.00%）；仅宁夏的GDP增幅与全国平均水平相当，其余西部省区GDP增幅均高于全国平均水平。西部12省区公共财政收入高于地方财政收入增幅（11.1%）的有6个，分别是西藏

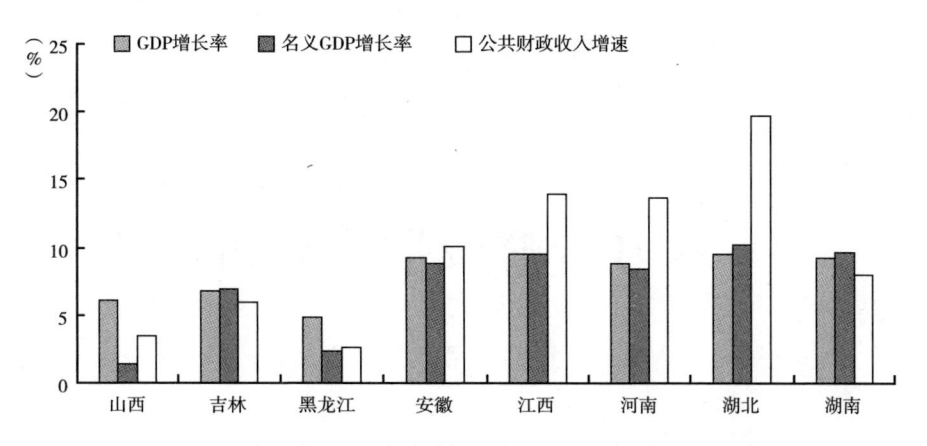

图4 中部8省GDP、名义GDP与公共财政收入增长率

（26.70%）、新疆（21.17%）、贵州（15.27%）、重庆（13.43%）、青海（13.00%）和甘肃（11.19%）；公共财政收入增幅较低的有广西（5.95%）、云南（4.97%）和内蒙古（3.37%）（见图5）。

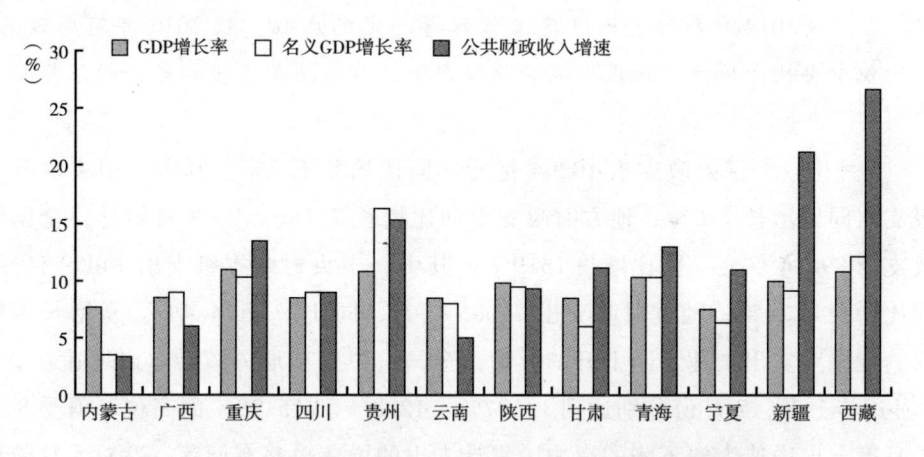

图5 西部12省区GDP、名义GDP与公共财政收入增长率

（执笔人：张斌、姜明耀）

八月份财税形势分析

● 全国、中央和地方累计支出增速在2~7月逐步上升,但到8月份略有回落。支出结构有所优化。地方收入进度明显慢于2013年,全年收支紧张局势不容乐观

● 前8月全国财政支出占上年支出比重仅为64%,可以预计"年末突击花钱"现象2014年还将重演

● 2014年狠抓支出进度工作取得一定的成效,较2013年有所改善,但中央快于地方,地区之间分化较严重,部分省份不重视等问题依然存在

8月份,全国财政支出10204亿元,同比增长6.2%。其中,中央财政本级支出同比增长1.6%;地方财政支出同比增长7.1%。1~8月累计,全国财政支出89614亿元,同比增长13.9%。其中,中央财政本级支出14009亿元,同比增长11.4%;地方财政支出75605亿元,同比增长14.4%。从增长走势看,受月度支出增速不断上升的影响,全国、中央和地方累计支出增速在2~7月逐步上升,7月份分别达到14.97%、12.8%和15.38%的高位。但受8月份月度支出增速大幅下降的影响,累计支出的增速也略有回落。这对8月份宏观经济走势低迷也有重要影响。

分领域看,前8月一般公共服务支出的增速均处于低位,一般公共服务在1~4月甚至是负增长;社会保障和就业支出、医疗卫生支出、城乡社区支出的增速均处于高位;环境保护支出、交通运输支出增速自第二季度开始快速上升,分别从第一季度的负增长上升到7月份的21.71%和24.16%(见图1)。这反映了在收支矛盾比较突出的情况下,财政支出能够保障民生、环保、基础设施建设等各项重点支出的需要,结构不断优化。但环境保护、交通运输领域

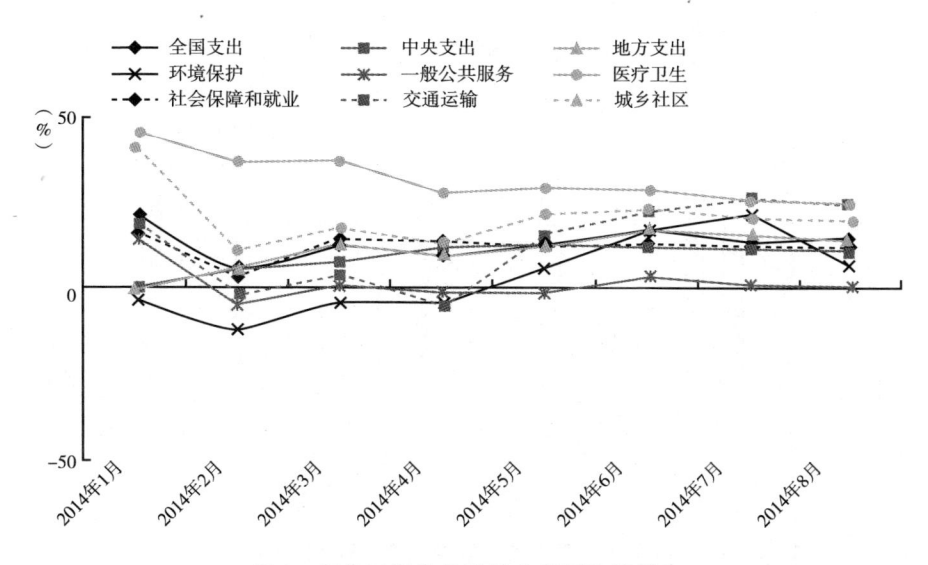

图 1 各类口径公共财政支出同比增长率

资料来源：CEIC。

支出的大落大起，也反映了预算管理方面存在不够科学的问题。为充分发挥财政政策稳定宏观经济的功能，必须加快预算执行制度的改革。

从支出进度来看，按占上年全年支出比重来衡量，2014年第一季度与2013年第一季度接近，但第二季度全国支出、中央支出和地方支出均已超过2013年第二季度。2014年第一季度、第二季度与2012年第一季度、第二季度相差无几，但按前8月比较，2014年的进度已低于2012年2个百分点左右（见图2），反映了最近两个月支出增速较慢，拖累了累计支出进度的表现。总体上看，到8月底预算年度已过去2/3，但即使以上年支出为分母，除中央支出之外，全国支出和地方支出进度均未达2/3。2014年后四月支出压力依然较大，可以预计"年末突击花钱"现象2014年还将重演。从财政角度看，抓好各项支出安排，对改善宏观经济表现的潜力较大。

加快地方支出进度，是解决全国财政支出年初进度过慢问题的基础。以上年全年支出为分母，各省份2014年前7月支出比重均值为56.05%，较2013年提升了2个百分点以上，但低于2012年1个百分点以上（见表1）。从2014年数据看，不同省份前7月支出进度分化依然明显。湖北、贵州、新疆、河北、山东、江西等省份前7月支出占上年全年支出的比重均超过58%，而山

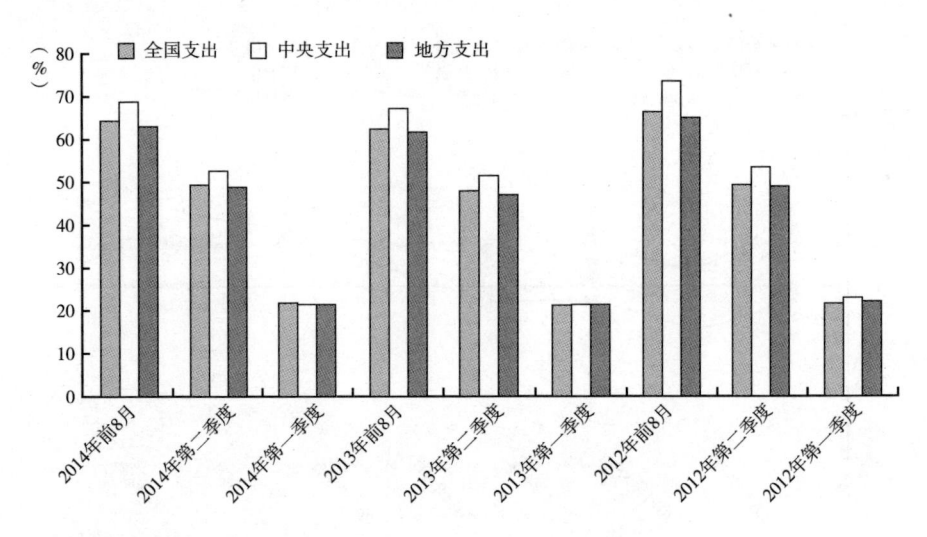

图 2　2012～2014 年前 8 月及第一季度、第二季度支出占上年支出比重

资料来源：CEIC。

西、内蒙古、云南、吉林等省份均低于 53%。从各地区前 7 月收入占上年全年收入比重来看，上海、海南、浙江、北京、江西 5 省份均已超过 70%，而 2013 年同期 11 个省份超过 70%；新疆、云南、西藏、广西等 12 个省份还低于 65%，而 2013 年同期仅有四个省份低于 65%。这反映 2014 年地方财政收入增长态势不容乐观，尤其是不发达地区，而发达地区收入增长态势相对较好。与支出比重对比，不发达地区的收入增长影响了其支出进度，而发达地区收入进度较好与支出进度快关联性较差。

表 1　2012～2014 年各地区前 7 月支出和收入占比

单位：%

省　份	支出占比			收入占比		
	2014 年	2013 年	2012 年	2014 年	2013 年	2012 年
北　京	55.03	53.32	55.28	71.18	70.99	69.59
天　津	56.29	58.05	58.91	68.18	70.03	71.77
河　北	58.26	53.16	58.04	66.20	66.39	74.35
山　西	51.37	50.67	55.69	67.25	72.02	77.09
内蒙古	52.81	51.86	54.24	63.40	67.85	69.88
辽　宁	53.89	53.14	55.31	63.10	65.13	71.85

续表

省　份	支出占比			收入占比		
	2014 年	2013 年	2012 年	2014 年	2013 年	2012 年
吉　林	52.78	51.37	53.51	63.81	66.89	73.90
黑龙江	53.58	48.38	56.63	64.43	69.21	73.77
上　海	55.48	53.13	54.69	78.09	74.75	74.65
江　苏	55.02	54.22	54.98	66.81	67.40	67.97
浙　江	54.11	55.33	55.28	72.48	74.07	72.52
安　徽	57.20	56.93	60.57	68.39	71.51	72.92
福　建	55.68	55.16	58.85	68.00	72.23	70.54
江　西	58.17	55.12	56.51	70.28	72.07	79.69
山　东	58.24	57.08	58.45	68.37	71.42	74.68
河　南	56.79	55.99	59.66	67.39	69.63	70.73
湖　北	62.45	57.44	59.84	69.44	69.75	68.76
湖　南	53.71	55.93	57.70	64.64	68.15	69.59
广　东	58.00	53.66	57.31	67.57	66.97	65.22
广　西	55.56	49.80	53.35	62.71	66.90	70.31
海　南	56.29	55.93	54.71	72.57	71.08	73.94
重　庆	55.15	52.60	57.68	67.27	59.63	65.48
四　川	56.31	52.17	57.43	66.43	70.06	71.49
贵　州	61.50	55.76	59.11	66.67	68.59	76.29
云　南	52.62	53.53	54.80	57.93	66.15	66.75
西　藏	56.68	51.21	54.67	60.05	51.40	61.54
陕　西	57.58	57.73	59.57	62.23	62.49	59.58
甘　肃	58.99	56.20	55.93	65.60	68.35	72.23
青　海	53.45	50.68	61.03	64.51	69.11	76.54
宁　夏	54.79	47.86	57.61	64.83	68.40	71.82
新　疆	59.85	57.63	61.74	57.66	59.19	67.74
各省平均	56.05	53.90	57.07	66.37	67.99	71.07

资料来源：CEIC。

总体上看，2014 年财政部门狠抓财政支出进度，要求"盘活存量，用好增量"，对各地区改善支出进度起到了一定作用。与 2013 年相比较，绝大部分省份前 7 月支出进度均有所改善。宁夏、广西、湖北、西藏、河北、黑龙江、贵州、广东等省份进步较大，提升了 4 个百分点以上；湖南、天津、浙江、云南等省份则表现较差，较 2013 年同期有所下降（见图 3）。与支出进度在全国的排位相

图3 各地区前7月支出进度相对绩效

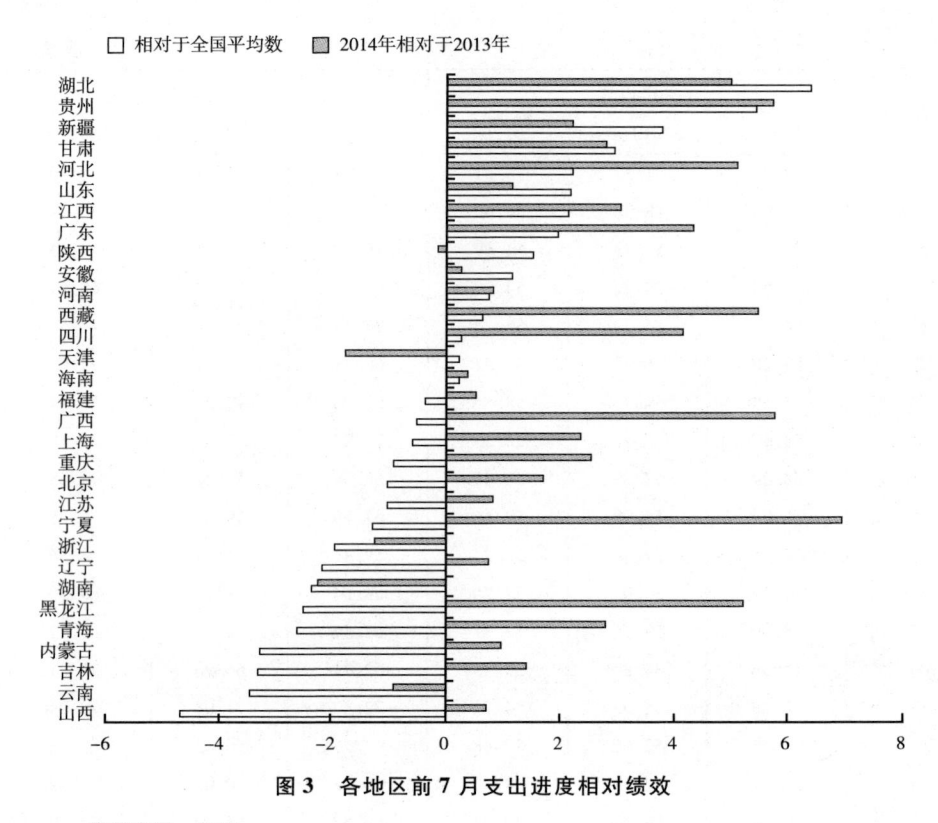

资料来源：CEIC。

比较，云南、山西、内蒙古、吉林等省份全国排位最低，其相对于2013年改善也不明显。湖北、贵州、广东、河北、江西等省份较2013年支出进度改善明显，在2014年也排在全国前列。这反映各地对于狠抓支出进度工作的重视度有差异。财政部应当对那些排位落后于全国，相对于上年改善不明显的落后省份，加大支出进度督促力度。

总体而言，以前7月数据观察，2014年我国财政支出进度较2013年有明显改善，但中央快于地方，地区之间分化较严重，部分省份不重视等问题依然存在。2014年前8月全国财政支出占上年支出比重仅为64%，可以预计"年末突击花钱"现象2014年还将重演。从各地区前7月收入数据来看，收入进度明显慢于2013年，全年收支紧张局势不容乐观。

（执笔人：汪德华）

第三季度财税形势分析

- 1~9月份，财政收入增速总体平稳，但波动较大
- 财政支出增长平稳
- 财政收入形势严峻
- 以新预算法落实为契机，夯实财政制度基础，保障财政收支平稳运行

2014年1~9月份，财政收入同比增长8.1%，但增速波动较大；财政支出增长平稳。财政收入形势仍然严峻，应以新预算法落实为契机，夯实财政制度基础，保障财政收支平稳运行。

一 1~9月份财政运行基本情况

1~9月累计，全国财政收入为106362亿元，同比增长8.1%。其中，中央本级收入为49599亿元，同比增长6%；地方本级收入为56763亿元，同比增长10.1%。全国财政支出103640亿元，同比增长13.2%。其中，中央本级支出15960亿元，同比增长11.8%；地方财政支出87680亿元，同比增长13.5%。

二 1~9月份财政运行主要特点

（一）财政收入增长波动较大，第三季度增长更是乏力

1~9月，全国财政收入增长波动较大，第三季度增长更是乏力。从4

月份财政收入增长速度回升之后,7月份开始财政收入又跌入"6"时代。7~9月份的财政收入增速分别为6.9%、6.1%和6.3%(见图1)。财政收入形势较为严峻。

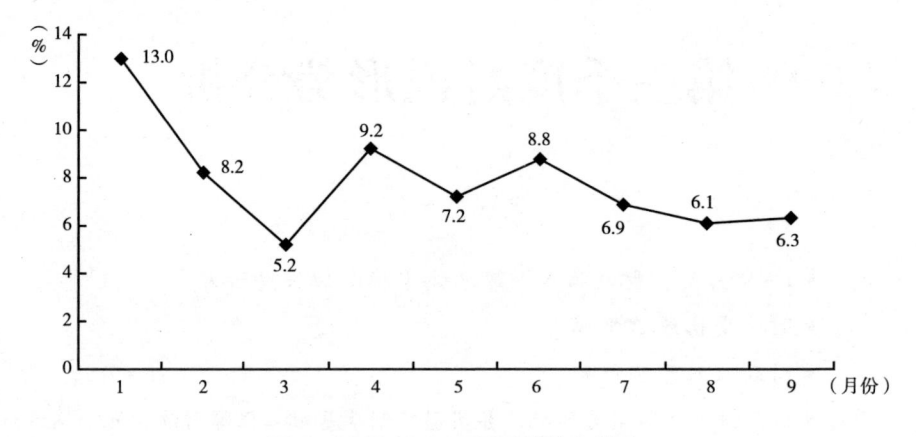

图1　2014年1~9月财政收入增速

1~9月,国内增值税收入为22398亿元,同比增长7.5%。国内增值税收入波动较大。6月份,国内增值税收入负增长,第三季度回升,但7~9月份增速递减(见图2)。

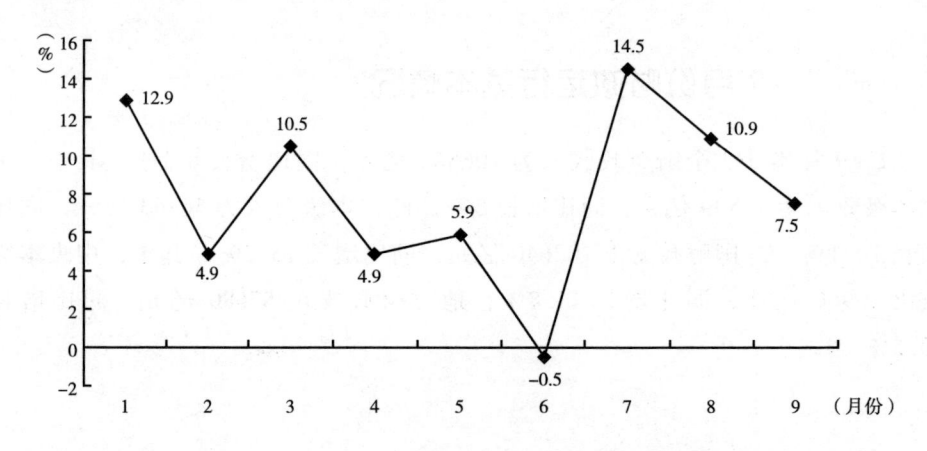

图2　2014年1~9月国内增值税收入同比增长情况

剔除"营改增"因素,1~9月份,国内增值税收入同口径增长仅为1.4%。在6月份国内增值税收入同比下降4.5%之后,7月、8月、9月有一定增长,分别为6.6%、3.4%和4%。但是,8月和9月的增速说明稳增长压力依旧较大。

1~9月，营业税收入为13072亿元，同比增长1.4%，剔除"营改增"因素，同口径增长9.2%。营业税收入增速波动大，8月份增长为负数，且高达-16.1%（见图3）。营业税波动且增速下降也进一步说明经济增长放缓对税收收入的负面冲击。

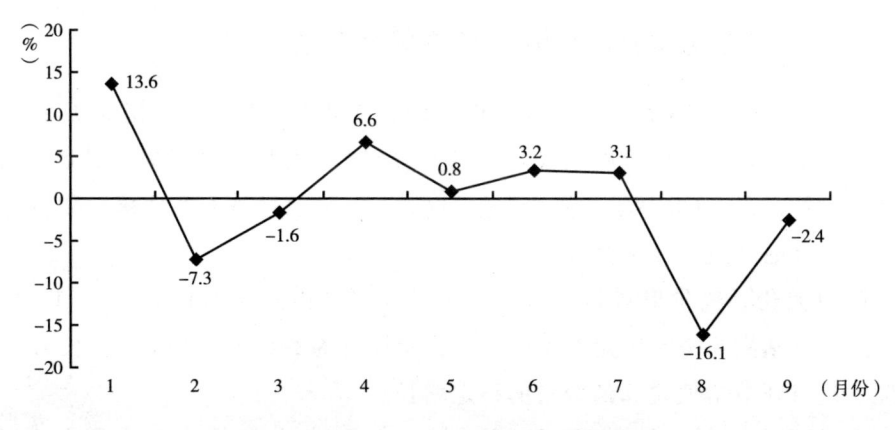

图3　2014年1~9月营业税同比增速

1~9月，进口货物增值税和消费税收入为10668亿元，同比增长6.9%；关税收入为2143亿元，同比增长13.3%。1~9月，企业所得税收入为21011亿元，同比增长8.1%。

1~9月份财政收入增速达到8.1%，但增速波动大，说明财政收入形势仍然严峻。

（二）财政支出增长平稳

1~9月，农林水支出9043亿元，同比增长12.2%；社会保障和就业支出11957亿元，同比增长13.1%；医疗卫生与计划生育支出6989亿元，同比增长12.4%；教育支出14912亿元，同比增长11.1%；科学技术支出2959亿元，同比增长1.7%；文化体育与传媒支出1607亿元，同比增长14.4%；住房保障支出3493亿元，同比增长22.2%；交通运输支出7289亿元，同比增长21.4%；城乡社区支出9158亿元，同比增长19.4%；粮油物资储备支出1411亿元，同比增长26.5%；资源勘探电力信息等支出3528亿元，同比增长16.6%；节能环保支出2104亿元，同比增长14.6%。

住房保障支出、城乡社区支出、粮油物资储备支出和交通运输支出增速较快。

三 对1~9月份财政收支运行情况的分析与未来展望

(一) 财政收入形势严峻与经济关系密切

1~9月份,国内生产总值(GDP)增长7.4%,财政收入增速为8.1%,略快于经济增速,但中央财政收入增速仅为6%,慢于GDP增速,财政收入形势严峻。特别是,GDP第三季度增速为7.3%,显示经济有所回落。如果趋势持续,那么财政收入压力必须正视。

1~9月份,物价形势相对较好,居民消费价格同比增长2.1%。1~9月份,进口额达到89998亿元人民币,以美元计价为14655亿美元,增长1.3%,保证了进口环节增值税和消费税的稳定增长。

1~9月份,房地产市场已有一定调整。2014年1~9月份,全国房地产开发投资68751亿元,同比名义增长12.5%(扣除价格因素实际增长11.7%),增速比1~8月份回落0.7个百分点;商品房销售面积77132万平方米,同比下降8.6%,降幅比1~8月份扩大0.3个百分点。房地产市场的状况直接导致房地产交易环节税收增速普遍回落。1~9月份,房地产营业税同比增长3.8%,增速进一步回落,这不可避免地会影响地方政府可支配财力。

(二) 以新预算法落实为契机,夯实财政制度基础,保障财政收支平稳运行

2014年8月31日,新预算法通过,并将于2015年1月1日起生效。财政收支运行环境将发生重大变化,应以此为契机,夯实财政制度基础,保障财政收支平稳运行。

1. 跨年度平衡机制的实现

根据新预算法,"各级预算应当遵循统筹兼顾、勤俭节约、量力而行、讲求绩效和收支平衡的原则"。这与传统预算编制原则一致,体现了预算法修改与过去做法的衔接关系。新预算法还规定:"各级政府应当建立跨年度预算平衡机制。"这打破了既往年度预算平衡的理财原则。年度平衡固然重要,但在现实社会发展对跨

年度平衡机制的呼唤面前，显得不是那么重要。年度平衡适应农业社会的需要，却与工业社会和后工业社会的经济周期不再那么吻合，于是，只要实现周期性平衡，预算平衡就算得到实现。

从发达国家的运作来看，周期性平衡能否实现受较多因素干扰。经济周期也不再是工业社会初期的 8~10 年那么稳定。在一定周期内，能否实现平衡，更不好说。况且，"周期"到底指多久，还是争论不休。但是，纵然有这样那样的问题，跨年度平衡机制的建立仍很重要。现实中，年度预算执行带来年末突击花钱问题，年度预算不能适应项目预算跨年度执行的需要，年度预算有内在调整的必要性。这些年来，与年度预算平行的中期预算管理风靡全球。2/3 以上的国家和地区实施了中期预算管理。只有跨年度预算平衡机制才能与之相匹配。中国已确定编制中期财政规划，必须有跨年度预算平衡机制的配合。中期预算管理可以在很大程度上避免资金使用的短视行为，促进公共资金效率的提高。

2. 地方债管理制度的进一步改革

新预算法放行地方债，可圈可点。但是，地方政府发债仍然受限较多。规模、形式等多种限制，旨在防范风险。问题是，如此限制的地方债，能否弥补地方融资平台退出留下的资金需求，能否适应地方经济社会发展的需要？这还需要实践检验，并根据实际情况不断完善地方债管理制度。地方债限制之后，地方政府行为的规范化程度在提高，这会不会导致一些地方政府不作为呢？毕竟，地方债应该服务于地方治理需要。

3. 预算法实施中的监督

新预算法特别注意加强人大监督。将权力装在制度的笼子里，涉及公共资金的权力更应该如此。只要做到全面规范、公开透明，只要改革沿着这个方向前进，现代预算制度终将确立，人民的公共资金将得到更有效的运用。但是，如何加强人大监督，特别是加强人大的有效监督，还需要进一步完善人民代表大会制度。

此外，新预算法要求编制政府综合财务报告，并向人大常委会备案。这是不够的。政府综合财务的编制涉及权责发生制，涉及政府资产计量难题，可能还需要一段时间。但最终编制的报告仍应向社会公开。这也为预算法留下了进一步修改的空间。新预算法规定了相关个人的责任。这些责任该如何落实，也需要实施条例和其他配套制度的跟进。

（执笔人：杨志勇）

第三季度区域财税形势分析

- 2014年第三季度，31个省份GDP与公共财政收入增长不均衡，公共财政收入增长率分化严重
- 西部地区非加权平均GDP增长率高，西部地区公共财政收入增幅高
- 辽宁、吉林、河北、上海、云南的GDP和公共财政收入增幅较低

2014年第三季度，全国GDP为150864.3亿元，实际增长7.3%，名义增长率为8.48%。全国财政收入31724亿元，增长6.46%，低于GDP名义增长率2.02个百分点，其中地方财政收入16452亿元，增长7.56%，低于GDP名义增长率0.92个百分点。但是，31个省份GDP和公共财政收入增长分化严重。

图1中左下方的两个点分别是辽宁（4.4%、-23.8%）、吉林（6.1%、

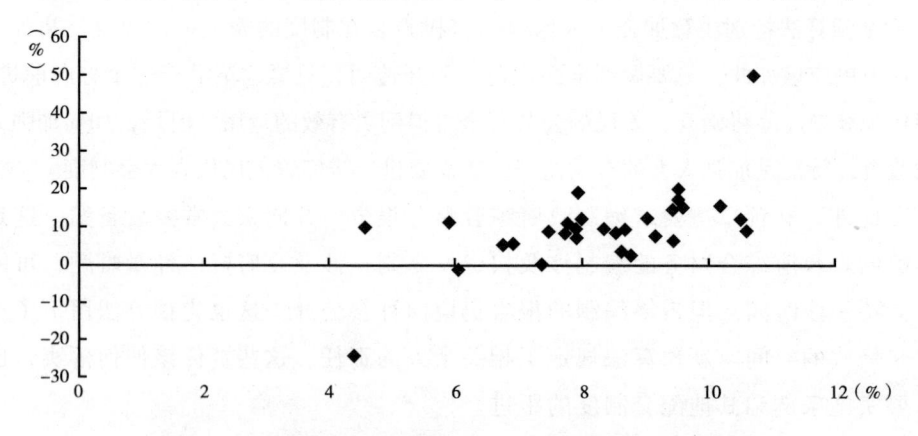

图1　31个省份GDP（横轴）与公共财政收入（纵轴）增长率散点图

-1.3%）；GDP和财政收入均较低的省份还有河北（6.9%、5.5%）、上海（6.8%、5.1%）和云南（7.4%、-0.2%）；右上方的是西藏（10.7%、50.0%）；最右侧的三个点分别是海南（10.2%、15.2%）、贵州（10.5%、11.6%）和重庆（10.6%、9.2%）；公共财政收入增幅超过18%的省份除西藏外，还有江西（19.9%）和广西（18.8%）。

第三季度有11个省份财政收入增长率低于名义GDP增长率。各省份名义GDP增长率与财政收入增长率关系的分化也非常明显，第三季度财政收入增长率低于名义GDP增长率的省份有11个，分别是辽宁（-27.04%）、贵州（-16.84%）、云南（-10.43%）、吉林（-4.46%）、安徽（-4.19%）、甘肃（-3.74%）、陕西（-2.66%）、上海（-1.48%）、福建（-1.02%）、宁夏（-0.60%）和重庆（-0.23%）；财政收入增长率高于名义GDP增长率10个百分点以上的省份有3个，分别是西藏（31.28%）、江西（10.87%）和广西（10.46%）。上述数据说明在各省份GDP增长率出现分化的同时，各省份GDP与财政收入的关系也产生了较大的差异。

西部地区GDP增长率高，西部地区财政收入增幅大。通过对第三季度东、中、西部非加权平均的GDP和公共财政收入增长率的对比分析可以看出，GDP实际增长率西部最高（8.95%），其次是东部（7.92%），中部地区最低（7.67%）。从公共财政收入增长率来看，依然是西部最高（12.38%），其次是中部（10.44%），东部地区最低（6.37%）（见图2）。由于西藏的财政收入增幅第三季度高达50.0%，删除西藏后西部地区公共财政收入的增长率为8.96%，低于中部地区但高于东部地区的水平。

东部地区辽宁、河北、上海GDP增幅较低，辽宁财政收入为负增长。东部地区11个省市中有8个省市的GDP增幅超过全国GDP增幅，其中海南为10.20%，天津为9.46%；GDP增幅超过8%的东部省市还有3个，分别是福建（9.15%）、江苏（8.61%）、山东（8.51%）；有3个省份GDP增幅低于全国，其中辽宁的GDP增幅仅有4.42%，在全国31个省份中位列倒数第一名，上海的GDP增幅是6.81%，河北的GDP增幅是6.88%。东部地区11个省市中公共财政收入增幅高于10%的有3个省份，分别是海南（15.22%）、天津（14.75%）和广东（10.81%）；公共财政收入增幅低于地方财政收入增幅（7.56%）的有3个省份，分别是辽宁（-23.79%）、上海（5.09%）和河北（5.52%），其中辽宁的财政收入为负增长，且为全国最低（见图3）。

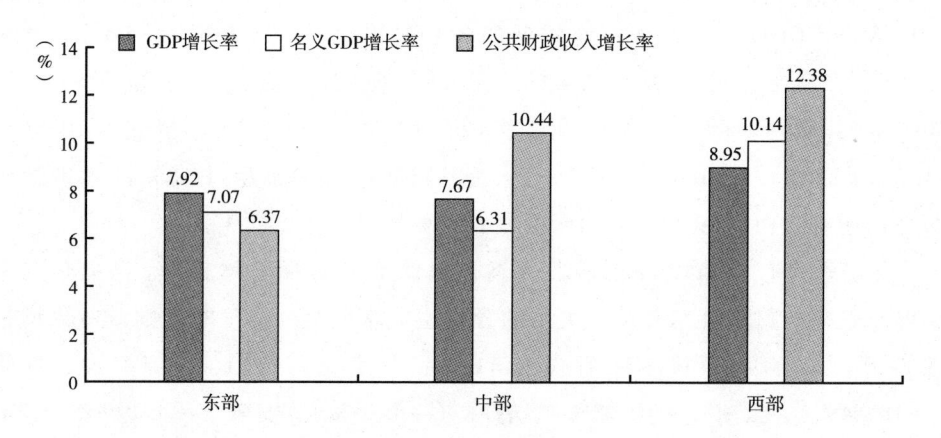

图 2 东、中、西部 GDP、名义 GDP 与公共财政收入增长率

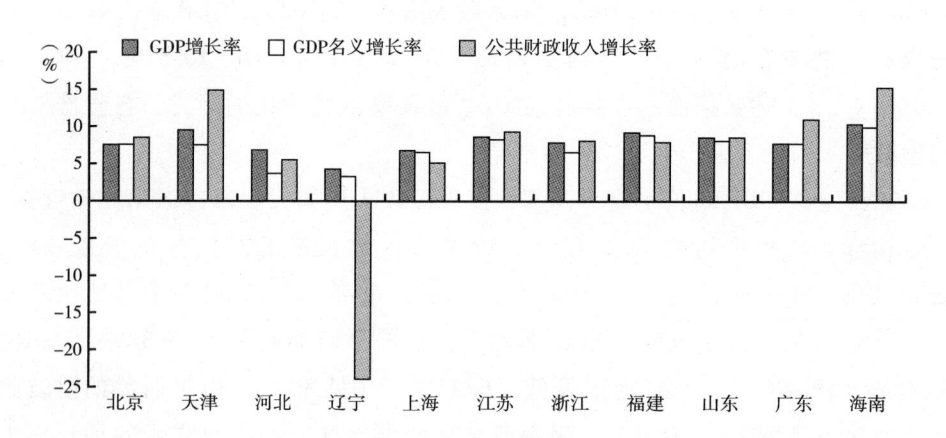

图 3 东部 11 省市 GDP、名义 GDP 与公共财政收入增长率

中部地区山西、黑龙江、吉林 GDP 增幅较低，吉林公共财政收入为负增长（见图4）。中部地区 8 省中有 5 个省的 GDP 增幅超过全国 GDP 增幅，其中湖北、江西均为 9.5%，湖南为 9.02%，安徽为 8.76%，河南为 8.01%；而山西、黑龙江、吉林的 GDP 增幅仅有 4.60%、5.89%、6.05%，在全国 31 个省份中列倒数第二、倒数第三、倒数第四名。中部地区 8 省中公共财政收入增幅高于 10% 的有 5 个省份，分别是江西（19.94%）、湖北（17.57%）、湖南（12.56%）、河南（11.68%）、黑龙江（10.65%）；安徽的公共财政收入增幅较低，为 2.51%；吉林的公共财政收入为负增长（-1.31%）。

西部地区云南、甘肃的公共财政收入增幅仅有 -0.21% 和 3.41%。西部 12 省区 GDP 增幅超过 10% 的是西藏（10.70%）、重庆（10.59%）和贵州

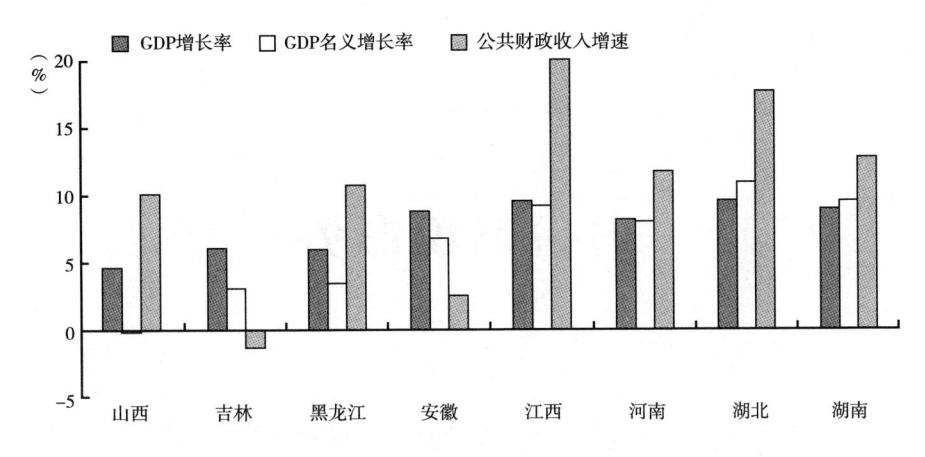

图4 中部8省GDP、名义GDP与公共财政收入增长率

（10.53%）；仅云南的GDP增幅（7.36%）与全国平均水平相当，其余西部省区GDP增幅均高于全国平均水平。西部12省区公共财政收入高于10%的有4个，分别是西藏（50.0%）、广西（18.83%）、新疆（14.90%）和贵州（11.56%）；公共财政收入增幅低于地方财政收入增幅（7.56%）的有4个省份，分别是云南（-0.21%）、甘肃（3.41%）、陕西（6.36%）和宁夏（7.24%），其中云南的财政收入为负增长（见图5）。

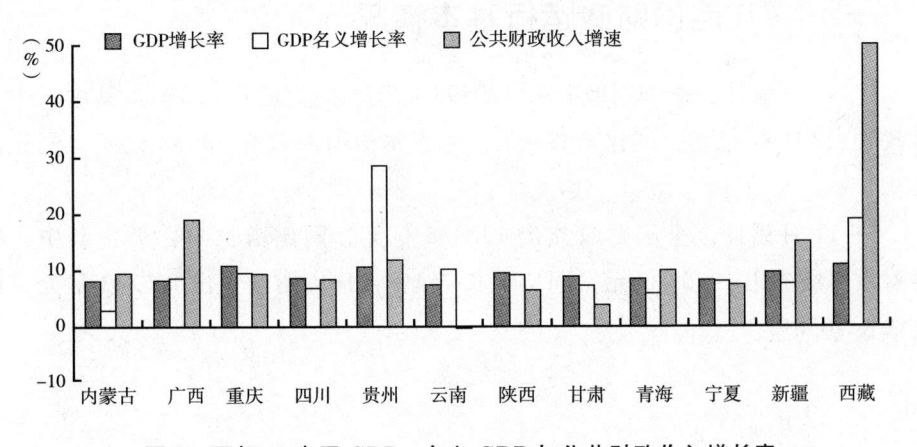

图5 西部12省区GDP、名义GDP与公共财政收入增长率

（执笔人：张斌、王术华）

十一月份财税形势分析

- 财政收入增速止降回升,中央财政贡献较大
- 四类财政支出增长仍然较快,支出预算的执行进度相对缓慢
- 财政收支运行以定向调控的积极财政政策为导向

2014年1~11月,我国财政收入增速波动较大,财政支出增长平稳,但支出预算执行的进度相对缓慢,财政收支受定向调控政策的影响较大。中央经济工作会议之后,我国积极的财政政策以及定向调控的力度将进一步加大。

一 1~11月份财政运行基本情况

1~11月累计,全国财政收入129595亿元,同比增长8.3%。其中,中央财政收入61063亿元,同比增长7%;地方本级财政收入68532亿元,同比增长9.5%。

1~11月累计,全国财政支出126308亿元,同比增长10.1%。其中,中央财政本级支出19065亿元,同比增长7.4%;地方财政支出107243亿元,同比增长10.6%。

二 2014年财政运行主要特点

(一)财政收入增速止降回升,中央财政贡献较大

在第三季度全国财政收入增长速度持续下跌之后,10月开始止降回升,

10月和11月的财政收入增速分别为9.4%和9.1%（见图1），显示我国财政收入增速重新回归快速增长的轨道。财政收入增速回调主要是中央财政的贡献，10月和11月分别增长11.3%和12.1%，原因主要是部分金融机构上缴国有资本经营收入及企业所得税增加，出口退税相应减少。地方财政增速仍保持低速，10月和11月分别增长7.6%和6.4%，基本延续了2014年的下降趋势，原因主要是房地产业不振，相关税收增速受到影响。

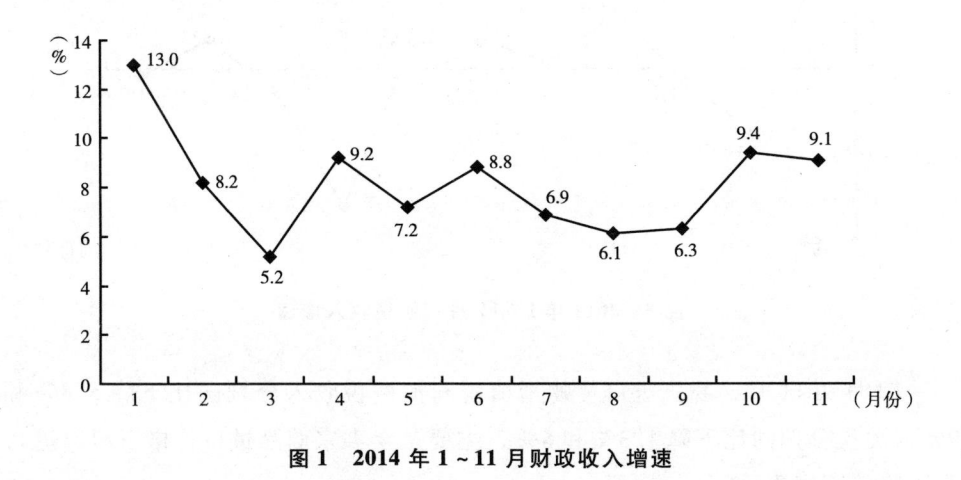

图1 2014年1~11月财政收入增速

10月和11月，国内增值税收入分别同比增长10.9%和4.4%，扣除"营改增"转移收入后分别增长5%和2%，基本延续了7月以来的回落趋势（见图2），其原因主要是经济增长速度放缓和价格持续下降。

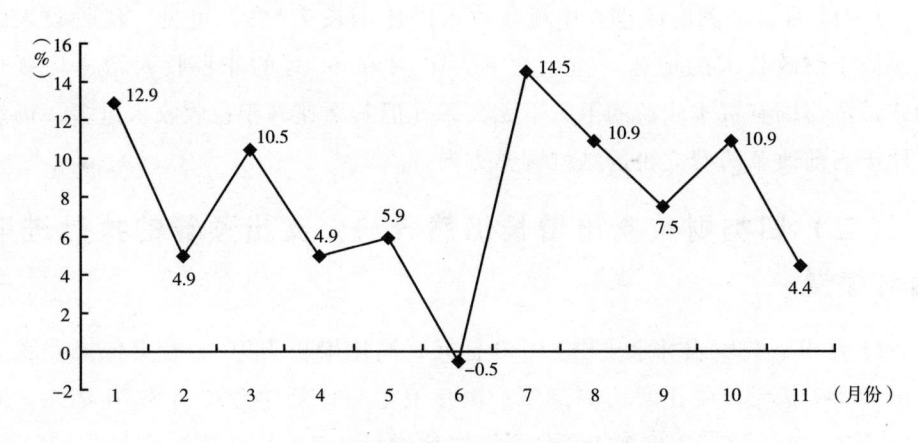

图2 2014年1~11月国内增值税收入增速

10月和11月，营业税收入分别同比增长3.5%和同比下降0.8%，扣除"营改增"转移收入后分别增长11.7%和3.2%。1~11月营业税收入增速波动较大（见图3）。

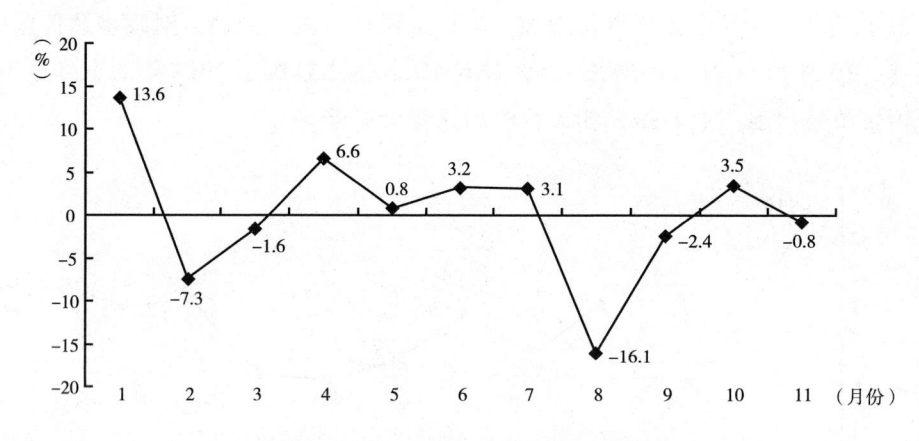

图3　2014年1~11月营业税收入增速

10月和11月，我国进口货物增值税和消费税收入分别同比下降5.8%和9%，关税分别同比下降1.3%和8%，主要是受大宗商品进口价格下滑、进口额下降等因素影响。

10月和11月，我国国内消费税收入分别同比增长17%和7.2%，企业所得税收入同比增长15.8%和34.2%，主要是部分金融机构预缴企业所得税增加。

1~11月，全国财政收入中税收收入同比增长7.5%，可见，税收收入的增速低于财政收入的增速。相比之下，10月和11月的非税收入增速均接近20%，虽与国有资本收益的上缴不无关系，但其增速高于税收收入过多，仍然有悖于当前改革清费立税的结构调整方向。

（二）四类财政支出增长仍然较快，支出预算的执行进度相对缓慢

11月份，我国农林水支出11080亿元，同比增长7.9%；社会保障和就业支出14047亿元，同比增长11.8%；医疗卫生与计划生育支出8270亿元，同比增长9.8%；教育支出18462亿元，同比增长7.7%；科学技术支出3753亿元，同比下降1.7%；文化体育与传媒支出2085亿元，同比增长12.3%；住

房保障支出 4194 亿元，同比增长 15.2%；交通运输支出 8784 亿元，同比增长 15.6%；城乡社区支出 11135 亿元，同比增长 16.7%；粮油物资储备支出 1523 亿元，同比增长 19.1%；资源勘探信息等支出 4283 亿元，同比增长 9.5%。

粮油储备、城乡社区、交通运输、住房保障四类支出的增速仍然较快。另外，1~11 月，我国财政支出完成预算的 82.5%，其中，中央支出完成预算的 84.7%，地方支出完成预算的 82.5%，说明我国支出预算的执行进度落后于计划进度。

三 对 2014 年财政收支运行情况的分析与未来展望

（一）财政收支运行以定向调控的积极财政政策为导向

2014 年我国积极的财政政策的关键在于"定向调控"。虽然定向调控是年中才被明确提出的，却具有承上启下的内涵。盘点一下 2014 年我国的主要财政政策，可以发现，定向调控的特征明显。

第一，"营改增"的进度和增值税、营业税的政策性调整，充分体现出定向调控的特征。2014 年，"营改增"在原来交通运输业和部分现代服务业"1+6"的基础上，逐步扩围至铁路运输、邮政业、电信业。虽然"营改增"的中心任务是作为税制改革的主要推手，但其扩围的进度对相关行业的影响则更体现出定向调控倾向。从目前此项改革的发展来看，生产性服务业是其主要作用点。除"营改增"之外，增值税和营业税对文化产业的定向调控倾向更为明显，年内密集出台了多项有关文化产业的税收政策，包括经营性文化事业单位转制过程中涉及的部分增值税、营业税的减免；对文化服务出口的营业税免征；支持文化企业（尤其是小微文化企业）发展及动漫产业和电影产业发展的增值税、营业税的减免；等等。

第二，消费税和企业所得税的政策性调整，充分体现出定向调控的特征。2014 年 11 月和 12 月，我国消费税频繁调整，一是征税范围得到了调整，部分税目被取消，使消费税与日常生产、生活的距离拉近；二是成品油消费税连续三次提高，累积单位税额提高幅度超过 50%，这既是环境治理和节能减排的主动调整，也是油价走低和停止征收成品油价格调节基金对财政收入冲击的被动应对。2014年我国企业所得税的定向调控特征更为明显,主要表现在对小微企业、文化产业、高新技术产业的支持,例如,对6个行业的加速折旧和对研发设备的加速折旧政策,对科技企业孵化器和国家大学科技园的所得税优惠政策等。

第三,在财政支出方面,定向调控体现在对财政支出预算执行的管理和对小微企业及部分民生的支出政策上。2014年,如何盘活沉淀的财政存量资金受到社会各界广泛关注,对财政支出的预算执行提出了挑战。为此,我国在资金支付进度、结转资金的清理、支出预算执行的分析、考核及问责等方面做出了明确规定。2014年,我国对小微企业提供了全方位的财政支持,包括增值税、营业税、企业所得税、贷款印花税、部分政府性基金方面的税式支出,以及加大中小企业发展专项资金对小微企业的倾斜,设立创业投资引导基金,支持融资担保,并将相关申请由审批改为备案管理。2014年,我国重点对学前教育、基础教育、职业教育、宣传文化事业、公共租赁住房、公共基础设施、养老、医疗、残疾人服务以及信息惠民工程给予重点支持。在就业方面,为重点群体创业就业人员和吸纳重点群体就业的企业提供多种税收的扣减,甚至企业不裁员可获由失业保险基金给予的稳岗补贴。

第四,在财政管理体制方面,定向调控体现在深化预算管理改革和完善县级基本财力保障机制。2014年,我国通过了新修订的预算法,并制定和实施了深化预算管理制度改革方案,跨年度预算、地方政府债务自发自还、其他预算与一般公共预算的统筹衔接等事项均列入改革进程。2014年初我国就开始探索县级基本财力保障机制完善之路,将县乡政府实现"保工资、保运转、保民生",县级政府财力与保障责任相匹配作为目标,提出激励约束相容、动态保障以及明确中央、省、市、县在完善县级基本财力保障机制方面的职责分工。

第五,通过政府购买服务、引导金融支持以及扶持慈善事业发展等定向调控措施,减轻财政压力,理顺政府与市场的关系。2014年,我国密集出台了多项针对政府购买服务,尤其是政府与社会资本合作(PPP)的政策,对其运行模式、示范项目、合同管理、管理办法、有关预算问题以及政府购买残疾人服务试点和养老服务做出了具体规定,并成立了政府和社会资本合作(PPP)中心。2014年,财政与金融的合作得到了加强,在"三农"金融服务、文化金融合作、扶贫开发金融服务、小微企业金融担保、城镇保障性安居工程贷款贴息等方面，成功地通过财政杠杆撬动金融资金支持。此外，2014年我国对慈善事业的落实和完善减免税政策，定向强化了公共财政的收入分配职能，第三次分配的重要性凸显。这三项定向调控措施在公共服务的提供方面引入社会资本，对转变政府职能、充分发挥市场机制和财政杠杆作用以及缓解经济下行带来的财政压力的作用意义巨大。

此外，2014年还对跨境电子商务出口实施了增值税和消费税的退、免政策，定向支持了电子商务"走出去"。煤炭资源税的从价计征改革、对新能源汽车车辆购置税给予免税政策、对新能源汽车充电设施建设安排奖励资金，定向支持了节能减排和环境治理。对"一带一路"、长江经济带、京津冀协同发展、东北振兴的财政支持，定向支持了区域经济发展战略。

（二）2015年财政税收政策定向调控展望

2014年底召开的中央经济工作会议提出，2015年我国继续实施积极的财政政策，且积极的财政政策要有力度，继续实施定向调控、结构性调控。基于此，可对2015年财政税收政策定向调控做出如下展望。

第一，在税收政策方面，"营改增"改革全面完成，税收政策稳定性进一步提高。目前生产性服务业的"营改增"已基本完成，由于"营改增"改革的时间表是"十二五"期间全面完成，那么2015年的定向调控基本明朗，即生活性服务业、建筑业、房地产业和金融业的"营改增"将成为此项改革的收尾之作。而在这些行业推行"营改增"改革的复杂程度远远超过生产性服务业，既需对行业主体可能的反应做出应对，也需法律法规保障的及时跟进。另外，需保持政策的相对稳定性，尤其是税收政策的相对稳定性，因为税收政策的自动稳定功能比相机抉择功能更利于发挥其应有的调控作用，频繁调整的弊远大于利。

第二，在财政支出方面，加大对就业的支持力度，重点关注小微企业支持政策的执行和沉淀财政资金盘活后的高效使用。2015年需要在民生财政支持基本常态化的前提下，实施更全面、更大力度的针对就业的财政支持，为居民适应经济发展新常态提供最重要的政策环境。由于小微企业的财政支持政策在有些地方、有些方面落实得不好，所以，需要在2014年搭建的财政支持框架下，继续做细落实，让各行业的小微企业普遍享受到国家的财政支持。2014年着力盘活沉淀的财政资金，2015年的重点则是如何将盘活的财政资金用活，进一步减轻财政收支在经济增长新常态下的增量压力。

第三，在预算管理方面，进一步完善政府预算体系。在 2014 年对完善政府预算体系有关问题做出具体规定或提出发展方向的基础上，结合社会保障制度改革，进一步加强社会保险基金预算与相关预算的统筹、衔接。将政府性基金预算与一般公共预算之间仍有重复的科目进一步清理整合。将国有资本预算的收支科目进行调整，以找到国有资本预算与一般公共预算除利润上缴之外的统筹衔接桥梁。

此外，虽然 PPP 是缓解财政资金压力和化解地方政府性债务的可选择手段，但其广泛应用还需立足于我国当前发展阶段，进一步科学认识 PPP 的内涵和外延，分析其在我国所能发挥的具体作用和可能存在的弊端，出台更为谨慎和规范的政策。因为 PPP 项目必须同时保证社会资本获得长期稳定收益和公共利益最大化，如果收益难以保证，必然带来更大的经济社会风险，所以，要警惕和防范当前各地大规模发展 PPP 项目计划背后的风险。

（执笔人：于树一）

十一月份区域财税形势分析

- 中央、地方、全国以及各领域累计支出同比增速均从7月份的高点下滑4~5个百分点，反映出2014年抓支出进度工作提前，大量支出在年中就开始安排；反映出月度支出同比增速降幅更大，应是近期宏观经济形势低迷的重要原因
- 2014年末"突击花钱"现象依然存在，但2014年第四季度支出比重较2013年下降2个百分点，主要是地方支出进度加快，中央年末支出比重反而上升
- 一些原来年末支出比重较低的地区，最近五年变化不大；上海、江苏、浙江等发达地区2014年第四季度支出比重相对全国水平较高；湖北、甘肃等不发达地区较低。这些现象的存在均表明：年末"突击花钱"问题的背后可能有深层次的体制问题

11月份，全国财政支出12759亿元，同比增长0.8%。其中，中央财政本级支出1493亿元，同比下降9.9%；地方财政支出11266亿元，同比增长2.4%。1~11月累计，全国财政支出126308亿元，同比增长10.1%。其中，中央本级支出19065亿元，同比增长7.4%；地方支出107243亿元，同比增长10.6%。从增长走势看，如图1所示，受最近三个月月度支出增速下滑影响，中央、地方、全国累计支出同比增速均从7月份的高点下滑4~5个百分点。这反映了2014年抓支出进度工作提前，大量支出在年中就开始安排。由于地方支出占全国支出的比重近85%，因此全国支出增速走势与地方支出增速走势基本一致。

分领域看，1~11月农林水支出11080亿元，同比增长7.9%；社会保障和就业支出14047亿元，同比增长11.8%；医疗卫生与计划生育支出8270亿

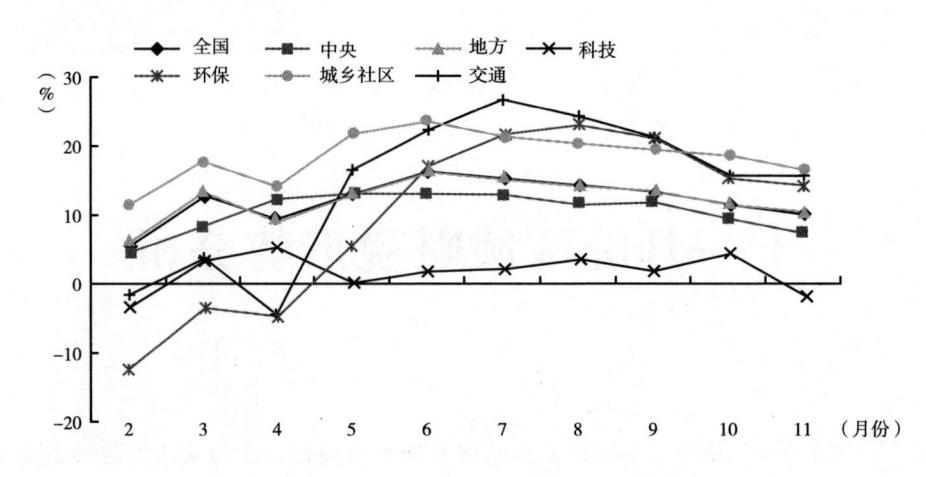

图 1 2~11月各类口径公共财政支出同比增长率

资料来源：CEIC。

元，同比增长9.8%；教育支出18462亿元，同比增长7.7%；一般公共服务、科技支出的增速均处于低位，科技支出甚至是负增长；环保、交通领域的支出在年初处于低位甚至是负增长，自5月份后月度支出大幅增加，到7月、8月累计同比增速超过20%，9月份之后有所回落，到11月累计同比增速分别为14.3%和15.6%；城乡社区支出增速自年初以来一直处于高位，到11月累计同比增速虽比上期有所回落，但依然达16.7%。总体上看，在2014年收支矛盾比较突出的情况下，财政支出能够在教育、医疗卫生等领域保持较高增速，在环保、基础设施建设等领域加大投入力度。最近三个月的中央、地方以及各领域的累计支出同比增速均有所回落，反映月度支出同比增速降幅更大，应是近期宏观经济形势低迷的重要原因。

最近几年，每到年末，社会舆论均会高度关注以年末第四季度支出、12月支出比重高为代表的"突击花钱"问题，2014年也不例外。图2、图3按2014年预算支出数据核算了2014年第四季度和12月支出比重，并将其与2010~2013年的情况比较。从图中可以看出，2014年第四季度全国支出比重将达到32.3%，12月全国支出比重将达到17.5%，表明所谓"突击花钱"问题依然存在。

如果进行纵向比较，图2、图3也显示，2014年的年末"突击花钱"问题，较2010年已大幅缓解：全国第四季度支出比重下降了7个百分点，12月支出比重下降了3个百分点；降幅最大的是2011年、2012年，2013年略有反

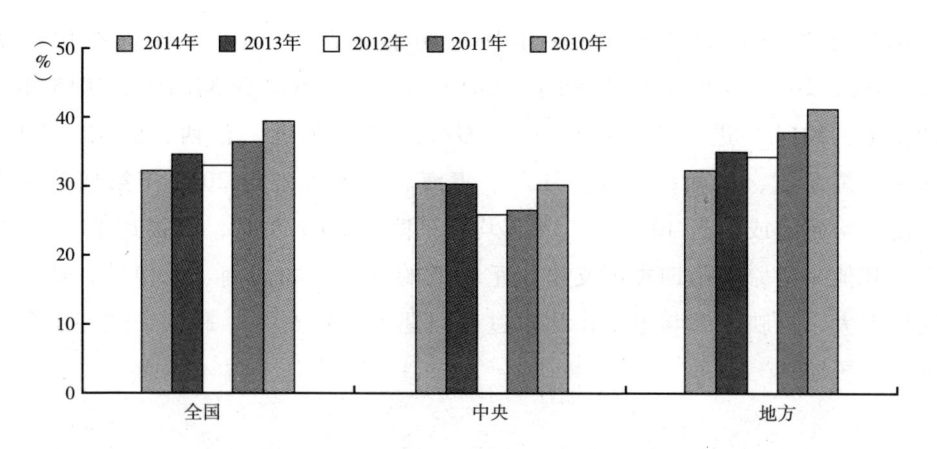

图 2　2010～2014 年第四季度支出比重

资料来源：CEIC。

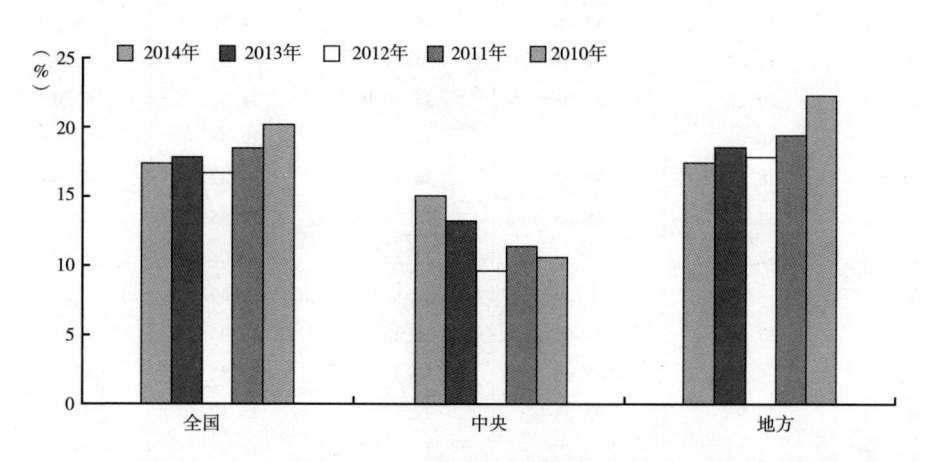

图 3　2010～2014 年 12 月支出比重

资料来源：CEIC。

弹，2014年第四季度较2013年第四季度支出比重下降了2个百分点，12月支出比重下降了0.5个百分点。地方各年第四季度、12月支出比重走势与全国基本一致，但中央2014年和2013年第四季度、12月支出比重均较上年有所上升。特别是12月中央支出比重，2014年较2013年上升2个百分点。当然，各年中央年末支出比重均低于地方。

最近几年，加快支出进度以缓解"突击花钱"现象取得了较明显的进展。以上分析表明，这主要体现在地方支出进度的加快上。表1显示，各省份第四季度支出比重较 2010 年均有明显下降，2010 年各省平均值为 41.44%，2011 年下降到 37.88%，2012 年进一步下降到 34.4%，2013 年维持稳定，2014 年进一步下降到 32.33%。北京、河北、江西、山东、重庆、云南、黑龙江、新疆、宁夏、江苏、青海、甘肃等省份 2010 年第四季度支出比重均超过或接近 40%，2014 年均将下降到 30% 左右，降幅达 10 个百分点。其他一些原来第四季度支出比重较低的省份，如河南、天津等，这五年变化不大，反映压缩年末支出比重过高问题可能存在一个瓶颈，到一定程度难以再压缩。

表 1 各地区第四季度支出占全年比重

单位：%

省 份	2014 年	2013 年	2012 年	2011 年	2010 年
北 京	33.26	37.00	36.66	44.36	44.24
天 津	33.02	37.68	34.71	37.01	35.75
河 北	29.26	32.03	34.49	34.91	43.02
山 西	36.05	34.64	34.17	39.35	38.59
内蒙古	36.67	37.02	36.15	39.22	45.04
辽 宁	37.62	36.65	35.54	37.65	41.65
吉 林	32.93	33.43	35.33	37.08	41.99
黑龙江	33.91	40.24	37.54	37.69	47.17
上 海	37.83	38.09	35.44	40.90	34.22
江 苏	34.67	35.46	35.75	40.81	43.21
浙 江	33.95	35.53	32.85	35.19	37.94
安 徽	31.71	33.10	33.14	34.83	39.39
福 建	33.74	37.55	33.42	36.75	38.43
江 西	30.33	36.63	37.05	39.08	40.61
山 东	31.20	34.63	34.64	36.77	42.94
河 南	32.16	32.83	30.57	35.45	33.73
湖 北	26.51	34.08	33.64	40.10	45.90
湖 南	35.74	36.33	36.77	39.83	42.01
广 东	31.96	36.58	33.04	39.48	38.39
广 西	32.25	33.80	31.78	36.98	40.73
海 南	30.52	32.56	35.29	37.55	42.92
重 庆	32.36	30.32	36.87	42.30	46.50
四 川	33.55	38.16	35.41	38.68	41.45

续表

省　份	2014 年	2013 年	2012 年	2011 年	2010 年
贵　州	28.53	34.87	36.20	39.13	43.92
云　南	37.01	36.81	38.20	40.56	47.06
西　藏	29.14	35.76	34.79	39.70	33.53
陕　西	31.14	31.54	28.42	32.05	42.83
甘　肃	27.46	33.09	33.77	40.73	39.20
青　海	28.96	28.32	29.85	29.41	39.84
宁　夏	29.37	33.90	33.25	38.50	46.54
新　疆	29.45	31.67	31.56	32.22	45.79
各省平均	32.33	34.85	34.40	37.88	41.44

资料来源：CEIC。其中各地区 2014 年全年支出按 2013 年增长 9% 确定。

图 4 显示，与 2013 年相比较，除重庆、青海、山西、辽宁、云南等省份之外，其他省份的第四季度支出比重均有所下降，反映 2014 年狠抓支出进度

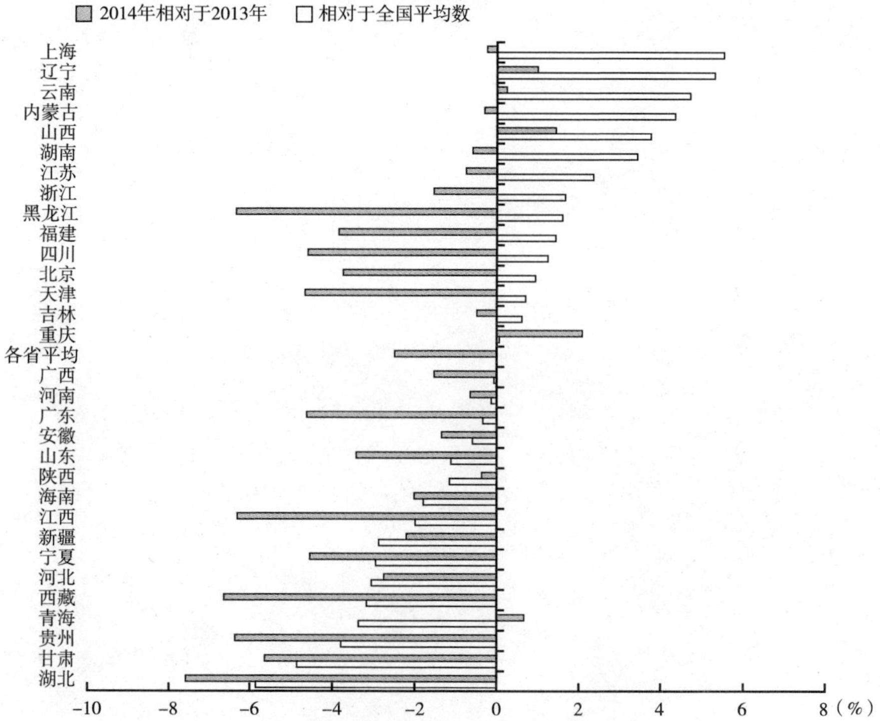

图 4　各地区第四季度支出进度相对绩效

资料来源：CEIC。

工作取得了普遍性进步，其中黑龙江、湖北、江西、广东等省份均进步明显。与全国平均数相比较，湖北、甘肃、河北、青海、宁夏、贵州等省份的2014年第四季度支出比重明显较低。值得注意的是，这些省份均属于相对不发达省份。上海、江苏、浙江等发达地区2014年第四季度支出比重相对全国水平较高；湖北、甘肃等不发达地区较低，表明年末"突击花钱"问题的背后可能有深层次的体制问题。

（执笔人：汪德华）

第四季度区域财税形势分析

- 2014年第四季度，31个省份GDP与公共财政收入增长不均衡，公共财政收入增长率分化严重
- 西部地区非加权平均GDP增长率高，公共财政收入增幅大
- 辽宁、黑龙江、吉林的GDP和公共财政收入增幅较低

2014年第四季度，全国GDP为216554.6亿元，实际增长7.4%，名义增长率为11.89%。全国财政收入33988亿元，增长10.52%，低于GDP名义增长率1.37个百分点，其中，地方财政收入19097亿元，增长9.80%，低于GDP名义增长率2.09个百分点。但是，31个省份GDP和公共财政收入增长分化严重。

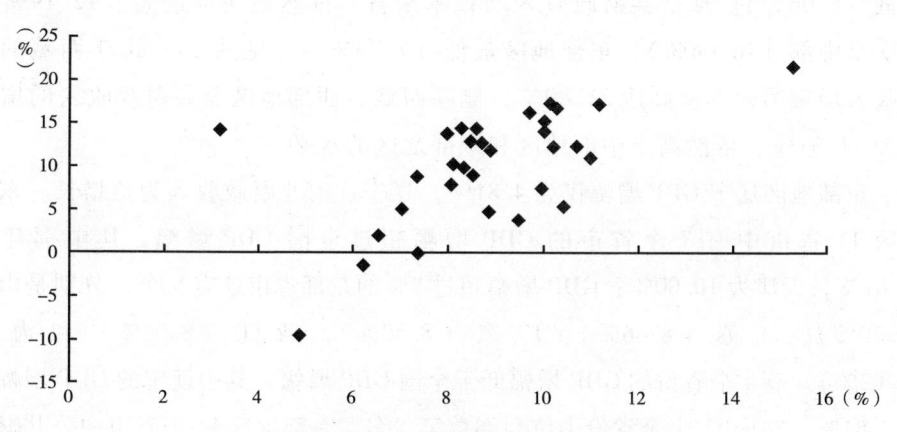

图1 31个省份GDP实际增长率（横轴）与公共财政收入增长率（纵轴）散点图

图1中左下方的两个点分别是辽宁（4.81%、-9.49%）、黑龙江（6.22%、-1.17%）；GDP和财政收入增长率均较低的省份还有河北（7.35%、

-0.09%)、吉林（6.50%、2.06%）和上海（7.00%、5.12%）；图中右上方的点是西藏（15.23%、21.89%）；图中左上方的点是山西（3.13%、14.24%）。GDP实际增长率超过11%的省份除西藏外，还有重庆（11.11%）。公共财政收入增长率超过15%的省份除西藏外，还有天津（15.05%）、江西（17.35%）、湖南（17.07%）、重庆（17.35%）和甘肃（16.29%）。

第四季度有14个省份财政收入增长率低于名义GDP增长率。各省份名义GDP增长率与财政收入增长率关系的分化也非常明显，第四季度财政收入增长率低于名义GDP增长率的省份有14个，分别是辽宁（-15.26%）、新疆（-10.90%）、安徽（-9.16%）、黑龙江（-8.59%）、上海（-8.36%）、海南（-5.76%）、吉林（-5.74%）、北京（-5.49%）、河北（-4.95%）、广西（-4.72%）、陕西（-4.48%）、江苏（-3.67%）、重庆（-1.18%）、云南（-0.44%）。财政收入增长率高于名义GDP增长率8个百分点以上的省份有2个，分别是山西（12.10%）和西藏（8.30%）。上述数据说明在各省份GDP实际增长率出现分化的同时，各省份GDP与财政收入的关系也产生了较大的差异。

西部地区GDP实际增长率高，西部地区财政收入增幅大。通过对第四季度东、中、西部非加权平均的GDP和公共财政收入增长率的对比分析可以看出，GDP实际增长率西部最高（9.86%），其次是中部（8.22%），东部地区最低（8.06%）。从公共财政收入增长率来看，依然是西部最高（12.19%），其次是中部（10.04%），东部地区最低（7.79%）（见图2）。由于西藏的财政收入增幅第四季度高达21.89%，删除西藏后西部地区公共财政收入的增长率为11.31%，依然高于中部地区和东部地区的水平。

东部地区辽宁GDP增幅仅为4.81%，辽宁、河北财政收入为负增长。东部地区11省市中有7个省市的GDP增幅超过全国GDP增幅，其中福建为10.61%，天津为10.00%；GDP增幅超过8%的东部省市还有5个，分别是山东（8.70%）、江苏（8.46%）、广东（8.30%）、浙江（8.06%）和海南（8.02%）。有4个省份的GDP增幅低于全国GDP增幅，其中辽宁的GDP增幅仅有4.81%，在全国31个省份中位列倒数第二名。东部地区11个省市中公共财政收入增幅高于地方财政收入增幅（9.80%）的有5个省份，分别是天津（15.05%）、广东（14.17%）、山东（12.63%）、福建（12.39%）和浙江（10.01%）；公共财政收入增幅为负的有2个省份，分别是辽宁（-9.49%）和河北（-0.09%），其中辽宁的财政收入增幅为全国最低（见图3）。

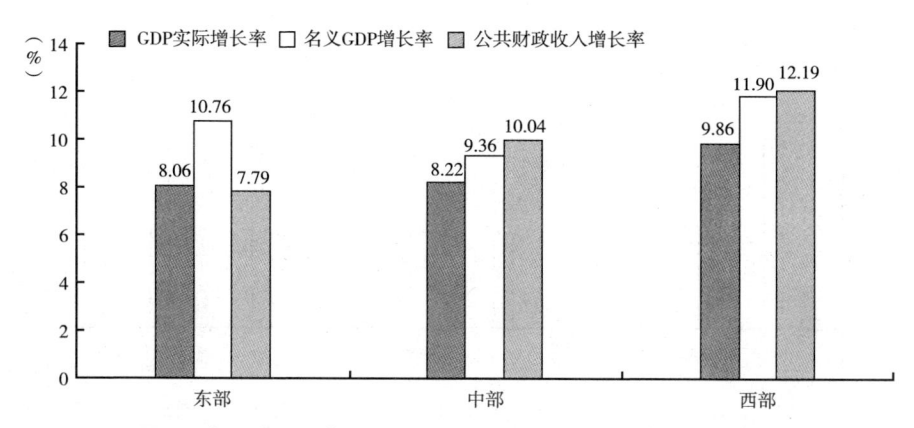

图 2　东、中、西部 GDP、名义 GDP 与公共财政收入增长率

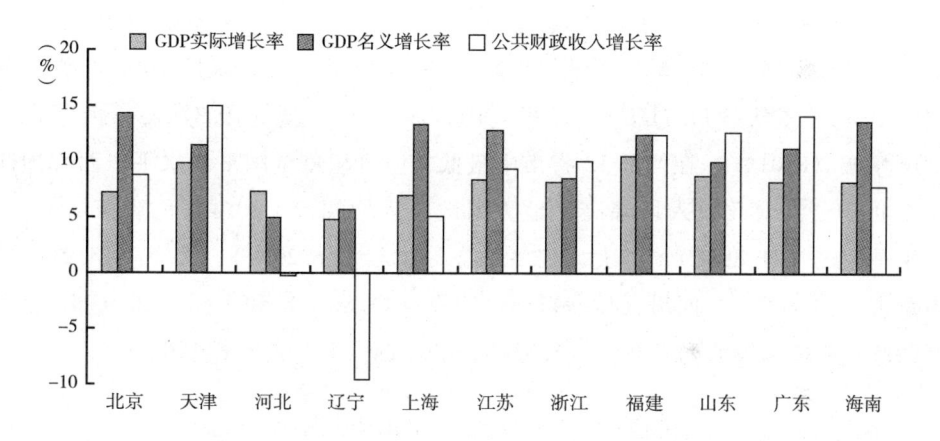

图 3　东部 11 省市 GDP、名义 GDP 与公共财政收入增长率

中部地区山西 GDP 增幅仅为 3.13%，黑龙江财政收入为负增长。中部地区 8 省 GDP 增幅的分化严重，其中有 5 个省的 GDP 增幅超过全国 GDP 增幅，其中湖南 10.17%、湖北 10.15%、江西 10.14%、河南 9.99%、安徽 9.45%；而山西、黑龙江、吉林的 GDP 增幅分别仅有 3.13%、6.22%、6.50%，在全国 31 个省份中分别列倒数第一、倒数第三和倒数第四名。中部地区 8 省中公共财政收入增幅高于地方财政收入增幅（9.80%）的有 5 个省份，分别是江西（17.35%）、湖南（17.07%）、山西（14.24%）、河南（14.16%）、湖北（12.57%）；而安徽、吉林、黑龙江的公共财政收入增幅都较低，安徽为 4.01%，吉林为 2.06%，黑龙江的公共财政收入为负增长（-1.17%）（见图 4）。

西部地区内蒙古 GDP 增幅低，广西与新疆财政收入的增幅低。西部地区 12

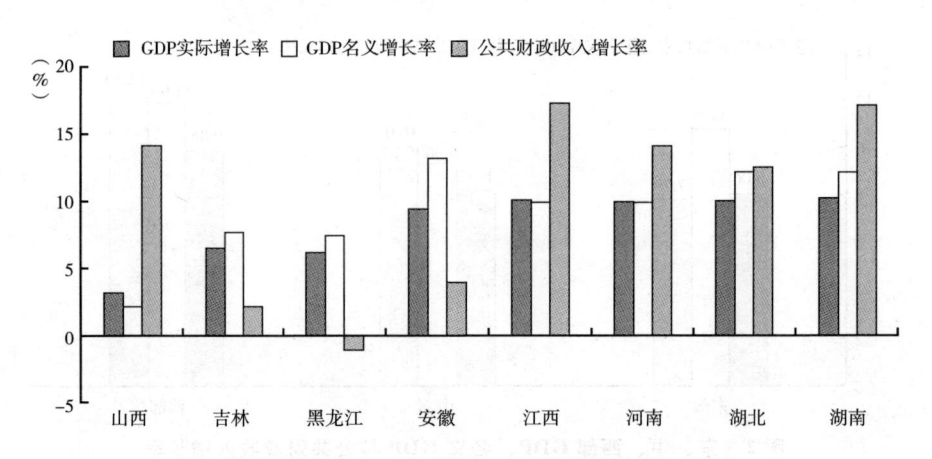

图 4　中部 8 省 GDP、名义 GDP 与公共财政收入增长率

省区中各省区的 GDP 增幅均超过全国 GDP 增幅，其中超过 10% 的是西藏（15.23%）、重庆（11.11%）、贵州（10.98%）和新疆（10.37%），内蒙古的 GDP 增幅（8.01%）在西部 12 省市中最低，但也超过全国平均水平。西部地区 12 省区中公共财政收入增幅高于地方财政收入增幅（9.80%）的省区有 8 个，分别是西藏（21.89%）、重庆（17.35%）、甘肃（16.29%）、青海（14.21%）、内蒙古（13.40%）、四川（12.94%）、宁夏（11.86%）和贵州（10.93%）；公共财政收入增幅较低的是新疆（5.32%）和广西（4.77%）（见图 5）。

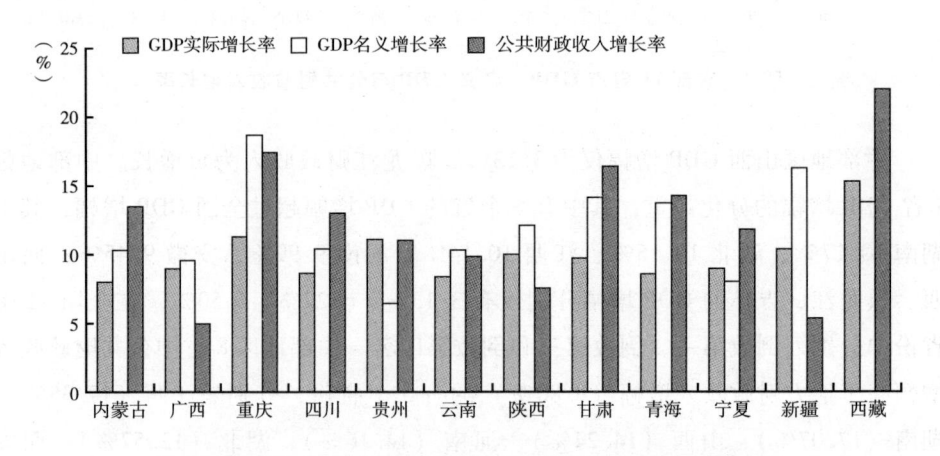

图 5　西部 12 省区 GDP、名义 GDP 与公共财政收入增长率

（执笔人：张斌、王术华）

系列三 内贸月度形势分析

第一季度内贸形势分析

- 第一季度，我国内贸流通运行平稳，居民消费增速相对放缓
- 社会消费品零售总额增长呈现结构差异：牛奶价格上涨显著；牛羊肉价格上涨明显；猪肉价格持续下降
- 零售业整体进入调整期。大中型零售企业销售增长放缓
- 餐饮消费结构转变，大众餐饮增长显著
- 商品批发市场运行呈现季节性波动，交易价格小幅上升

2014年第一季度，我国内贸流通领域总体运行平稳，城乡商品供给充足，居民消费持续增长。1~3月，实现社会消费品零售总额62081亿元，同比增长12.0%。其中，3月份为19801亿元，同比增长12.2%，扣除价格因素，实际增长10.8%，与1~2月份增速持平（见图1）。总体来看，受宏观经济影响，社会消费品零售总额同比涨幅整体收窄，预计全年增长率基本在10%左右。

在增长结构上，体现四大特点。一是新兴消费热点凸显，3月份，通信器材类商品销售同比增速达到18.4%，智能电子产品成为新的增长点。二是耐用消费品商品销售增长快于"吃"、"穿"及日用消费品，家具、家电产品的当月销售增速均低于2013年同期，但仍分别处于18.1%、13.0%的较高水平；食品、服装、化妆品、日用品的销售增速则都在10%以下。三是农村消费增长快于城镇，农村社会消费品零售总额同比增长12.8%，高出城镇地区1个百分点。四是网络零售发展趋势明显，限额以上单位共实现网上零售额815亿元，增长51.7%。值得注意的是，金银珠宝类商品的月销售额同比下降6.1%，为近年来首次。

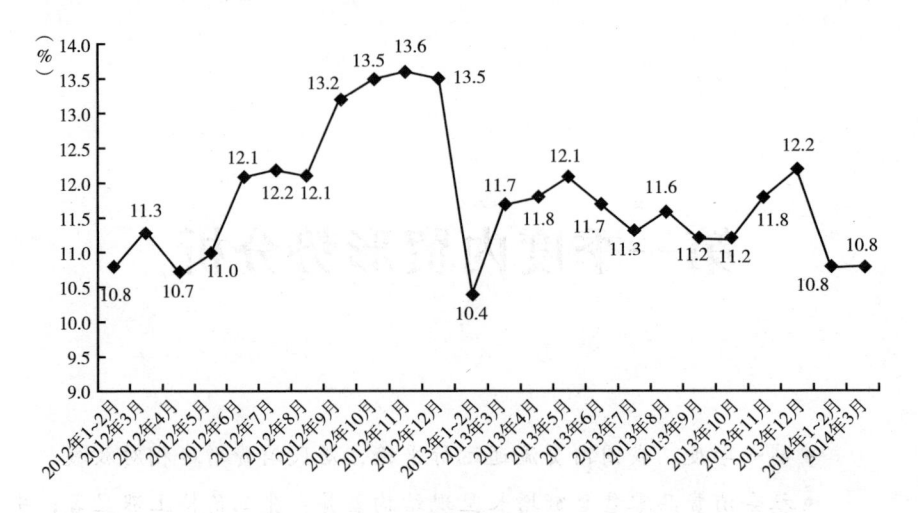

图 1　社会消费品零售总额增长率（扣除物价因素）

资料来源：国家统计局。

居民消费品价格涨跌不一。农产品中，牛奶价格上涨较快，除冬季产奶量下降、养殖成本增加、奶企抢占中高端市场等因素，都导致平价牛奶供应紧张；大米、面粉等粮食类商品零售价格基本平稳，食用油价格呈现止跌企稳态势（见图 2）。近期，猪肉价格在生产周期因素影响下连续下跌，牛肉、羊肉价格上涨趋势明显，主要原因是消费量增大（见图 3）。鸡蛋价格有小幅波动，春节过后基本呈现稳中下降趋势。工业消费品方面，除保暖服装、电器等产品价格受季节因素影响有所波动以外，基本保持平稳运行态势。蔬菜价格基本保持平稳，与往年相比，价格上涨幅度明显缩小（见图 4）。

从行业来看，零售业整体已进入调整期。百货店发展自有品牌，由联营回归自营，成为当前转型重点。超市竞争重点已经转向三、四线城市，面临经营成本上升、顾客价格敏感度提高等多重压力，精细化管理成为主要出路。在行业整合过程中，还出现企业并购以及线上、线下企业联合等多种发展模式。

受经济形势、消费理念等因素影响，大中型零售企业销售增长放缓，商务部监测的 5000 家重点零售企业销售额平均增长 5.7%，其中 1～2 月增长 5.4%，3 月增长 6.6%。该增速小于社会消费品零售总额的平均增速。图 5 是商业部重点监测零售企业分业态销售额同比增长率。

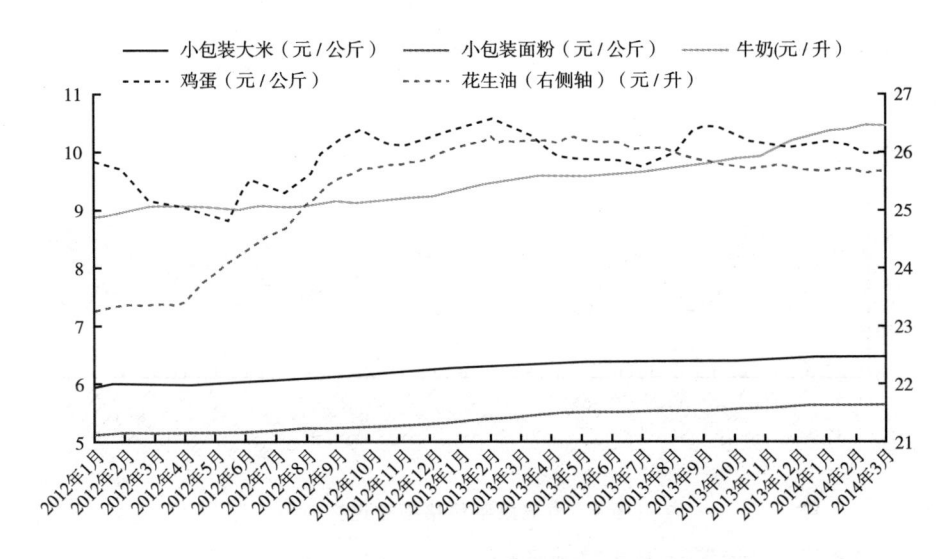

图 2　商务部监测部分重要消费品价格变化走势 1

资料来源：商务部。

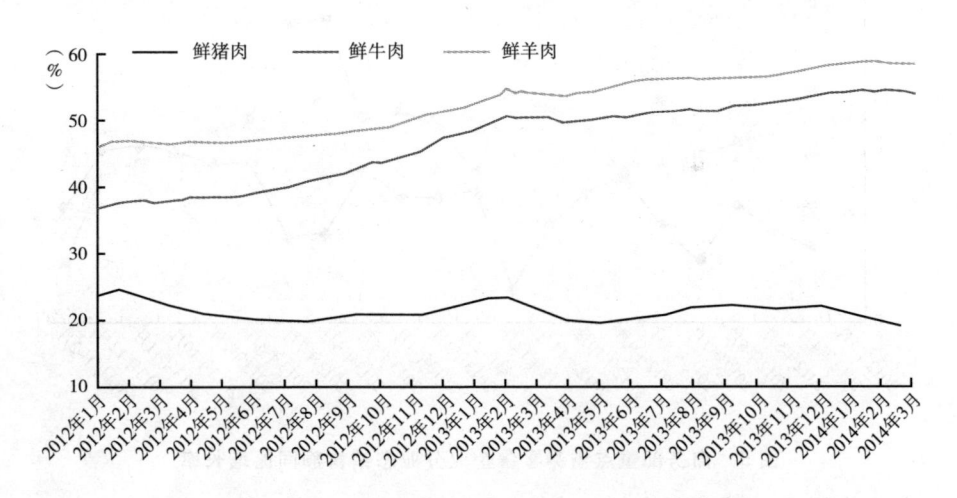

图 3　商务部监测部分重要消费品价格变化走势 2

资料来源：商务部。

餐饮业方面，结构转型加快，行业运行逐渐趋于平稳。1~3月，餐饮收入达到6465亿元，同比增长9.8%，较2013年同期上升1.3个百分点。其中，经营转型成为获取销售增长的主要方式。春节期间，大众型餐饮企业销售额增长15%以上，高于10%左右的平均增幅。多数中端餐饮企业中，家庭聚会、

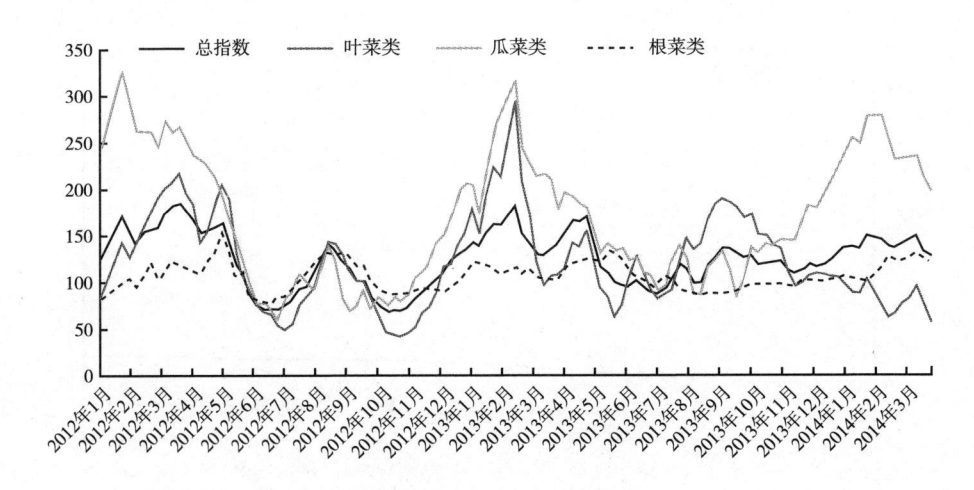

图 4　寿光蔬菜价格指数走势

资料来源：寿光蔬菜价格指数发布网站。

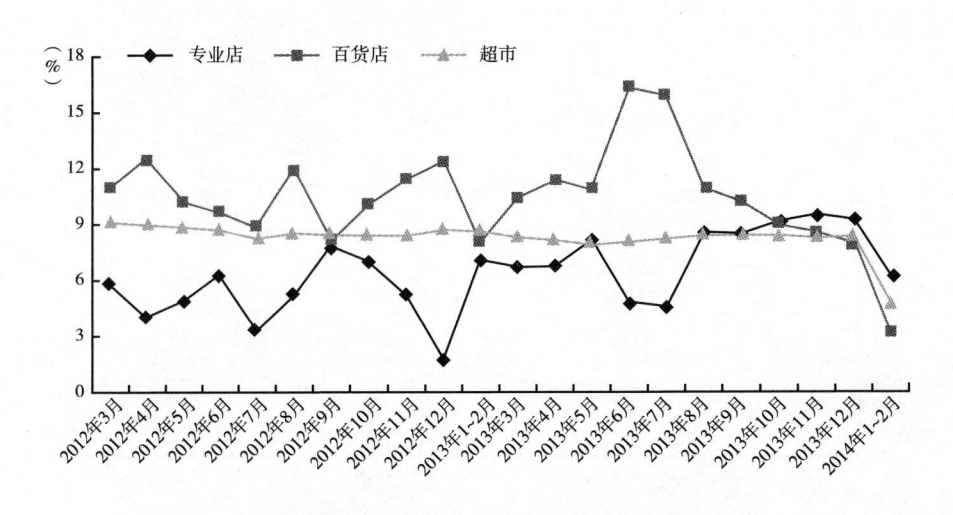

图 5　商务部重点监测零售企业分业态销售额同比增长率

资料来源：商务部。

朋友聚餐的占比达到90%以上；高端餐饮企业加快调整经营策略，通过降低人均消费来开拓市场空间。

在批发业方面，以电子信息产品、纺织品和小商品为典型进行分析。1月份，中关村电子信息产品景气指数与价格指数均有所下降，自2月下旬起出现止跌企稳局面，其中消费数码、电脑整机和办公外设产品在节后出现需求增长。柯桥纺织品市场景气指数在 1 月有所下滑，进入 3 月以后迅速回升，原因是受跨年因素影响（见图 6）。义乌小商品市场指数基本保持平稳，小商品交易价格总体略有抬升，春节前主要受保暖用品、包装用品的需求拉动，节后热销商品集中在办公用品、五金配件等，节日消费以及换季服装等也带来了销售增长。图 7 是主要商品批发市场价格指数。

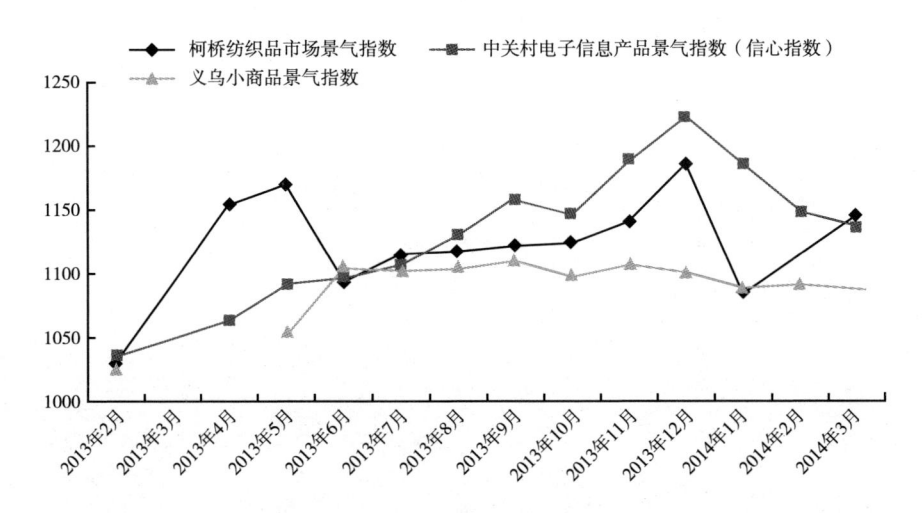

图 6 主要商品批发交易市场景气指数

资料来源：商务部及各市场指数发布网站。

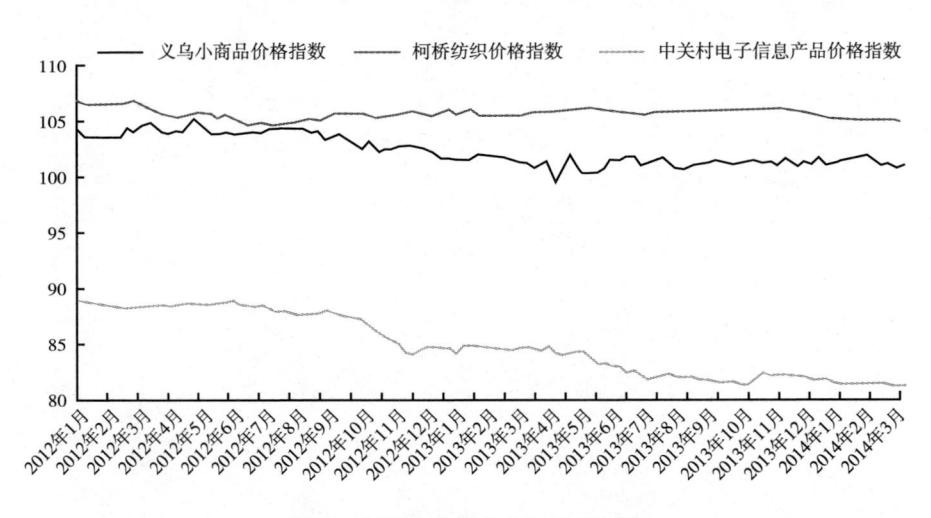

图 7 主要商品批发市场价格指数

资料来源：商务部网站。

1~3月，物流业景气指数呈稳步上升态势。这表明，年初以来社会物流活动企稳回升，供应链上下游的生产经营活动趋于活跃。其中，1~2月份全国社会物流总额为29.3万亿元，按可比价格计算的增长率为8.7%，较上年同期回落1个百分点。从结构上分析，主要是因为工业增速减缓导致工业物流增速放慢；而进口物流、再生资源物流等仍处于上升之中。

（执笔人：依绍华）

四月份内贸形势分析

- 我国内贸流通运行平稳，居民消费增长速度较上月略有加快。信息消费和文化消费综合体成为热点
- 餐饮零售业销售回升，超市便利店向中小城镇转移
- 民营快递企业进入农村市场，物流快递与便利店融合成为新的发展方向

2014年4月，我国内贸流通领域总体稳定，居民消费继续增长，实现社会消费品零售总额19701亿元，同比名义增长11.9%，扣除价格因素实际增长10.9%，比上月提升0.1个百分点（见图1）。其中，城镇社会消费品零售总额同比增长11.7%，低于农村地区1.5个百分点，差距比上月略有扩大。

消费市场差异化趋势明显，新的增长点正逐渐形成。一方面，自中央出台"八项规定"等一系列厉行节约、从严控制"三公"支出的政策以来，高端消费市场总体增速放缓。奢侈品消费也陷入前所未有的低潮，开始步入"隐性消费"时代，"网购"成为重要的奢侈品销售渠道。与此同时，信息消费正成为消费领域新的亮点。随着物联网、4G等技术的成熟与应用，智能手机、智能家电以及移动平台将引领通信类产品与家电的升级，驱动居民消费的增长。另一方面，信息产品消费与文化服务相结合，使融合时尚、科技、体验、娱乐等多种元素的新兴文化娱乐消费方式不断涌现，文化消费综合体成为业态发展热点。

分行业来看，餐饮消费保持回升态势。受大众化餐饮增长和高端餐饮转型加快带动，4月份餐饮收入增长10.7%，较上月和上年同期分别加快0.5个和2.8个百分点。零售业销售增速缓慢回升。4月份，商务部监测的5000家重点零售企业销售额增长6.9%，比上月加快0.3个百分点。其中，网络购物增长

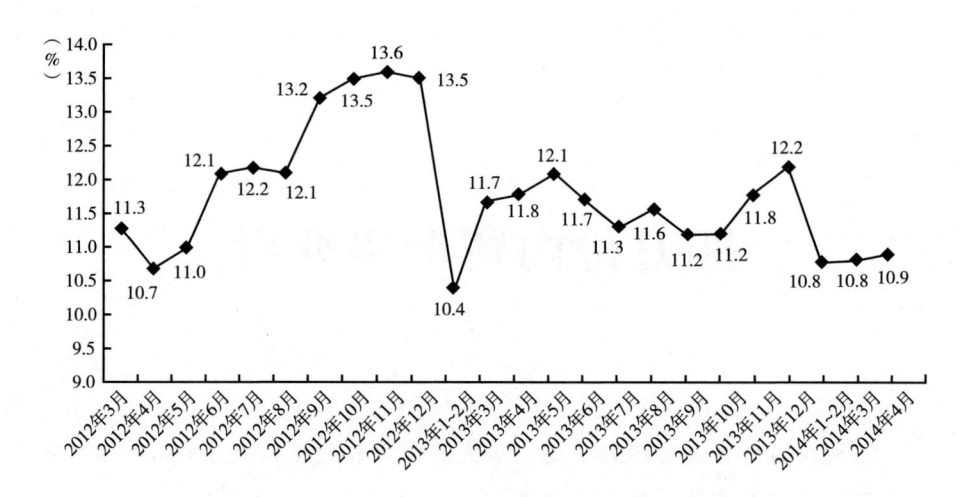

图1 社会消费品零售总额增长率（扣除物价因素）

资料来源：国家统计局。

35.5%，是拉动增长的主要因素；而百货店、专业店、超市三大业态的销售额则分别增长了4.4%、5.9%和7.5%（见图2）。

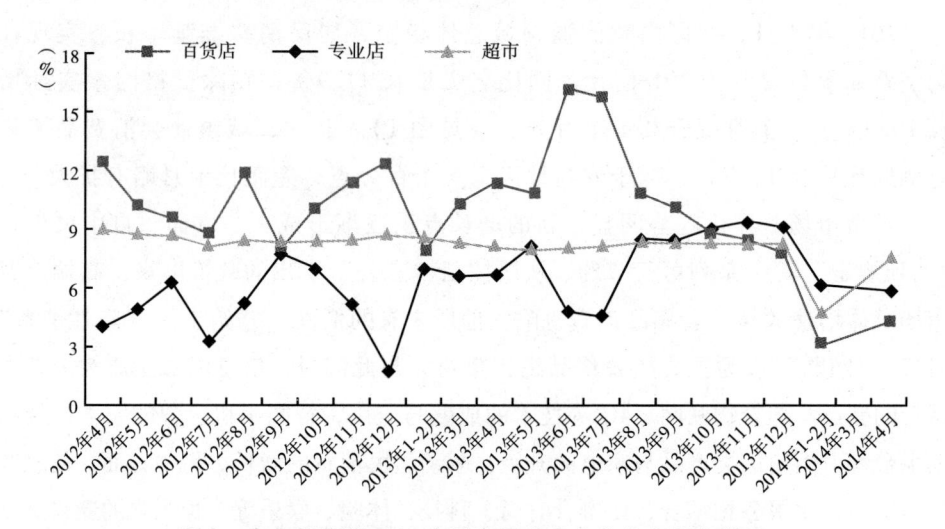

图2 商务部监测5000家重点零售企业分业态销售增速

资料来源：商务部。

便利店、超市等业态的发展重心正由一、二线城市向中小城镇转移。目前，一、二线城市中各大超市品牌的市场竞争已十分激烈，租金成本、人工成本不断上升，使企业面临巨大的经营压力。而中小城镇的零售市场起步较晚，发展空间相对广阔。外资便利店创新经营模式，向三、四线市场扩张，其中，"全家"计划通过建立目标市场事业部、加盟等方式实现扩张，2014年将在中国开设350家店铺，到2020年时完成全国200个100万人口以上城市的布点，2024年达到一万家门店；其他外资便利店7·11、罗森、OK等也相继推出新的扩张计划，步步高、华润万家、永辉超市、乐天百货、高鑫零售（欧尚、大润发）等大型连锁超市也都将三、四线城市作为门店拓展的重点。

百货店着力推广O2O模式，实施"全渠道"战略。多家百货店选择与移动支付供应商合作，正式开启移动支付功能。继2月份王府井百货与"腾讯"合作推出微信购物以后，广百、广州友谊、摩登百货等广州多家百货店也采取相同策略。百货公司与移动支付供应商合作，主要目的在于扩大客源，争取一批有时尚消费习惯的顾客群。此外，还可以通过基于微信平台的应用功能，实现移动支付、移动购物与移动会员服务等功能的整合。万达集团则希望通过O2O来构建线上、线下全方位覆盖的"大会员体系"，并通过大数据手段实现个性化营销。

物流方面，4月份社会物流活动趋于活跃。业务总量指数达到57.7%，比上月回升1.9个百分点，表明物流活动逐渐旺盛（见图3）。其中，运输型物流企业回升2.5个百分点，仓储型物流企业回升8.1个百分点，均达到了55%以上。分区域来看，东部地区回升较为明显，达到了63.6%的较高水平。

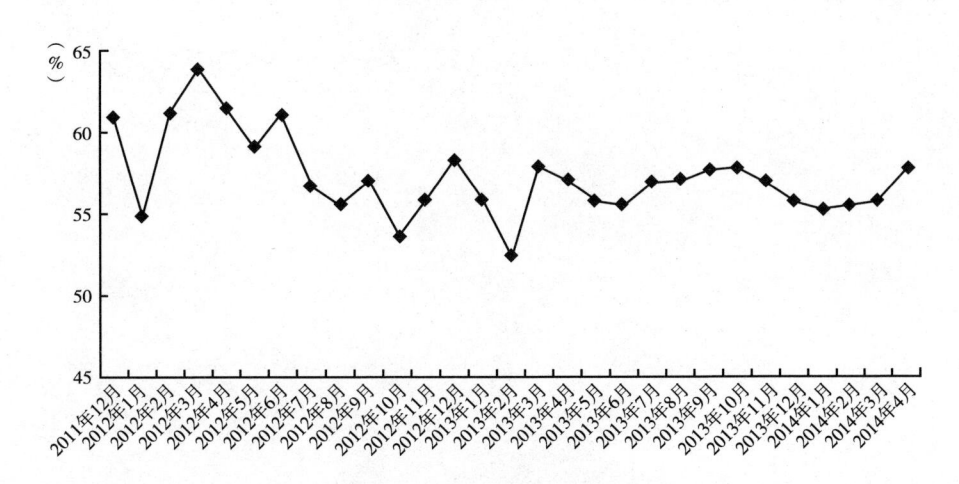

图3 物流业业务总量指数

资料来源：中国物流与采购联合会。

民营快递企业进入农村市场，是物流领域的一大热点。民营快递已成为城市物流的重要组成部分，但由于业务量有限、配送不便等原因，农村市场仍由邮政 EMS 占据，成为民营快递的"盲区"。《国务院关于促进信息消费扩大内需的若干意见》提出，要完善智能物流基础设施，支持农村、社区、学校的物流快递配送点建设。"顺丰"在 4 月宣布通过代理合作拓展乡镇及农村市场。重庆市邮政管理局利用农村邮政局所、供销社等当地资源，为中通、申通、汇通、韵达等快递企业在各区县、街道及乡镇布局"快递下乡"网点提供支持。天津、烟台、宜昌、汉中等地也积极推进快递服务向乡镇布点、服务三农工作。

物流快递与便利店融合，是流通领域的新动向。"快递+便利店"是一种已在美国、日本等发达市场取得成功先例的成熟模式，但在中国还是新事物。目前快递公司主要采取与便利店合作或开设加盟便利店的形式，并且以小范围试点为主。"顺丰"曾于 2011 年提出开设便利店计划，但多数未能成型。4 月份，"顺丰"宣布重新开设自营便利店，定位为"社区活动的物流中心"，除快递服务功能外，还提供预购数码、服饰，O2O 体验，水电缴费、电话充值等便民服务和金融服务，预计将在全国开设 4000 家门店。快递与便利店的整合能够解决"最后一公里"的配送服务问题，在未来有良好的发展前景。在国内快递业逐步放开外资限制的过程中，这种模式也有可能成为外资快递在我国加速网点布局的方式。

（执笔人：依绍华、李蕊、张昊）

五月份内贸形势分析

- 5月份，我国内贸流通运行平稳，居民消费持续增长，名义增长率创下2014年以来新高
- 本土区域零售商在并购中展现出较强活力，"电商"与"店商"呈现双向融合态势，社区商业成为多业态、多行业汇聚点
- 物流业景气度受南方雨季影响有所回落

2014年5月，我国内贸流通领域运行平稳，居民消费持续增长。当月实现社会消费品零售总额21250亿元，同比名义增长12.5%（见图1），创下今年以来新高；剔除价格因素，实际增长10.7%，比上月降低0.2个百分点。其中，城镇消费品零售额18401亿元，同比名义增长12.3%；乡村消费品零售额2849亿元，名义增长13.9%，城乡增幅差距与上月基本持平。限额以上单位的消费品零售额在4月下降后实现低位企稳，同比名义增长9.9%。1~5月，社会消费品零售总额为103032亿元，同比增长12.1%。

分消费形态来看，5月份我国餐饮、零售业增速都达到了2014年最高水平。其中，餐饮收入为2247亿元，同比增长11.0%，环比增长11.4%（见图2），说明餐饮业正逐渐摆脱"三公"消费限制政策的影响，加上高端餐饮转型速度加快，有望恢复稳定增长。而商品零售额在4月份下降后有所反弹，5月份实现19003亿元，同比增长12.7%，环比增长7.5%，好于市场预期，也表明"五一"黄金周带来的消费拉动影响显著。

分商品零售品类来看，5月份，大部分类别的销售增速均有所好转，但增长水平有限。在当前经济复苏缓慢的背景下，商品销售面临诸多压力。目前，增长热点仍体现在信息消费引领的通信器材类商品上，同比涨幅为25.3%。

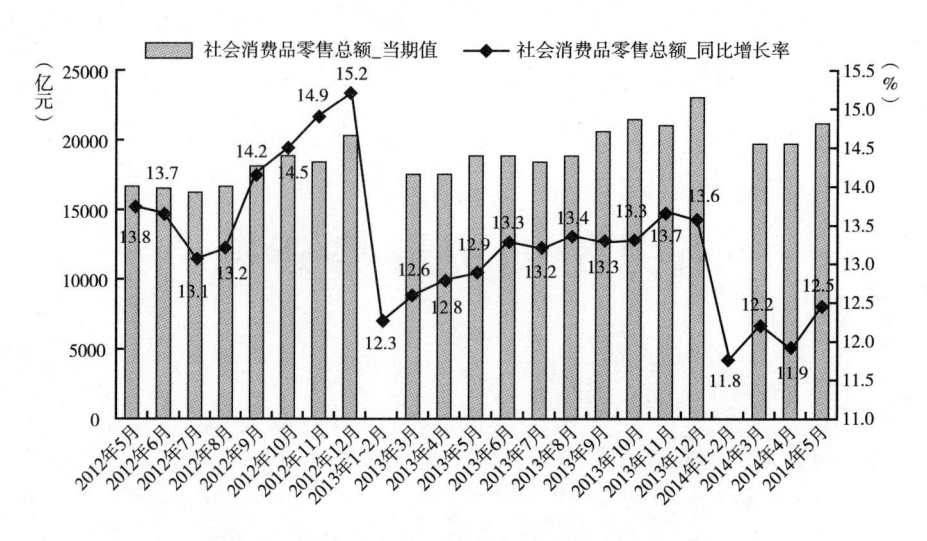

图 1 社会消费品零售总额增长率

资料来源：国家统计局。

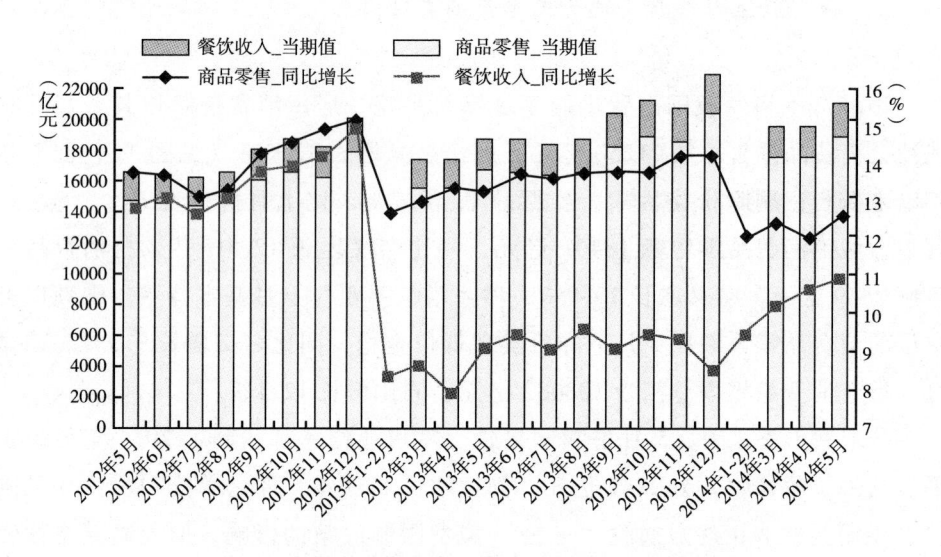

图 2 分业态看我国商品零售和餐饮收入增长率

资料来源：国家统计局。

受夏季季节因素影响，家电增速出现恢复性增长，同比增速较上月提升3.7个百分点，达到6.6%，其中空调类销量增长14.9%。奢侈品类消费依旧低迷，金银珠宝类同比增速为-12.1%。

迅速增长的网络零售受到持续关注，国家统计局自2014年第一季度以来已连续三次发布网上零售额数据。2014年1~5月，限额以上单位通过公共网络交易平台实现消费品零售额1435亿元，增长53.2%（见图3），反映出我国网络消费的强劲增势。网络零售快速增长是信息技术发展与市场诚信提升等因素的共同结果，将有助于我国居民消费摆脱政策刺激模式，进入自主式增长阶段。

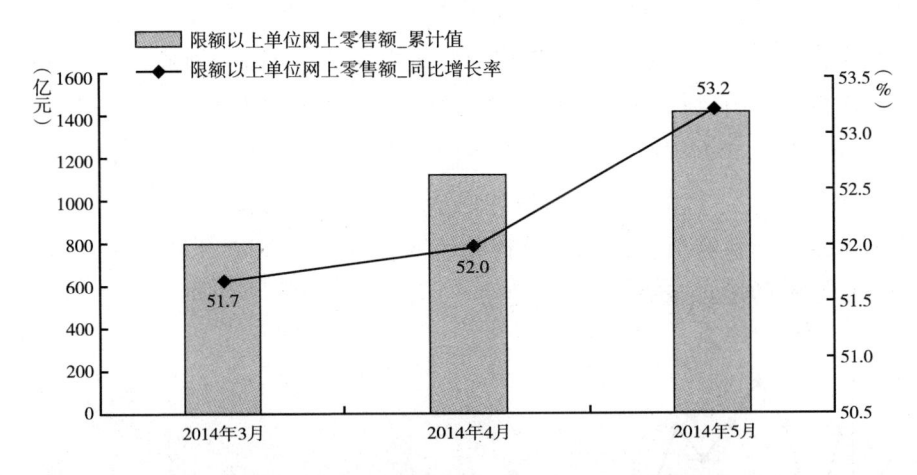

图3　限额以上单位网上零售额同比增长率

资料来源：国家统计局。

零售行业继续在调整与融合中寻找新的发展方向。本土零售企业资本运作趋于频繁，区域性连锁企业通过并购实现跨地区扩张。"步步高"在5月公告收购广西"南城百货"100%股份，成为近年国内百货零售行业最大的并购重组案。相比全国市场，区域零售行业集中度较低，加之其发展速度和效益方面的优势，未来将会出现更多的区域零售商之间的跨区域并购整合。

"电商"与"店商"的融合也呈现出双向发展的新态势。与以往苏宁、国美等传统零售商向电商发展相反，"京东""1号店"等电商在近期纷纷与店商合作，向线下发展布局实体网络。这种合作的最大意义在于探索创新零售模式，克服网上购物带来的缺点，满足消费者不同层次的需求。线上线下的互相融合和共生共存或将形成新的零售业态。

近期，社区型便利店逐渐成为多种零售业态乃至多个行业相互融合的汇聚点。5月，全家便利店推出设有餐饮区域的"三代店型"，并从生鲜食品、便民服务等方面突出社区店特征。华润万家、百佳超市、中百集团等过去以大中型超市或卖场为主要业态的零售商也纷纷将眼光转向社区商业，提出开店计划。将服务能力向社区延伸，也是电商与线下的便利店或快递企业合作的目的。"顺丰"更是在 5 月 18 日一举开出了 518 家网络服务社区店"嘿客"。社区商业在提升消费便利度方面具有重要作用，政府也在建设"邻里中心"等方面给予了相应支持。但由于建筑规划、盈利空间以及经营方式等方面问题，发展状况并不乐观，相关社区商业配套的要求一直难以落地。在实体经营转型、电子商务发展以及快递与零售相融合的背景下，这一局面或将有所改变。

物流方面，5 月物流业业务总量指数受梅雨等季节因素影响回落 2.5 个百分点，但仍保持在 55.2% 的较高水平（见图 4）。其中，新订单指数回落 1.7 个百分点，为 53.7%；业务活动预期指数回落 4.3 个百分点，为 57.4%。虽然目前物流业景气指数有所下滑，但总体处于 55% 以上的相对乐观水平，未来仍有望保持平稳的运行态势。

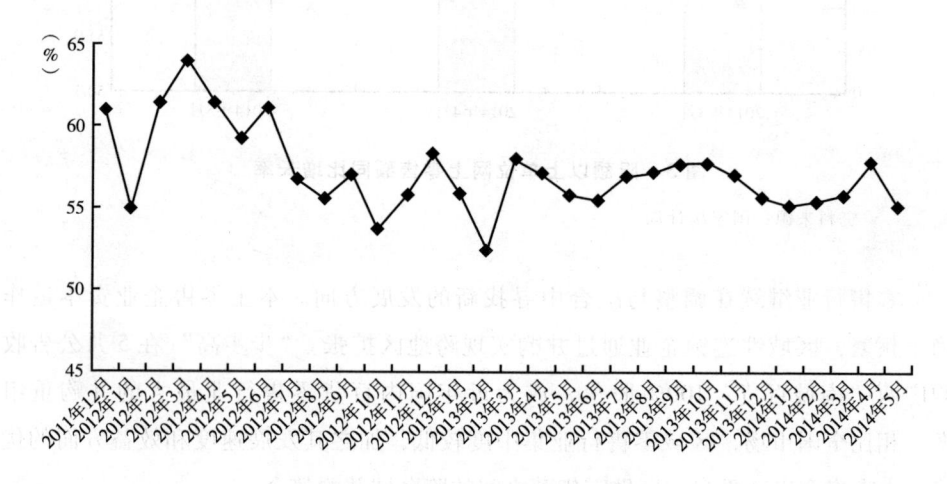

图 4　物流业业务总量指数

资料来源：中国物流与采购联合会。

（执笔人：依绍华、孙开钊）

七月份内贸形势分析

- 内贸流通运行总体平稳,居民消费增长稳中趋缓。小商品景气度下滑
- 网络零售增速较快,传统零售业态增速放缓,新型便利店一枝独秀
- 物流景气指数稳中有升,市场复苏基础强化

7月份,我国内贸流通领域总体运行稳定,社会消费品零售总额20776亿元,同比名义增长12.2%,扣除价格因素实际增长10.5%,较上月降低0.2个百分点(见图1)。限额以上单位消费品零售额10360亿元,增长9.7%,较上月降低0.5个百分点;限额以上单位销售经过5~6月反弹后,又出现下滑。整体上,居民消费增长呈稳中趋缓态势。

在消费结构上,城镇消费品零售总额为17959亿元,同比增长12.1%;农村消费品零售总额2817亿元,同比增长13.2%。农村消费增长比城镇消费增速高1.1个百分点,与6月份基本持平。网络零售继续延续高速增长态势,商品零售额为18589亿元,同比增长12.6%,环比增长21.08%,其中限额以上单位网上零售额占限额以上单位社会消费品零售额的比重为20.92%,可见,在商品零售市场快速回升的同时,网上零售成为商品零售的重要渠道。

7月餐饮收入2187亿元,同比增长9.4%,环比下降3.27%,餐饮业消费增长呈现稳中趋缓态势(见图2)。一系列扶持餐饮企业政策的相继出台,包括扶持大众餐饮、清费减负、食品安全社会共治等多个方面,将会推动餐饮业持续发展,并逐渐回升。

在零售商品分类上,各类商品销售增幅基本与上月持平。其中,金银珠宝下滑幅度进一步扩大,同比下滑11.7%;通信器材继续保持高速增长,增幅为24.2%;建筑及装潢材料增幅较上月下降2.1个百分点;其他10类商品增

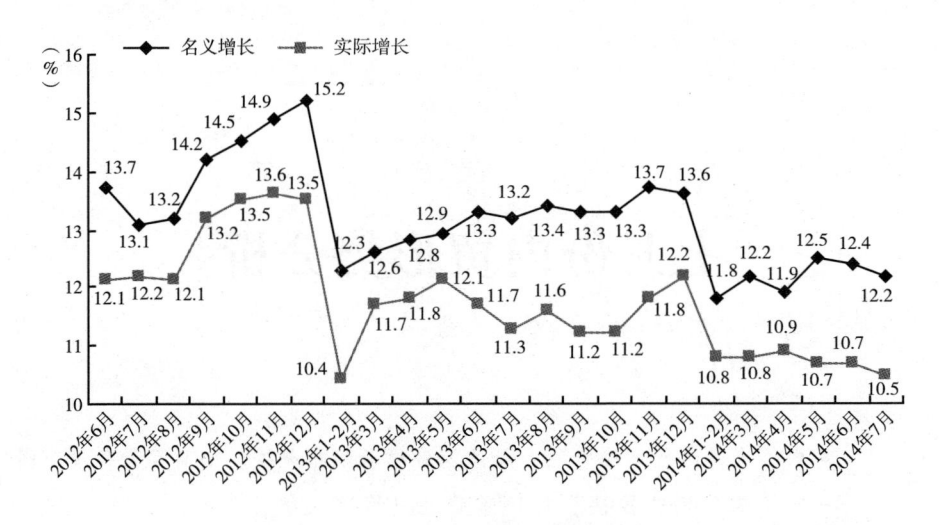

图1 社会消费率零售总额增长率

资料来源：国家统计局。

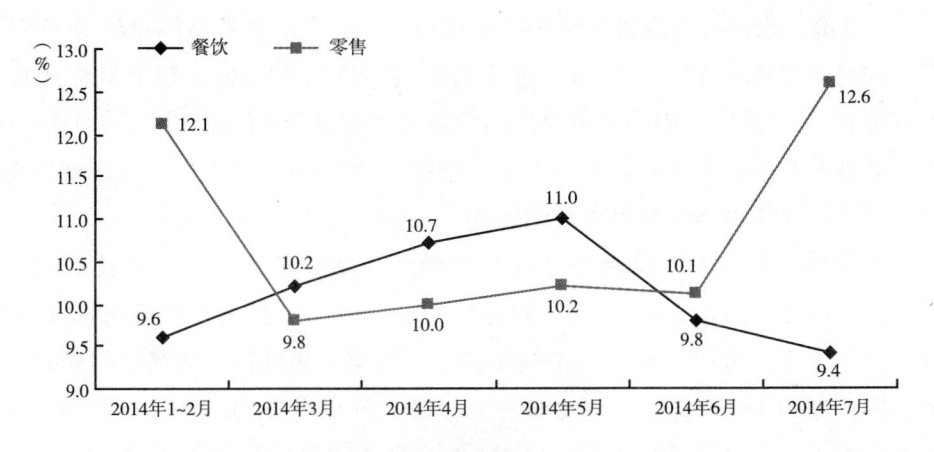

图2 7月消费形态增长图

幅都保持平稳（见图3）。4G技术快速发展带动相关产品消费，限额以上企业通信器材销售额同比增长24.2%。家电产品销售线上线下差异巨大，线上家电产品零售额增幅分别为空调98.5%、平板电视47%、冰箱72%、洗衣机57.9%，而线下家电产品卖场经营惨淡。

分行业来看，批发业因产品不同综合表现各异。以经营五金工具为代表的永康五金指数显示：7月份生产指数为96.75，环比下降1.01个百分点，依然处于下行趋势；生产价格指数为100.45，环比提升0.02个百分点；市场交易指数为

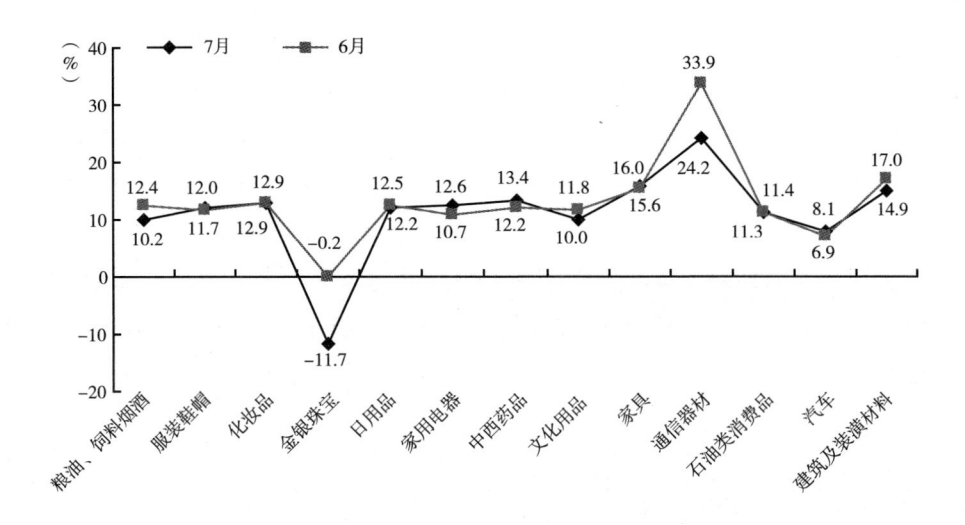

图 3　商品零售分类增长图

96.48，尽管交易依然处于不振状态，但环比提高 0.6 个百分点，处于好转态势。

寿光蔬菜价格指数显示，7 月份蔬菜价格指数为 76.85，比上月 76.72 点上升 0.13 个百分点，表明蔬菜进入季节性调整期，预计 8 月份以后蔬菜价格可能会有所上涨。

义乌小商品景气指数较 6 月下滑 48.38，显示小商品批发市场景气度在小幅向下调整。

7 月份，主要零售企业开店速度放缓，传统百货业加快战略转型升级。全国主要零售企业新开门店超过 35 家，较上月开店（50 家）速度稍有放缓。同期，沃尔玛杭州凤起店、河南新乡店闭店；王府井百货湛江店闭店；百盛百货北京东四环店停业。在市场环境、行业趋势和消费者行为都发生变化的压力下，传统百货业全面转型。王府井将改变渠道商定位向参与单品管理转变，百盛也将由与品牌上直接合作向总经销和总代理转变，多数百货企业将逐步借助 O2O 和移动购物，实现全渠道扩张。

便利店转型迅速，发展一枝独秀。顺丰快递于 5 月份开设新一代社区便利店"嘿客"后，在各大城市不断铺设店面，扩张速度迅速，预计 2014 年底要在全国开设 3 万家。与顺丰之前试水的"便利店+配送网点"模式不同，嘿客集快递业务、虚拟购物、金融服务、便民服务、JIT 服务等综合社区服务功能于一体，颠覆了传统便利店概念，受到广泛关注，但因盈利模式不清晰，目前也受到多方质疑。此外，华润万家旗下 Vango 便利店也在发力，目前在杭州地区已有 41 家；WOWO、7·11 和红旗连锁店也都有开店计划。

物流业运行平稳，市场需求基础逐渐稳固。7月，物流业业务总量指数较上月小幅回升 0.1 个百分点，达到 56.8%，显示出物流市场活跃度较强（见图4）。企业新订单指数回升 0.7 个百分点、业务活动预期指数回升 2.3 个百分点，预示着后期物流业务活动呈现稳中趋升的态势。物流服务价格指数比上月回升 0.6 个百分点，回升至 49.7%，处于低位运行区，表明企业经营仍存在较大压力。

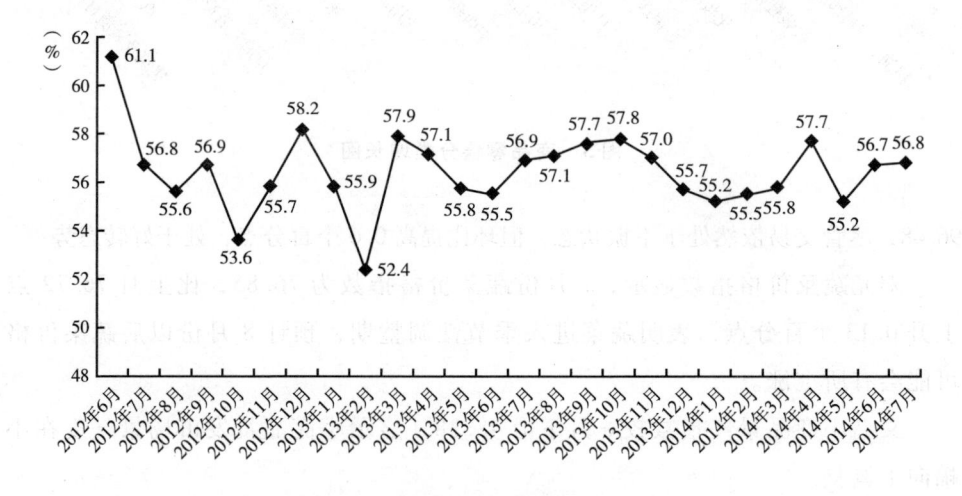

图 4　物流业业务总量指数 LPI

资料来源：中国物流与采购联合会。

商贸零售业将成为本轮国企改革的重点之一。十八届三中全会以来，各地陆续出台了深化国企改革的意见。在各地的国企改革意见中，一般将国企分为公共服务类、功能类和竞争类三类。商贸零售业属于竞争比较充分的行业，市场化程度比较高。另外，传统商贸零售业一方面受电商的冲击，另一方面受现代经营模式的挤压，近年来发展有所放缓，面临的压力较大。因而，本轮国企改革中商贸零售业将成为改革的重点，预计不久国内商贸零售业可能很快就会迎来一轮引资、并购整合的热潮。

（执笔人：依绍华、王雪峰）

八月份内贸形势分析

- 内贸流通领域运行回稳，城乡居民消费继续保持较高增长水平，绿色消费成为新的亮点
- 电商下乡不断涌现，商业综合体成为新的投资主流
- 物流业保持较高增长态势，货物快运列车助推物流业高速发展

2014年8月份，我国内贸流通领域增速回稳，城乡居民消费继续保持较高增长水平，实现社会消费品零售总额21134亿元，同比名义增长11.9%（扣除价格因素实际增长10.6%），比上月放缓0.3个百分点（见图1）。其中，8月份，城镇消费品零售额18306亿元，同比增长11.8%；农村消费品零售额为2828亿元，同比增长12.8%，城乡增幅差距与上月基本持平。限额以上单位消费品零售额为10466亿元，增长9.0%。1~8月份，社会消费品零售总额166108亿元，同比增长12.1%。

分行业来看，在大众化消费拉动和企业转型推动下，餐饮消费保持回稳态势，8月份有所回落。8月份全国餐饮收入同比增长8.4%，增速比上年同期放缓1.3个百分点。其中，限额以上餐饮企业收入下降0.9%，降幅比上年同期略升0.4个百分点。而零售业销售增速有所放缓，商务部监测的5000家重点零售企业销售额同比增长6.3%，较上月回落0.3个百分点。其中限额以上单位网上销售额同比增长53%，比上月加快3.4个百分点，成为零售业增长的重要力量。8月份网络购物同比增长31.9%，专业店、百货店和超市销售额分别增长3.6%、4.4%和7%，比上年同期分别放缓4.9个、6.5个和2.6个百分点（见图2）。

随着中央"八项规定"的不断深化和"厉行节约"、控制"三公"消费

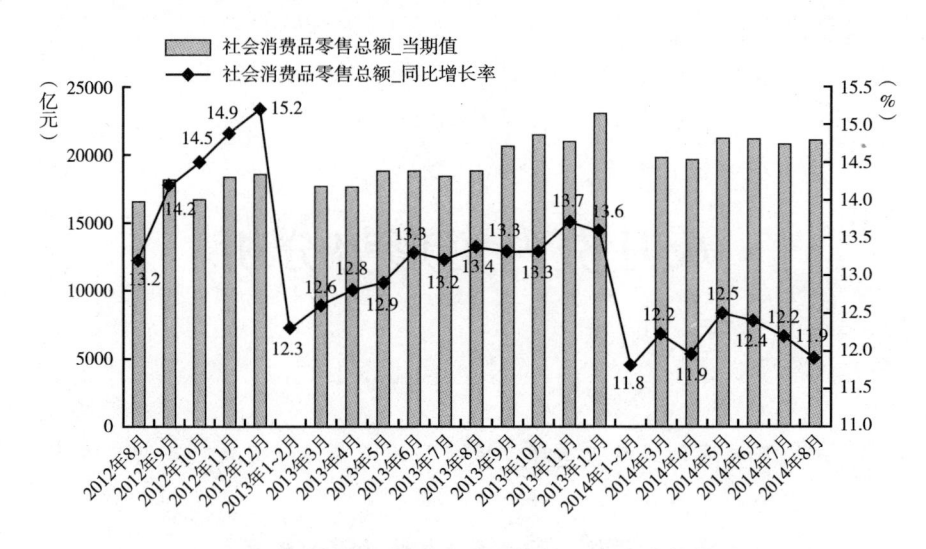

图 1　社会消费品零售总额增长率（名义增长率）

资料来源：国家统计局。

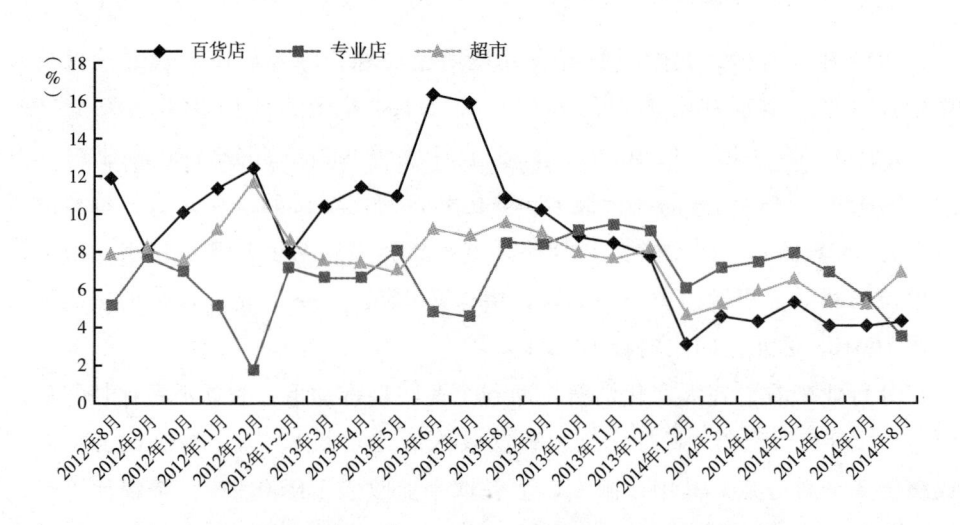

图 2　商务部监测 5000 家重点零售企业分业态销售增速

资料来源：商务部。

的不断普及，消费方式发生新的变化。尤其是 2014 年 8 月份，传统的消费市场增速持续放缓，而绿色消费和信息消费则成为新的亮点。国家统计局数据显示，8 月份汽车销售增长 5.3%，比上年同期放缓 1.7 个百分点，家电、家具和建材销售分别增长 9.7%、13% 和 12.5%，增幅比上年同期分别放缓 3.1

个、8.3个和11.7个百分点,而金银珠宝销售额较上年同期大幅放缓14.5个百分点。可以看出除餐饮零售等传统消费放缓外,住行类、保值类商品消费放缓明显。与之形成鲜明对比的是,在4G网络建设及新产品更新加快的带动下,信息类消费加快增长。国家统计局数据显示,8月份限额以上企业通信器材销售额同比增长31.8%,增速比7月份加快7.6个百分点,比上年同期加快15.8个百分点。与此同时,绿色消费成为市场的亮点,尤其在中秋节市场上,月饼过度包装明显减少,简朴经济的盒装和散装月饼成为市场主流。此外,在免征车辆购置税政策预期作用下,8月份新能源汽车产量同比增长近11倍。

随着农村市场消费潜力的不断显现和农产品产地市场的不断壮大,农村市场成为当下电商企业新的发力点。京东、阿里巴巴等电商巨头战略下沉,纷纷布局农村市场,电商广告在农村不断涌现,电商下乡成为当前新的热点。一方面,农村消费市场潜力巨大成为电商下乡的主要原因。2014年1月中国互联网信息中心(CNNIC)发布的《第33次中国互联网络发展状况统计报告》显示,截至2013年12月,我国网民中农村人口占比28.6%,规模达1.77亿人,相比2012年增长2101万人。城乡网民规模的差距继续缩小,农村消费成为新的增长极,京东数据显示,三、四线城市的订单增长速度已经超过了一、二线城市。除了生活方式的改变,电商下乡对农民而言将带来生产方式的转变。农民可通过电子商务直接与全国消费者实现对接,省去了诸多环节,降低了成本。因此,大量网商集聚在农村,将农产品和手工制品等产品在电商平台进行交易,形成了规模效应与协同效应的电子商务生态现象。阿里巴巴最新数据显示,在淘宝网800万卖家中,农村网商占了两成。2013年生鲜农产品电子商务获得爆发式增长,阿里平台农产品生鲜类目的销售额同比增加195%。

传统零售企业面对行业的不断变化和市场竞争的加剧,尤其是受到电子商务的冲击,不断进行变革。近几个月,沃尔玛、家乐福等零售企业纷纷关闭旗下门店。联商网发布的《2014年上半年主要零售企业关店统计》显示,全国各地有146家大型超市关闭,其中外资零售企业关店数达118家,占比75%(含中外合资企业)。而在关店潮不断涌现的同时,越来越多的零售巨头开始加大对购物中心的投资。8月8日,沃尔玛宣布成立新的地产团队以加大商业综合体的发展力度;9月2日,物美相关负责人表示,物美地下购物中心将于

2015年内对外开业；9月10日，步步高集团宣布成立商业综合体品牌"步步高新天地"。商业综合体成为商业业态新热点的重要原因是，娱乐、休闲等体验性服务占据了主流，以其应有尽有的丰富业态来满足消费者不同层次的消费需求甚至是社交需求，实现了真正的"一站式"服务，符合体验经济时代的发展要求。

物流方面，8月份中国物流业业务总量指数为54.1%，比上月下降2.7个百分点。虽有所回落，但仍在50%以上的较高水平，显示物流活动仍保持较高增长态势，但增势有所减弱。分行业看，铁路、水运企业有所回升，但道路运输企业有所回落，仓储环节的平均库存量指数和库存周转次数指数均有所回落，反映出当前宏观经济运行总体平稳，但存在一定的下行压力。主营业务利润指数位于50%以下，环比回升3个百分点，显示物流企业效益有所改善但整体偏弱。企业新订单指数有所回落，但仍在50%以上的较高水平，业务活动预期指数小幅回升0.1个百分点，预示着后期物流业务活动将延续平稳走势。

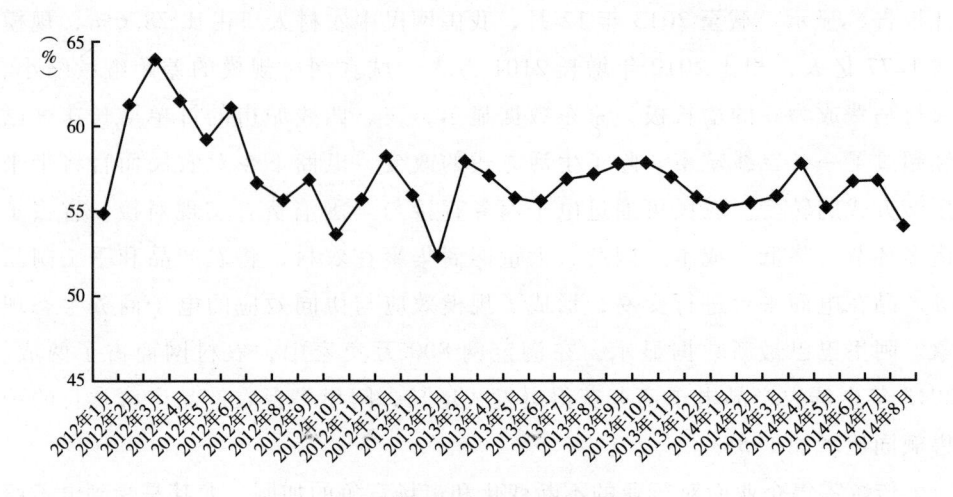

图3　物流业业务总量指数

资料来源：中国物流与采购联合会。

从8月份起，多地铁路局纷纷宣布货物快运开行计划。9月17日，一种新型的环形货物快运列车纷纷开始启动，沿途运送零散的货物。当前全国18个路局已经全部开行区域内的货物快运列车。货物快运列车的应用预示着过去以大宗货物、整车运输货物为主的铁路货运转变为以散货和小批量货物为主，尤其是货物快运列车的高速运行，将极大地提高我国物流的运行效率，改变当前的物流版图。这对于发挥铁路在物流体系中的骨干运输作用，降低全社会综合物流成本，推动国家和区域经济发展有着重要的意义。

（执笔人：依绍华、孙开钊）

第三季度内贸形势分析

- 前三季度我国内贸流通运行稳定，居民消费增速达到10%以上。网络购物与农村消费成为两大增长热点
- 消费品价格总体稳定，鲜果价格连续11个月涨幅超过10%
- 零售、餐饮行业转型初显成效，物流业迎来新的发展机遇

2014年前三季度，我国内贸流通领域运行总体良好，社会消费品零售总额达到189151亿元，同比名义增长11.6%，扣除价格因素实际增长10.8%，居民消费增长缓中见稳（见图1）。

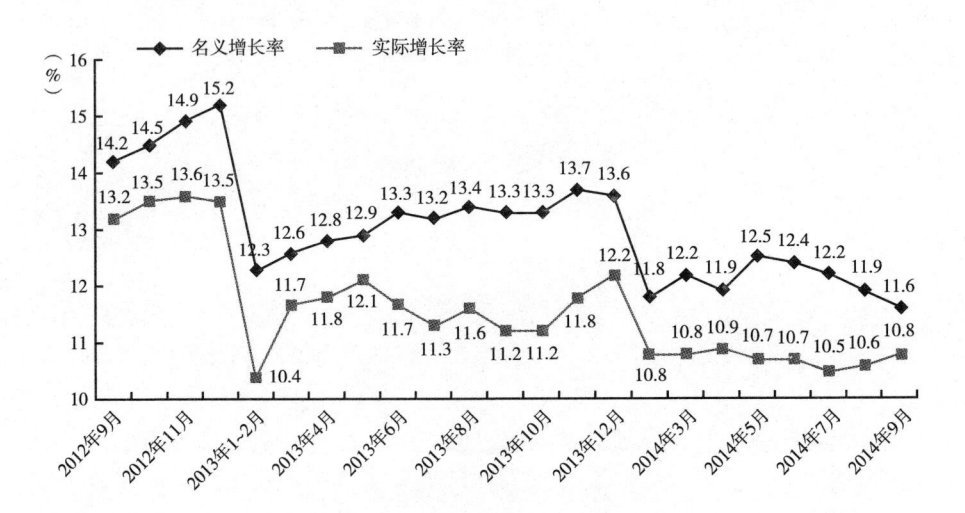

图1 社会消费品零售总额增长率

资料来源：国家统计局。

从增长结构角度看，前三季度乡村地区消费品零售额增速达到13.0%，比城镇高出1.1个百分点。网上零售继续保持高速增长，限额以上单位实现网上零售额288亿元，增长54.8%。农村消费与网络购物两大增长热点相融合，有望成为拉动内需的重要支撑。

2014年9月，居民消费品价格总体稳定。农产品方面，大米、面粉等粮食类商品零售价格运行平稳，食用油价格呈现缓慢下降趋势（见图2）。牛奶价格有所上升，但与年初相比上涨速度减缓。肉类价格中，猪肉价格下跌趋势停止，牛肉、羊肉价格进入平稳回升阶段，鸡蛋价格止跌回涨，上升12.9%。苹果、香蕉、鸭梨等鲜果价格上涨16.7%，已经连续11个月涨幅超过10%，个别月份甚至超过了20%，成为拉动CPI上升的主要因素。工业消费品价格总体平稳，价格涨跌不十分明显。

分行业来看，零售业经营调整仍在继续。前三季度5000家重点零售企业销售额同比增长6.3%，其中专业店、超市、百货店三大实体业态销售额同比增速分别为6.2%、5.5%和4.2%，网络购物同比增长32.2%，可见实体店购物远低于网络购物增速。目前，线上、线下两大经营形式相互融合的"全渠道"发展趋势十分明显，除了电商自建实体渠道或实体企业开设网店以外，两者间的合作也在逐渐增多。进一步地，网络零售、社区便利店以及快递业之间跨业态和跨行业的联合屡见不鲜，为消费者提供更加全面的服务或能为企业带来新的竞争力。

餐饮业结构转型取得一定成效。前三季度餐饮收入达到19934亿元，同比增长9.7%。面向工薪阶层的平民化餐饮成为带动行业回暖的主要动力，而高端餐饮企业经营仍然面临较大困难，一些知名餐饮企业，如"湘鄂情""俏江南"等，纷纷通过业务转型或资本运作谋求转机。

批发业运行情况因产品而异。就国内重要交易市场运营情况来看，义乌小商品市场景气指数在第三季度经历短暂上升后迅速下降；柯桥纺织品市场景气指数在第三季度显著上升；中关村电子信息产品信心指数在经历年初采购旺季的上涨后逐渐下行，但明显高于上年同期，其中手机通信类产品是主要的支撑力量（见图3）。从反映电子商务领域采购状况的"阿里指数"来看，数码电脑类商品的销售一直走强，而日用百货、纺织皮革等传统消费品及原材料的批发环节运行基本平稳（见图4）。

物流业发展保持较高速度。前三季度，交通运输、仓储和邮政业共实现固

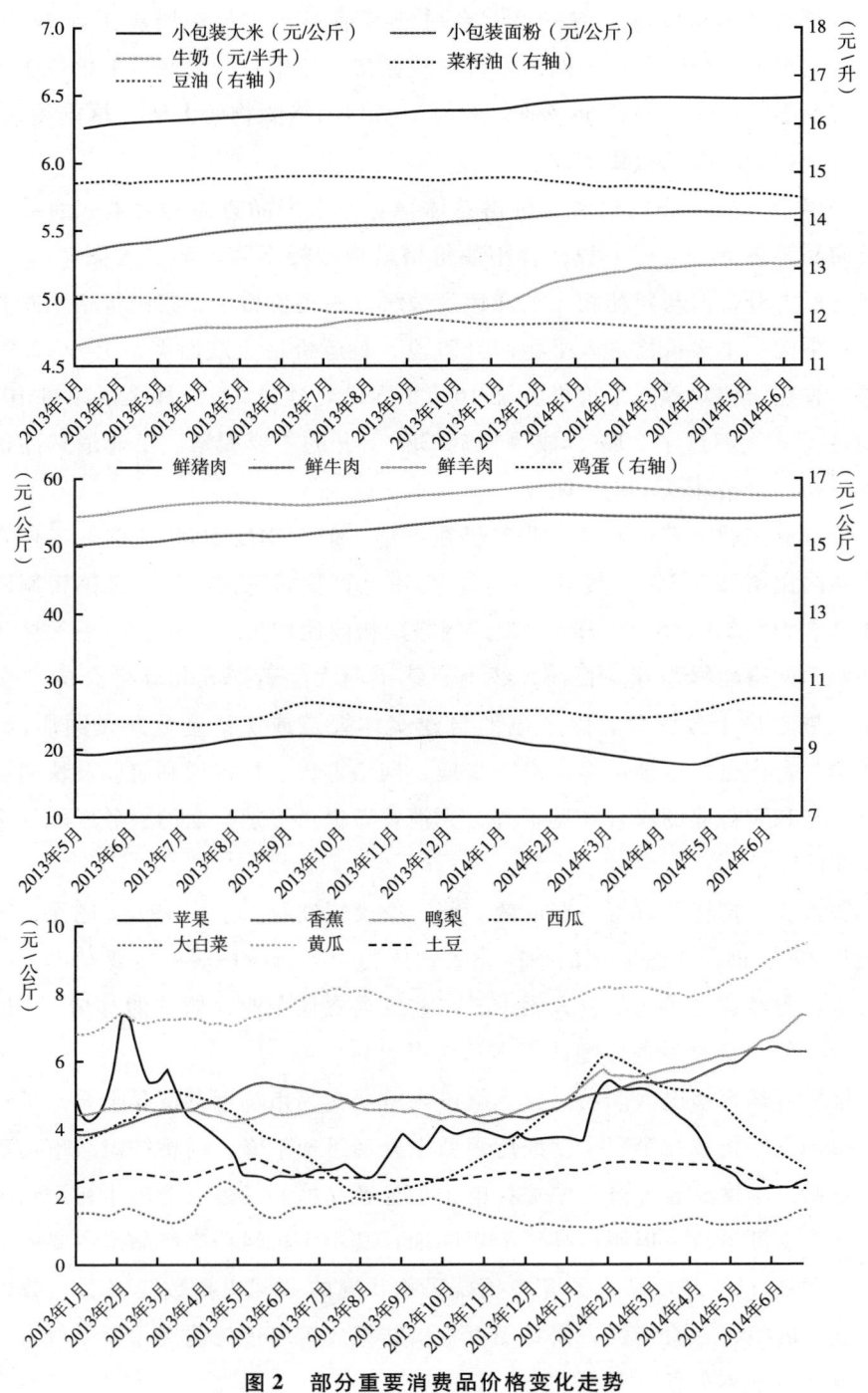

图 2 部分重要消费品价格变化走势

资料来源：商务部。

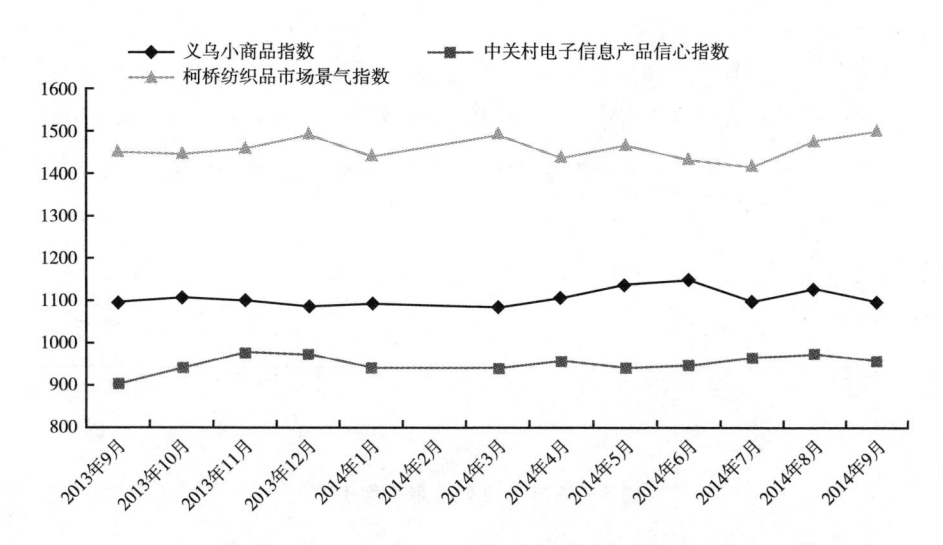

图3 主要商品市场景气（信心）指数

资料来源：商务部及指数官方网站。

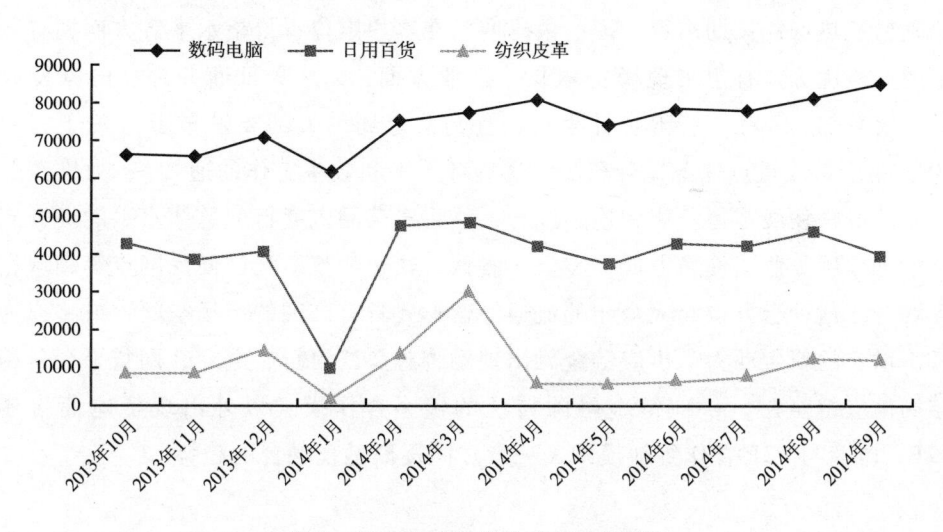

图4 部分类别商品的"阿里指数"

资料来源：据指数发布官方网站整理。

定资产投资28737亿元，同比增长19.4%。快递物流、电子商务以及连锁经营企业在物流园区建设方面的投资较为活跃。物流业务总量指数在2014年1~9月始终维持在54%以上的较高水平，表明当前物流活动趋于回升，市场复苏的基础正不断强化（见图5）。

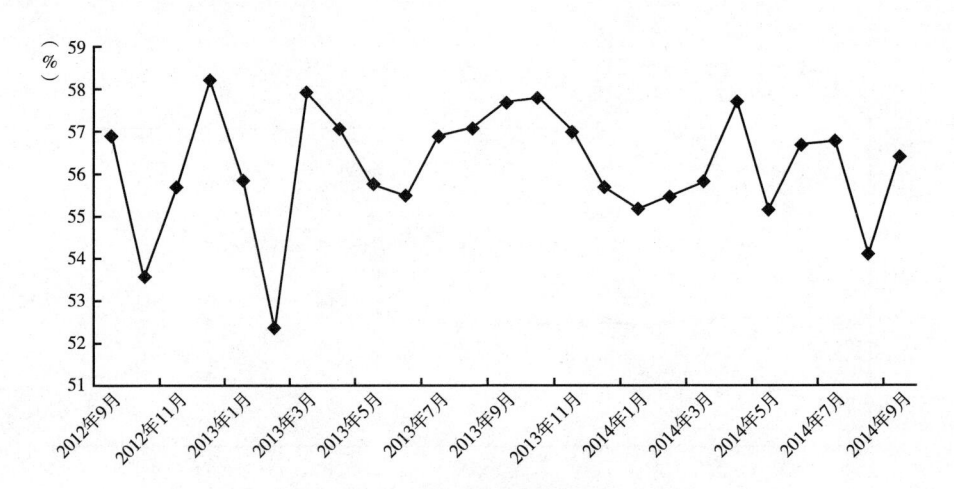

图 5 物流业业务总量指数 LPI

资料来源：中国物流与采购联合会。

未来一段时间中，有以下热点值得关注。消费需求方面，数码电子类产品仍是增长热点；长期来看，国产数码商品在客户定位、价格水平等方面拥有一定的竞争优势，有望实现稳定增长。行业方面，9月9日商务部、国家发改委、财政部、人社部、卫生计生委、食药监总局六大部委发布了《关于落实2014年度医改重点任务提升药品流通服务水平和效率工作的通知》，力推医药分开，鼓励发展零售药店和连锁经营，这将对药品流通行业总体水平的提升起到推进作用。业态创新方面，零售、餐饮、快递物流、社区便民网点等领域相互融合，这种全方位、大众化的流通经营形式具有广阔的市场空间，或将成为经济增长的新生动力。供应链金融出现融合趋势，银行、电商、网贷平台争相布局供应链金融，供应链金融除传统的银企合作模式以外出现了电商自建P2P、电商与P2P合作等新模式，三者之间逐渐呈现融合的趋势。

（执笔人：依绍华、李蕊）

十月份内贸形势分析

- 10月，我国内贸流通领域平稳增长，"黄金周"消费趋于理性
- 居民消费品价格总体稳定，鲜果价格同比涨幅较大
- 网上零售与快递物流相互拉动、高速增长，餐饮收入增速小幅回升

2014年10月，我国内贸流通领域运行总体平稳。当月，社会消费品零售总额达到23967亿元，同比名义增长11.5%，相比上月回落0.1个百分点；扣除物价因素实际上涨10.8%，与上月增速持平（见图1）。网络购物快速增长的态势得到进一步延续。10月份，限额以上单位网上零售额达到3307亿元，增长55.6%。

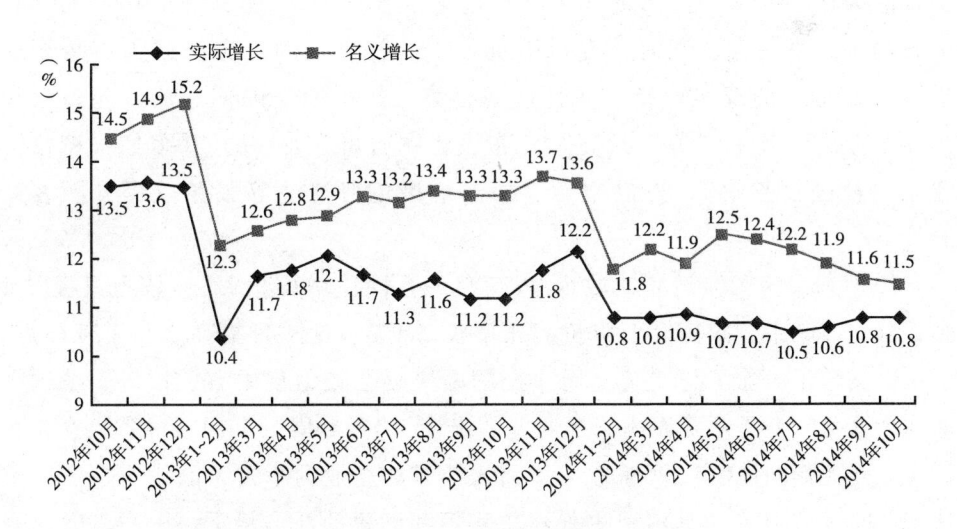

图1 社会消费品零售总额增长率

资料来源：国家统计局。

商务部数据显示，国庆"黄金周"期间，全国零售和餐饮企业实现销售额约9750亿元，比上年同期增长12.1%，该增速下滑了1.5个百分点。另据地方商务部门统计，杭州、广州等地主要百货店在黄金周的销售额均出现了同比下降的情况，其中广州为首次。主要原因在于，节俭、健康的消费理念逐渐深入人心，理性化、大众化的节日消费成为主导。实体"店商"纷纷调整定位，采取多样化的折扣促销方式，并通过微信、移动客户端等更加精准化的营销方式来吸引消费者。

10月，居民消费品价格总体稳定。农产品方面，大米、面粉等粮食类商品的零售价格运行平稳，食用油价格继续缓慢下降。肉类价格中，牛肉价格持续高企，猪肉价格经历了近半年的上涨以后呈现回稳态势，羊肉价格则总体平稳。新鲜水果价格有所下跌，但同比涨幅仍较大；鲜菜价格略有下跌（见图2）。工业消费品价格涨跌不十分明显。

分行业来看，零售业战略调整的特点日益突出。商务部监测的5000家重点零售企业数据显示，10月网络购物同比增长39.4%，而专业店、超市和百货店等实体业态的当月增速分别为6.1%、5.8%和4%。面对消费形式的变化，线上与线下相融合的全渠道、智慧型零售成为趋势。10月底，步步高电商大平台"云猴"上线，实现行业信息的免费开放与共享。以生鲜食品为核心的永辉超市则开始在福建地区推广O2O的移动应用产品，积极布局垂直供应链。同时，渠道下沉带来的社区化网点布局成为零售企业进军"蓝海"的现实选择，并且这一态势已经由原先的便利店、超市延伸到多个业态，其中"苏宁云商"宣布，将在通州、大兴的40多家大型社区建立"社区服务站"，提供空调、抽油烟机免费清洗等服务以提升顾客体验。

10月份，全国实现餐饮收入2657亿元，同比增长9.7%，较上月提升1个百分点。其中，限额以上单位同比增长2.1%，比9月提高2.6个百分点，实现由负转正。除了与"黄金周"期间婚庆宴会较为集中有关以外，餐饮企业向大众化转型是重要原因。据商务部统计，"黄金周"期间吉林省大众化餐饮企业营业额同比增长20%左右，而天津餐饮企业的平价菜品销售所占比重达到80%。在社会餐饮消费更加注重实惠和健康的新形势下，中高端餐饮企业通过移动终端订餐、网上团购等促销途径推出特价菜、家常菜，这些"亲民"做法受到了青睐。

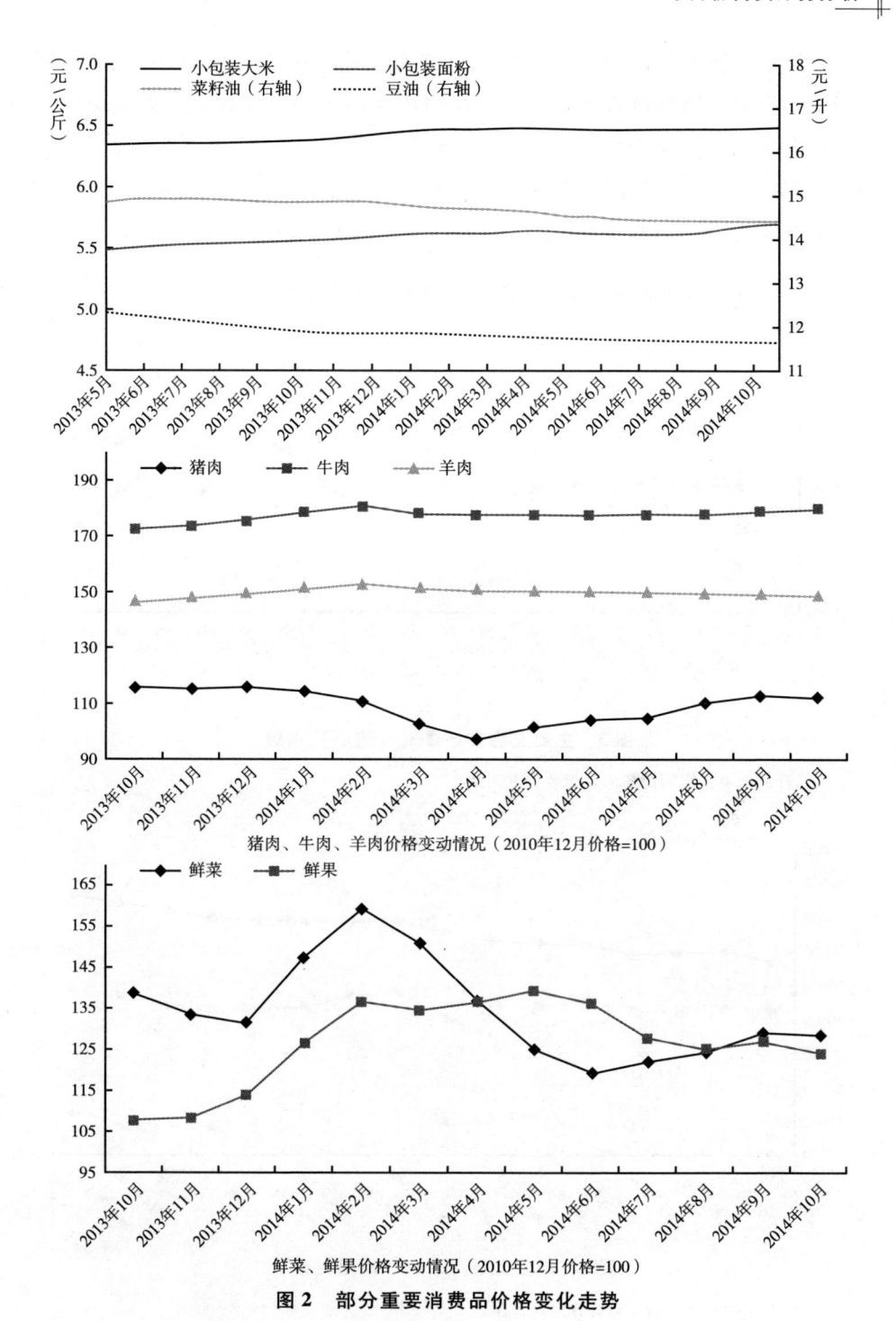

猪肉、牛肉、羊肉价格变动情况（2010年12月价格=100）

鲜菜、鲜果价格变动情况（2010年12月价格=100）

图2 部分重要消费品价格变化走势

资料来源：国家统计局、商务部。

批发业方面主要商品批发市场运行略有波动。10月，义乌小商品市场景气指数受换季原因影响有所下滑；而在国庆假期数码产品促销等因素影响下，中关村电子信息产品信心指数略有上升（见图3）。从反映电商采购状况的"阿里指数"来看，下半年以来，数码电脑、日用百货、纺织皮革等商品的经销活动持续走强，与网络渠道的产品定位与销售方式有关（见图4）。

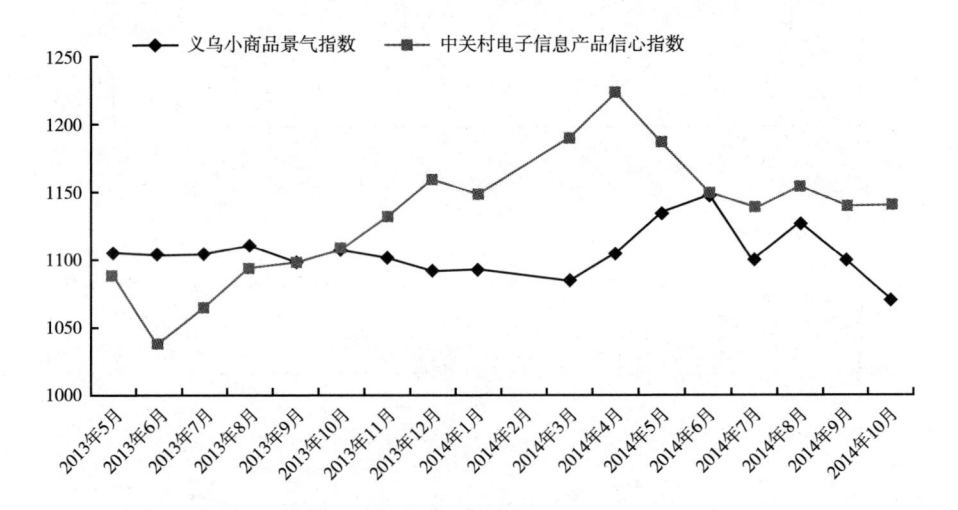

图3　主要交易市场景气（信心）指数

资料来源：国家商务部及指数官方网站。

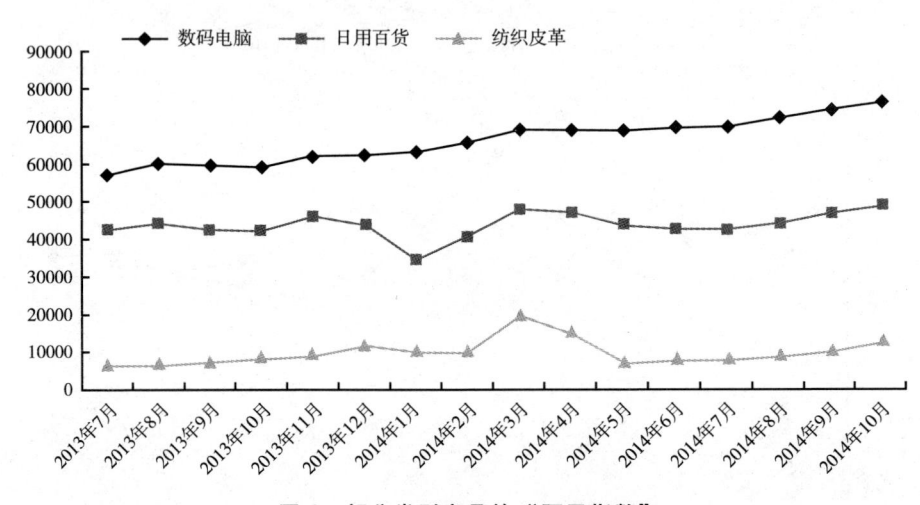

图4　部分类别商品的"阿里指数"

资料来源：据指数发布官方网站整理。

物流业保持较快增长。10月，物流业业务总量指数为54.9%，与前月相比回落1.5个百分点，但仍处于较高水平（见图5）。受电子商务快速发展的影响，邮政与快递业务十分活跃。据国家邮政局统计，全行业当月业务收入达到275亿元，同比增长了27.6%；共完成快递业务量12.9亿件，同比增速高达51.2%。

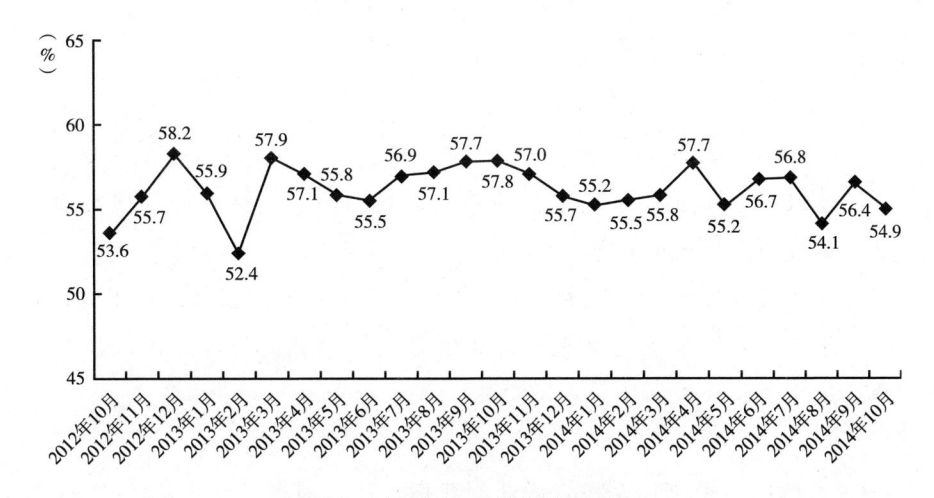

图5 物流业业务总量指数LPI

资料来源：中国物流与采购联合会。

未来一段时间中，有以下行业热点值得关注。零售业方面，跨境电商的发展或将带来消费格局的进一步变化。美国第二大零售商Costco已经在"天猫"开设官方旗舰店。消费领域长期存在"国内冷、出境热"的局面，随着这类渠道的逐渐发展、成熟，这一状况或将有所改变。餐饮业方面，行业转型迎来了政策引导。商务部发布的《餐饮业经营管理办法（试行）》将于11月实施，其中禁止设置最低消费、鼓励节约用餐等措施，将有望促进大众餐饮发展，适应平价消费需求。此外，快递物流业将面临"双十一"的考验，更重要的是，在国内快递业对外开放、竞争环境变化的背景下，高速增长下掩盖的一些问题将会暴露出来，提升行业整体经营效率与协同能力的必要性将愈加突出。

（执笔人：依绍华、张昊）

十一月份内贸形势分析

- 11月，我国内贸流通保持平稳运行态势，"双十一"网络零售火热，国内消费增速创新高
- 居民消费品价格稳中回落，涨幅创新低；鲜菜价格持续下跌
- 餐饮业转型成效显现，大众消费稳步回升；物流业进入季节性旺季，迎来全年业务高峰

11月，国内消费市场企稳，增速创新高，社会消费品零售额为2.34万亿元，同比名义增长11.7%，连续5个月回落后企稳回升，相比上月增长0.2个百分点；扣除物价因素上涨11.2%，相比上月增长0.4个百分点（见图1）。1~11月国内消费市场平稳，社会消费品零售额23.7万亿元，同比增长12%。

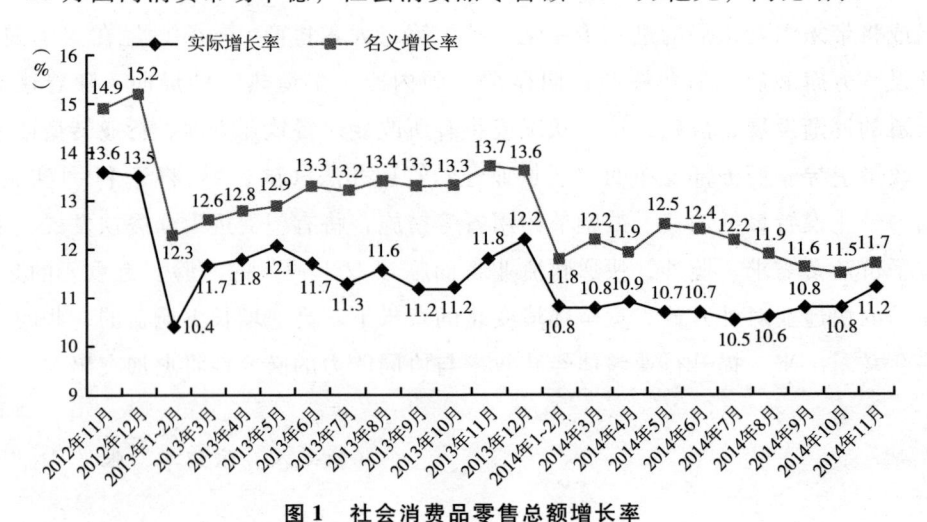

图1 社会消费品零售总额增长率

资料来源：国家统计局。

"双十一"网络零售再创纪录，阿里巴巴销售额突破 570 亿元，同比增长 63%。受"双十一"带动，11 月，网络零售高速增长，国内消费增速创新高。商务部 5000 家重点零售企业监测显示，网络零售增长高达 41.1%；限额以上单位网上零售额达到 3858 亿元，增长 55.9%。2014 年"双十一"，网络零售从国内向全球扩展，亚马逊开通对中国海淘直邮业务，美国零售商 Costco 等海外商户入驻天猫参与"双十一"，淘宝海外等跨境"海淘"开始发力；传统实体零售商日渐融入电商，线上线下加速融合，银泰商业、王府井百货等积极参与"双十一"O2O 专场。"新常态"下，网络零售日渐放大，延伸至经济产业各个领域，成为扩大消费的新引擎。

11 月份，居民消费品价格稳中回落，当月上涨 1.4%，涨幅同期相比回落 1.6 个百分点，创 5 年新低。1~11 月，全国居民消费价格总水平同比上涨 2.0%。农产品方面，大米、面粉等粮食类商品零售价格运行平稳，食用油价格略有下降。肉类价格中，牛肉价格持续上涨，猪肉价格有小幅下降，羊肉价格略有下跌，但同比有小幅增长。新鲜水果价格有小幅下跌，但同比涨幅较大；鲜菜价格持续下跌（见图 2）。工业消费品价格小幅增长。

分行业看，零售业新型业态与传统业态日益分化，"双十一"推动下，网络零售继续高速增长，传统业态增速回落。商务部监测的 5000 家重点零售企业数据显示，1~11 月零售企业销售额同比增长 6.4%，网络购物增长 33.3%，专业店、超市和百货增速分别为 6%、5.5% 和 4.2%，比上年同期有所回落。文体体育健康消费升温，11 月文化办公用品、体育娱乐用品商品销售分别增长 5.1% 和 8.8%。

11 月，全国实现餐饮收入 2541 亿元，同比增长 9.8%，较上月增加 1 个百分点。限额以上单位同比增长 2.4%，比上月提高 3 个百分点。餐饮产业转型成效显现，大众消费稳步回升，大众餐饮需求旺盛，成市场主流，1~11 月限额以下餐饮企业收入增长 13.2%；高端餐饮向多元市场拓展如小南国推出南小馆、小小南国、"彻思叔叔"西点等新品牌，部分餐饮企业延伸至食品加工业，如上海杏花楼的食品加工业销售比重已占销售额 60%。

批发业方面，主要商品批发市场企稳回升。11 月，义乌小商品市场景气指数强势反弹，中关村电子信息产品信心指数持续上升（见图 3）。从反映电商采购状况的"阿里指数"来看，数码电脑类商品的经销活动持续走强，而日用百货、纺织皮革等商品的经销活动有小幅回落（见图 4）。

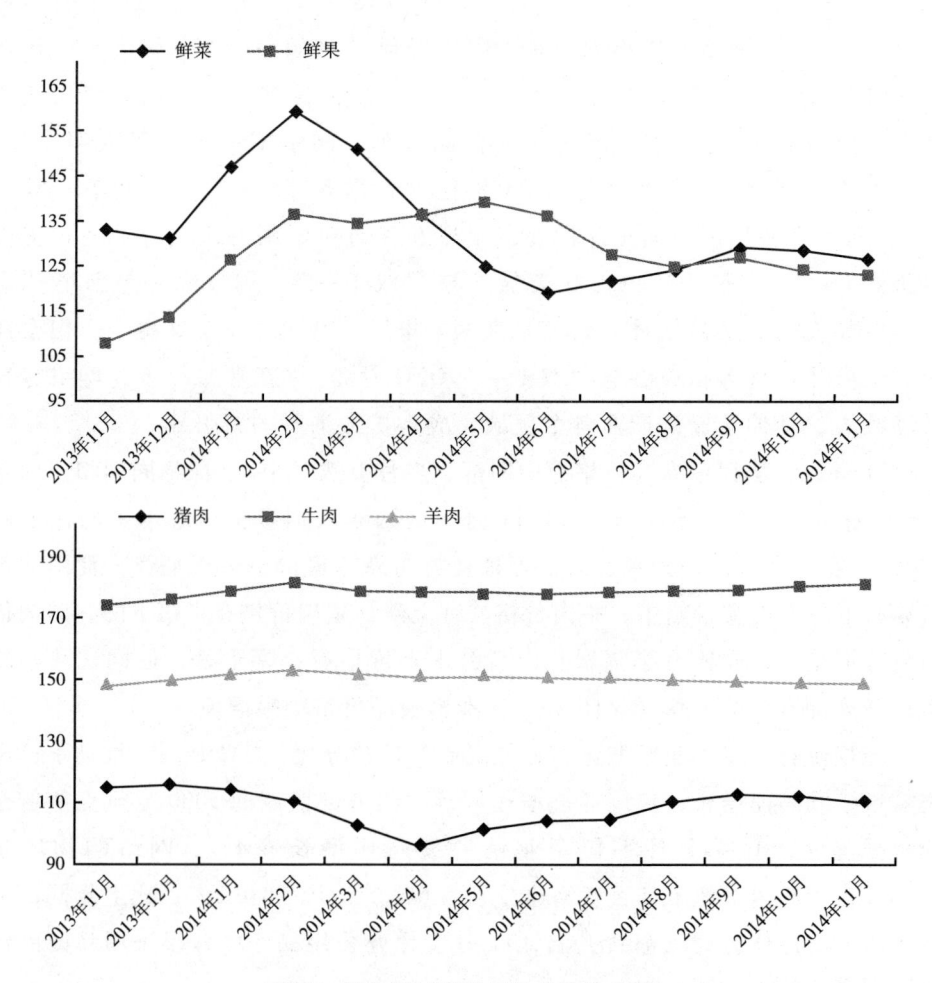

图 2 部分重要消费品价格变化走势

资料来源：国家统计局、商务部

物流业延续快速增长态势，快递物流迎全年业务高峰。11月，物流业业务总量指数为56.5%，与前月相比回升1.6个百分点，物流业进入季节性旺季（见图5）。加之"双十一"带动，11月，快递物流迎来全年业务高峰，物流订单量刷新纪录。据国家邮政总局统计，11月11日共产生8860万件快递量，11~17日快递量达创纪录5.86亿件，同期增长70%，日最高处理量近1亿件，同期增长54%；当月，全行业收入达316.5亿元，同比增长32.8%；完成快递业务量16.5亿件，同比增长51.4%。1~11月，快递业务量累计123.3亿件，同比增长51.%，2014年，中国有望成为全球第一快递大国。

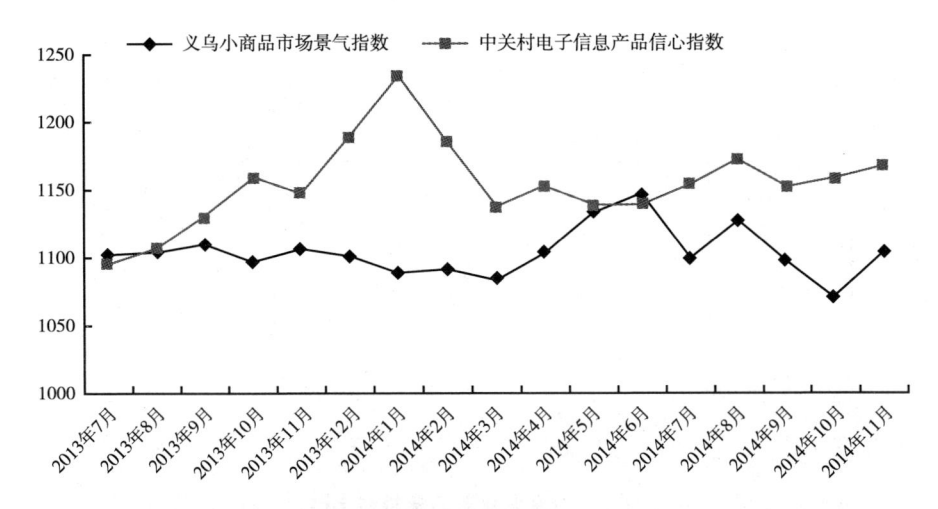

图3　主要交易市场景气（信心）指数

资料来源：国家商务部及指数官方网站。

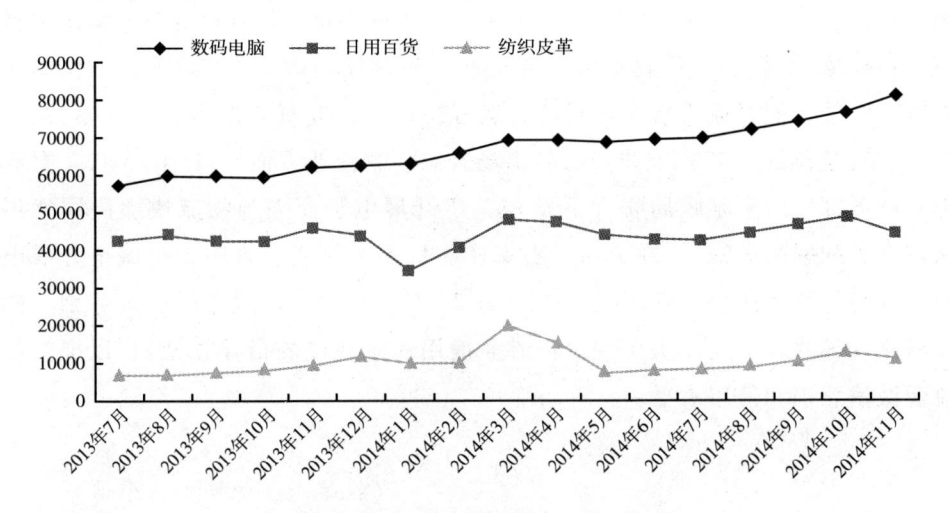

图4　部分类别商品的"阿里指数"

资料来源：据指数发布官方网站整理。

未来一段时间，以下行业热点值得关注。政策方面，11月16日，国务院办公厅下发《关于促进内贸流通健康发展的若干意见》，从推进现代流通方式发展、加强流通基础设施建设、深化流通领域改革创新和改善营商环境四个方面来推进内贸流通业的深化改革。11月28日，商务部印发《关于促进中小商贸流通企业健康发展的指导意见》，以进一步解决中小商贸流通企业面临的问

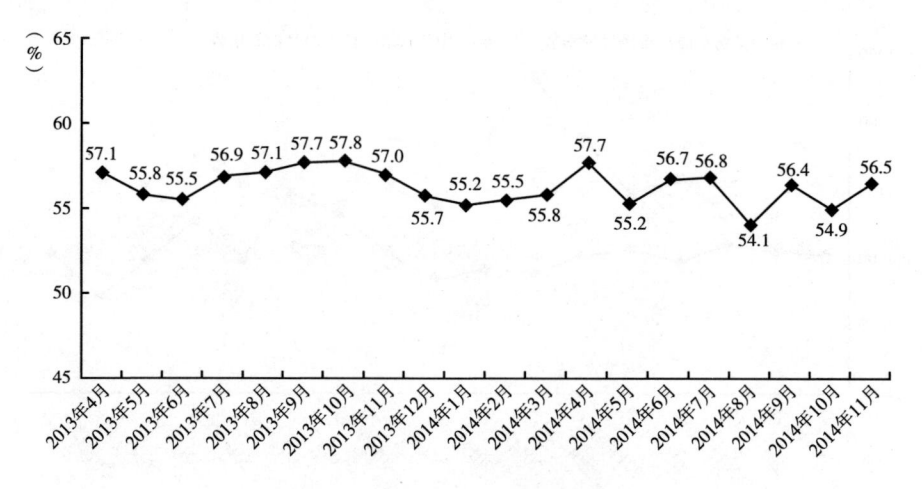

图 5　物流业业务总量指数 LPI

资料来源：中国物流与采购联合会。

题。零售业方面，便利店迎来春天，大型零售巨头进军便利店业态，家乐福推出"easy 家乐福"，麦德龙推出"合麦家"品牌便利店，"小而美"的便利店被寄予厚望，能否成为新的利润增长点有待观察；电商"走出去"开始发力，顺丰"优选国际"正式上线，海购市场升温。物流业方面，11 月 13 日，财政部、商务部、国家邮政局联合下发《关于开展电子商务与物流快递协同发展试点有关问题的通知》，在天津、石家庄、杭州、福州、贵阳 5 个城市开展电子商务与物流快递协同发展试点；11 月 25 日，国家发展改革委、商务部、国家铁路局等联合下发《关于我国物流业信用体系建设的指导意见》，以提升物流业诚信意识和信用水平。

（执笔人：依绍华、廖斌）

十二月份内贸形势分析

- 12月份，我国内贸流通领域增速继续回升，城乡居民消费水平创新高
- 餐饮消费继续保持增长，信息消费进入高速增长阶段，消费金融助推消费增长
- 物流业稳中有升，快递业保持稳定高速增长

2014年12月份，我国内贸流通领域增速自10月份以来继续回升，城乡居民消费水平创下新高，实现社会消费品零售总额25801亿元，同比名义增长11.9%（扣除价格因素实际增长11.5%），比上月提高0.2个百分点（见图1）。其中，城镇消费品零售额22166亿元，同比增长11.8%；乡村消费品零售额3635亿元，增长12.4%，城乡增幅差距有所缩小。而限额以上单位消费品零售额实现14274亿元，增长9.4%，高于全年水平。

2014年全年，我国社会消费品零售总额实现262394亿元，同比名义增长12.0%，实际增长10.9%。其中，限额以上单位消费品零售额实现133179亿元，增长9.3%。

分行业来看，零售业保持平稳增长状态。商务部监测的5000家重点零售企业的数据中显示，网络零售增长33.2%，比上年加快1.3个百分点。专业店、超市和百货店分别增长5.8%、5.5%和4.1%，比上年分别回落1.7个、2.8个和6.2个百分点（见图2）；购物中心虽增长7.7%，但也比上年放缓4.5个百分点。

餐饮业方面，在大众化消费拉动和餐饮企业转型推动下，餐饮消费在经历小幅下降后继续增长，12月份实现餐饮收入2728亿元，同比增长10.1%，增速较上年同期增加1.5个百分点。其中，限额以上餐饮企业收入845亿元，同比增

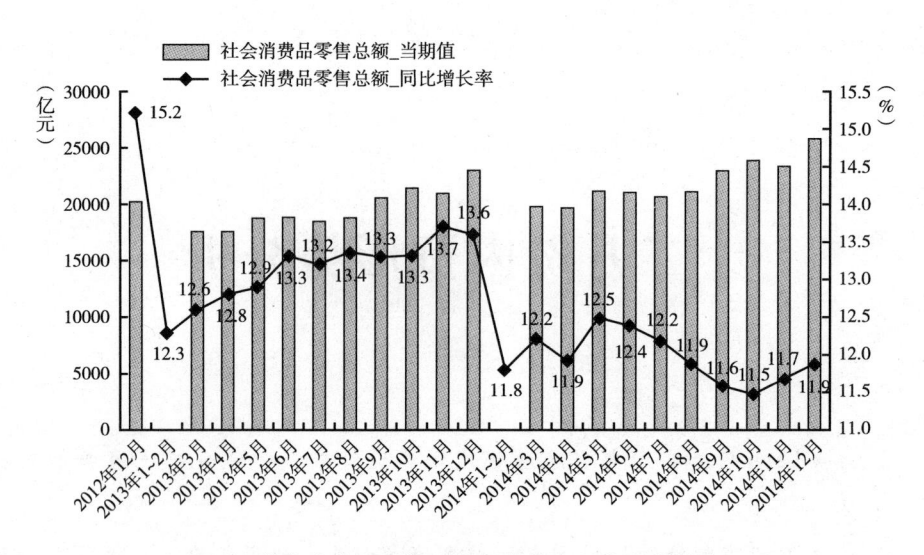

图 1　社会消费品零售总额及增长率（名义增长率）

资料来源：国家统计局。

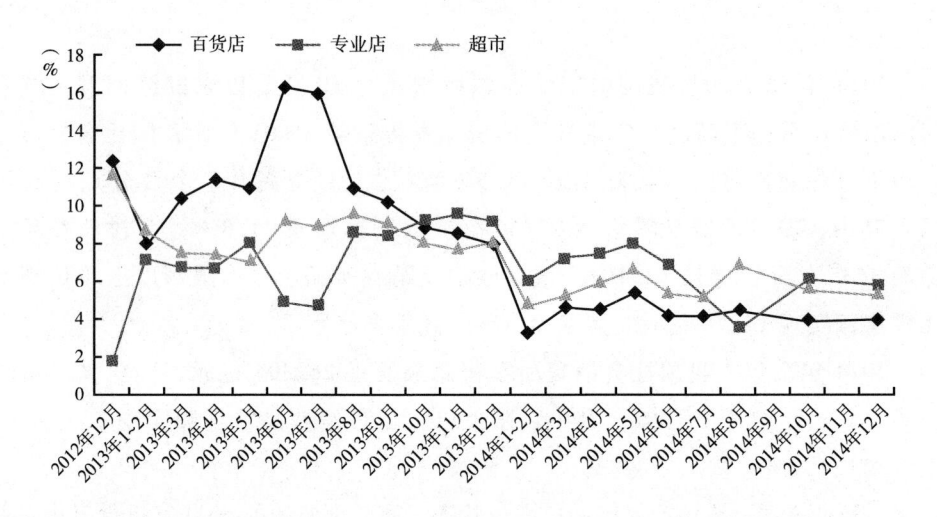

图 2　商务部监测 5000 家重点零售企业分业态销售增速

资料来源：商务部。

长 4.8 个百分点。这表明我国餐饮行业整体转型已经步入稳定发展阶段。

信息消费成为当前热点。国家第二批信息消费试点城市名单已公布，试点城市围绕建立宽带和 TD – LTE 等信息基础设施、开发智能信息产品、培育新型信息消费示范项目、整合政府公共服务云平台、引导信息消费体验等方面开展工作。国家统计局数据显示，12月份限额以上企业通信器材销售额达到338亿元，同比增长58.1%，进入高速增长时期。在国家政策的强烈信号带动下，必将进一步激活信息消费潜力，加快促进城市信息消费升级，培育新的消费热点。

物流方面，12月份中国物流业业务总量指数为57.5%，比上月上升1个百分点（见图3）。物流业景气指数回升，反映物流业经济延续稳中有升的发展态势。平均库存量指数和库存周转次数指数双升，且回升幅度相近，显示生产环节和消费环节相关企业活动较为活跃。资金周转率指数回升，显示物流企业回款速度加快，企业融资难的情况有所缓解。主营业务成本指数回落、物流服务价格指数回升，企业经营情况有所改善。从后期走势看，业务活动预期指数和固定资产投资完成额指数均保持55%以上，显示物流企业对2015年的物流业经济发展的趋势看好。

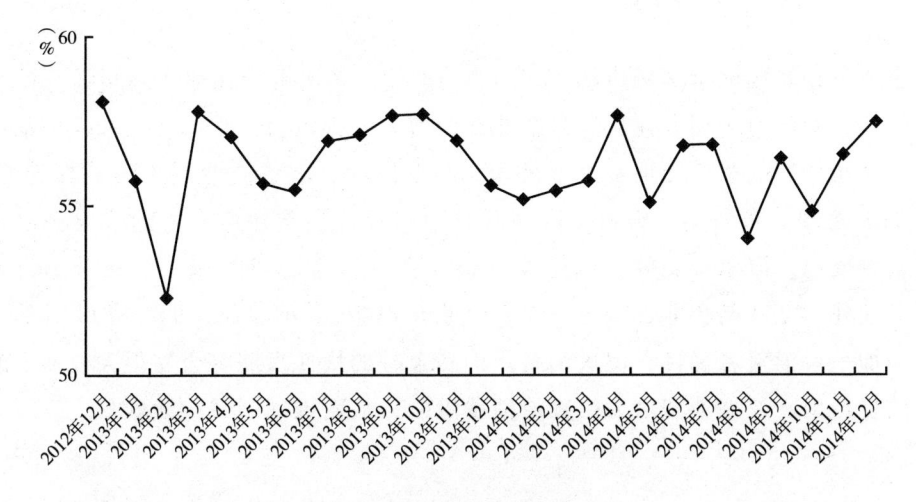

图3 物流业业务总量指数

资料来源：中国物流与采购联合会。

随着电子商务快速发展的倒逼，近几年，我国快递业务增长速度始终处于高速增长阶段，基本保持在同比增长50%以上的水平。12月份，我国快递业继续保持高速增长，业务量完成16.4亿件，同比增长53.1%（见图4）；业务收入完成224.6亿元，同比增加44.4%。

随着我国经济步入"新常态"，消费在经济发展中将发挥基础性作用，因此消费金融成为促进消费增长的重要手段。目前，传统银行、零售商以及互联

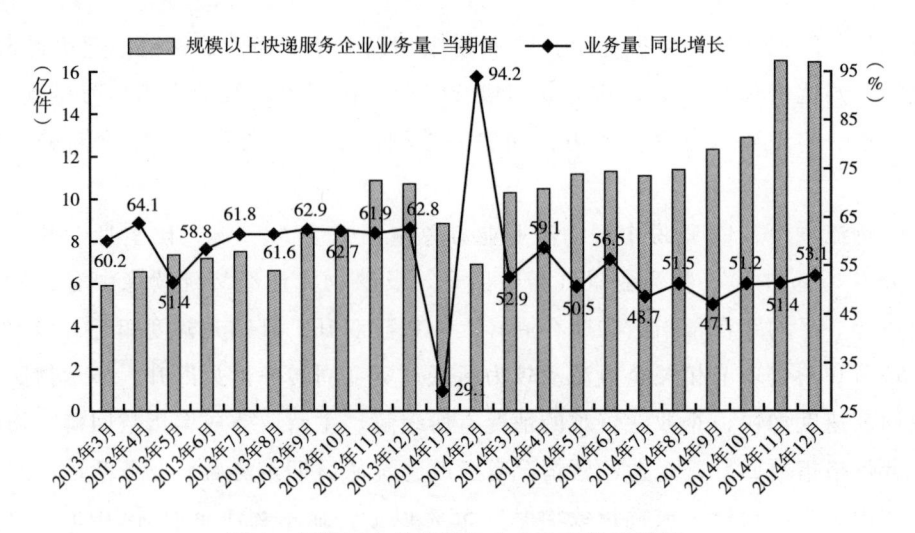

图 4　规模以上快递服务企业业务量及增速

资料来源：国家邮政局。

网企业争相布局消费金融市场。2014 年 12 月，兴业银行在福建泉州设立的兴业消费金融股份公司开业，这是继北银消费、中银消费、锦城消费和捷信消费金融公司会后的第 5 家消费金融公司。与此同时，零售企业也纷纷参与其中，如 TCL 集团宣布与湖北银行、武商联集团以及武商集团联合发起成立湖北消费金融公司；海尔集团联手其他 4 家企业合资在青岛成立海尔消费金融公司等。此外，互联网企业如京东推出的"京东白条"、阿里巴巴的"花呗"等可以增加平台消费者黏性，促进消费。消费金融的快速发展将会在很大程度上改变消费行为，挖掘消费潜力，释放消费潜能，从而推动消费持续增长。

（执笔人：依绍华、孙开钊）

系列四　进出口月度形势分析

二月份进出口形势分析

● 2014年2月我国出口同比下降18个百分点，引起了人们对实现年度目标的担忧。但月度贸易数据存在明显的"2月洼地"现象，"2月洼地"与"春节月"现象叠加作用明显，是贸易活动的淡季，不必以其贸易数据下滑而担心年度目标的实现

● 3月的反弹力度不够，未能超过1月的占比水平，这与以往13年间3月进出口占全年进出口比重高于1月比重的规律不同，这要引起我们足够重视

● 全球经济低迷，海外市场需求不足，当前这些影响我国进出口贸易的根本性因素还会继续发挥作用，需要宏观决策继续高度重视

2014年2月我国出口同比下降18个百分点，引起了人们对实现年度目标的担忧。从以往的经验看，我国月度贸易数据存在明显的"2月洼地"现象（见图1），不必过分担忧年度目标的完成。

2月份出口规模环比下滑是2001~2013年的规律性现象。2001~2004年出口规模较低时，这一现象不十分明显；2005~2010年随着出口规模的提升，这一现象开始鲜明地表现出来，即使是在国际金融危机后的2009年，也没有阻止这一现象的出现；2011~2013年，这一现象更加明显，下滑幅度更大；2014年2月的出口下滑符合以往13年的波动规律。

值得关注的是，2014年2月出口下滑的斜度大于2011~2013年的斜度，显示这一规律性现象或有加重的可能；同时，2014年3月出口反弹的力度不足，出口规模未能超过2013年3月的水平。

2月份进口规模环比下滑是2001~2013年的规律性现象。2001~2010年

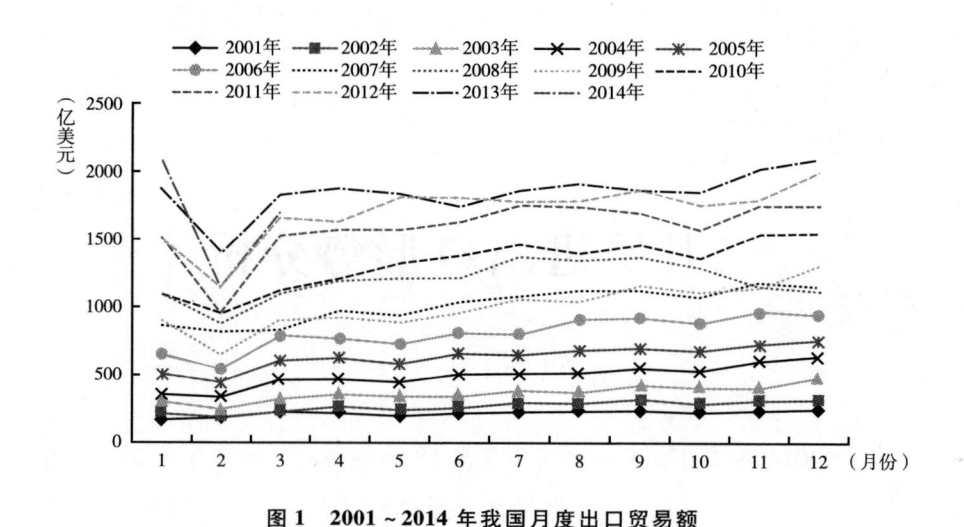

图1 2001~2014年我国月度出口贸易额

资料来源：根据中国海关统计数据绘制。

这一现象已初见端倪，10年中有7年下滑；2011年和2013年下滑幅度明显加大（见图2）。2014年进口在同比增长的前提下，环比下滑幅度符合以往13年的基本波动规律。而且，2014年2月进口规模环比下滑曲线的斜度没有加大，基本上可以判定是一种季节因素主导的波动现象；然而，3月反弹未能超过2013年3月的水平。

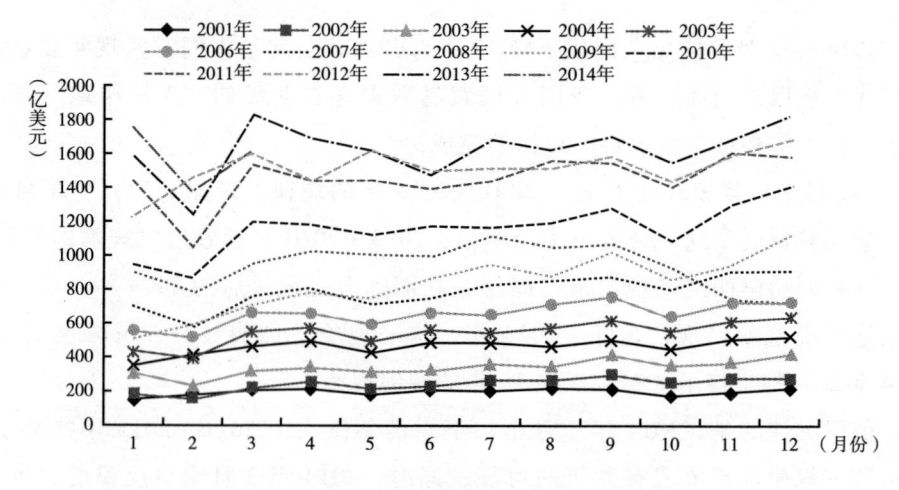

图2 2001~2014年我国月度进口贸易额

资料来源：根据中国海关统计数据绘制。

从2014年第一季度的进出口数据来看，共同的特点是，1月的规模明显高于往年，2月环比下滑加深，3月的规模都没有超过上一年的水平，表现出明显的"2月洼地"现象；不同的是，2月出口的下滑幅度大于进口的下滑幅度，跌穿了2013年2月的出口水平，而进口在下滑中仍高于2013年2月的进口水平。

"2月洼地"现象与所谓的"春节月"现象有一定关系。尽管在过去的13年中，春节并不总是发生在2月，有5年春节假期在1月，8年的春节假期在2月，但是，在13个春节月中有10个月度出口全年最低，12个月度进口全年最低。2014年的春节自1月31日持续到2月6日，"2月洼地"与"春节月"现象叠加作用明显，是贸易活动的淡季，不必以其贸易数据下滑而担心年度目标的实现。

造成"2月洼地"及"春节月"现象既有国际因素也有国内因素。

第一，由于春节是中华民族最重要的传统节日，外向型企业员工回家探亲成为他们年复一年的企盼，东南沿海省份大量的外向型企业因此而不得不调整其生产节奏。这在我国形成了春节期间"民工流"的独特现象，也由此印证了"春节"因素对企业行为和贸易数字的影响确实存在。

第二，生产企业和贸易公司的春节假期普遍长于官方的春节假期，加重了"2月洼地"和"春节月"对贸易规模的影响。

第三，圣诞节和元旦集中消费导致外需出现年末及"1月翘尾""2月洼地"现象。此外，发达经济体问题缠身，国际市场需求低迷。受此影响，国内相当一批外向型企业处于停工和半开工状态，也是我国春节期间企业放假时间延长和2月出口大幅度下滑的重要原因之一。

2014年进出口贸易前景展望。第一，3月贸易规模出现反弹，说明2月的下滑主要受"2月洼地"及"春节月"因素的影响，对实现全年目标影响不大。"2月洼地"及"春节月"的环比下滑并不排斥同比的上升。

第二，2001~2013年，1~3月的贸易数据除2009年的进出口及其他5个月份的进口或出口之外，月度贸易水平同比一直在增长，贸易总规模也在增长。2014年2月出口同比下降18个百分点，是在1月进出口同比增长11%、2月进口同比增长10%的背景下出现的，并没有出现2009年同比全面下降的情况，可以说，国际环境整体走向负面的可能性不大。

第三，以往13年间月度贸易规模占全年比重的平均水平，1~2月分别为7%和6%，3~6月基本在8%的水平上，7~11月基本在9%的水平上，12月略高，进口占9%，出口占10%（见图3）。按照以往13年来1月、2月和3月进出口贸易平均占比推算，并参考国内外其他环境因素，2014年度进出口贸易有望实现4.5万亿美元，增幅在8.5%左右。

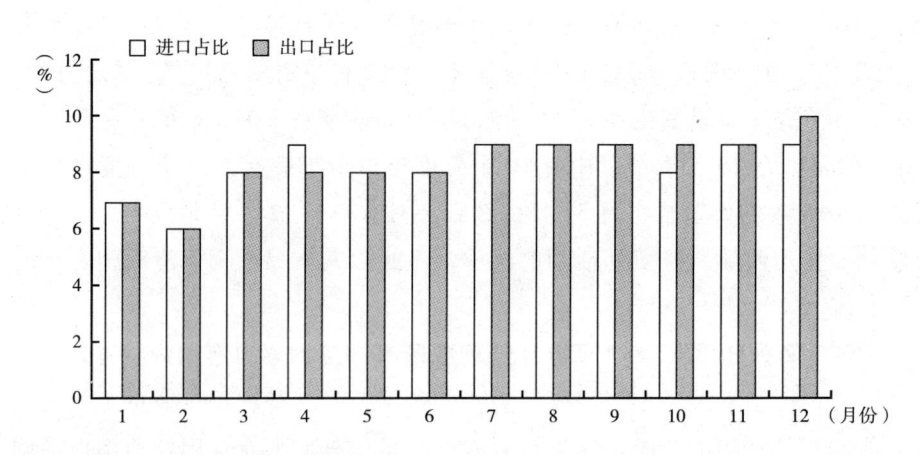

图3 2001~2013年月度贸易占全年比重的平均水平

资料来源：根据中国海关统计数据计算绘制。

当然，全球经济低迷，海外市场需求不足，当前这些影响我国进出口贸易的根本性因素还会继续发挥作用，需要宏观决策继续高度重视。但是，不能不恰当地放大"2月洼地"及"春节月"数据的作用，影响到我们对贸易发展态势的基本判断，做出不恰当的宏观调控选择。

3月的反弹力度不够，未能超过1月的占比水平，这与以往13年间3月进出口额占全年进出口额比重高于1月比重的规律不同。如果需要担心全年目标的实现，这一现象倒是值得高度关注的，而恰恰不是"2月洼地"现象。

（执笔人：冯雷）

第一季度进出口形势分析

- 第一季度,服务贸易继续保持快速增长,成为稳定外贸增长的重要力量
- 服务贸易结构逐步优化,新兴服务贸易部门及服务外包业务始终保持快速增长势头
- 服务外包持续增长,示范城市作用突出,吸纳就业能力显著
- 服务贸易逆差规模继续扩大,且逆差主要来自旅游和运输两大传统部门,需要引起高度重视

2014年第一季度,在外贸进出口额呈现负增长的态势下,服务贸易继续保持快速增长,成为稳定外贸增长的重要力量。1~3月,服务贸易进出口总额累计实现1394.8亿美元,比上年同期增长16.2%,高于上年14.4%的年均增速(见图1)。同时,第一季度服务贸易进出口总额占对外贸易总额(即货物和服务进出口额之和)的比重为14.4%,比上年同期提高3.2个百分点。其中,第一季度我国服务贸易出口533.2亿美元,同比增长14.6%;服务贸易进口861.6亿美元,同比增长17.1%。

从月度数据看,1月份服务贸易进出口额达到505.6亿美元,取得"开门红",而2月份无论服务出口额还是进口额都有所下滑,3月份经过调整实现反弹,并取得该季度最高的月度出口额(见图2)。

服务贸易结构正逐步优化,传统服务贸易项目进出口额占比呈下降趋势。第一季度,运输服务、旅游服务和建筑服务三大传统服务贸易项目贸易额占贸易总额的比重为59.24%,比上年同期下降近5个百分点(见图3)。旅游服务和运输服务仍是我国前两大服务贸易部门,第一季度分别实现469亿美元和319亿美

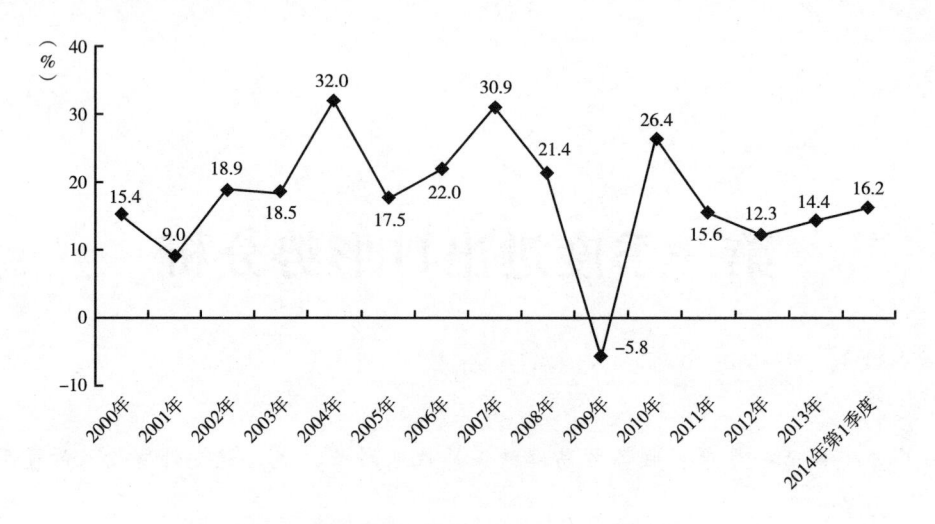

图 1　历年中国服务贸易进出口额增长率

资料来源：根据商务部公布数据制图。

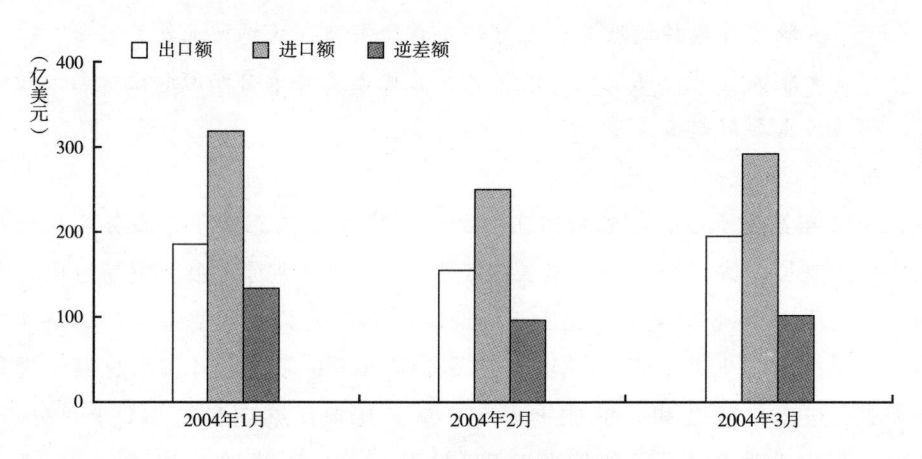

图 2　2014 年 1~3 月服务贸易进出口情况

资料来源：根据国家外汇管理局公布的数据制图。

元的进出口贸易额，同比增幅分别为 15.2% 和 1.6%。

高附加值的新兴服务贸易部门则始终保持快速增长势头。第一季度，计算机和信息服务、电影音像服务、专利权使用费和特许费服务及咨询服务分别同比增长 40%、38.9%、38.1% 和 21.3%。尤其是我国第三大服务贸易行业——咨询服务，第一季度出口规模达到 108 亿美元，已经超过运输服务出口额，成为我国第二大服务出口项目。

第一季度进出口形势分析

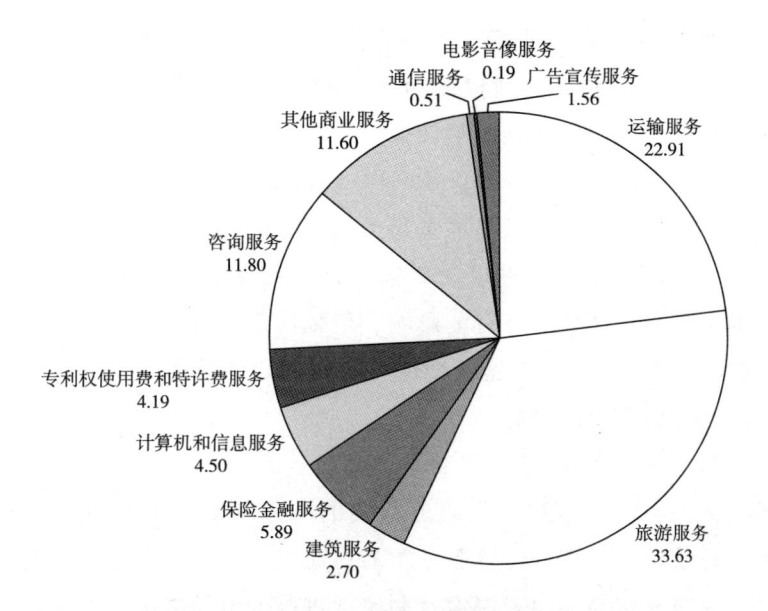

图3 2014年第一季度服务贸易分部门比重

- 电影音像服务 0.19
- 广告宣传服务 1.56
- 通信服务 0.51
- 其他商业服务 11.60
- 咨询服务 11.80
- 专利权使用费和特许费服务 4.19
- 计算机和信息服务 4.50
- 保险金融服务 5.89
- 建筑服务 2.70
- 旅游服务 33.63
- 运输服务 22.91

注：图中数据存在一定误差。
资料来源：根据国家外汇管理局公布的数据制图。

服务外包也延续了近些年来良好的增长态势。第一季度，我国共签订服务外包合同36421份，合同金额245.7亿美元，同比增长55.9%；实际执行金额164.7亿美元，同比增长40.6%。其中，承接国际服务外包合同金额161.4亿美元，同比增长43.1%；实际执行金额112.1亿美元，同比增长37.7%。美国、欧盟、中国香港和日本是我国服务外包业务的主要发包市场，占全部承接业务63%的市场份额。同时，服务外包示范城市在产业集聚和引导方面的作用较为突出，第一季度21个服务外包示范城市签订离岸服务外包合同金额和实际执行金额分别占全国的92.3%和91.4%。此外，服务外包在吸纳就业方面的作用也愈发显著，第一季度服务外包新增从业人员14.2万人，服务外包就业规模稳步扩大。

经济结构阶段性调整，国际经济形势回暖，以及国内服务业快速发展等利好因素，共同促成了第一季度服务贸易的良好发展态势。与此同时，服务贸易逆差逐年增加的态势并未得到实质性改变，服务贸易逆差继续扩大。第一季度，服务贸易逆差为328.4亿美元，同比增长21%。其中，1~3月份的逆差额分别达到133.3亿美元、95.8亿美元和99.3亿美元。

从服务贸易12大门类来看，第一季度，出现逆差的部门有6个，按逆差规模依次是旅游、运输、专利权使用费和特许费、保险金融、电影音像、通信；而实现顺差的部门则包括其他商业、咨询、建筑、计算机和信息及广告宣传等。

旅游服务和运输服务是贸易逆差最大的两个部门，其中，旅游服务进口规模较大，第一季度旅游服务进口352亿美元，占我国服务总进口的41%；而运输服务则主要受货物贸易下行的影响，增幅出现显著下降，比上年同期回落8.8个百分点。第一季度，仅这两个部门的逆差之和就高达380.5亿美元，构成服务贸易逆差最主要的来源。

服务贸易逆差自2008年首次突破100亿美元后，呈逐年扩大趋势。从原因看，结构性失衡系主因。一是缺乏坚实的产业基础，生产性服务业发展不足。二是贸易结构欠合理，传统服务贸易占比过大，且国际竞争力偏弱。这就需要针对主要服务贸易部门，探索及制定促进服务贸易进出口平衡与结构优化的政策安排，并加大对咨询服务及计算机和信息服务等优势部门的政策倾斜力度，进一步推动上述服务部门出口规模的扩大。

综上所述，虽然第一季度我国服务贸易取得了一个相对良好的开端，但服务贸易逆差仍呈上升之势，如何促进服务贸易进出口平衡，有效扩大服务出口规模，将成为未来三个季度工作的重点。鉴于此，从短期看，需要强化即期政策激励机制与保障措施，从财税、补贴、贸易投资便利化、试点城市筛选与推广等方面着手，以确保服务贸易良性快速增长；从长期看，需要推动服务贸易管理体制改革及服务业对外开放，大力发展生产性服务贸易和服务外包，促进服务贸易人才培养与聚集，改善服务贸易法制管理环境，充分发挥服务业及服务贸易行业协会的作用，并加强区域服务贸易谈判与合作。

（执笔人：陈昭）

七月份进出口形势分析

- 外贸出口增长率逐渐攀升,贸易顺差持续高增长
- 一般贸易增长平稳,加工贸易小幅下降,边境小额贸易增长明显
- 我国机电产品和高新技术产品的进出口回升势头明显,农产品进出口增长缓慢

海关最新统计数据显示,2014年前7个月,我国外贸进出口总值为2.4万亿美元,其中,出口额为1.28万亿美元,同比增长3%;进口额为1.12万亿美元,同比增长1%;贸易顺差1600亿美元,扩大20.9%。

7月份当月,我国外贸进出口总值为3785亿美元,其中,出口额为2129亿美元,同比增长14.5%;进口额为1656亿美元,同比下降1.6%;贸易顺差473亿美元,扩大1.7倍(见图1)。

一般贸易进出口保持增长,加工贸易进出口下降。前7个月,我国一般贸易进出口额为1.3万亿美元,增长7.2%,占我国外贸总值的55%,较2013年同期提升2.7个百分点。其中,出口额为6617.7亿美元,增长9.7%,占出口总值的51.9%;进口额为6570.4亿美元,增长4.7%,占进口总值的58.4%;一般贸易项下顺差额为47.3亿美元。同期,我国加工贸易进出口额为7569.2亿美元,占我国外贸总值的31.5%,较2013年同期下滑0.3个百分点。其中,出口额为4785.5亿美元,占出口总值的37.5%;进口额为2783.7亿美元,占进口总值的24.8%;加工贸易项下顺差额为2001.8亿美元。此外,海关特殊监管区域进出口快速下降,较2013年同期下滑15个百分点。以边境小额贸易方式进出口239.2亿美元,增长14.8%,成为外贸增长新亮点(见图2)。

从国别/地区来看,7月份我国对欧盟、美国、东盟和中国香港进出口增

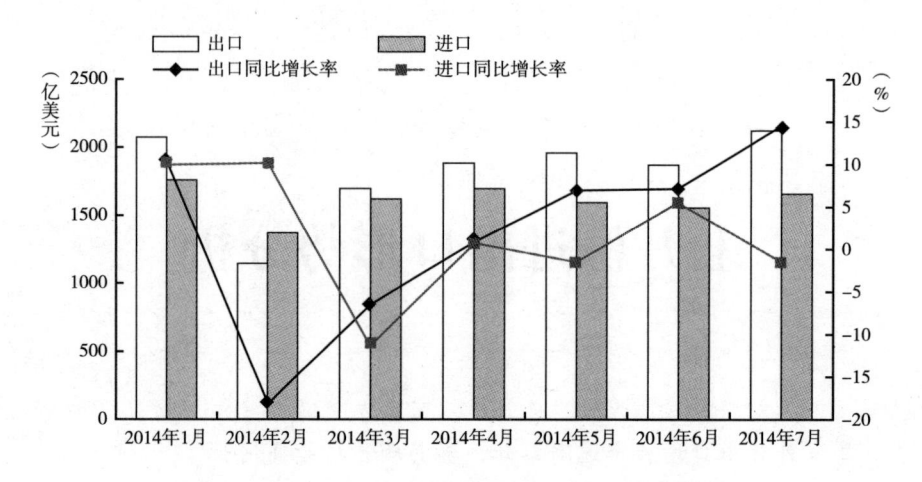

图1 2014年1~7月我国外贸进出口月度数据走势

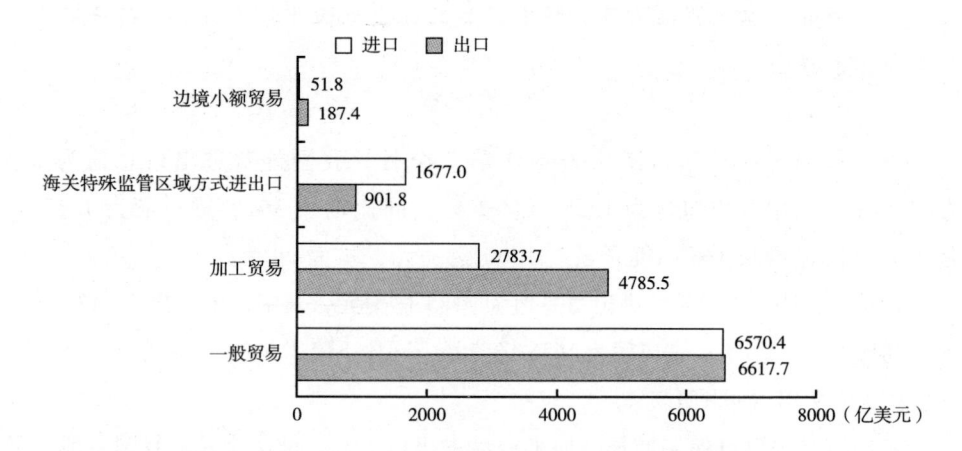

图2 2014年1~7月我国外贸进出口商品贸易方式累计

长态势明显；对中国台湾、澳大利亚、巴西进出口增长缓慢（见图3）。2014年前7个月，中欧双边贸易总值为3484.3亿美元，同比增长12.1%。中美双边贸易总值为3053.4亿美元，同比增长5.9%。同期，与东盟双边贸易总值为2613.4亿美元，同比增长5.4%。中日双边贸易总值为1791.5亿美元，同比增长3%。2014年前7个月，内地与香港双边贸易总值为1930.3亿美元，下降18.2%。

2014年7月，我国机电产品和高新技术产品的进出口额在6月经历小幅下滑后，回升势头明显，而农产品进出口增长缓慢。1~7月，我国机电商品进出口额为11906.2亿美元，与2013年基本持平，占我国外贸进出口总值的

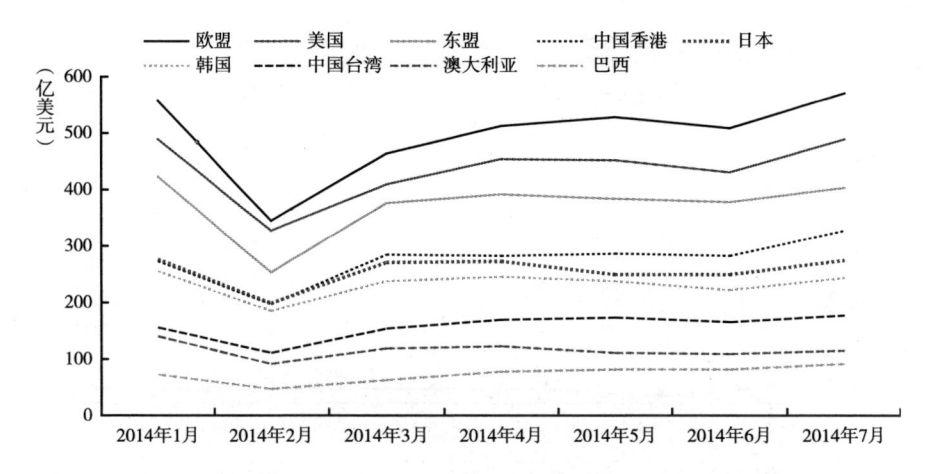

图3 2014年1～7月我国外贸进出口国外/地区月度数据走势

49.5%。同期，高新技术商品进出口额为6558.8亿美元，占我国外贸进出口总值的27.3%，高新技术商品进出口总额与2013年同期累计相比有小幅回落，跌幅达到5个百分点。同期，农产品进出口额为1144.5亿美元，占我国外贸进出口总值的4.8%。图4是2014年1～7月我国外贸进出口重点商品月度数据。

从前面的分析可以看出，2014年1～7月我国经济运行总体平稳，进出口贸易整体呈回暖态势。一方面，"微刺激"和定向宽松政策取得成效，中央与地方政府对外贸稳增长政策的积极落实形成了提振外贸的合力，将对下半年进出口增速的回升起到有利的促进作用。另一方面，世贸组织（WTO）预计2014年全球商品贸易量将全面温和增长，上调全球贸易预期增速为4.5%～4.7%，外需环境的改善或将助推下半年我国进出口贸易进一步回升。

2014年下半年，我国政府应加大力度促进进出口稳增长、调结构，继续深入落实已出台的稳定外贸增长政策。具体的建议如下。

一是进一步深化"以开放促改革"，加快区域经济一体化建设。积极利用好上海自贸区建设带来的"辐射效应"、"示范效应"以及"溢出效应"，以制度创新激发改革活力；同时，加快其他自贸区审批进度以促进区域经济转型升级。深化现有自贸区合作，进一步打造中国-东盟自贸区建设升级版，加快中韩、海湾合作委员会、澳大利亚和挪威的自贸谈判，以及中日韩自贸区和《区域全面经济合作伙伴关系》RCEP协定谈判，增强我国区域性和跨区域贸

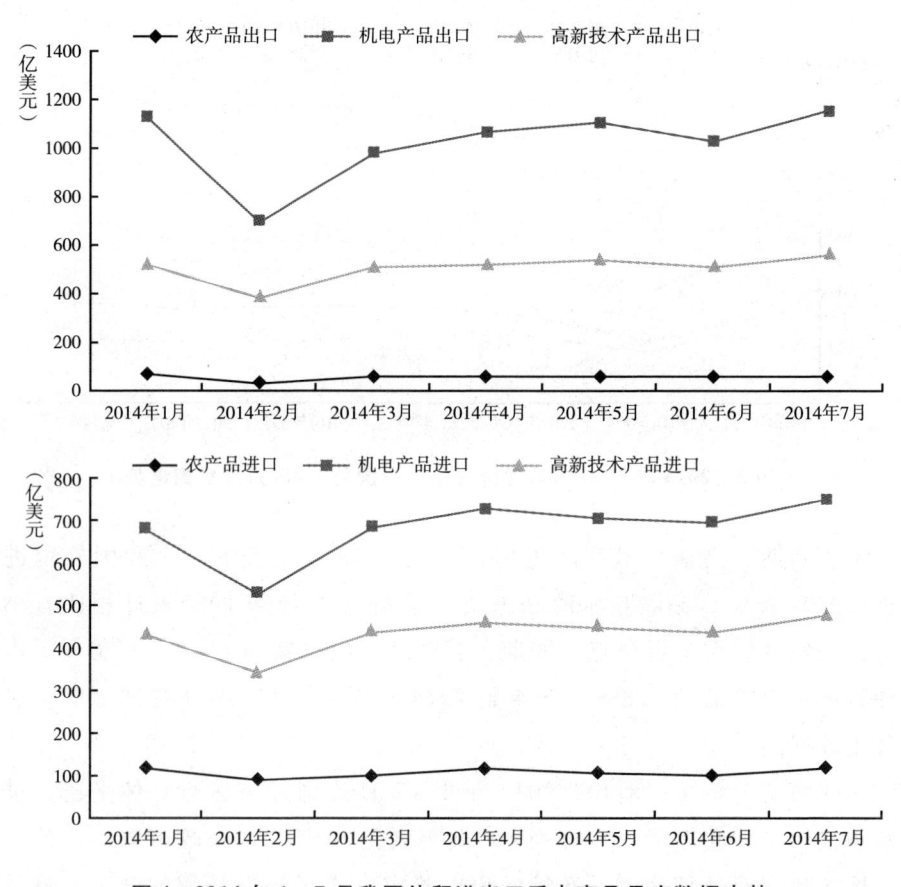

图 4 2014 年 1~7 月我国外贸进出口重点商品月度数据走势

易合作体系。同时,密切关注国际区域贸易协定,如 TPP、TTIP 等谈判进程,通过参与成熟多边合作体系,有效降低贸易保护主义争端。

二是依靠"走出去"战略拉动外贸出口稳定增长。在现有基础上,对于可挖掘的出口新增长点,积极支持有条件的企业对外投资,例如通过高铁、特高压电网、核电、通信等工程项目的对外投资促进大型成套设备的出口。同时,伴随"走出去"积极推进新兴业态的发展,例如跨境电子商务、市场采购、外贸综合服务企业等,并完善相应的支持政策。大力提升出口产品附加值,鼓励企业加大技术创新投入,提升产品质量档次,建立国际营销网络,从单纯的产品出口向产品与服务出口协同发展转变。

三是对重点商品的进出口实施严格监控预警,通过提升产业链附加值推动产业转型升级。鼓励企业进一步提升机电产品和高新技术产品的制造水平和科技含量，提升产业链附加值，增强出口产品竞争力；对"两高一资"商品出口进行严格限制，并尽快落实有关"两高一资"的商品淘汰落后产能政策，加快联合重组，提高产业集中度；强化市场对价格的决定作用，完善农产品价格形成机制，保障国家粮食安全。

（执笔人：汤婧）

八月份进出口形势分析

- 2014年以来，我国对外投资的高速增长与利用外资的下降呈现鲜明的对比，这背后是三方面原因综合作用的结果
- 7~8月，我国对外投资额首次连续两个月超过实际利用外资额，这或将成为一个重要转折点，年度对外投资额超过利用外资额将成为今后的一种新常态
- 在利用外资方面，我国中部地区的发展形势最好。在对外投资方面，对欧盟、日本、俄罗斯的投资增长最快

2014年以来，我国对外直接投资保持高速增长态势，而吸收外资的增速明显下降，呈现出小幅负增长态势，对外投资的高速增长与利用外资的下降呈现出鲜明的对比。2014年1~8月，我国对外直接投资共651.7亿美元，同比增长15.3%。而同期实际利用外资金额为783.4亿美元，同比下降1.8%。

分月来看：第一，从投资额角度看，2014年1~6月，我国实际利用外资额一直高于对外投资额，但7月和8月，随着对外直接投资出现高速增长以及利用外资态势的疲软，我国对外直接投资额首次连续两个月超过了实际利用外资额（见图1）。第二，从投资增长率角度看，2014年1~8月我国对外直接投资增速均高于实际利用外资的增速（除2月份以外）。尤其是在7月和8月，对外直接投资同比增长达到84.9%和112.1%，而同期，利用外资额出现了负增长（见图2）。2014年2月我国对外直接投资同比增长率为-68%，低于利用外资增速，这主要是因为2013年同期出现过对外投资的大项目，使当月对外投资额高达134.7亿美元。所以，2014年2月份对外直接投资出现的负增长只是偶然因素导致。

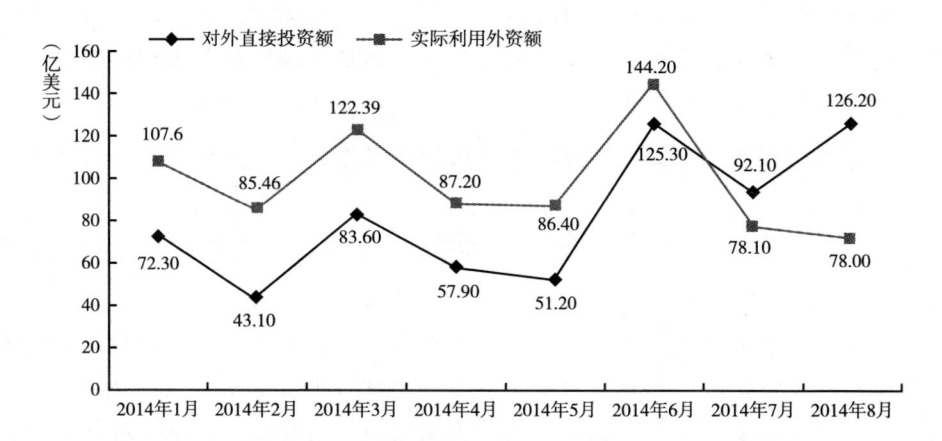

图 1　2014 年 1~8 月我国对外直接投资额和实际利用外资额对比

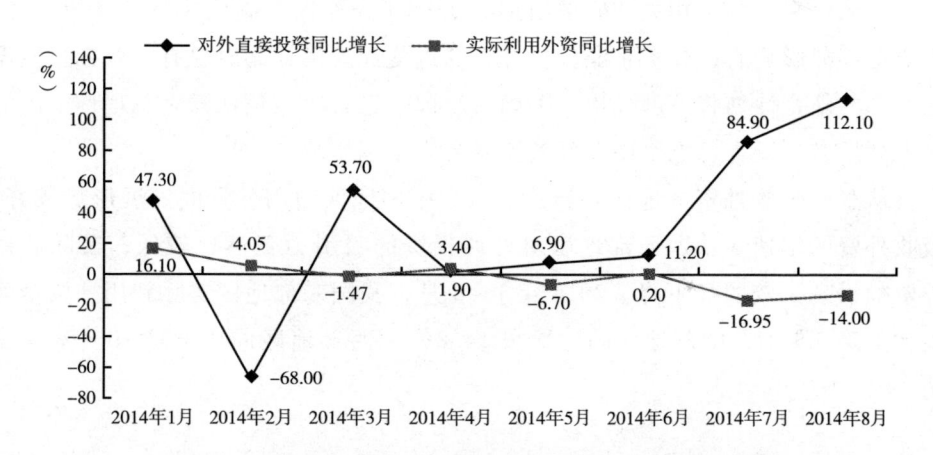

图 2　2014 年 1~8 月我国对外直接投资和实际利用外资同比增长情况对比

2014 年 7 月和 8 月，我国对外直接投资额首次连续两个月超过了实际利用外资额，这或将成为我国由国际投资净流入国转向净流出国的一个重要转折点。在以前的历年，我国对外直接投资额均低于实际利用外资额，即一直处于外资净流入的状态，但两者之间的差额逐渐缩小。2013 年，在全球国际直接投资增长极度放缓的背景下，我国对外直接投资流量创下 1078.4 亿美元的历史新高，同比增长 22.8%，连续两年位列全球第三大对外投资国，同期实际利用外资额为 1175.86 亿美元，同比增长 5.25%，两者的差值收窄到百亿美元以内。按照英国著名经济学家邓宁提出的对外投资发展阶段论，我国目前正处于从其中的第三阶段向第四阶段转折的节点上。在第四阶段，对外直接投资流出量将高于流入量，对外投资净额将呈现不断扩大的趋势。根据国际经济发展规律，我国对外投资未来几年将保持一个比较快的增长速度，高于利用外资的增速。展望未来，我国的年度对外直接投资额将超过利用外资额，成为今后的一种新常态。

对于2014年以来出现的，我国对外投资的高速增长与利用外资的下降呈现鲜明对比这一独特现象，我们认为其背后的原因应该包括如下几点。第一，人民币升值、中国企业国际化经营能力的提升、国内某些行业产能过剩和竞争加剧等因素，决定了中国企业目前正处在对外直接投资的高速增长期。第二，我国国内人工成本的上升、资源价格的合理回归、对外资企业进入的环保标准提升以及人民币升值等综合因素，使外国企业在我国投资的成本有所提高。第三，近期以来，我国相关政府部门加大了对部分外资企业反垄断审查的力度，可能会部分影响后继外资企业投资进入的速度和规模，同时也有一些在我国设立总部的外企计划将总部迁出。美国财政部长近日也致信汪洋副总理称中国的一系列反垄断调查可能给中美经贸关系带来不利影响。

从我国吸收外资的地区差异角度看，中部地区利用外资的发展形势较好，吸收外资的增速最快，西部地区对外商投资的吸引力仍然比较低，实际利用外资额出现了较明显下降。2014年1~8月，我国东部地区实际利用外资金额同比下降2.8%，中部地区同比增长14.8%，西部地区同比下降10.1%（见图3）。

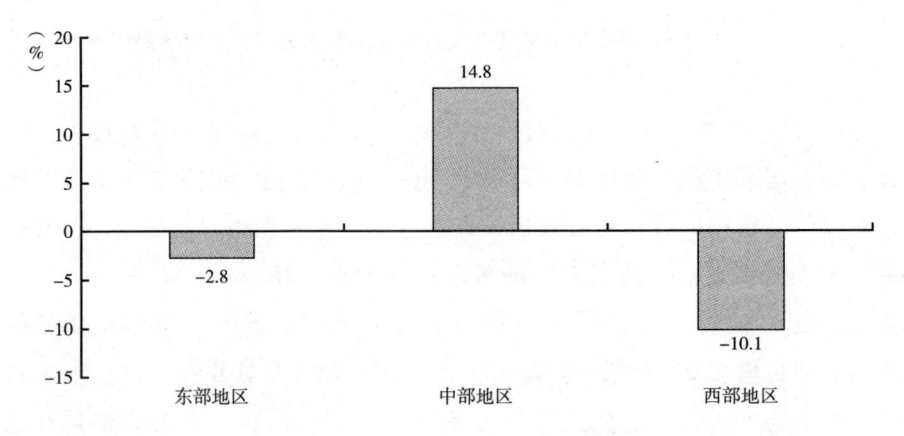

图3　2014年1~8月我国东、中、西部地区实际利用外资同比增长情况

从东、中、西部地区吸收外资的规模和占比的角度看，我国东部地区仍然是外商直接投资的首选地区。2014年1~8个月，东部地区吸收外资额占外资流入总额的八成以上，中部地区和西部地区吸收外资额规模较小。2014年1~8月，我国东部地区实际使用外资金额为649.8亿美元，占全国实际利用外资额的比重达到83%；中部地区实际使用外资额为79.6亿美元，占比为10%；西部地区仅54亿美元，占比仅为7%（见图4）。

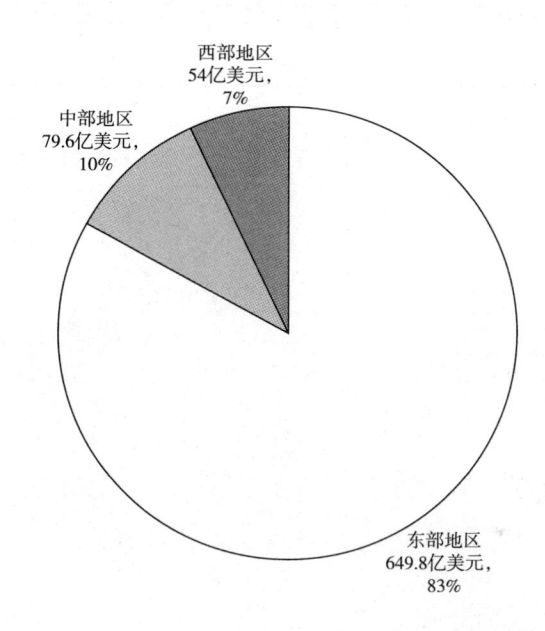

图4　2014年1~8月我国东、中、西部地区实际利用外资额及所占比重

在对外直接投资的地区发展方面，2014年以来，我国企业对欧盟和日本投资的增长速度最快，同比分别增长了2.5倍和1.1倍，对俄罗斯的投资也增长了7成以上。但对东盟、澳大利亚、中国香港的投资增长十分缓慢。2014年前8个月，我国对欧盟的投资同比增长达到空前的257.1%，对日本的投资同比增长116.7%，对俄罗斯的投资同比增长为73.3%。同期，我国对东盟投资32.6亿美元，同比增长7.9%；对美国投资32.6亿美元，同比增长16%；对澳大利亚投资19.7亿美元，同比增长5.3%；对中国香港的投资同比仅增长了5%（见图5）。

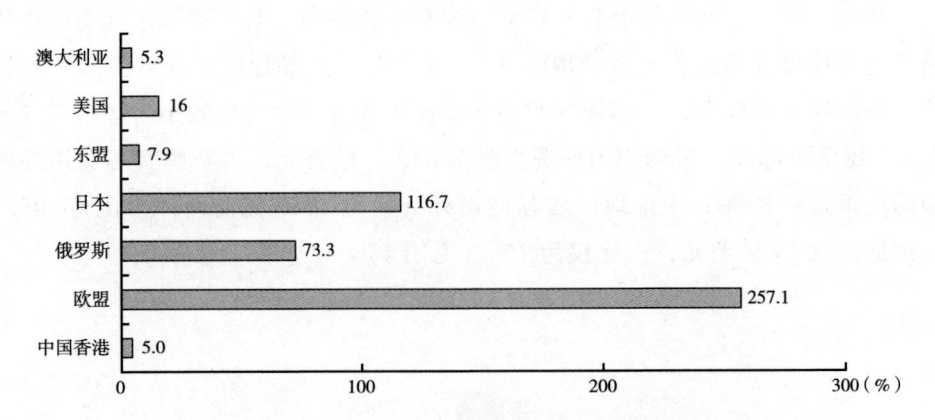

图5 2014年1~8月我国对主要国家/地区直接投资的同比增长情况

（执笔人：张宁）

九月份进出口形势分析

- 中国国内对于服务进口的需求大，但国内有效供给不足
- 中国（北京）国际服务贸易交易会加快了中国服务融入全球服务供应链的进程，中国服务需要融入全球服务供应链还任重道远
- 中国服务贸易进出口总额持续稳步增长
- 中国服务贸易出口发展前景乐观
- 中国服务融入全球服务供应链，是提高国内服务供给的一条重要途径

根据国家外汇管理局最新发布的数据，2014年9月中国服务贸易逆差额为-217亿美元，比8月服务贸易逆差额-210亿美元，增加了7亿美元；比7月服务贸易逆差额-153亿美元增加了64亿美元。这表明中国国内对于服务需求继续扩大，但是中国国内供给还不能满足服务需求的扩大。随着中国服务贸易自由化进程的推进，专业服务进口需求还将大幅度增加，中国服务进口会不断扩大（见图1）。

为了使中国服务进一步更深度地融入全球服务供应链，提高国内服务供给，特别是高端服务供给，实现中国经济发展的转型与升级，2012年，中国开创了世界上第一个专门为服务贸易搭建的综合性国际展会——中国（北京）国际服务贸易交易会。它是全球最大的国际服务贸易交易会，这是中国服务融入全球服务供应链发展的新动态。

2012~2014年，中国（北京）国际服务贸易交易会举办3年来，中国服务已经开始走向世界，中国服务也在更广泛更深度地融入全球服务供应链。

通过中国（北京）国际服务贸易交易会，中国服务已经引起全球广泛关

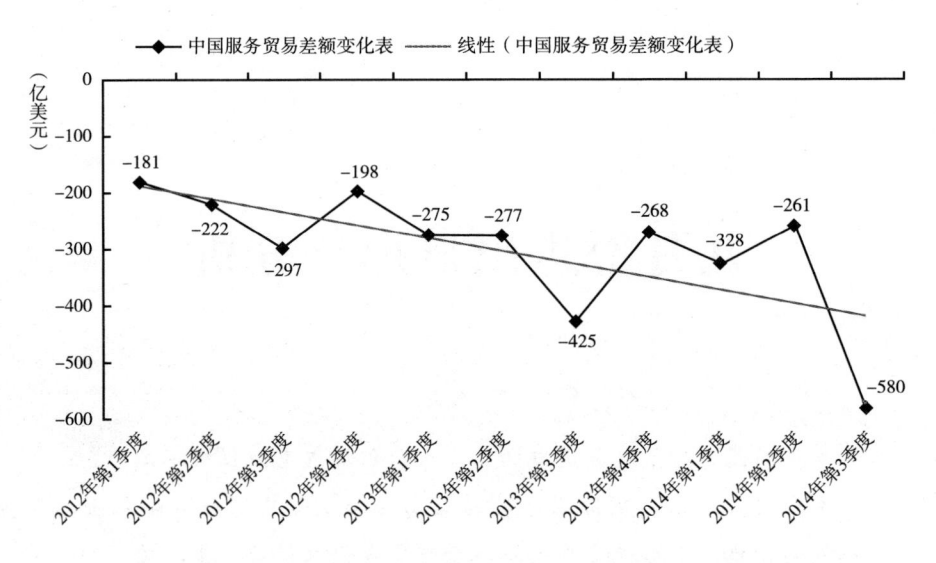

图1 中国服务贸易差额变化（2012年第1季度至2014年第3季度）

注。交易会涵盖了12大服务贸易领域，获得了全球服务商赞誉，世贸组织、联合国贸发会议、世界经济合作组织宣布成为国际服务贸易交易会永久支持单位；世界贸易网点联盟连续三届组团参会，并在北京建立联盟秘书处。

中国（北京）国际服务贸易交易会参展的国家、行业组织和企业逐届增加，至第三届交易会，已经有21家国际行业组织和外商协会组团参加，比第二届增加了10家，比第一届增加了9家。在第三届交易会上，全球服务贸易20强全部参与中国（北京）国际服务贸易交易会，91位国内外政要、政府部长、驻华大使、国际组织和行业协会负责人及跨国公司全球负责人出席了第三届京交会，117个参展国家与地区中有55个国家和地区的服务商连续3年参加交易会（见图2）。

第一届中国（北京）国际服务贸易交易会服务贸易交易额为601亿美元，到第三届交易会服务贸易交易额增加到818.3亿美元，其中国际服务贸易交易额从第一届交易会的89亿美元，增加到第三届交易会的355亿美元，占总签约额的43.4%（见图3）。中国（北京）国际服务贸易交易会，加快了中国服务融入全球服务供应链的进程。

中国（北京）国际服务贸易交易会，展现出中国服务业和服务贸易在引导中国经济发展转型升级上的重要贡献。三届交易会期间，全球服务贸易强国和地区、跨国公司以及世界一流的专业服务商汇聚，为中国服务融入全球服务

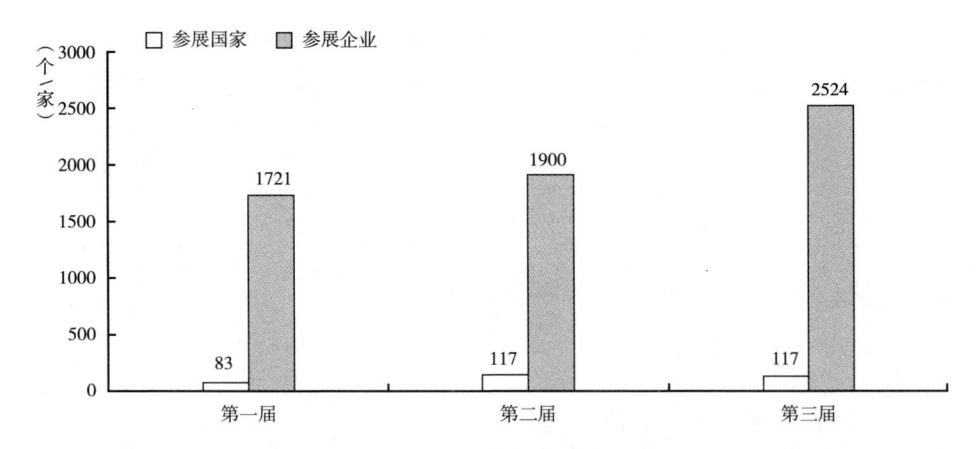

图2 中国（北京）国际服务贸易交易会参展国家及
企业（2012年6月至2014年6月）

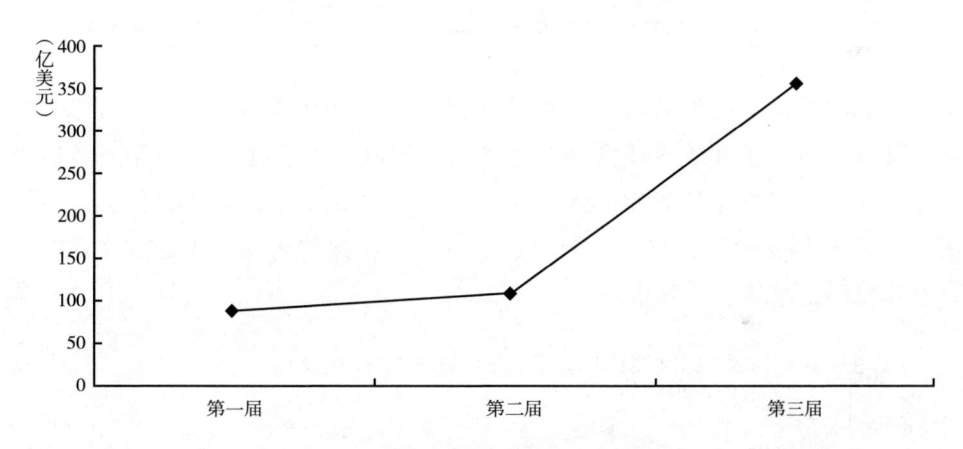

图3 中国（北京）国际服务贸易交易会国际服务贸易交易额
（2012年6月至2014年6月）

供应链、提升中国服务企业水平创造了条件，更重要的是它为从"中国制造"走向"中国服务"，为中国经济发展的转型升级开拓出了广阔空间。

中国服务贸易进出口总额逐年快速增长，2012年中国服务贸易进出口总额为4725亿美元，2013年为5366亿美元，2014年1～9月累计达到4329亿美元，年增长率达到13.5%（见图4）。这一方面说明随着中国经济增长方式和经济发展方式的转变，中国经济结构的调整升级，以及中国新城镇化的发展，中国服务需求迅速增加；另一方面也表明中国服务市场的对外开放进程也在加快。

在中国服务贸易进出口总额大幅度增长的同时，中国服务贸易出口也发展

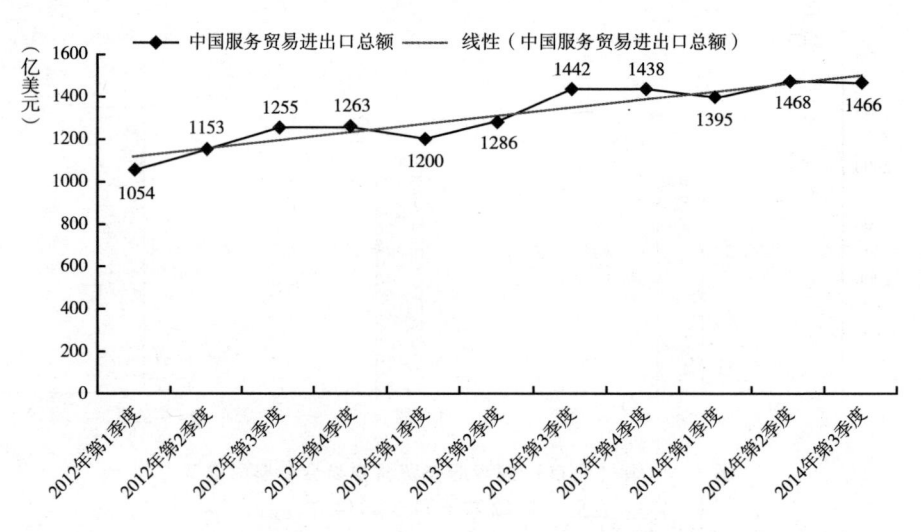

图 4　中国服务贸易进出口总额增长（2012 年第 1 季度至 2014 年第 3 季度）

迅速，总体呈快速增长的趋势。2013 年第 3 季度中国服务贸易出口额为 508 亿美元，2013 年第 4 季度达到 585 亿美元；2014 年第 1 季度出口额为 533 亿美元，2014 年第 2 季度为 604 亿美元，2014 年第 3 季度达到 443 亿美元（见图 5）。中国服务供给，特别是新兴服务业供给在逐年增加，中国服务贸易出口总体呈增长趋势，远景乐观。

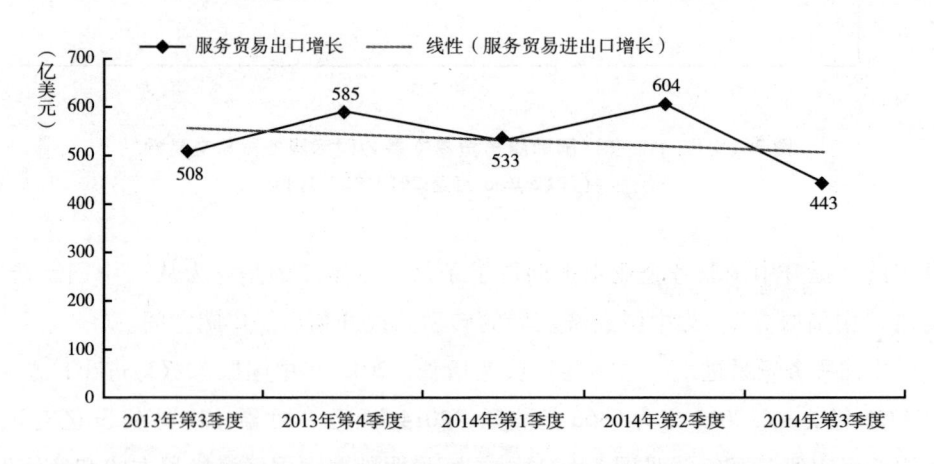

图 5　中国服务贸易出口增长（2013 年第 3 季度至 2014 年第 3 季度）

服务供应链与制造供应链的融合，是现代经济发展的一个重要趋势。中国服务业总体供给不足，结构不合理，特别是在高端服务领域竞争力不强，对国民经济发展的贡献率不高,服务供应链与制造供应链的融合程度远远不够,这与中国经济社会加快发展、产业结构调整升级的要求不相适应。

使中国服务融入全球服务供应链,是加快中国服务业和服务贸易发展,促进服务供应链与制造供应链融合的一条重要途径。加入世界贸易组织以来,中国兑现了一系列服务业对外开放的承诺,开放了100个服务部门,其中54个允许外商独资,23个允许外资控股,基本没有地域限制、数量限制和歧视性待遇,促进了中国服务市场与国际服务市场的接轨。

中国在积极参与国际服务贸易协定谈判的同时,一方面继续扩大区域经济发展合作和双边贸易谈判,另一方面也在加快推进国内贸易体制一系列深化改革,建立上海自贸区,推动新一轮市场开放,中国服务将进一步更深度地融入全球服务供应链,中国服务将引领中国经济发展的转型与升级。

(执笔人:冯远)

第三季度进出口形势分析

- 第三季度我国对外直接投资扭转了前两季度的放缓态势，高速增长，这背后是三方面原因综合作用的结果
- 在对外投资国别方面，第三季度对七个主要经济体增速加快，所占份额达到全部对外投资额的85%，对欧盟、日本、俄罗斯的投资增长最快
- 随着我国对外投资审批政策的简化，海外投资"负面清单"基本形成，我国对外直接投资的步伐将逐步加快

第三季度，我国对外直接投资额大幅上涨，扭转了前两季度增长缓慢的态势。7~9月，我国对外直接投资共计315.9亿美元，同比大增96.9%，与第一季度的-16.4%和第二季度的7.8%的增速形成了鲜明的对比（见图1）。

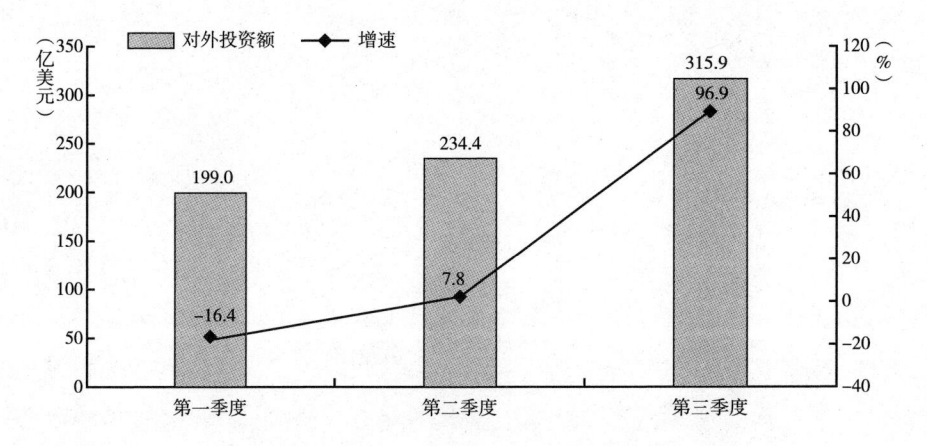

图1 2014年前三季度我国对外直接投资额和增速

第一，1~6月中国对外直接投资增速明显放缓，2月对外投资额同比降低近70%，4月增速微涨1.9%，5月增速仅为6.9%。引起上半年对外投资减速的原因主要有国际经济恢复缓慢，国内经济增长减速，企业盈利减少，流动性不足，融资成本上升；人民币在年初出现贬值，随后出现双向波动，国际大宗商品价格回落导致企业资源类投资项目减少。第二，7~9月明显呈现对外投资额加速上升的态势。7月增速为84.9%，8月增速为112.1%，9月增速为89.9%。这三个月的增速明显高于1~6月各月（见图2）。

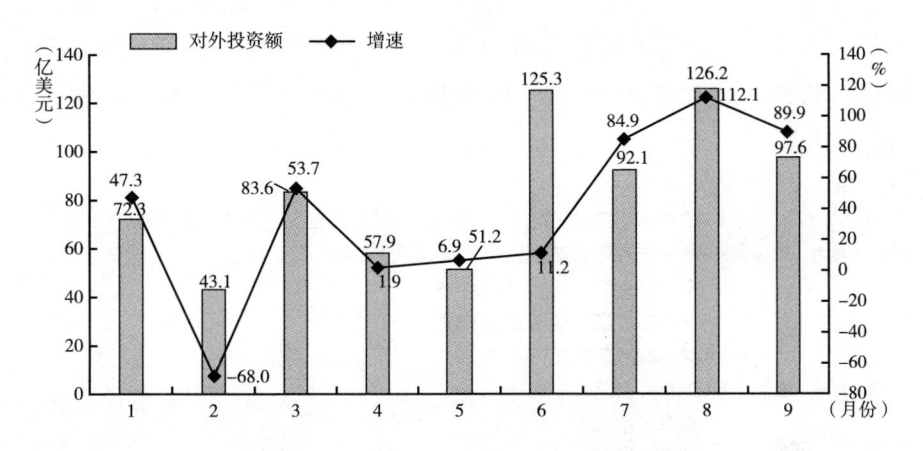

图2　2014年1~9月各月对外投资额及增速

对于第三季度出现的对外直接投资高速增长的趋势，主要推动力来自以下几方面。第一，人民币在第三季度结束了2014年以来的持续贬值态势，保持较稳定的态势，并在9月中旬略有升值，人民币兑美元汇率中间价一度达6.14，这改变了2014年以来制约中国企业海外投资资金实力的影响因素。第二，民营企业在对外直接投资中非常活跃，发挥着越来越重要的作用，成为海外投资的生力军。民营企业一方面积极在欧美等成熟市场拓展发展空间，并将技术、品牌带回中国市场；另一方面大力向新兴市场转移生产基地以及开发新型市场。第三，政府加大对企业的扶持力度，给予多种政策优惠，提高企业对外投资效率。商务部发布了新修订的《境外投资管理办法》，明确对境外投资实施备案为主、核准为辅的管理方式。根据《核准目录》，需要由商务部审批的只有涉及敏感国别（地区）和敏感行业的境外投资。企业只要如实、完整填报《备案表》，即可在 3 个工作日获得备案。目前 98% 的对外投资事项已经不需要政府审核，海外投资"负面清单"初步形成，极大地提高了企业对外投资的效率。

兼并收购一直是中国对外直接投资的重要方式。第三季度，中国海外并购仍然呈现多元化趋势。采矿业并购额为 70.19 亿美元，占 36.1%；电力、热力、燃气及水和供应业并购额为 37.46 亿美元，占 19.3%；住宿和餐饮业并购额为 24.56 亿美元，占 12.6%；房地产业并购额为 21.63 亿美元，同比大增 115%，占 11.1%；值得一提的是，文化、体育和娱乐业并购额由 2013 年第三季度的 0.37 亿美元大增为 14.95 亿美元，同比猛增近四十倍，占 7.7%。上述前五大行业占比为 80% 以上。另外，第三季度信息运输、软件和信息服务业并购额也较大，达到 8.92 亿美元，占 4.6%（见图 3）。

行业	金额
采矿业	70.19
电力、热力、燃气及水和供应业	37.46
住宿和餐饮业	24.56
房地产业	21.63
文化、体育和娱乐业	14.95
信息运输、软件和信息服务业	8.92
金融业	8.35
制造业	6.49
科学研究和技术服务	0.84
租赁和商务服务业	0.53
批发和零售业	0.32
卫生和社会工作	0.11
农、林、牧、渔业	0.07

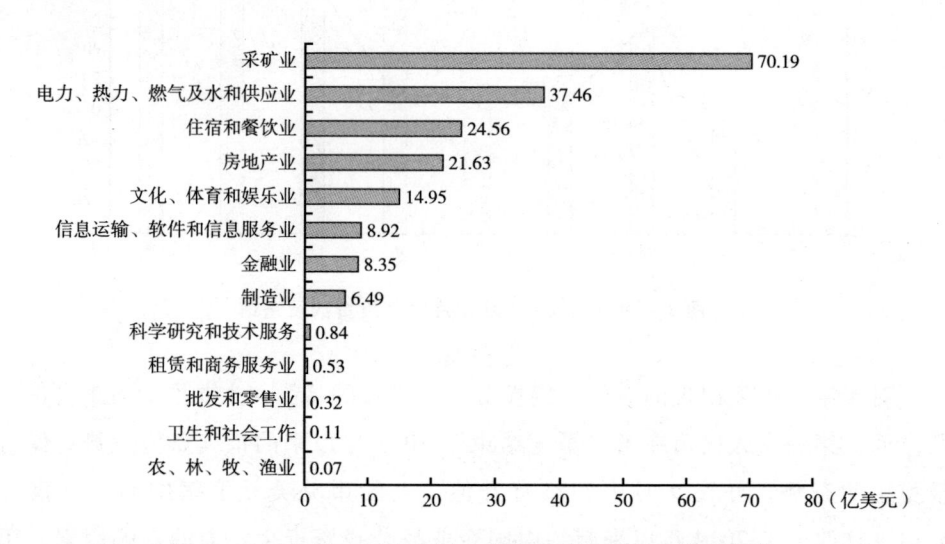

图 3　2014 年第三季度中国跨境兼并收购行业分布投资额

造成上述各行业并购额增长的原因如下。一是国际矿产资源供给过剩，价格持续走低，中国企业加大了采矿业的并购力度。由于我国一直是全球资源消耗大国，近些年来，采矿业一直是我国对外直接投资的重要行业。第三季度，国际矿业较为惨淡，中国企业抓住机会，在秘鲁和澳大利亚对铜矿、煤矿等矿产进行并购。二是国内房地产市场供给过剩，下行压力较大，房地产企业去库存倾向明显。而海外房地产市场较为活跃，促使国内房地产企业纷纷投资海外，大量资金流向国外商业地产和度假酒店行业。政策方面，国家先后出台了国家发改委9号令《境外投资项目核准和备案管理办法》、国家外管局的《跨境担保外汇管理规定》，上海自贸区自由贸易账户制度正式启动，为中国企业进行海外房地产投资提供了政策支持和便利条件。

在对外直接投资的地区分布方面，第三季度，我国企业对中国香港、东盟、欧盟、美国、俄罗斯、日本等七个主要经济体的投资额达271亿美元，同比增长达183%（见图4），占我国同期对外投资总额的85.8%，比第一季度占比63.5%和第二季度占比69%分别提高了22.3%和16.8%。可见对主要经济体投资的大幅度增加，是拉动第三季度对外直接投资快速增长的重要原因。

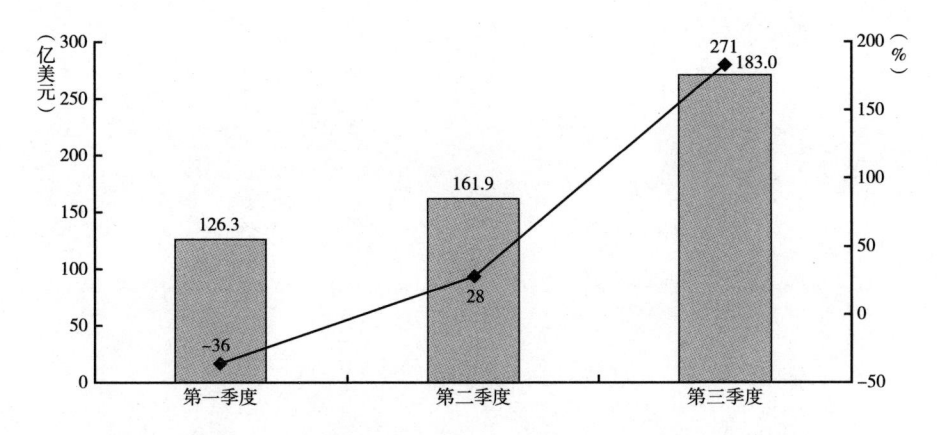

图4 2014年前三季度我国对七个主要经济体的投资额和同比增速

第三季度，中国对美国直接投资额是14.9亿美元，环比上升7.2%；对东盟投资额是10.4亿美元，较第二季度有小幅增长；对澳大利亚第三季度的直接投资额是4.6亿美元，环比下降35%；前三季度中国对欧盟、俄罗斯和日本的投资分别增长218%、69.7%和150%，为七个经济体中增速最快的三个国家（地区）。

展望第四季度，对外直接投资有较大延续第三季度增势的可能，原因有以下几个方面。第一，政府进一步加大推进对外投资便利化政策的力度，使海外投资审批时间大幅缩短，进一步刺激企业加快海外投资的步伐。第二，随着国内经济逐步企稳和人民币汇率趋于稳定，以及政策带来的流动性的增加，企业对外投资意愿明显增强。第三，"一带一路"战略的实施，将进一步推动我国企业对沿线国家在能源、资源等领域的投资。第四，在刚刚结束的 2014 年 APEC 峰会和 G20 峰会上，中国在外交以及贸易投资方面取得了巨大成就，对外投资环境大大改善，更加有利于中国企业加快"走出去"的步伐。

（执笔人：申恩威）

十月份进出口形势分析

●服务贸易规模：服务贸易额占我国贸易进出口总额的比重已提高到11%，但仍然低于22%的国际平均水平

●服务贸易出口结构：逐步优化，金融服务、计算机与信息服务、咨询服务在服务贸易出口结构中的占比逐年扩大

●服务贸易收支：2014年1~10月服务贸易逆差规模超过2013全年，旅游、运输、专利使用费和特许费是导致逆差上升的主要原因

●今后应进一步完善我国服务贸易统计体系，纠正服务贸易被严重低估的问题

国家统计局2014年7月3日最新公布的数据显示，继2013年我国服务业在GDP中的占比首次超过制造业，达到46.1%后，2014年1~5月份，该指标又创新高，达到49%。同时，2014年前10个月我国服务业实际使用外资金额达到531.2亿美元，同比增长6.6%，占全国利用外资总额的55.4%。

与此相比，如图1、图2所示，近十年来，虽然我国服务贸易的总体规模逐年扩大，2013年服务贸易总额首次突破5000亿美元大关，2014年前10个月，服务贸易进出口总额达到4747亿美元，服务贸易在我国贸易进出口总额中的占比由10年前的10.2%提高到了11.8%，但仍然低于22%的国际平均水平。我国服务贸易统计体系是否真实地反映了服务贸易出口规模值得关注。

我国服务出口结构逐步优化。如图3所示，2014年1~10月，旅游、运输、建筑传统服务出口额分别为428亿美元、310亿美元、99亿美元，占我国服务出口的几乎一半（49%），高于2013年总体水平（47.5%），除此之外，高附加价值的出口稳步增长，在服务出口结构中的占比稳步提高。与2013年相比，2014

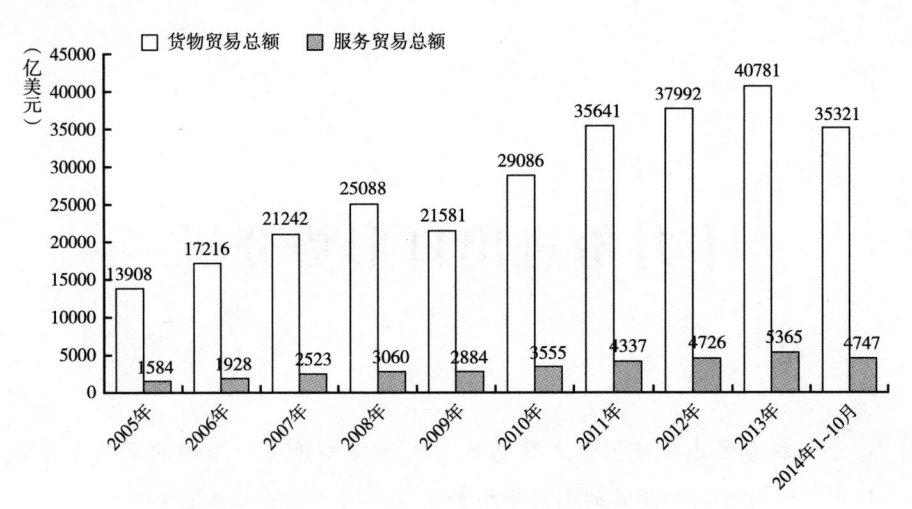

图1 2005~2014年10月中国货物贸易与服务贸易总额的变化

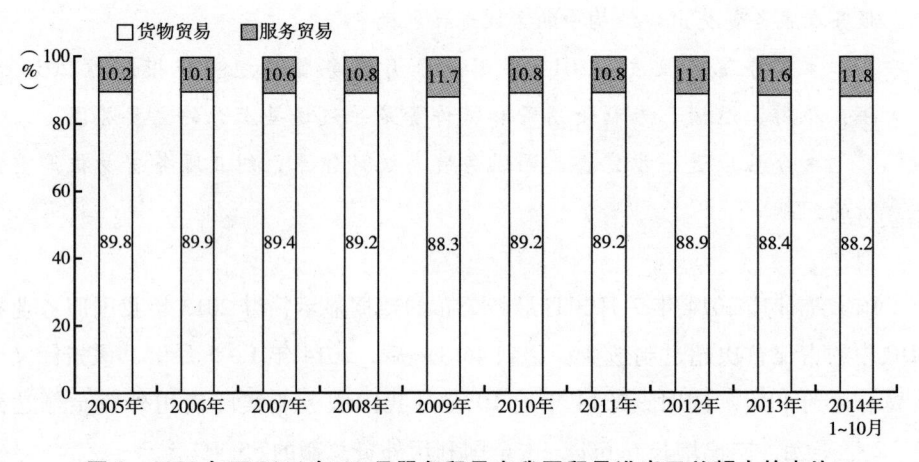

图2 2005年至2014年10月服务贸易在我国贸易进出口总额中的占比

年1~10月,金融服务由1.4%提高到2%,计算机与信息服务由7.3%提高到9%,咨询服务由19.3%提高到了20%。

服务贸易逆差扩大。与货物贸易顺差相比,长期以来,我国服务贸易一直处于逆差。如图4所示,2014年除2月份货物贸易与服务贸易双双逆差外,前10个月货物贸易一直保持顺差。2014年1~10月,货物贸易累计顺差额为2760亿美元,高于2013年全年水平(2598亿美元)。服务贸易收入累计1703亿美元,服务贸易支出累计3044亿美元,逆差累计1341亿美元,高于2013年全年水平(1184.6亿美元)。

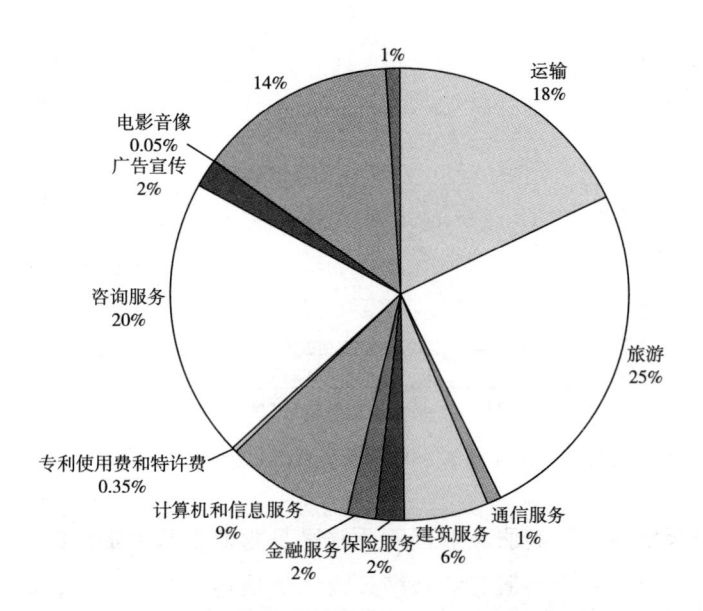

图3　2014年1~10月中国服务出口类别构成

注：图中数据存在一定误差。

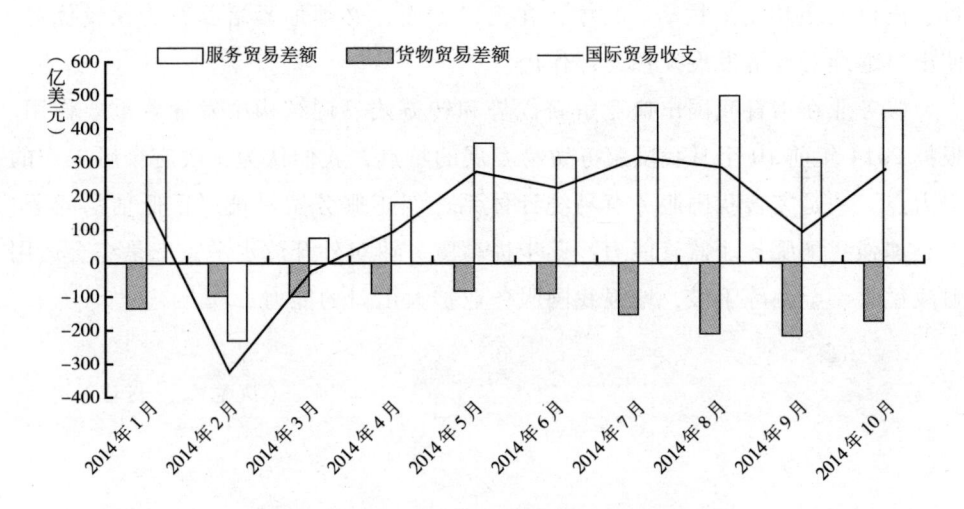

图4　2014年1~10月货物贸易与服务贸易差额

在服务贸易逆差中，根据国家外汇管理局对服务贸易进行的13项分类统计，2014年1~10月，服务贸易逆差主要来源于以下三大行业，依次是旅游、运输、专利使用费和特许费，逆差分别为845亿美元、488亿美元、183亿美元（见图5）。

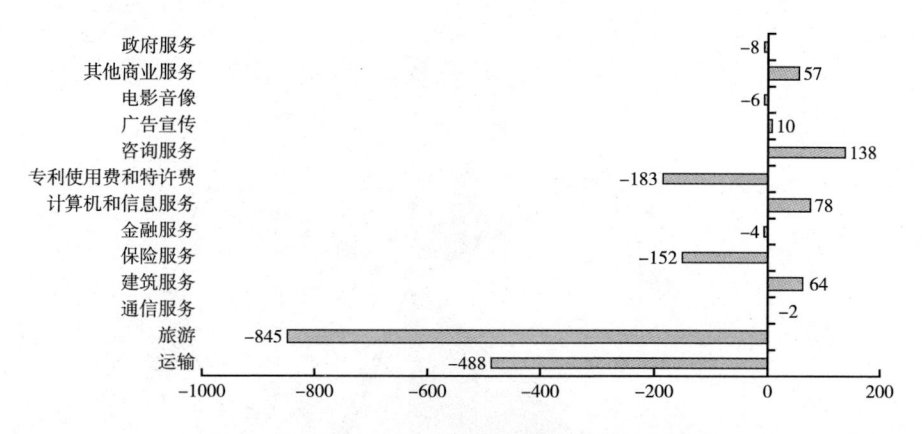

```
政府服务            -8
其他商业服务              57
电影音像            -6
广告宣传              10
咨询服务                   138
专利使用费和特许费  -183
计算机和信息服务          78
金融服务            -4
保险服务       -152
建筑服务              64
通信服务            -2
旅游     -845
运输        -488
```

图5　2014年1~10月服务贸易逆差的行业构成

发展服务贸易，提高服务业国际化水平是党的十八大提出的重要任务，也是十八届三中全会后推动服务业有序开放，加快培养参与和引领国际经济合作竞争新优势的方向。刚刚结束的2014年中央经济工作会议提出，2015年经济工作的首要任务是努力保持经济稳定增长，要促进"三驾马车"（消费、投资、出口）更均衡地拉动。其中，在出口方面，必须加紧培养新的比较优势，使出口继续对经济发展发挥支撑作用。

服务业在培育我国出口竞争新优势和转方式、调结构中发挥着重要作用。根据2014年前10个月我国服务贸易发展的特点，我们认为，政府今后工作的着力点，一是完善我国服务贸易统计体系，纠正服务贸易被严重低估的问题；二是加强我国服务业监管能力，逐步提高服务业对外开放水平；三是综合运用财政税收、金融等手段，增强我国服务业扩大出口的能力。

（执笔人：赵瑾）

十二月份进出口形势分析

- 2014年中国货物贸易进出口增速过低，不如人意，令人担忧
- 2014年下半年外贸出口、进口形势略好于上半年，进口不确定性、波动性较大，可望2015年外贸表现好于上年
- 外部政治动荡、国际政治关系不健康和一些大宗商品国际价格大幅度下挫明显影响了外贸表现
- 国内经济增速下行引起的进口需求不振和高新技术产品进出口负增长所体现出来的产业国际竞争力疲软，令人担忧

据中国海关总署统计，2014年全国货物进出口贸易总额为26.43万亿元，比上年同期增长2.3%。其中，出口总额为14.39万亿元，比上年同期增长4.9%；进口总额为12.04万亿元，比上年同期下降0.6%；顺差额为23500亿元，比上年增长了45.9%。若以美元计价，进出口总额达4.3万亿美元，比上年同期增长3.4%。其中，出口额为2.34万亿美元，同比增长6.1%；进口额为1.96万亿美元，同比增长0.4%；顺差额为3800亿美元。

2014年中国外贸进出口增速没有达到2010年、2011年34.7%、22.5%的高水平，也没有保持2012年、2013年的6.2%、7.6%中低水平的增长势头，大幅下滑到个位数的低微增长，与2014年7.5%的预期目标也有相当大的距离。2014年外贸增速如此大幅度下行令人失望和沮丧，不仅与过去历史上快速增长的好成绩相比很不正常，而且与发展中国家要有较快的外贸增速特征也不匹配。

总体上看，下半年出口和进口均略好于上半年。从趋势来看，2015年外贸表现好于上年，出口增速能保持低速正增长，但进口增速不确定性仍较大（见图1）。

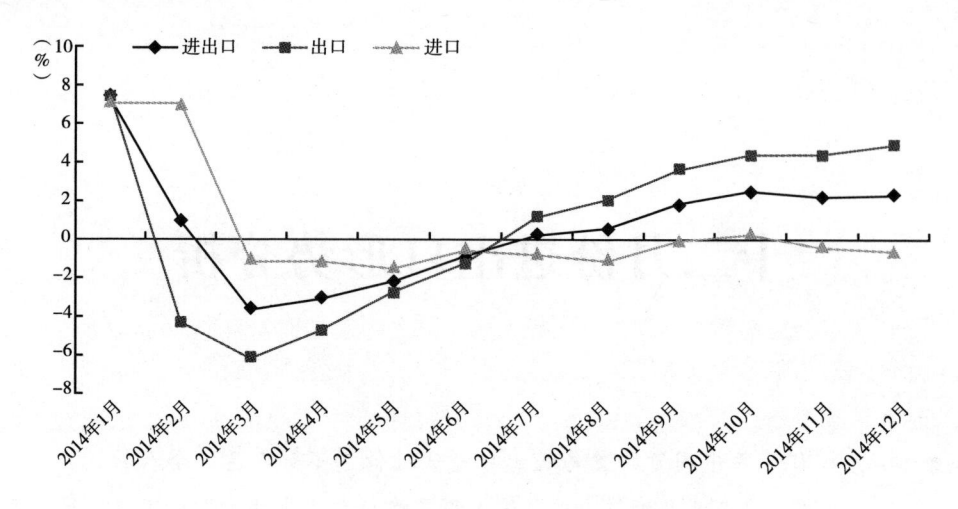

图1 2014年以人民币计价的外贸同比增长情况

资料来源：中国海关总署。

全年各月份出口、进口规模不稳定，波动性明显。在2月份出口、进口环比增长出现较大负值的情况下，3月份同时出现较大的正值，此后持续下滑。下半年出口、进口增速月度环比增速大体表现为同步一升一降的波动，年末均收敛为正（见图2）。2015年初出口、进口增速的月度环比增长可望继续为正值。

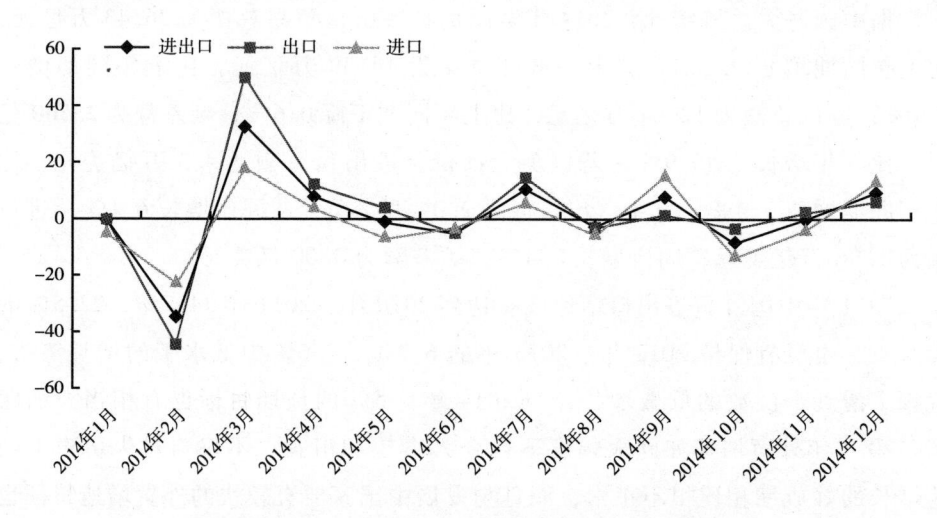

图2 2014年以人民币计价的外贸月度环比增长情况

资料来源：中国海关总署。

2014年我国对前12个主要国家（地区）的进出口总额为201362亿元，占全部的76%。其中，出口额为116465.7亿元，占全部出口额的80.9%；进口额为84896.3亿元，占全部进口的70.5%。我国对欧盟、美国、东盟、韩国进出口贸易取得比较好的成绩，分别达8.9%、5.4%、7.1%和4.8%的增速。我国对日本、澳大利亚和内地对香港、台湾的进出口贸易出现不同程度的下滑（见表1）。香港政制纷争、台湾太阳花学运对香港与内地贸易、两岸贸易产生了不利影响。我国对日本贸易增速下滑受累于两国不正常的政治关系。我国对金砖国家中俄罗斯、印度取得较好的贸易增长，而对巴西、南非的贸易出现了小幅滑坡，主要因为我国国内经济处于转型升级和结构调整以及增速下行时期，对生产资料国际需求疲软，进口需求波动较大。

表1 2014年我国对主要国家（地区）进出口增长情况

单位：亿元，%

国别或地区	进出口总额	进出口同比增长	出口总额	出口同比增长	进口总额	进口同比增长
欧　　盟	37817.9	8.9	22786.9	8.3	15031	9.7
美　　国	34091.4	5.4	24327.6	6.4	9763.8	3.1
东　　盟	29505.7	7.1	16711.8	10.3	12794	3.3
香　　港	23099.7	-7.2	22307.3	-6.6	792.4	-21.5
日　　本	19213.4	-1	9186.5	-1.4	10026.9	-0.5
韩　　国	17838.9	4.8	6161.7	8.9	11677.2	2.8
台　　湾	12180.4	-0.5	2843.3	12.7	9337	-3.9
澳大利亚	8406.7	-0.8	2405.1	3.2	6001.6	-2.3
俄 罗 斯	5851.9	5.6	3297.3	7.2	2554.5	3.7
巴　　西	5318.6	-4.9	2143.1	-3.8	3175.5	-5.7
印　　度	4335.5	6.8	3330.6	10.7	1004.9	-4.6
南　　非	3702	-8.7	964.5	-7.7	2737.5	-9
小　　计	201362		116465.7		84896.3	

资料来源：中国海关总署。

一些国际大宗能源、资源商品价格下滑也降低了进口额增速。因为石油、铁矿石、原奶等原材料和半成品国际价格下滑明显。即使进口原来规模的产品，进口金额也会明显下降。2014年我国出口60万吨原油，比上年减少了101万吨，降低62.9%，出口金额同比降低66.8%；进口3.08亿吨原油，比上年多进口了 2663 吨，增长了 9.5%，原油进口金额 1.4 万亿元，比上年多花 380 亿元，比上年增长 2.8%。国际原油价格大幅下跌使我国原油进口节省了大约 910 亿元。

农产品进出口规模不大，占外贸进出口的比重较低，农产品出口额与进口额均取得小幅增长的成绩。机电产品是外贸进出口的主体，虽然出口额与进口额分别取得 2.6% 和 0.7% 的正增长，但增幅微小，反映出口竞争力式微，进口需求不振。更为突出的是，高新技术产品出口额与进口额双双出现负增长，令人担心我国高新技术产业国际竞争力的衰退。

过去一年外贸表现异常不好的原因复杂。出口增速放缓主要是由政策红利用尽、出口市场化成分加重、出口的政府促进成分减轻等因素造成的。国内经济增长速度下降，生产性进口需求不旺，进口需求疲软，境外旅游购物抵消了一部分消费品进口，一些大宗资源、生产资料产品价格下跌等因素引起进口增速滑坡。但是引起外贸表现不如意的关键因素是进出口管理体制改革与开放的推进不显著，进出口市场化、自由化程度仍有待提高，政府对进出口干预、限制因素仍较多，简政放权力度有限，仅开放上海自贸试验区，而天津、广东、福建自贸区刚起步。各部门、各地方落实《国务院办公厅关于支持外贸稳定增长的若干意见》不得力，阻碍外贸自由化的人为障碍和提升外贸自由化的政府公共服务不作为两方面同时并存。

新的一年里，外贸要继续深化改革开放，促进制度创新、技术创新和管理创新，积极开展周边睦邻友好和大国外交工作，加快对"一带一路"沿线国家的剩余产能转移和直接投资，以投资带动中国产品出口、装备出口和资源进口扩大，完善支持万众创新和大众创业的财政、金融、产业、外贸及知识产权保护政策，扶持高新技术产业成长，积极开展外贸融资和消费信贷，同时加强风险管理，防范外贸风险，预计 2015 年的外贸表现会好于 2014 年。

（执笔人：夏先良）

系列五　服务业月度形势分析

第一季度服务业形势分析

- 2014年第一季度服务业同比增长7.8%，比第二产业增速高0.5个百分点；服务业增加值占国内生产总值的比重达到49.0%，比第二产业所占比重高4.1个百分点。服务业规模持续扩大并超过第二产业，成为我国最大产业
- 服务业虽然已成为我国第一大产业，但从国际比较看，我国服务业发展水平仍然比较低，服务业发展还存在较多现实问题
- 我国区域服务业发展水平存在巨大差异，而且现有发展格局呈现强者恒强、弱者越弱的态势

2013年我国服务业超过第二产业，成为第一大产业。这是我国多年来着力推进经济结构调整带来的可喜变化。巩固这一发展态势，使服务业在带动经济发展方面发挥更大作用，对于保持我国经济持续健康发展具有重要意义。

一 服务业成为我国最大产业及其战略意义

2013年我国服务业增加值达262204亿元，占国内生产总值的比重达到46.1%。2014年第一季度服务业同比增长7.8%，比第二产业增速高0.5个百分点；服务业增加值占国内生产总值的比重达到49.0%，比第二产业所占比重高4.1个百分点。服务业规模持续扩大并超过第二产业，表明我国产业结构进一步优化。

服务业增加值超过第二产业，成为我国第一大产业，具有重要战略意义。一方面，随着我国经济规模不断扩大，资源环境压力日益增大，亟须转变经济发展方式，企业也需通过提升竞争力、攀升价值链实现转型，这些都需要服务业的

支撑。加快发展服务业,是我国经济发展战略的重要组成部分;另一方面,服务业成为第一大产业,意味着我国经济工作着力点更多向服务业转移,通过构建良好制度环境、实施有力政策措施,进一步促进服务业持续健康发展。

二 服务业发展相对滞后的格局仍然存在

虽然服务业已成为我国第一大产业,但从国际比较看,我国服务业发展水平仍然比较低,服务业发展还存在较多现实问题。

发展仍然比较滞后。2012年,在全球国内生产总值中,服务业增加值占70%。与我国发展水平相近的中等收入国家服务业增加值占比达到54%,高收入国家占比达到74%,分别比我国高7个和27个百分点。相对于制造业而言,我国服务业发展也较为滞后。我国国内生产总值相当于全球国内生产总值的11.3%,制造业在全球的份额上升到24.2%,而服务业增加值仅相当于全球的7.3%。从服务业增加值的绝对值看,2012年,我国服务业增加值仅相当于美国的29%。同年,我国制造业增加值已超过美国,相当于美国的125%,中美服务业差距的绝对值已超过中美国内生产总值差距的绝对值。换言之,如果我国服务业发展能达到美国的规模,我国国内生产总值就能超过美国。

国际竞争力较弱。2013年,我国服务贸易进出口额达到5200亿美元,同比增长11%以上。我国服务业贸易额约占全部贸易额的15%,还有较大上升空间,2015年服务贸易规模有望突破6000亿美元。由于服务贸易增长主要仍由内需拉动,进口增速高于出口,因而我国服务贸易逆差一直较大。2013年,服务贸易逆差增加到创纪录的1184亿美元,居世界第一位。从1992年开始,我国服务贸易总体竞争力指数持续为负,我国生产性服务业的大多数行业贸易竞争力指数也为负,表明我国服务贸易国际竞争力一直较弱。

区域发展极不平衡。我国区域服务业发展水平存在巨大差异,而且现有发展格局呈现强者恒强态势。2011年,人均服务业增加值最高的北京市(6.12万元)是最低的甘肃省(0.77万元)的8倍,而二者之间的人均生产总值之比只有4倍。从服务业增加值占生产总值的比重看,服务业占比最高的北京市为76.1%,而最低的河南省只有29.4%,差距非常明显。从大区域看,以人均服务业增加值计算,东部地区差不多是西部地区的3倍,而中西部地区不存在显著差异。2011年,人均服务业增加值排名前5位的省级单位全部属于东部地区，前10名中则有9家来自东部地区。东部地区11个省级单位全部进入了人均服务业增加值的前20名。从算术平均值来看，服务业发展水平东部地区最高，中部地区次之，西部地区最低。

2005~2013年我国服务业的发展态势如图1所示，三大产业增加值占国内生产总值比重的国际比较情况如图2所示。

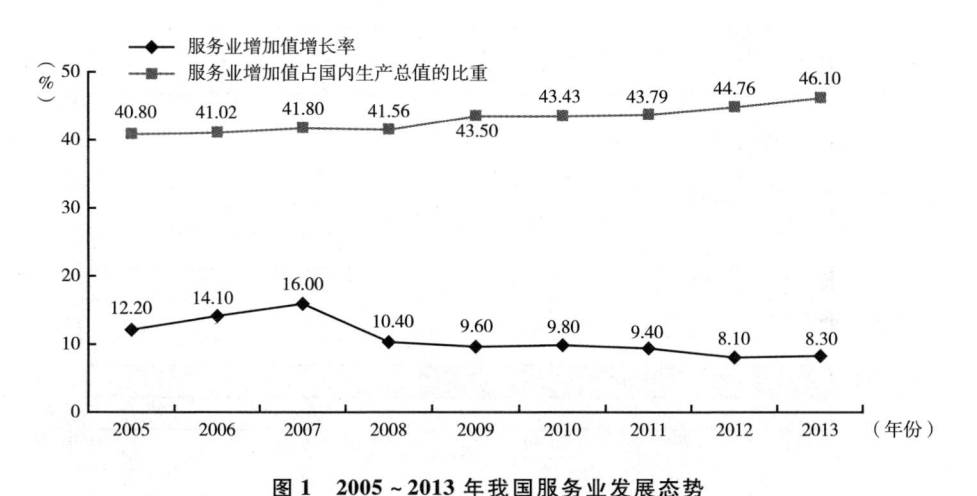

图1 2005~2013年我国服务业发展态势

资料来源：相关年份《国民经济和社会发展统计公报》。

三 进一步推动服务业发展的思路

服务业已成为我国最大产业，是经济增长的最大动力源，但这种地位并不稳固，服务业发展仍存在诸多短板，其相对滞后的格局亟须改变。目前，应从以下几个方面着手推动我国服务业持续健康发展。

明确政府在服务业发展中的定位，解决好"越位""缺位"问题。政府职能"越位""缺位"是制约服务业发展的突出体制问题。"越位"，即政府大量介入微观经济领域，甚至直接干预企业经营；"缺位"，即对很多应该加以管理的事务没有发挥管理作用。总体看，政府的"父爱主义"监管特征比较明显，"越位"行为较多。根据党的十八届三中全会精神，市场在资源配置中应发挥决定性作用，政府的主要职责定位在制定规则、保障公平、宏观引导上，即制定明确的市场准入、市场竞争等规则，确保市场主体公平有序竞争；提供基本公共服务，确保社会底线；制定宏观政策，引导产业发展方向。就服

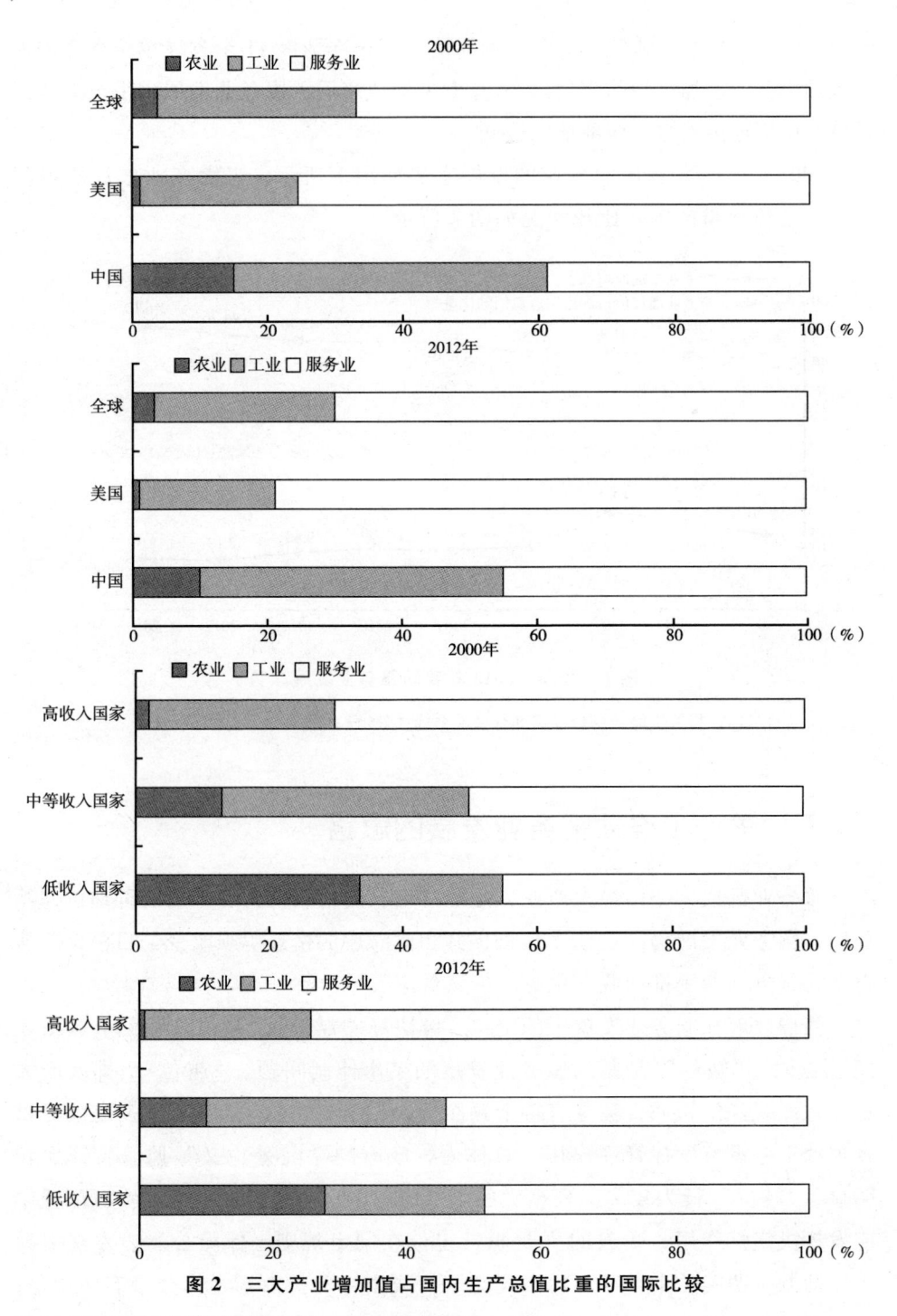

图 2　三大产业增加值占国内生产总值比重的国际比较

资料来源:《世界发展指标（2014）》（世界银行）。

务业而言，文化艺术、广播影视、新闻出版、教育、医疗卫生、社会保险、体育、知识产权、检验检测等行业和领域中能够实行市场化经营的服务，政府尽可能不要直接参与，而应引导社会力量增加市场供给。

积极稳妥地推进城镇化，推动城镇化和服务业发展良性互动。城镇化与服务业发展历来是相互促进的。纵观历史，可以说，城镇化是一种产业结构及其空间分布的转化，是传统生产方式、生活方式和行为方式向现代生产方式、生活方式和行为方式的转化。作为服务业发展的理想空间，城镇承载着人口和各种要素集聚及由此带来的巨大服务需求和规模效应，更通过人口与要素集聚促进经济社会主体彼此学习和竞争，从而提高服务业的效率和品质。因此，通过积极有序推进城镇化为服务业发展创造有利载体和条件，是极为重要的路径选择。

深化分工与合作，推动服务业与制造业融合。当前，服务业与制造业的联系日益紧密，呈现融合互动发展态势。在现代产业体系中，物质生产需要相关生产性服务的投入，其发展壮大以生产性服务业特别是金融资本和人力资本为先导，只有与研发、物流、营销等环节协调互动，才能创造物质财富。同样，服务方式的实现、服务行为的完成也离不开制造业、制成品这个物质载体。服务与产品互相依赖，共同满足市场需求。我们既不能走传统工业化和制造业发展的老路，也不能脱离工业孤立地发展服务业特别是生产性服务业，而应在分工与互动中实施现代制造业与生产性服务业"双轮驱动"战略，将高端服务元素坚实地嵌入制造业之中，通过发展生产性服务业促进制造业转型升级。

全面深化改革，释放服务业发展潜力。服务业交易的是无形的服务或技术、知识、劳务等，供求双方信息不对称普遍存在，因而更依赖良好的制度环境和市场秩序。我国服务业制度建设和创新相对滞后，具体表现为体制机制僵化、市场化程度不高、社会分工程度较低、政府规制不到位、市场与政府的边界不清晰。应全面深化改革，推进服务业体制机制创新，通过改革释放服务业持续发展的潜力。当前，尤需积极开放市场、打破行业垄断、鼓励公平竞争、加强市场监管、完善政府规制。

（执笔人：夏杰长、李勇坚）

第一季度服务业（电子商务）形势分析

- 第一季度，受到B2B交易下降的影响，电子商务市场交易额同比增长放缓
- 网络购物市场交易规模达到4564.4亿元，B2C交易占比40%，C2C交易额逐步萎缩
- 移动互联网应用发展迅速，成为未来互联网经济新的增长点

2014年第一季度，中国基于互联网的市场营业收入达到1706.4亿元（见图1）。其中，80%的交易是通过PC互联网完成，剩下20%的交易是通过移动互联网实现的。随着消费者使用行为的转移，移动互联网将承载更多的市场交易，基于移动互联网的交易占比将稳步提升。

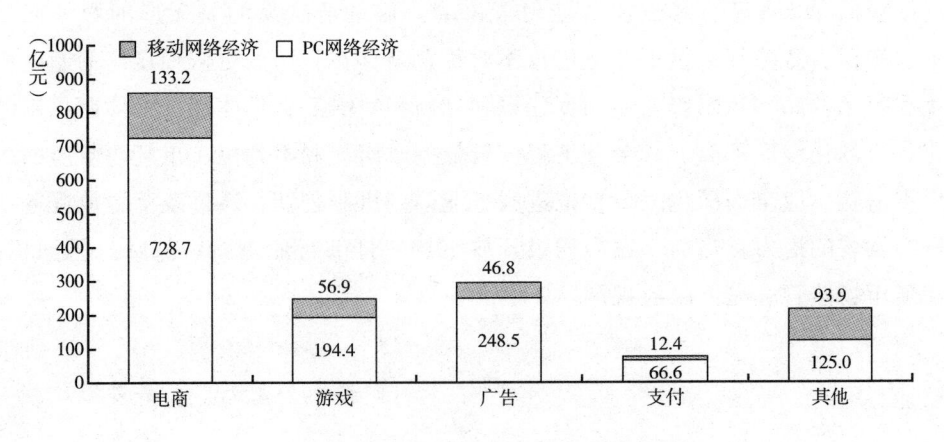

图1 互联网经济2014年第一季度营收规模

从基于互联网的商业形态分析，2014年第一季度无论PC端还是移动端，电子商务的营收份额都是最大的，分别达到728.7亿元和133.2亿元。广告收入在PC端贡献较大，而游戏对于移动网络经济的贡献较大，营收规模为56.9亿元，移动游戏的贡献率为22.6%。移动广告、移动支付规模尚小，仍处于早期发展阶段。

在电子商务行业方面，2014第一季度市场交易规模达到2.57万亿元，同比增长15%（见图2），但是环比增速较上一个季度下降8.3个百分点。增速下降的主要原因在于规模比重最大的B2B行业交易额增长放缓，影响到电子商务整体的增速。B2B电子商务增长减速主要受到春节假日和宏观经济的影响。

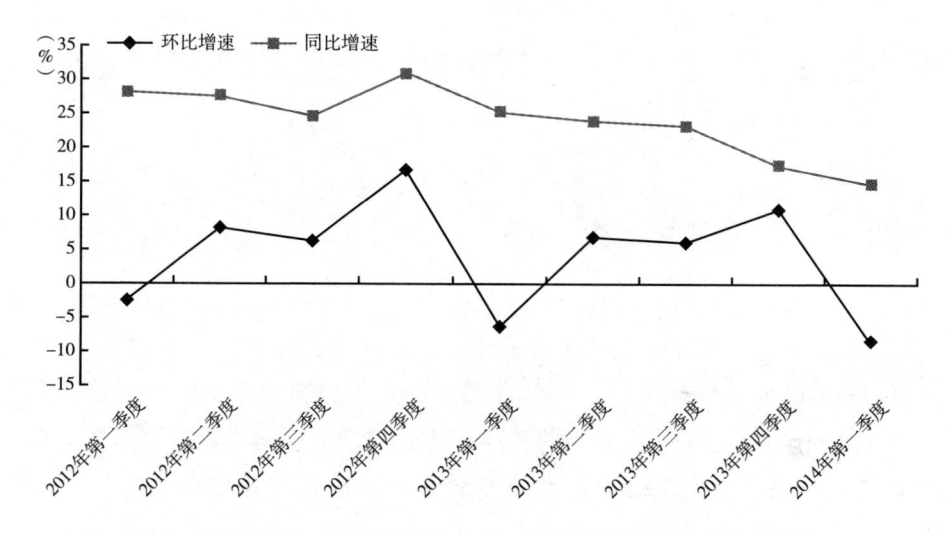

图2　2012年第一季度至2014年第一季度中国电子商务交易规模

从市场结构来看，2014年第一季度B2B电子商务仍然是电子商务市场的主体，其中，中小企业的B2B交易规模占比为53.6%，规模以上企业的B2B交易占比为26.5%。总的来看，B2B交易规模占比达到了80%，B2C和C2C网络购物交易占比只有20%。但是，随着消费者网络购物意识的逐步增强及消费习惯的日益稳固，网络购物的市场比例正在稳步提升。

2014年第一季度，中国网络购物市场交易规模为4564.4亿元，同比增长27.6%，环比增速下降16.8%，网络购物在社会消费品零售总额中的占比达到7.4%。从市场结构来看，B2C网络购物交易规模为1819.2亿元，占整体网络购物市场交易规模的比例近40%，同比增长了4.7%。与此同时，C2C网络购物的占比逐渐缩小，2014年第一季度B2C网络购物同比增速高于C2C增速25个百分点，这说明越来越多的传统商家正在通过互联网渠道实现销售，网络购物的市场正在逐步规范化。2012年第一季度至2014年第一季度中国网络购物交易规模增长情况如图3所示。

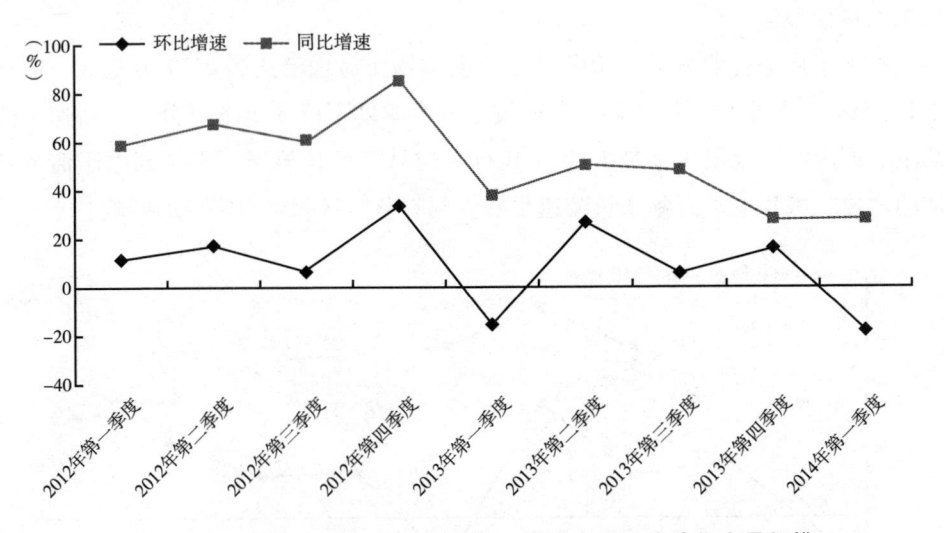

图3 2012年第一季度至2014年第一季度中国网络购物交易规模

经过2013年的快速发展，2014年第一季度中国移动互联网的商业形态正在逐步多样化，产生了一些新兴的移动产业，移动互联网市场规模总体达到了330.7亿元，同比增长78.5%。移动互联网产业结构占比变化情况如图4所示。

移动互联网经济快速发展的驱动因素是移动设备的普及，硬件配置和性能迅速提升，许多需求都转移到移动端，导致PC端流量向移动端大量转移。未来的趋势是许多应用在移动端的流量都将超过PC端，互联网的行业应用方式将发生巨大的变化。

在互联网经济的消费群体方面，一二线城市的消费者收入高，但可支配时间较少，而三四线城市的消费者闲暇时间较多，可支配收入也正在稳步提升，而且中国三四线城市的人口占比较大，因此，三四线城市将成为移动互联网经济发展最有潜力的增长点。

在移动互联网经济形态中，2014年第一季度移动购物的交易规模达到641.9亿元，同比增长140.8%，超过第一季度整体网络购物市场的增长幅度

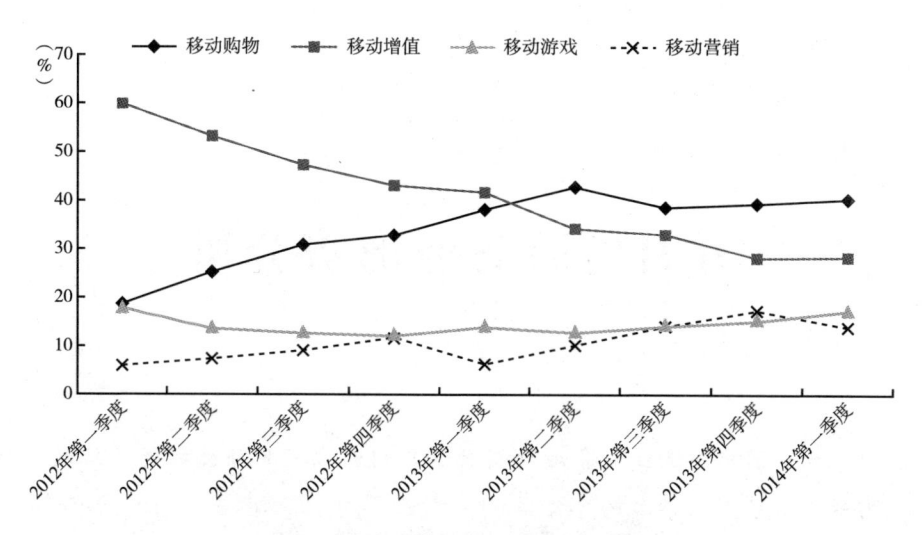

图4 移动互联网产业结构占比变化

（整体网络购物市场2014年第一季度同比增速为27.6%），这种增长主要得益于移动设备出货量增长促进了移动互联网新增消费群体的扩大，以及大型电商企业通过加大促销力度，刺激用户消费的商业策略。未来中国移动购物市场将继续保持强劲增长态势。

未来一段时间，电子商务领域有以下值得注意的发展特点：在居民消费渠道方面，预计将有更多的消费者选择互联网渠道消费产品和服务，通过电子商务销售的商品也将日趋多样化；受到电子商务的冲击，更多的传统企业纷纷进入电子商务领域，探索线上与线下结合（O2O）的模式；跨境电子商务是发展的热点，围绕跨境电子商务，海关、税务、结汇等一系列政策改革将逐步展开。

（执笔人：黄浩）

五月份服务业形势分析

- 中国非制造业商务活动指数创年内新高，服务业经济活跃度持续增强
- 反映市场需求的新订单指数和新出口订单指数双双明显回升
- 就业活动持续稳定，服务业吸纳就业的能力进一步体现
- 中间投入价格指数升幅最大，但可能只是阶段性上涨
- 业务活动预期指数高位回调，非制造业企业对市场预期继续保持乐观态度

根据国家统计局服务业调查中心、中国物流与采购联合会发布的数据，2014年5月，中国非制造业商务活动指数为55.5%（见图1），创年内新高，环比回升0.7个百分点，高于荣枯线5.5个百分点。过去3年的4~6月商务活动指数都是下行状态，2014年则呈现上升走势，这意味着服务业经济活跃度持续增强，企业经营活动量有所回升，市场活动趋于旺盛，为经济平稳增长奠定了良好的市场基础。

新订单指数和新出口订单指数一改2014年以来的弱势运行局面。新订单指数为52.7%，比上月上升1.9个百分点，为近8个月以来的高点；新出口订单指数同样为52.7%，比上月上升1.7个百分点，为近10个月以来的高点（见图2）。新订单指数和新出口订单指数成为市场活跃、商务活动指数提升的主要推动力。

从中采官方新闻稿提供的行业数据信息来看，以基础设施建设为主的投资需求和以零售、旅游和信息消费为主的终端消费需求都有不同程度的回升与改善。与基础设施建设投资相关的土木工程建筑业，新订单回升明显，反映出基

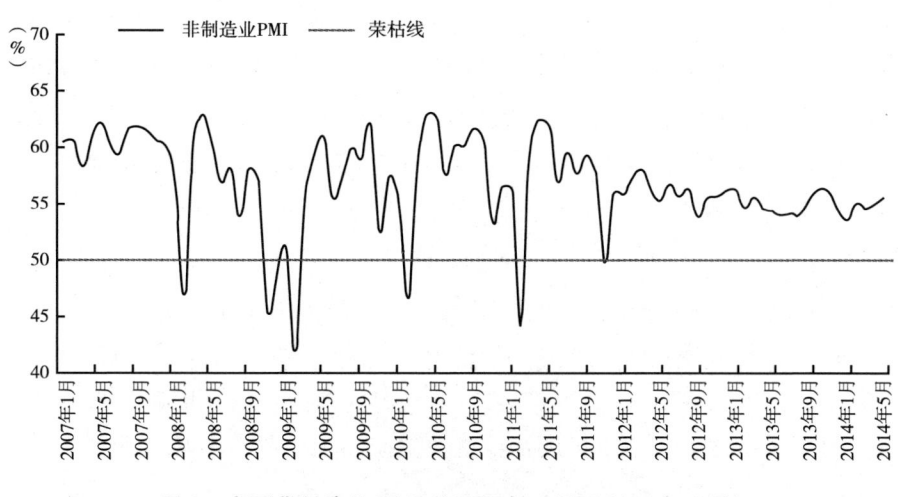

图 1　中国非制造业 PMI（2007 年 1 月至 2014 年 5 月）

础设施建设投资需求在增长；反映居民基本消费的零售业商务活动连续两个月上升，旅游相关行业的商务活动指数和新订单指数都上升至较高水平，与"六·一"和端午节相叠的小假期有关。信息消费相关行业需求改善，重新恢复上升。

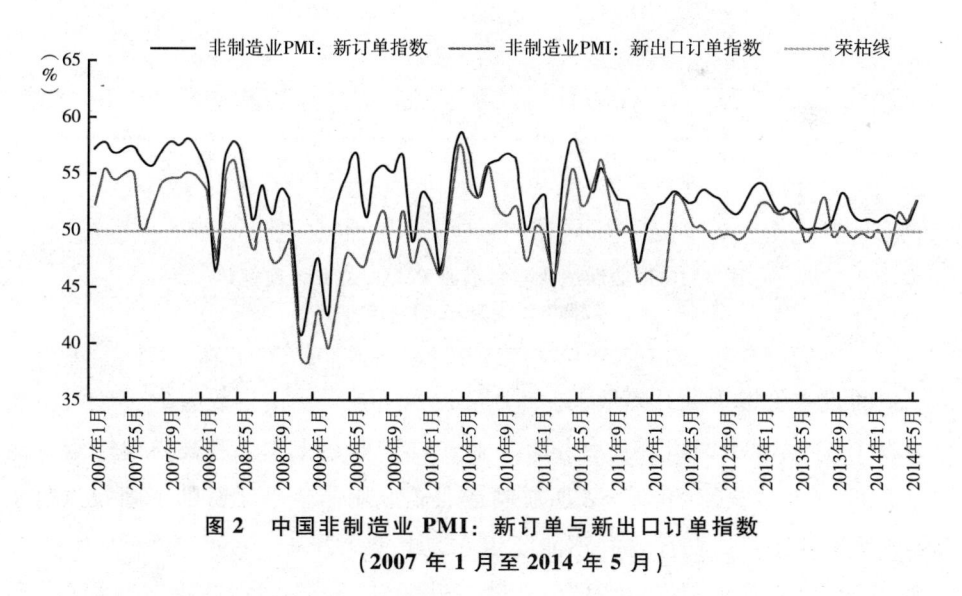

图 2　中国非制造业 PMI：新订单与新出口订单指数
（2007 年 1 月至 2014 年 5 月）

就业持续稳定。从业人员指标小幅回升，连续 4 个月保持在 50% 以上，较为稳定。建筑业与服务业的就业率均有不同程度回升。分行业来看，建筑业从业人员指数为55.1%,服务业从业人员指数为49.9%。在19个行业中,房屋建筑业、航空运输业、互联网及软件信息技术服务业、土木工程建筑业、道路运输业等8个行业高于50%;铁路运输业、装卸搬运及仓储业、邮政业、生态保护环境治理及公共设施管理业4个行业位于50%;批发业、电信广播电视和卫星传输服务业、水上运输业和居民服务及修理业等7个行业低于50%。

与制造业从业人员指数持续低于50%不同的是,非制造业从业人员指数显示了建筑业和服务业的就业吸纳能力:建筑业的就业指数保持在55%以上(见图3),航空运输业和互联网相关行业的就业指数也明显增强。非制造业就业活动的持续稳定,有利于拓展社会就业空间、加快制造业转型升级。

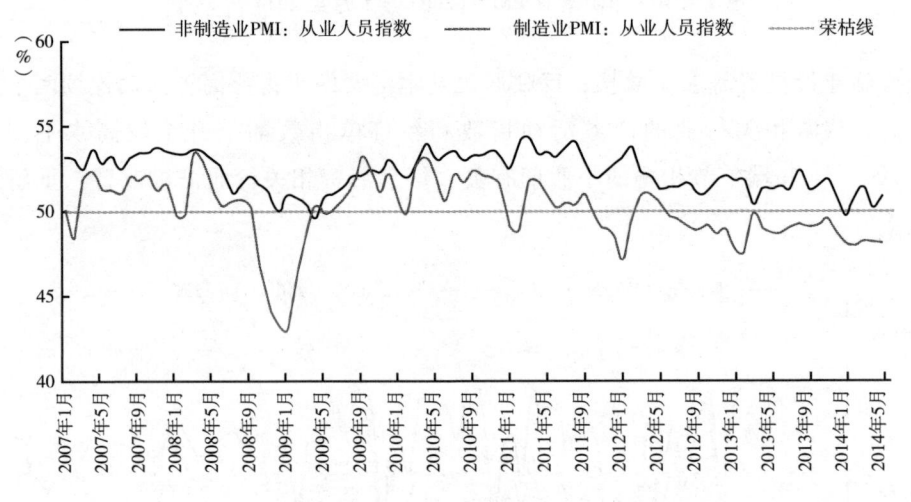

图3 中国非制造业与制造业PMI:从业人员指数
(2007年1月至2014年5月)

中间投入价格指数升幅最大。5月份,中间投入价格指数为54.5%(见图4),在19个行业中,租赁及商务服务业、住宿业、土木工程建筑业、道路运输业等17个行业高于50%。表明非制造业企业用于生产运营的中间投入价格总体水平有所上升,然而这并不能断定它是趋势性上升,更多是由油价上涨、假期旅游住宿涨价等因素造成的阶段性上升。

2014年5月,业务活动预期指数为60.7%,比上月回落0.8个百分点,但仍然高于荣枯线10.7个百分点(见图5),意味着非制造业企业对未来3个

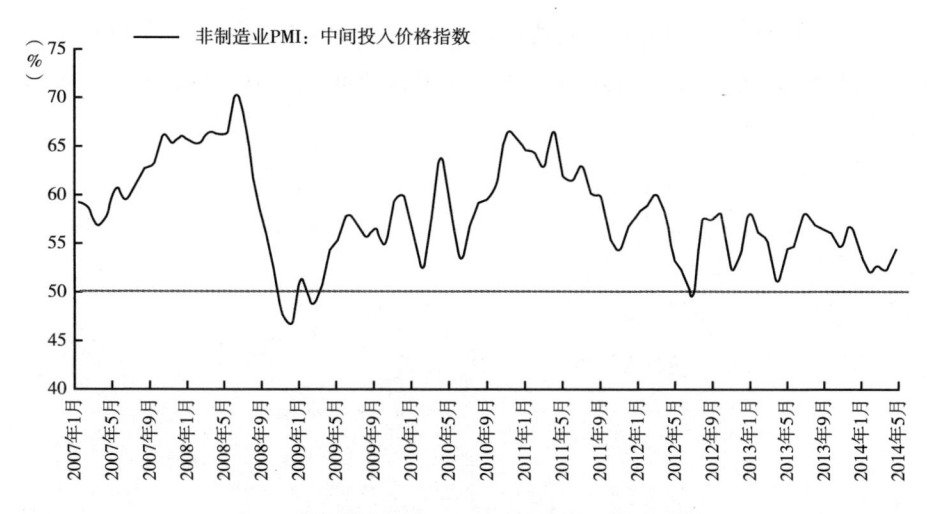

图 4　中国非制造业 PMI：中间投入价格指数
（2007 年 1 月至 2014 年 5 月）

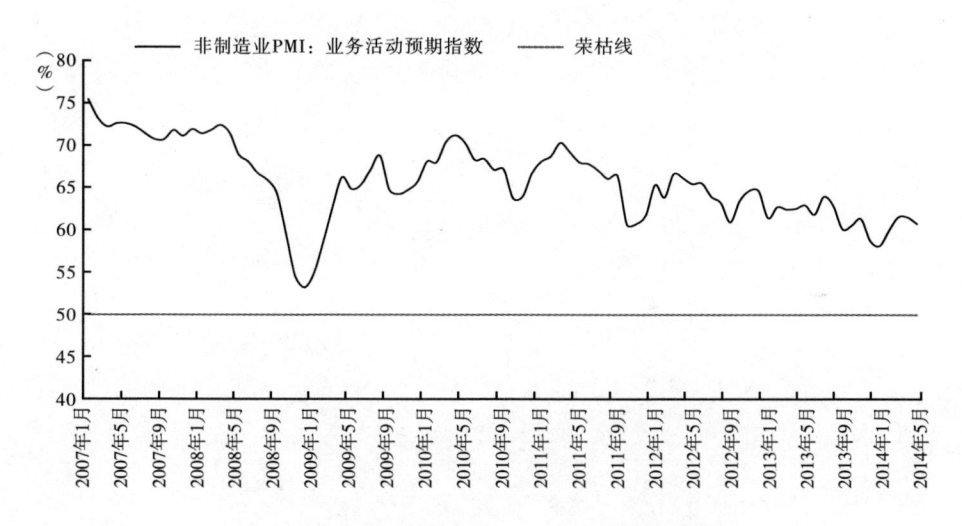

图 5　中国非制造业 PMI：业务活动预期指数
（2007 年 1 月至 2014 年 5 月）

月市场预期继续保持乐观态度。分行业来看，建筑业业务活动预期指数为 68.0%，服务业业务活动预期指数为 58.8%。在 19 个行业中，航空运输业、水上运输业、房屋建筑业、建筑安装装饰及其他建筑业和互联网及软件信息技术服务业等 18 个行业高于 50%，居前两位的两个行业高于 70%；居民服务及修理业低于 50%。

未来一段时间，受改革红利持续释放、新型城镇化建设不断推进、消费结构和消费理念升级、民生财政投入加大等因素的推动，中国服务业在新的台阶上将继续保持发展势头。

（执笔人：夏杰长、王海成）

七月份服务业形势分析

- 中国非制造业商务活动指数下降,服务业经济活跃度有所降低
- 反映市场需求的新订单指数和新出口订单指数呈持平和下降态势
- 从业人员指数较上月回落,服务业吸纳就业的能力有所下降
- 中间投入价格指数跌幅较大,服务业生产经营成本涨幅收窄
- 业务活动预期指数仍处高位,非制造业企业对市场预期继续保持乐观态度

根据国家统计局服务业调查中心、中国物流与采购联合会发布的数据,2014年7月,中国非制造业商务活动指数为54.2%,环比下降0.8个百分点,创最近6个月新低(见图1)。这意味着服务业市场活动趋于减弱,经济活跃度持续下降。但是,也要看到非制造业PMI仍然高于制造业2.5个百分点,这意味着在当期和未来一段时期内,服务业仍将在稳定增长、促进改革、产业升级、改善民生、拉动就业等多个方面发挥重要作用。

从中采官方新闻稿提供的行业数据信息来看,7月份新订单指数为50.7%,与上月基本持平(见图2)。分行业来看,建筑业新订单指数为51.6%;服务业新订单指数为50.5%。在19个行业中,航空运输业、生态保护环境治理及公共设施管理业、铁路运输业、房屋建筑业等10个行业高于50%,这表明这些行业的市场需求有所增加。特别值得关注的是,建筑业商务活动指数为58.2%,比上月回落2.4个百分点,这表明建筑业企业业务总量虽继续增长,但增幅有所减小,这与建筑行业进入施工淡季有关,而更大的可能是我国房地产市场趋势性转折点已经来临。

2014年7月,从业人员指数为49.3%,比上月回落1.1个百分点,跌破50%的荣枯线,表明服务业吸纳就业的能力有所下降(见图3)。分行业来看,

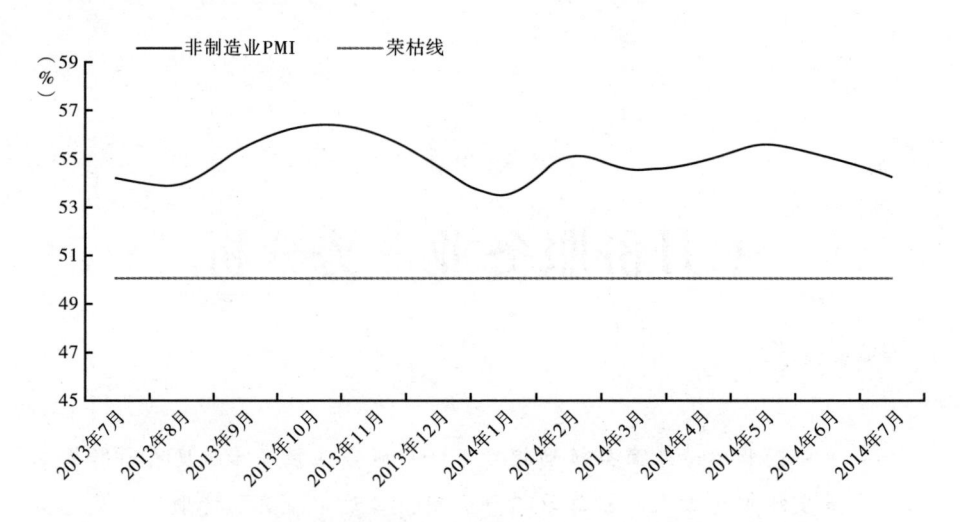

图 1　中国非制造业 PMI（2013 年 7 月至 2014 年 7 月）

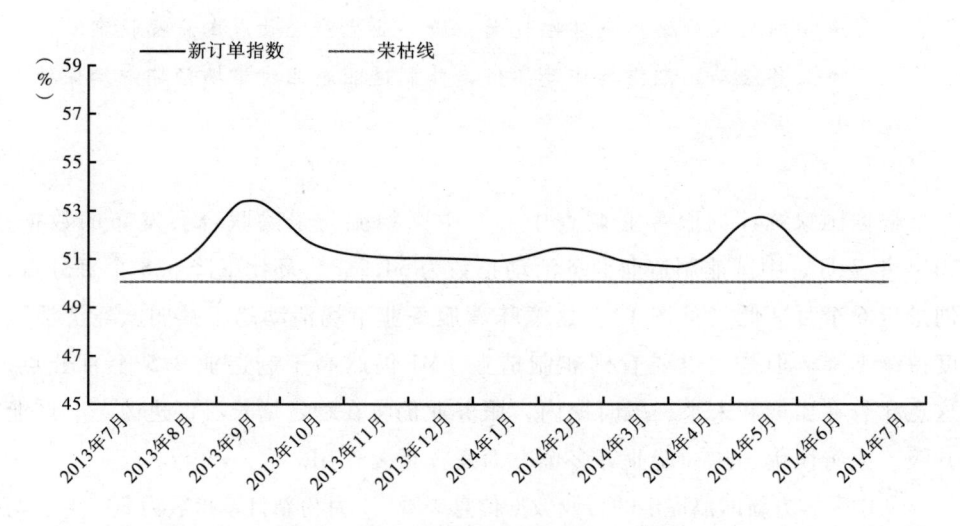

图 2　中国非制造业 PMI：新订单指数
（2013 年 7 月至 2014 年 7 月）

建筑业从业人员指数为 49.5%；服务业从业人员指数为 49.3%。在 19 个行业中，航空运输业、铁路运输业、土木工程建筑业和房屋建筑业等 8 个行业高于 50%，表明这些行业的从业人员有所增加；建筑安装装饰及其他建筑业、水上运输业、住宿业、居民服务及修理业和零售业等 11 个行业低于 50%，表明这些行业的从业人员有所减少。

中间投入价格指数跌幅较大，服务业生产经营成本涨幅收窄。7 月份中间投入

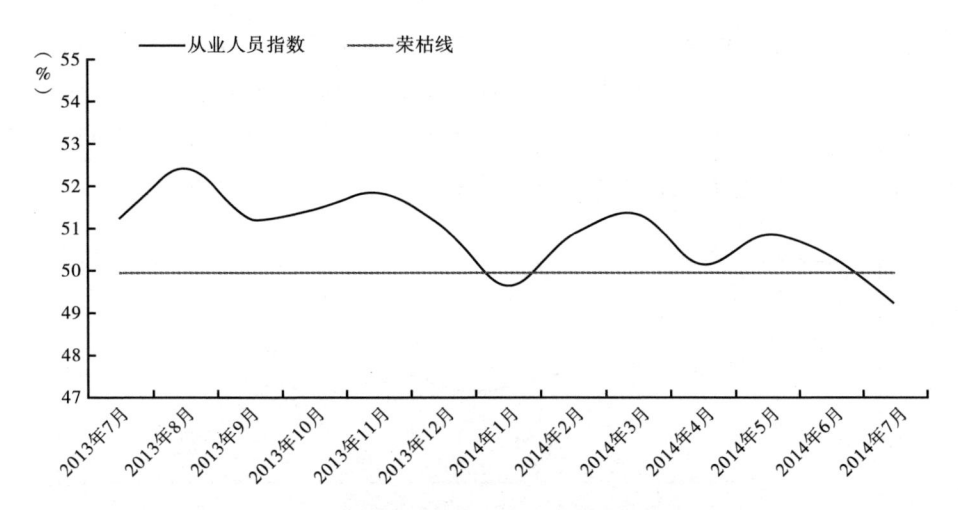

图3 中国非制造业PMI：从业人员指数
(2013年7月至2014年7月)

价格指数为53.4%，比上月回落2.6个百分点（见图4），但仍高于临界点，表明非制造业企业用于生产运营的中间投入价格总体水平继续上升，但升幅收窄。价格指数的回落显示当前价格上涨并未形成趋势性变化，通胀压力不大。

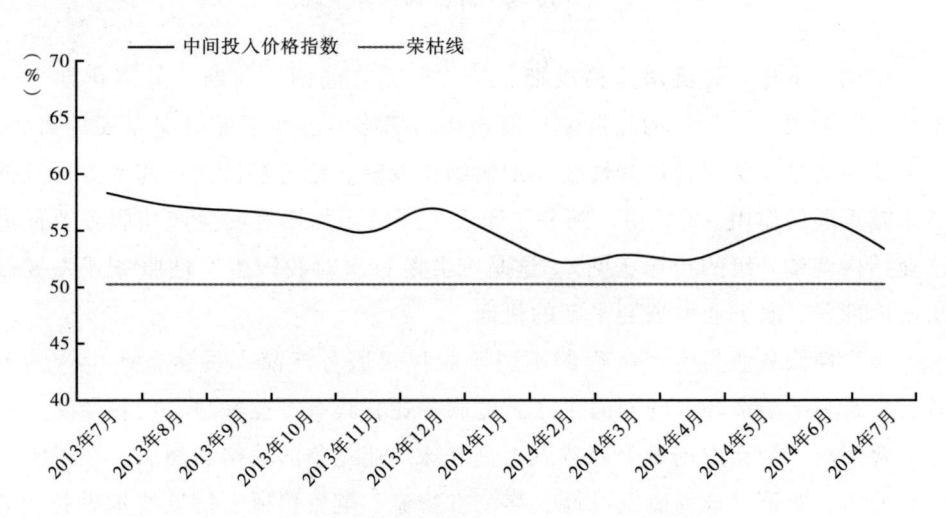

图4 中国非制造业PMI：中间投入价格指数
(2013年7月至2014年7月)

业务活动预期指数仍处高位，非制造企业对市场预期继续保持乐观态度。2014年7月，业务活动预期指数为61.5%，比上月上升1.1个百分点（见图

5），处于高位景气区间，表明非制造业企业对未来 3 个月市场预期持乐观的态度。分行业来看，建筑业业务活动预期指数为 67.4%；服务业业务活动预期指数为 60%。在 19 个行业中，航空运输业、房屋建筑业、批发业和租赁及商务服务业等 18 个行业高于 50%；居民服务及修理业低于 50%。

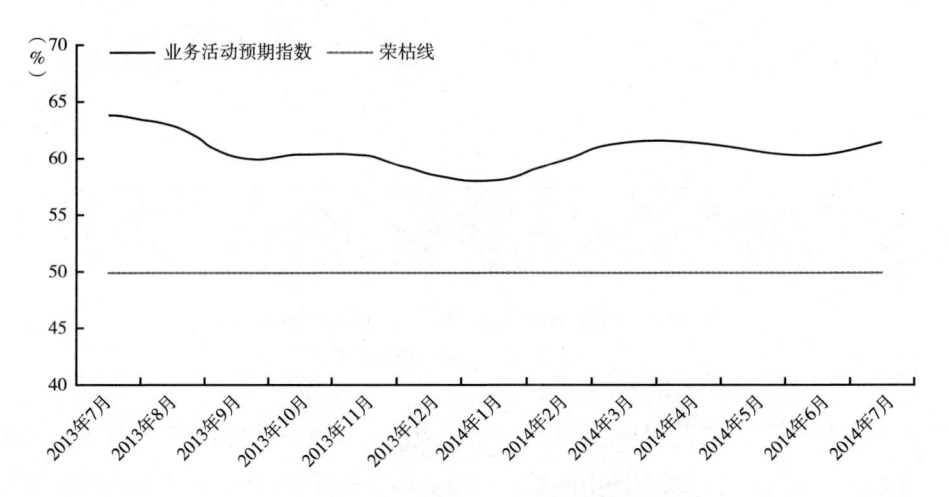

图 5　中国非制造业 PMI：业务活动预期指数
（2013 年 7 月至 2014 年 7 月）

中国经济步入经济增速换挡期、结构调整阵痛期、前期政策消化期"三期叠加"阶段后，传统的经济增长模式和局部修整已经不能适应发展的需要。服务业在促进经济增长模式转变和加快结构调整、稳定经济增长速度方面发挥越来越重要的作用。8 月初，国务院印发了《关于加快发展生产性服务业促进产业结构调整升级的指导意见》，这是国务院首次对我国生产性服务业发展做出全面部署，服务业发展迎来新的机遇。

生产性服务业为生产过程的不同阶段提供服务产品，贯穿企业生产的上游、中游和下游诸环节的面向生产者的服务业，具有专业性强、创新活跃、产业融合度高、带动作用显著等特点，是全球产业竞争的战略制高点。在未来一段时期内，要重点选择研发设计、第三方物流、融资租赁、信息技术服务、节能环保服务、检验检测认证、电子商务、商务咨询、服务外包、售后服务、人力资源服务等生产性服务业率先突破；要在深化改革开放、完善财税政策、创新金融服务、有效供给土地、健全价格机制、加强知识产权保护、建设创新型团队、扩大对外开放等方面，为服务业尤其是生产性服务业创造良好的发展环境，激发市场活力，实现服务业与农业、工业等在更高水平上的有机融合，推动我国产业结构优化调整，促进经济提质、增效、升级，实现由"中国制造"向"中国服务"的转变。

（执笔人：夏杰长、王海成）

八月份服务业形势分析

- 中国非制造业商务活动指数略有上升，低位趋稳
- 新订单指数创5年来的新低，凸显当前经济需求不旺的现实
- 非制造业从业人员较上月略有回升，但仍然处于收缩区间
- 中间投入价格指数有所回落，通胀压力不大
- 业务活动预期指数小幅回落，非制造业企业对市场预期继续保持乐观态度

根据国家统计局服务业调查中心、中国物流与采购联合会发布的数据，2014年8月中国非制造业商务活动指数较7月上升0.2个百分点，达到54.4%（见图1），服务业表现活跃、行业需求继续向好。但是，从长期来看，非制造业PMI 4年以来总体呈现下降趋势，低位趋稳。

非制造业新订单指数为50%，为2009年6月以来的新低，当时新订单指数为51.6%（见图2），这在很大程度上是目前经济需求较为低迷的重要表现。分行业看，服务业新订单指数为50.6%，比上月微升0.1个百分点，其中航空运输业、生态保护环境治理及公共设施管理业、铁路运输业、互联网及软件信息技术服务业、租赁及商务服务业、电信广播电视和卫星传输服务业等行业新订单指数高于临界点；居民服务及修理业、房屋建筑业、装卸搬运及仓储业、餐饮业、道路运输业等行业新订单指数低于临界点，市场需求有所减少。新出口订单指数为51.6%，较上月回升1.8个百分点。从外贸总量看，2014年前8个月，我国进出口总值达17万亿元人民币，比2013年同期增长0.6%，同比增速比前7个月高0.4个百分点，外贸继续延续回暖走势。

8月份从业人员指数为49.6%，高于上月0.3个百分点（见图3）。分行

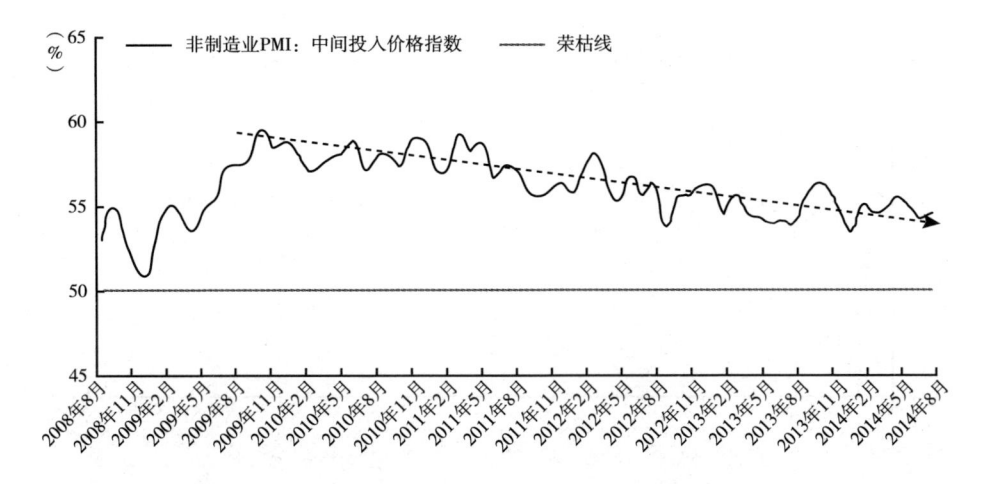

图1　中国非制造业PMI（2008年8月至2014年8月）

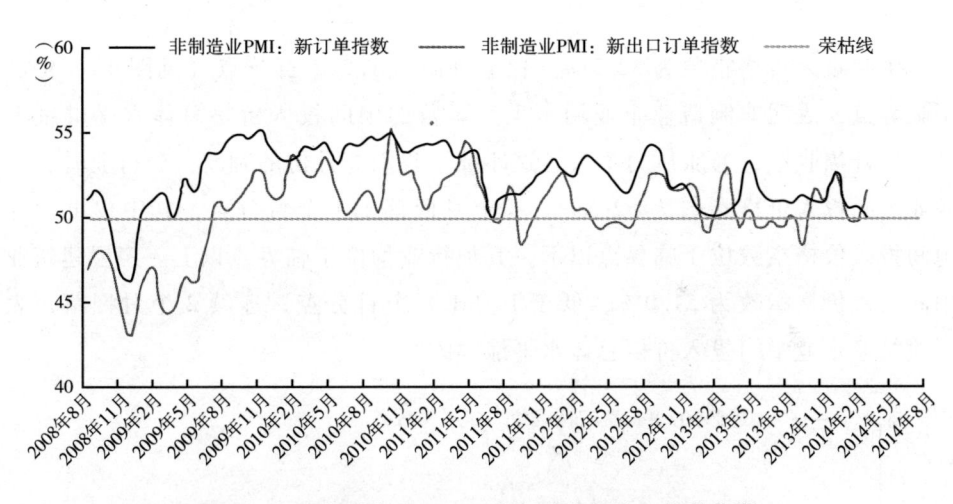

图2　中国非制造业PMI：新订单与新出口订单指数
（2008年8月至2014年8月）

业看，互联网及软件信息技术服务业、航空运输业、铁路运输业、电信广播电视和卫星传输服务业、生态保护环境治理及公共设施管理业等行业从业人员指数高于临界点；装卸搬运及仓储业、水上运输业、住宿业、邮政业等行业从业人员指数低于临界点。房屋建筑业从业人员指数为51.8%，高于上月2.3个百分点，回到临界点上方。而制造业PMI中从业人员指数截至8月份已经连续27个月处于收缩状态，这更显示出非制造业强大的就业吸纳能力。但是，如果非制造业继续保持低迷态势，则政府可能会出台相关政策以缓解就业压力。

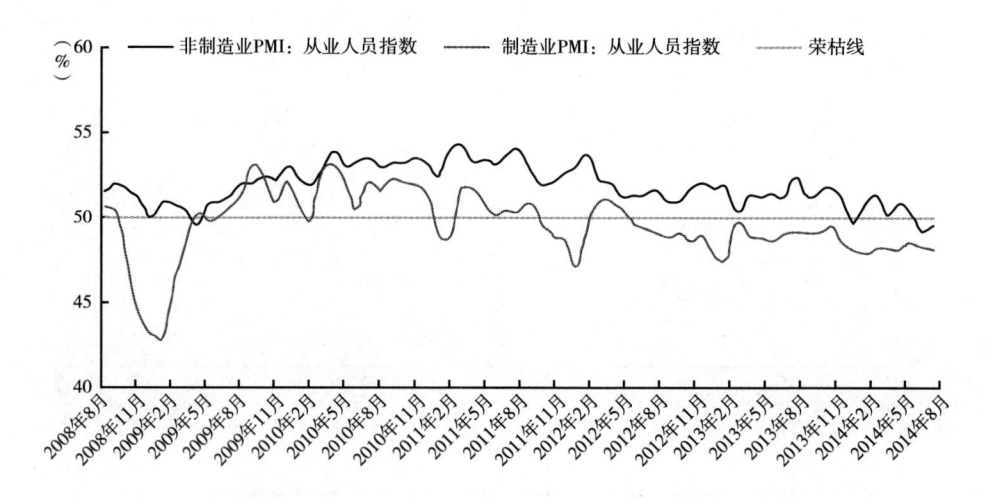

图3　中国非制造业与制造业 PMI：从业人员指数（2008 年 8 月至 2014 年 8 月）

中间投入价格指数为 52.2%，比上月回落 1.2 个百分点（见图 4），仍高于临界点，表明非制造业企业用于生产运营的中间投入价格总体水平继续上升，但升幅收窄，通胀压力不大，这印证了我们 6 月份的判断。分行业看，服务业中间投入价格指数为 52.5%，比上月回落 1.1 个百分点，其中仅批发业中间投入价格指数位于临界点以下，其他行业均位于临界点以上。房屋建筑业中间投入价格指数为 51.0%，低于上月 1.8 个百分点，连续 2 个月回落，表明建筑业企业中间投入价格总体水平涨幅收窄。

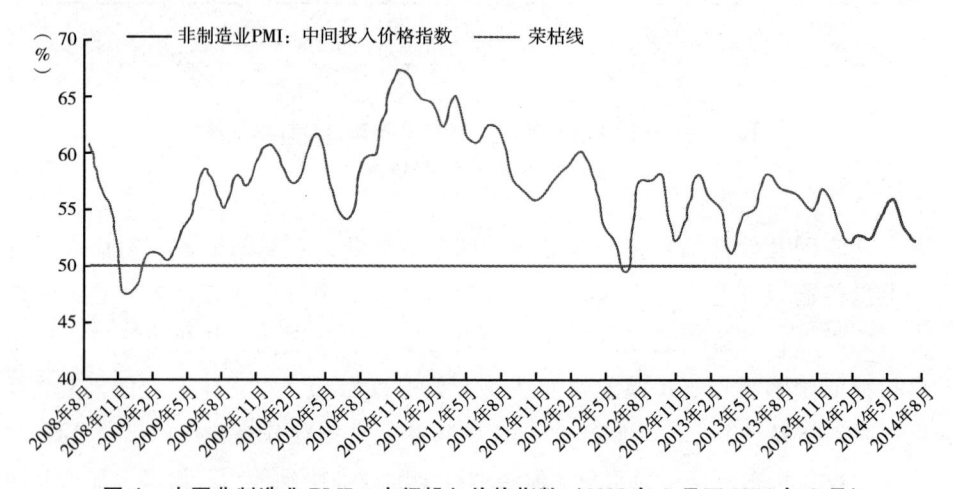

图4　中国非制造业 PMI：中间投入价格指数（2008 年 8 月至 2014 年 8 月）

业务活动预期指数虽比上月回落0.3个百分点，但仍处在61.2%的高位景气区间（见图5），表明非制造业企业对未来3个月市场预期持乐观的态度。分行业看，仅租赁及商务服务业业务活动预期指数低于临界点，其他行业均位于扩张区间。

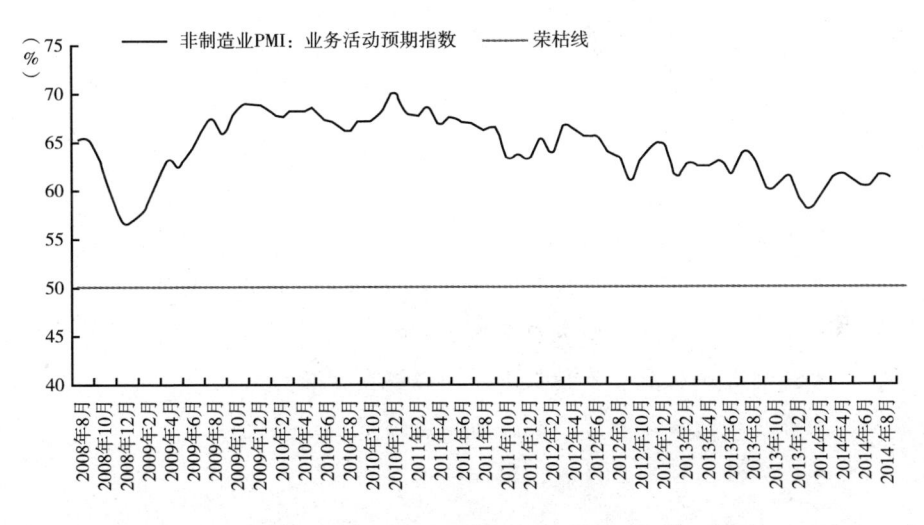

图5 中国非制造业PMI：业务活动预期指数（2008年8月至2014年8月）

纵观过去4年非制造业PMI的变化态势以及对当前经济形势的分析，我们认为随着我国经济发展迈入新阶段、呈现趋势性和不可逆性"新常态"，服务业将在拉动我国经济增长、产业升级、改善民生、拉动就业等多个方面发挥重要作用。

经济进入"新常态"，不仅仅是经济增长速度的合理回落，更多的是经济增长动力的转换，人口结构变化、要素成本上升都难以支撑过去两位数的高速增长。这就要求中国经济从依靠大量要素投入驱动转向依靠创新驱动，从工业过度扩张转向以服务业为主导。当前，服务业在吸纳就业方面已经显示出巨大的能力和潜力，但是适应"新常态"阶段，则更加需要改变过去服务业主要依靠资本和人力的要素投入推动、生产率较低的状况。为此，需要推进服务业的体制机制创新，深化服务业改革，完善政府规制，加强市场监管，鼓励要素自由竞争，积极开放市场，打破行业垄断，通过持续改革为服务业效率释放新的增长空间和潜力。

（执笔人：夏杰长、王海成）

九月份服务业形势分析

- 中国非制造业收缩,面临下行压力
- 新订单指数5年多来首次降至50%以下,国内需求不足
- 房地产市场可能迎来趋势性的转折点
- 非制造业从业人员指数下降,经济内生压力巨大
- 价格指数持续回落,经济面临通缩威胁
- 业务活动预期指谨慎,但保持乐观态度

根据国家统计局服务业调查中心、中国物流与采购联合会发布的数据,2014年9月中国非制造业商务活动指数较8月下降0.4个百分点,达到54.0%(见图1),这表明非制造业市场活动继续保持增长态势。但是,本月非制造业商务活动指数为8个月以来最低,这在一定程度上意味着非制造业面临下行压力。

非制造业新订单指数为49.5%,这是2009年1月份以来首次降至50%以下(见图2)。过去的几年里,9月份通常是需求的旺季,特别是2013年9月份比8月份增长2.5个百分点。新出口订单指数为50.8%,较上月下降0.8百分点,仍然处于扩张区间。这表明国内需求不足,而国外需求较为旺盛。

值得注意的是,建筑业新订单指数虽然比上月回升2.5个百分点,位于临界点,但市场需求与上月相比变化不大。从国外房地产市场发展的经验来看,当城镇化水平、人口结构等影响房地产的长期因素出现转折点后,在市场需求减弱的条件下,市场预期会变差,进而对房地产周期产生深刻的影响。"十二五"末是中国城镇化速度降低与人口结构转折点发生的集中期,劳动年龄人口下降、城镇化减速意味着房地产市场可能会迎来趋势性的转折点。

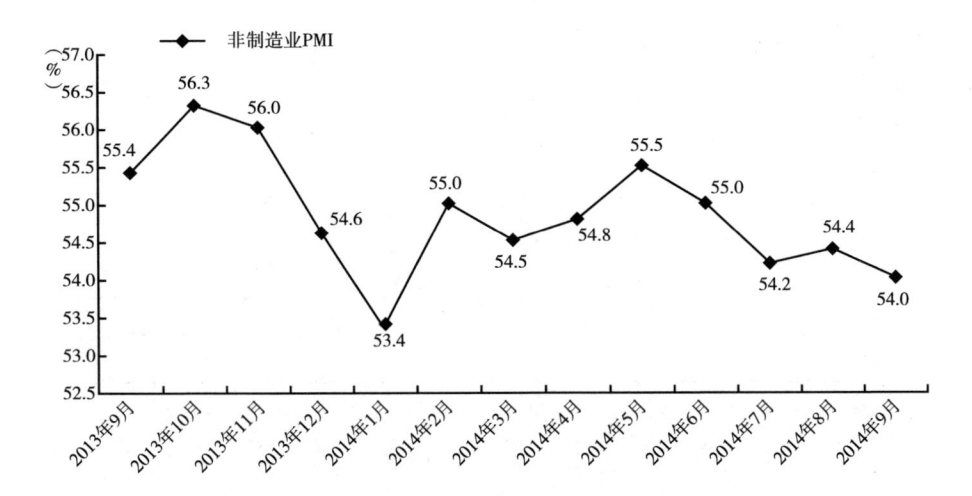

图 1　中国非制造业 PMI（2013 年 9 月至 2014 年 9 月）

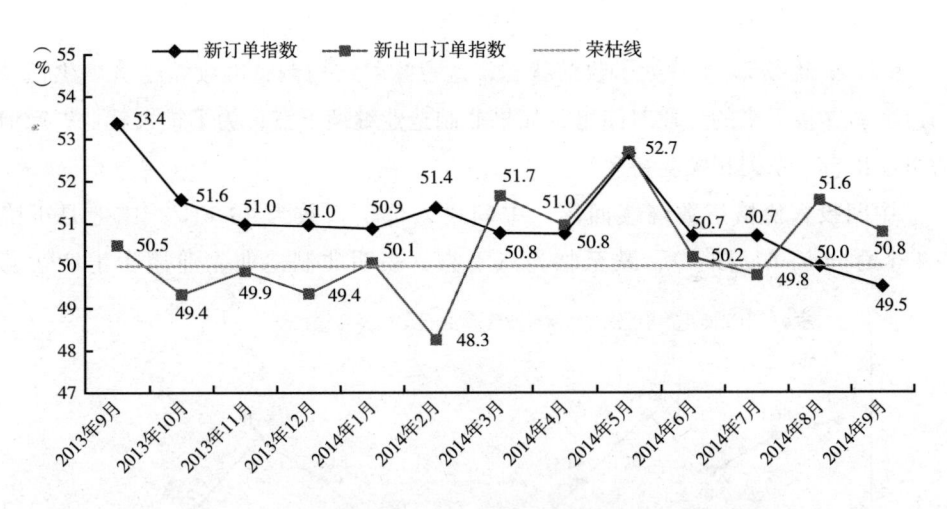

图 2　中国非制造业 PMI：新订单与新出口订单指数
（2013 年 9 月至 2014 年 9 月）

从业人员指数下降。9 月份从业人员指数为 49.5%，低于上月 0.1 个百分点（见图 3）。分行业看，服务业从业人员指数为 49.0%，与上月持平，其中航空运输业、铁路运输业、互联网及软件信息技术服务业、道路运输业等行业从业人员指数高于临界点；住宿业、餐饮业、装卸搬运及仓储业、居民服务及修理业等行业从业人员指数低于临界点。建筑业从业人员指数为 51.4%，比上月回落 0.4 个百分点，仍位于临界点以上。而 9 月份制造业 PMI 从业人员指数与上月持平，

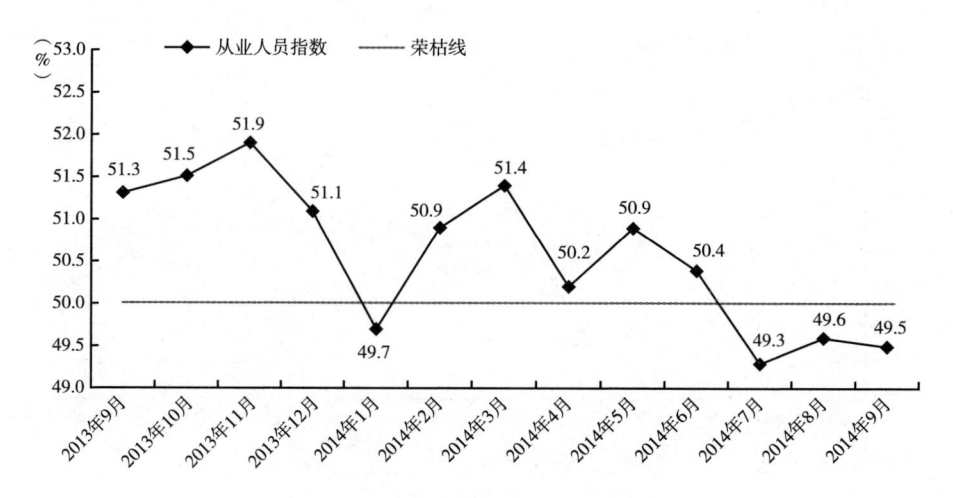

图 3　中国非制造业 PMI：从业人员指数
（2013 年 9 月至 2014 年 9 月）

为 48.2%，连续 28 个月处于收缩状态，这意味着结构调整继续，经济内生性压力巨大。在接下来的一段时间里，如果非制造业继续下滑，为了扩大就业，政府有可能出台一系列相关支持政策。

中间投入价格指数继续回落。中间投入价格指数为 49.8%，比上月下降 2.4 个百分点（见图 4），跌至临界点下方，表明非制造业企业用于生产运营

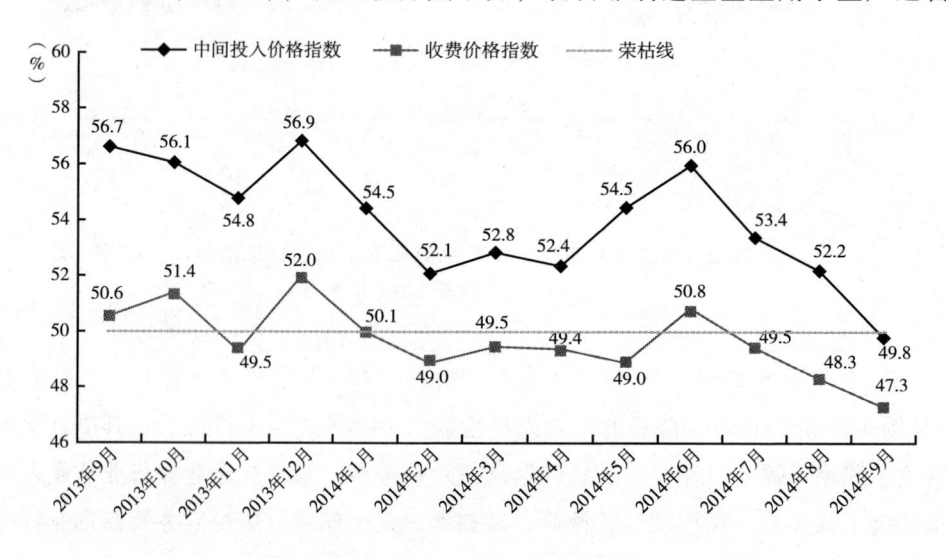

图 4　中国非制造业 PMI：中间投入价格和收费价格指数
（2013 年 9 月至 2014 年 9 月）

的中间投入价格总体水平有所下降。收费价格指数继续下降。收费价格指数为47.3%，比上月下降1.0个百分点，表明非制造业企业的销售或收费价格总体水平继续下降。分行业看，服务业收费价格指数为46.8%，比上月下降1.1个百分点，仅住宿业、零售业的收费价格指数高于临界点。建筑业收费价格指数为49.1%，比上月下降0.9个百分点，低于临界点，企业的销售或收费价格总体水平低于上月。

可以认为，降杠杆调结构背景下的供给面是价格指数下降的主要来源。目前来看，本年度内出现通胀压力的可能性很小，相反，最有可能的是经济将面临通货紧缩威胁。

业务活动预期指数继续回落。业务活动预期指数为60.9%（见图5），虽连续两个月出现下降，但仍处在高位景气区间，表明非制造业企业对未来3个月市场预期持乐观的态度。分行业看，仅租赁及商务服务业业务活动预期指数低于临界点，其他行业均位于扩张区间。

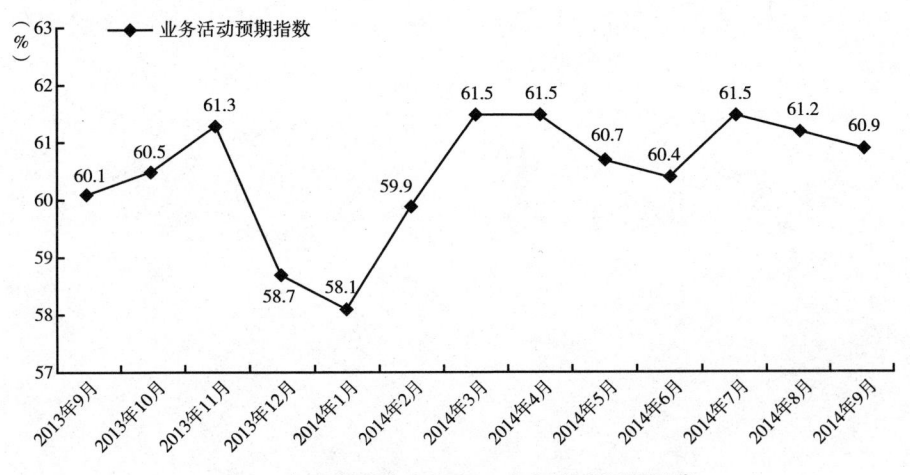

图5　中国非制造业PMI：业务活动预期指数
（2013年9月至2014年9月）

当前，我国经济进入"新常态"，处于经济增速换档期、结构调整的阵痛期、刺激政策的消化期。但是，仍然要对服务业的稳定增长抱有信心，要在企业转型升级、提高服务业发展水平等方面投入更大的努力，深化服务业改革，推进服务业的体制机制创新，特别是要开放市场，打破国有企业对服务业的垄断，真正向民间资本开放这些行业，鼓励各市场主体公平、透明竞争，降低要素流向服务业的门槛。此外，特别要加强培养服务业创新团队和人才。创新型人才是服务业发展的关键，服务业最主要的"投入"就是人力资本。培养、引进高素质的现代服务业人才是政府义不容辞的责任。要从资金投入和变革人才培养模式等方面着手，支持服务业创新团队培养，鼓励服务创新，包容创新失败。按照"不求所有，但求所用"的原则，积极推进技术入股、管理人员持股、股票期权激励等新型分配方式，建立创新型人才柔性流动机制，鼓励更多的高端人才向服务业领域聚集，为服务业发展提供强大的智力支撑。

（执笔人：夏杰长、王海成）

十月份服务业形势分析

- 新常态下我国非制造业总体上继续保持平稳运行态势
- 新订单指数止跌回升，基础建设投资对稳增长的贡献持续显现
- 非制造业吸纳就业能力持续下降，经济内生压力进一步加大
- 中间投入价格指数和收费价格指数双双回升，短期内通胀压力较小
- 业务活动预期指数持续回落

根据国家统计局服务业调查中心、中国物流与采购联合会发布的数据，2014年10月中国非制造业商务活动指数较9月下降0.2个百分点，达到53.8%（见图1），这表明非制造业市场活动在新常态下总体继续平稳运行。虽然本月非制造业商务活动指数为9个月以来的最低，但是相比上个月下降幅度有所减小，这在一定程度上意味着非制造业面临的下行压力减小。

新订单指数重回临界点以上。新订单指数为51.0%，比上月上升1.5个百分点，升至临界点以上（见图2）。分行业看，服务业新订单指数为49.6%，比上月回升0.2个百分点，其中住宿业、零售业、互联网及软件信息技术服务业、电信广播电视和卫星传输服务业等行业新订单指数高于临界点，市场需求有所增长；铁路运输业、房地产业等行业新订单指数低于临界点，市场需求有所减少。建筑业新订单指数为56.4%，比上月上升6.4个百分点，继8、9月建筑业市场需求持续走弱后，本月出现恢复性回升，这意味着基础建设投资对稳增长的贡献持续显现。

从业人员指数降至一年来的新低。本月从业人员指数为48.9%，比上月降低0.6个百分点（见图3）。分行业来看，建筑业从业人员指数为50.5%；服务业从业人员指数为48.4%。在19个行业中，生态保护环境治理及公共设

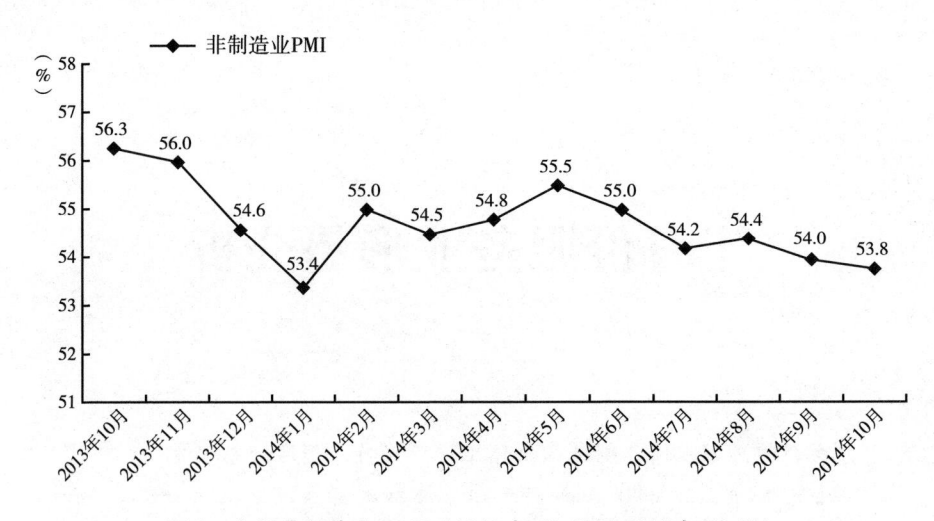

图1 中国非制造业 PMI（2013 年 10 月至 2014 年 10 月）

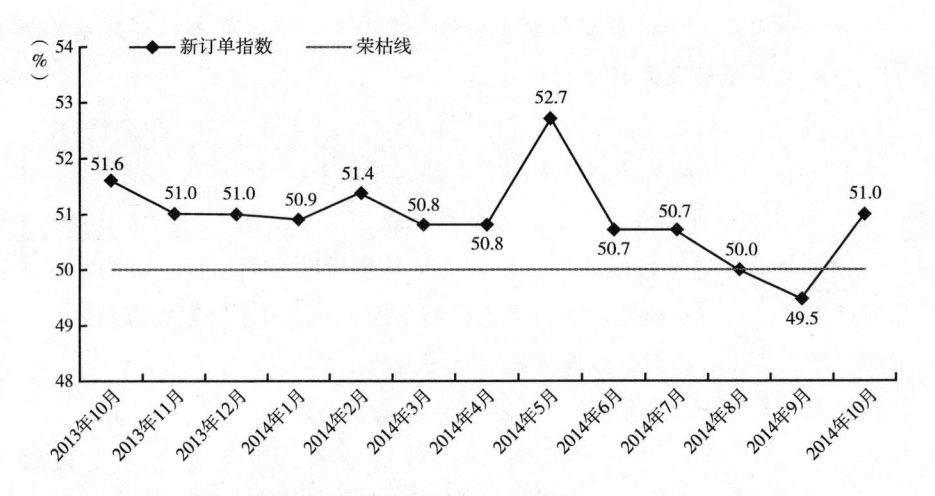

图2 中国非制造业 PMI：新订单指数（2013 年 10 月至 2014 年 10 月）

施管理业、航空运输业、互联网及软件信息技术服务业、房屋建筑业、土木工程建筑业和道路运输业 6 个行业高于 50%；水上运输业、建筑安装装饰及其他建筑业、居民服务及修理业、铁路运输业、餐饮业和租赁及商务服务业等 13 个行业低于 50%。这意味着结构调整继续，经济内生性压力巨大。我们认为，政府有必要出台一系列支持和促进就业的相关政策，以增加就业岗位、保障就业。

中间投入价格指数和收费价格指数双双回升。2014 年 10 月，中间投入价

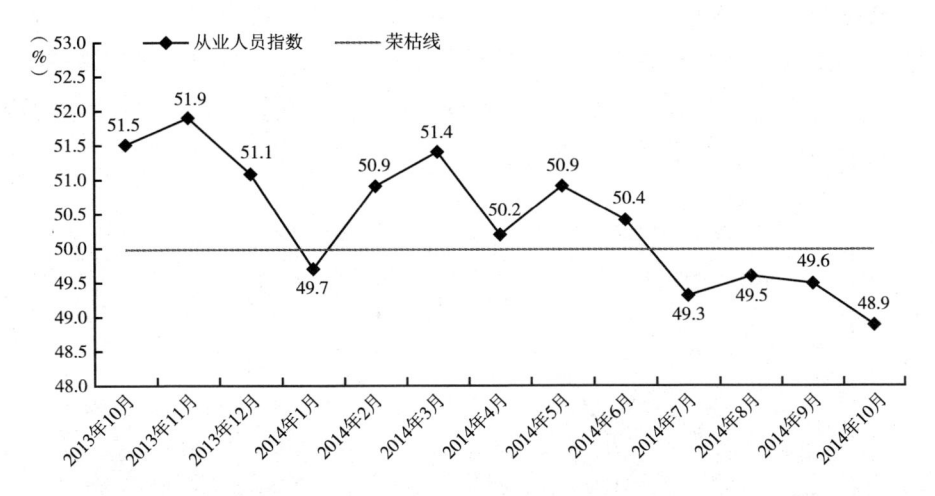

图3　中国非制造业PMI：从业人员指数（2013年10月至2014年10月）

格指数为52%，比上月上升2.2个百分点（见图4）。分行业来看，建筑业中间投入价格指数为53%；服务业中间投入价格指数为51.8%。在19个行业中，住宿业、互联网及软件信息技术服务业、餐饮业、邮政业、居民服务及修理业和装卸搬运及仓储业等13个行业高于50%。收费价格指数比上月回升1.5个百分点。价格指数的上升有利于企业经营效益改善，提升市场信心，并且在短期内面临通胀的压力较小。

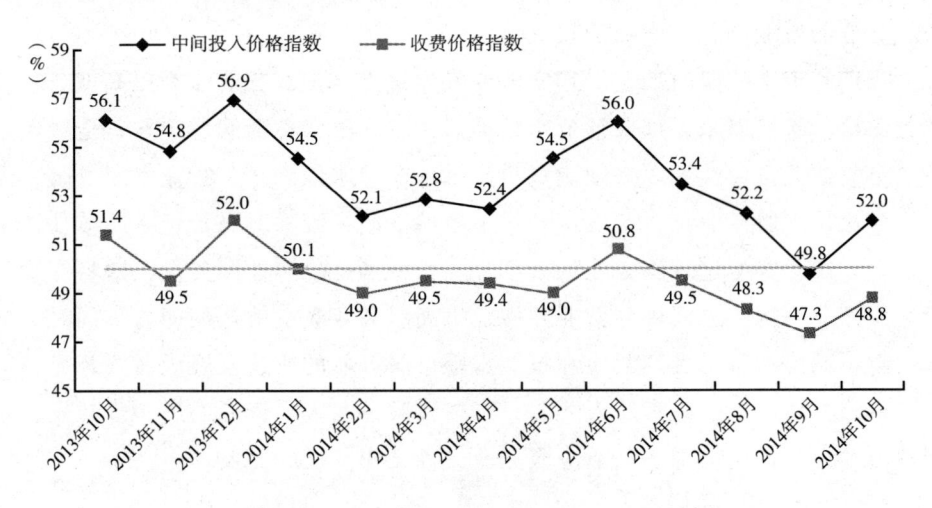

图4　中国非制造业PMI：中间投入价格和收费价格指数
（2013年10月至2014年10月）

211

业务活动预期指数持续回落。2014 年 10 月，业务活动预期指数为 59.9%，比上月回落 1 个百分点，创 8 个月来的新低，但是仍然处于高位运行（见图 5）。分行业来看，由于出台房贷新政和各地限购政策陆续松动，建筑业业务活动预期指数为 67.6%。服务业业务活动预期指数为 58%。

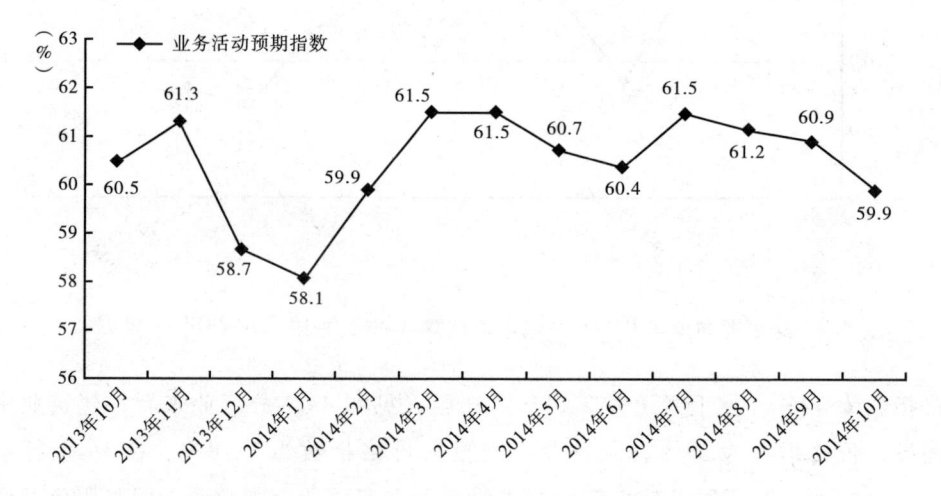

图 5　中国非制造业 PMI：业务活动预期指数（2013 年 10 月至 2014 年 10 月）

服务业就业增长弹性大，具有劳动密集、技术密集和知识密集并存的特点，在吸纳劳动力就业方面，具有不可替代的作用。同发达国家相比，我国未来服务业的就业增长空间依然很大。

当前和未来一段时期，要切实转变发展重点，把服务业作为提高就业容量的突破口。长期以来，部分行业市场准入过于严格、垄断问题严重，金融保险业、电信业等行业长期以来缺乏竞争，市场需求难以满足，行业发展受阻，因此要通过扩大服务业准入范围，开放垄断性部门，废除对民营资本的歧视性条款，允许民间资本进入服务业的大部分领域特别是生产性服务业，这将有助于优化服务业结构，进而提高就业弹性，提高服务业吸纳就业的能力。同时，也要注意不断提高劳动者的素质和技能水平，服务业的快速发展既需要普通劳动力，更需要高技能的高素质人才。只有加快服务业人力资源的进一步开发，才能使劳动力的技能结构不断适应服务业又好又快发展的需要。

（执笔：夏杰长、王海成）

十一月份服务业形势分析

- 非制造业在经济结构转型升级方面的作用进一步体现，发展活力进一步焕发
- 非制造业市场需求略有增长，外部需求有所减少
- 就业回稳，但压力仍然较大
- 中间投入价格指数和收费价格指数双双回落，通缩压力显现
- 业务活动预期指数持续回落

根据国家统计局服务业调查中心、中国物流与采购联合会发布的数据，2014年11月中国非制造业商务活动指数止跌回升，较10月微涨0.1个百分点，达到53.9%，这表明非制造业商务活动在新常态下继续保持平稳运行态势（见图1）。而非制造业商务活动指数本月较上月下降0.5个百分点，为50.3%。这意味着非制造业在经济结构转型升级方面的作用进一步体现，发展活力进一步焕发。

11月新订单指数为50.1%，比上月回落0.9个百分点，略高于临界点，表明非制造业市场需求略有增长，但增速有所回落（见图2）。分行业看，服务业新订单指数为49.4%，比上月下降0.2个百分点，低于临界点，其中邮政业、装卸搬运及仓储业、电信广播电视和卫星传输服务业等行业新订单指数高于临界点，市场需求有所增长；铁路运输业、航空运输业、餐饮业等行业新订单指数低于临界点，市场需求有所减少。而新出口订单指数止跌回升，增加0.3个百分点，为49.3%，但仍然低于临界点，这表明外部市场需求仍然不振。

非制造业从业人员指数结束连续两个月的回落走势，较上月回升0.6个百分点，达到49.5%，这说明非制造业就业回稳，相比制造业从业人员指数，

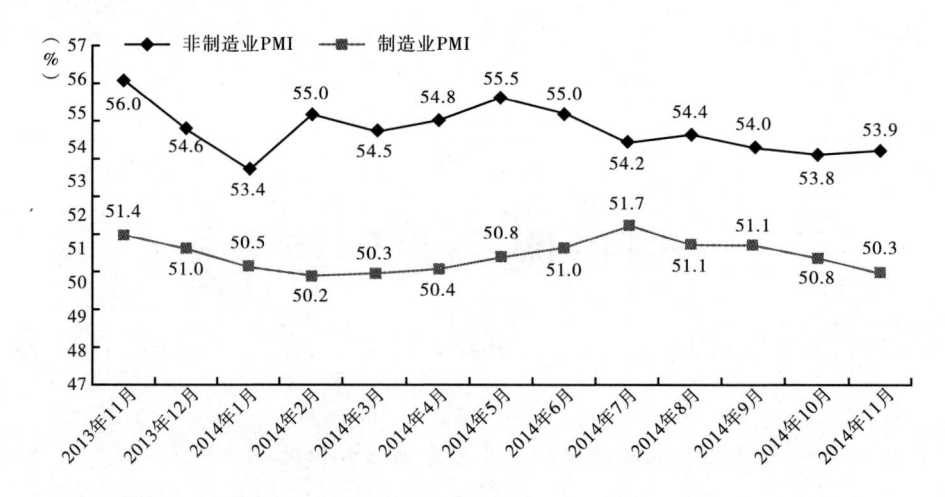

图 1 中国非制造业和制造业 PMI（2013 年 11 月至 2014 年 11 月）

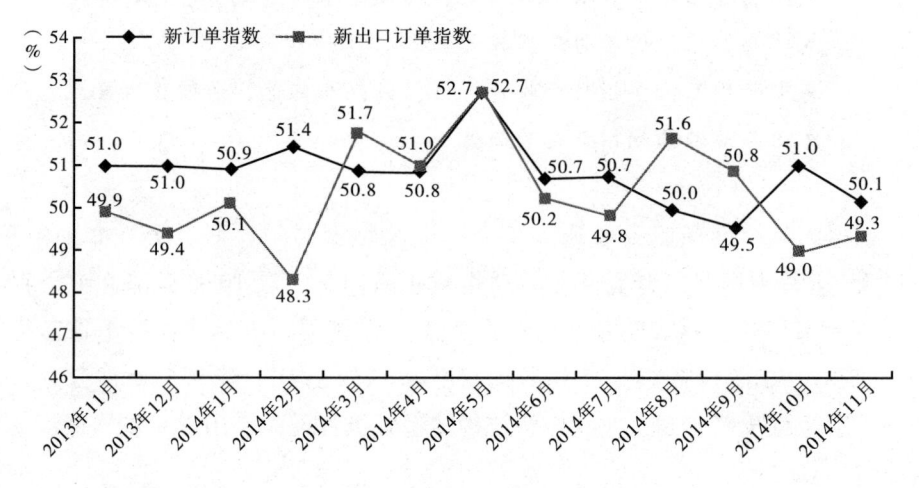

图 2 中国非制造业 PMI：新订单和新出口订单指数
（2013 年 11 月至 2014 年 11 月）

高出1.3个百分点，这说明非制造业在稳定就业方面发挥了更为重要的作用（见图3）。但是非制造业从业人员指数仍然位于荣枯线以下，这意味着仍然有较大的压力。分行业看，服务业从业人员指数为48.8%，比上月回升0.4个百分点，低于临界点；建筑业从业人员指数为52.3%，比上月上升1.8个百分点，位于临界点以上，表明建筑业企业用工量增速加快。

收费价格指数和中间投入价格指数双双回落。11月，反映终端需求的收费价格指数为47.7%，比上月下降1.1个百分点，位于临界点以下，表明非

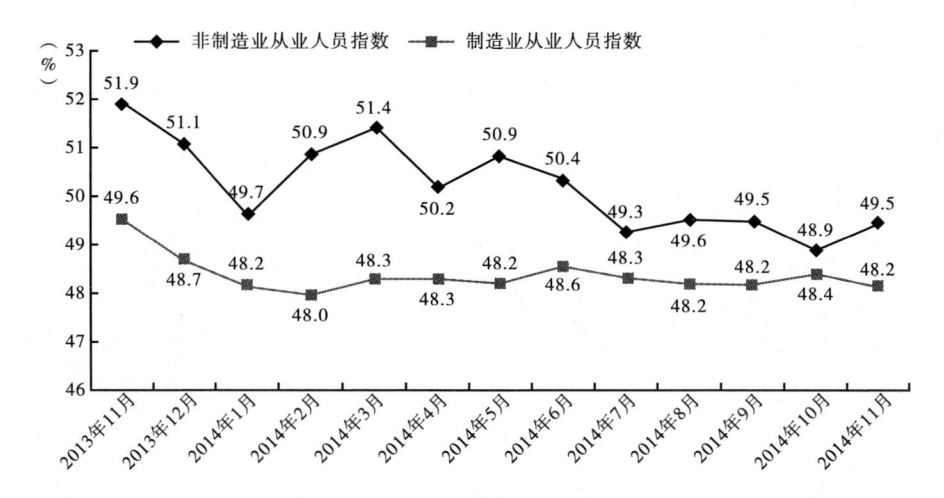

图 3 中国非制造业和制造业 PMI：从业人员指数
（2013 年 11 月至 2014 年 11 月）

制造业企业的销售或收费价格总体水平继续下降（见图 4）。分行业看，服务业收费价格指数为 47.1%，比上月下降 1.3 个百分点，继续位于临界点以下；建筑业收费价格指数为 49.8%，比上月下降 0.4 个百分点，低于临界点。中间投入价格指数则比上月下降 1.4 个百分点。央行日前降息有助于未来非制造业投资企稳，未来一段时间，货币财政政策可能会进一步宽松，以对冲经济下行压力。

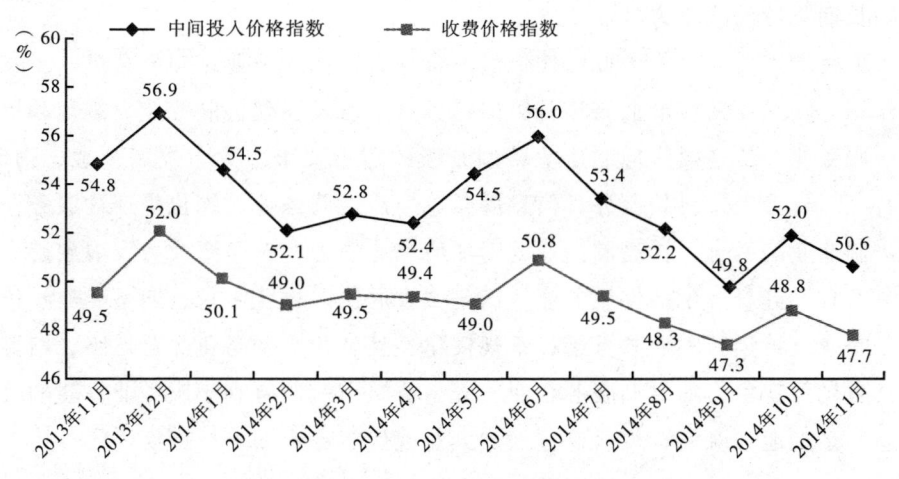

图 4 中国非制造业 PMI：中间投入价格和收费价格指数
（2013 年 11 月至 2014 年 11 月）

215

业务活动预期指数持续回落。业务活动预期指数为59.7%，比上月回落0.2个百分点，仍接近高位景气区间，表明非制造业企业对未来3个月市场预期仍持乐观态度（见图5）。

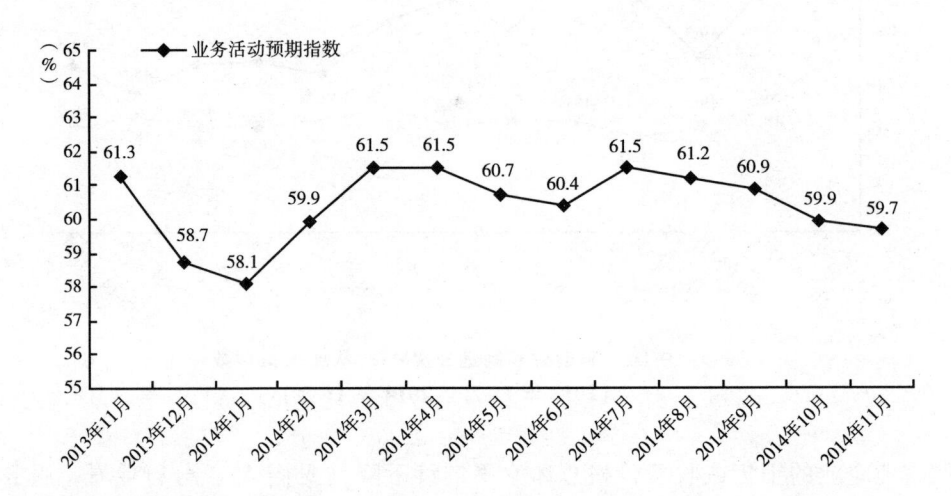

图5 中国非制造业PMI：业务活动预期指数（2013年11月至2014年11月）

现代服务业是制造业的"心脏"和"大脑"，是实体经济发展的重要支撑和强大动力。当前，其在经济转型升级和结构调整方面的作用进一步体现。中国处于工业化的关键阶段，现代制造业和现代服务业相互促进、协调发展，是必须长期坚持的战略方针。

但是，也要看到服务业结构仍然不合理，优化服务业结构将会进一步发挥其作用。一是要适应产业结构升级的趋势，重点发展现代服务业，规范和提升传统服务业；二是要适应制造业转型升级的迫切要求，大力发展金融、物流、商贸、广告会展、科技服务、信息服务等生产性服务业，深化生产性服务业与先进制造业的融合，提高制造业的附加值和竞争力；三是要大力发展旅游、养老、家政、健身等生活性服务业，满足城乡居民多样化需求；四是要鼓励传统服务企业改革创新和兼并重组，走规模化、品牌化、网络化经营之路，培育一批具有较强竞争力的大型服务企业；五是要努力营造有利于服务业发展的政策环境，在土地、融资、税收等方面加大对现代服务业的支持力度。

（执笔人：夏杰长、王海成）

十二月份服务业形势分析

- 非制造业总体发展态势良好，我国经济结构调整继续稳步推进
- 新订单指数和新出口订单指数双双回升，市场需求呈增长态势
- 非制造业吸纳就业能力继续下降，需要出台政策托底
- 价格指数持续回落，通缩压力加大
- 业务活动预期指数持续下降，但仍然保持乐观态度

根据国家统计局服务业调查中心、中国物流与采购联合会发布的数据，12月中国非制造业商务活动指数为54.1%，比11月上升0.2个百分点，连续2个月回升，表明我国非制造业的发展态势总体良好；而制造业商务活动指数为50.1%，为5个月来的新低，二者一升一落（见图1）。这表明制造业在结构调整和转型升级中仍面临较大的困难和压力，非制造业中服务业继续保持较快增长势头，对拉动经济增长的作用不断增强。总的来看，我国经济结构调整仍在稳步推进。

12月新订单指数为50.5%，比上月上升0.4个百分点，高于临界点，表明非制造业市场需求有所增长，且增速加快（见图2）。分行业看，服务业新订单指数为49.6%，比上月回升0.2个百分点，但仍位于临界点以下；建筑业新订单指数为54.0%，比上月上升1.1个百分点，高于临界点，市场需求呈增长态势。新一届政府将"走出去"放在更重要的战略位置，2014年国家领导人频繁出访，与非洲、拉丁美洲、欧洲以及东南亚等国家签订了基建等相关合作战略框架，基建市场需求有望在2015年显现效果。

从业人员指数下降。 从业人员指数为49.1%，比上月下降0.4个百分点，表明非制造业企业用工量继续回落（见图3）。分行业看，服务业从业人员指数

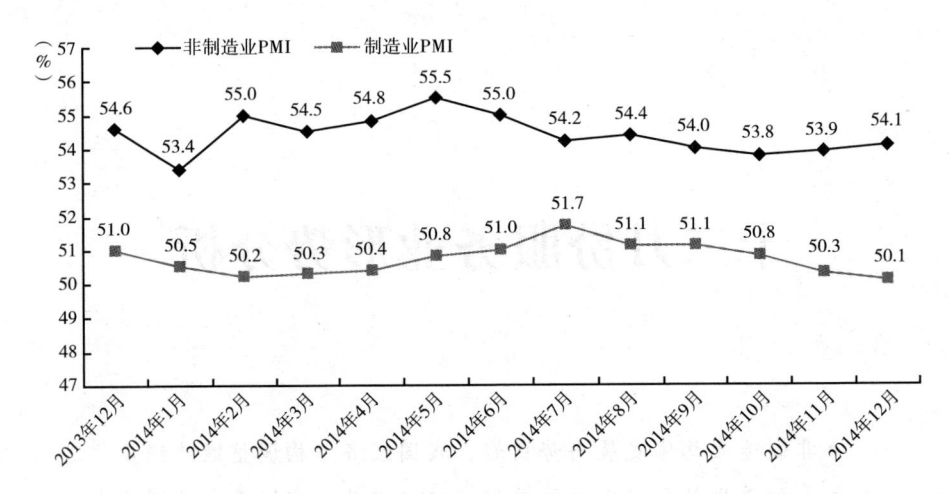

图 1 中国非制造业与制造业 PMI（2013 年 12 月至 2014 年 12 月）

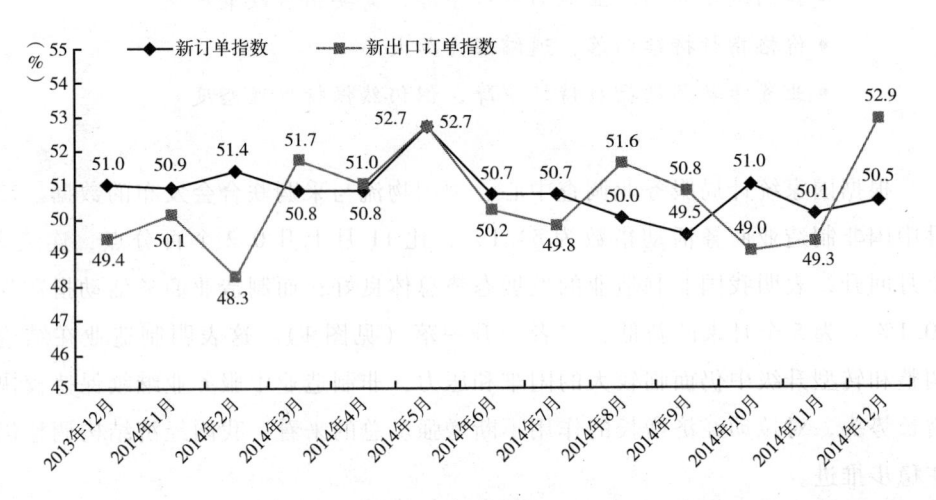

图 2 中国非制造业 PMI：新订单与新出口订单指数
（2013 年 12 月至 2014 年 12 月）

为49.0%，比上月回升0.2个百分点，仍低于临界点；建筑业从业人员指数为49.5%，比上月下降2.8个百分点，降至临界点以下，表明建筑业企业用工量减少；而制造业从业人员指数为48.1%，比上月微降0.1个百分点，表明制造业企业用工量继续减少。这反映出虽然非制造业吸纳就业能力下降，但对稳就业的作用相对显著。

同时，这也意味着结构调整继续深化，经济内生性压力增大，需要充分发挥社会政策的托底作用，继续实施有利于增加就业的宏观经济政策，努力挖掘新的就业增长点，包括积极实施促进服务业发展的产业政策，完善就业创业扶持政策和公共就业创业服务体系等，按照"织好网、补短板、兜住底"的要求，完善社会保险制度等。

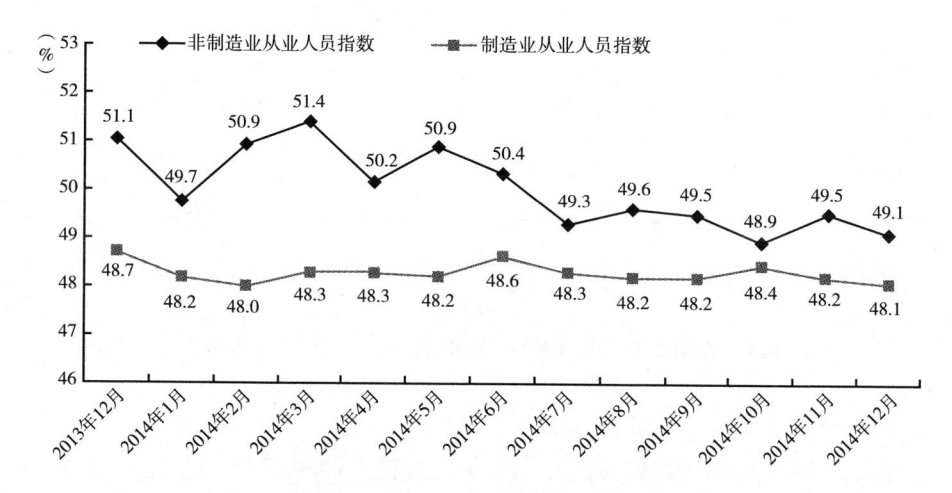

图3　中国非制造业和制造业PMI：从业人员指数
（2013年12月至2014年12月）

价格指数持续回落。中间投入价格指数为50.1%，比上月下降0.5个百分点，跌至临界点下方，表明非制造业企业用于生产运营的中间投入价格总体水平有所下降（见图4）。收费价格指数继续下降。销售价格指数为47.3%，比上月下降0.4个百分点，继续位于临界点以下，表明非制造业企业的销售价格总体水平持续回落。分行业看，服务业销售价格指数为46.9%，比上月下降0.2个百分点，低于临界点。意味着2015年市场价格通缩压力在增大，需要更加注重防范通缩风险，同时也要注意调控的力度，防止价格出现大起大落。

业务活动预期指数继续回落。业务活动预期指数为59.5%，比上月小幅回落0.2个百分点，处于较高景气区间，表明非制造业企业对未来3个月市场发展预期继续保持乐观态度（见图5）。

当前，我国不少传统支柱产业正在进入调整期，工业增速等主要经济指标都略显疲态，新旧动力"青黄不接"导致当前经济下行压力较大。面对这一态势，推动经济发展动力从传统增长点转向新增长点，对于适应新常态、引领新常态、保持经济稳定增长具有重大意义。

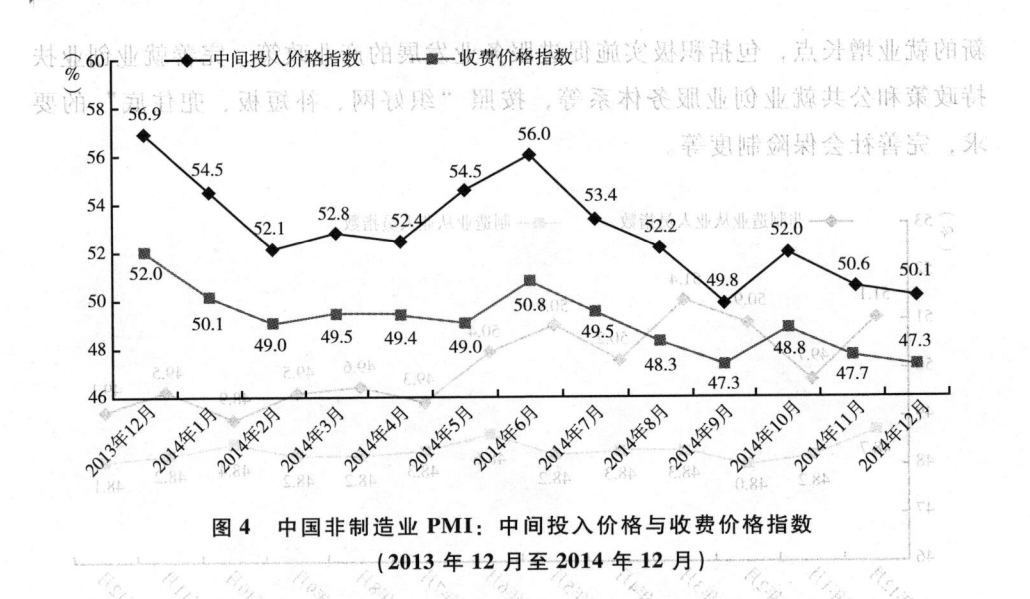

图 4 中国非制造业 PMI：中间投入价格与收费价格指数
（2013 年 12 月至 2014 年 12 月）

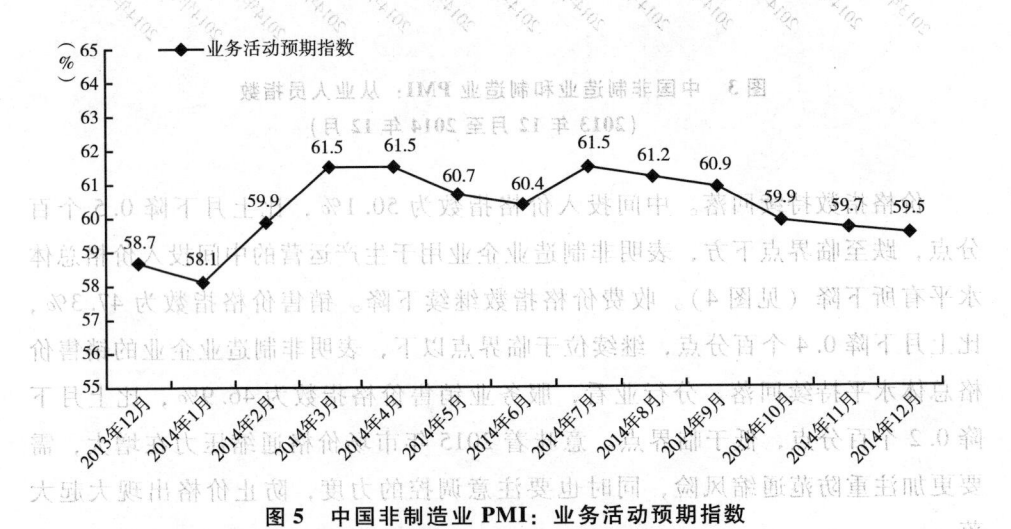

图 5 中国非制造业 PMI：业务活动预期指数
（2013 年 12 月至 2014 年 12 月）

  服务业在国民经济发展中已经显示出举足轻重的地位。目前我国服务业发展与开放都保持了快速向上的态势，已经成为拉动经济增长的强劲动力。受益于城乡居民收入持续增加，工业化、城镇化、信息化、国际化进程的加快，以及"一带一路"、新城镇建设和区域经济协同发展等重大战略的推动，服务业在 2015 年将迎来更大的市场机会。

  将服务业培育为经济增长点，就要放活市场，使市场在资源配置中发挥决定性作用；加强对服务业的科学规划；放宽市场准入；完善行业标准；创造环境条件；加快生产性服务业创新发展；实现服务业与农业、工业等在更高水平上有机融合，以推动我国产业结构优化调整，促进经济提质、增效、升级。

（执笔人：夏杰长、王海成）

系列六 物价月度形势分析

中央労働委員会 六月分

三月份物价形势分析

- 当前物价水平总体稳定,居民消费价格指数上涨幅度温和可控
- CPI温和上涨,食品价格仍是影响CPI的主要因素
- 租金价格上涨较多,可能成为影响未来物价走势的重要因素
- 总需求不足和产能过剩导致PPI走势持续下降

2014年4月11日,国家统计局公布3月全国居民消费价格指数(CPI)同比上涨2.4%,其中城市上涨2.5%,农村上涨2.1%。从环比数据来看,3月CPI环比下降0.5%,其中城市下降0.5%,农村下降0.6%。

2014年1~3月,CPI与去年同期相比平均上涨2.3%,属于温和上涨。其中,1月上涨2.5%,2月减缓至2.0%,3月虽然有所回升,但仍然略低于市场普遍预期(回升至2.5%),远低于全年物价上涨控制在3.5%的调控目标(见图1)。

图1 2013年3月至2014年3月CPI同比、环比走势

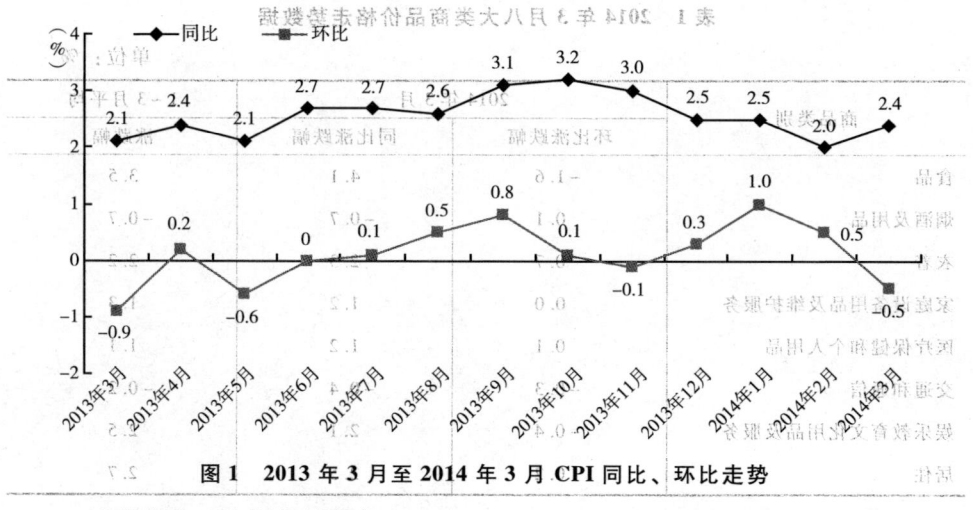

资料来源:国家统计局数据库。

一 3月CPI走势的主要影响因素

食品价格仍是影响CPI的主要因素。从CPI构成来看，八大类商品价格呈现"六涨两降"格局，其中，食品价格上涨4.1%，非食品价格上涨1.5%。从占CPI比重和涨幅来看，食品价格依然是影响CPI的主要因素，影响CPI同比上涨约1.35个百分点。其中，鲜菜和鲜果价格分别上涨12.9%和17.3%，拉动CPI上涨0.41和0.37个百分点，是主要的影响因素（见表1）。

租金价格上涨较多，可能成为影响未来物价走势的重要因素。除食品价格以外，其他七大类商品价格涨跌幅较小，其中，烟酒及用品价格同比下降0.7%，交通和通信价格同比下降0.4%；衣着价格同比上涨2.3%，家庭设备用品及维修服务价格同比上涨1.2%，医疗保健和个人用品价格同比上涨1.2%，娱乐教育文化用品及服务价格同比上涨2.1%；值得注意的是居住价格同比上涨2.5%，其中住房租金价格上涨4.1%。租金价格上涨或成为影响未来物价走势的重要因素，应引起关注。

2013年所致翘尾因素影响增大，新涨价因素影响减小。在3月CPI的同比涨幅中，去年价格上涨的翘尾因素约占1.3个百分点，比2月增加了约0.9个百分点，而新涨价因素约为1.1个百分点，比2月减小了约0.5个百分点。

表1　2014年3月八大类商品价格走势数据

单位：%

商品类别	2014年3月 环比涨跌幅	2014年3月 同比涨跌幅	1~3月平均 涨跌幅
食品	-1.6	4.1	3.5
烟酒及用品	0.1	-0.7	-0.7
衣着	0.7	2.3	2.2
家庭设备用品及维护服务	0.0	1.2	1.3
医疗保健和个人用品	0.1	1.2	1.1
交通和通信	-0.3	-0.4	-0.2
娱乐教育文化用品及服务	-0.4	2.1	2.5
居住	0.2	2.5	2.7

资料来源：国家统计局网站。

二 总需求不足和产能过剩导致 PPI 走势持续下降

2014年3月，全国工业生产者出厂价格（PPI）同比下降2.3%，环比下降0.3%。工业生产者购进价格同比下降2.5%，环比下降0.5%。1~3月平均，工业生产者出厂价格同比下降2.0%，工业生产者购进价格同比下降2.1%。PPI走势持续下降，反映国内总需求不足、缺乏经济增长动力的特征。扣除上年价格变动的翘尾因素影响，3月新涨价因素约为-0.6个百分点，相比之下，2月新涨价因素约为-0.3个百分点。虽然国家统计局监测重要生产资料市场价格变化后发现，春节过后，生产企业补充库存，部分生产资料价格开始止跌回升，但是PPI下滑整体趋势没有改变。

目前，部分金融机构预测，PPI下滑触底反弹迹象明显，短期下滑不能阻止其未来改善、恢复和稳步上涨的总体趋势。但是，国家对经济刺激政策和宽松货币政策的谨慎态度，以及地方债务危机和国际市场经济复苏反复调整等问题，使得未来PPI走势存在诸多不确定性。

三 对2014年4月以及第二季度物价走势的基本预期

食品价格依然是关键的因素，短期内食品价格的上涨会进一步放缓。从3月CPI走势及其影响因素来看，食品价格依然是关键的因素。对3月CPI影响最为明显的是鲜菜、鲜果类食品价格上涨。粮食价格上涨幅度温和，而占CPI比重较高的肉禽类价格下降，将成为影响近期CPI走势的关键因素。3月，肉禽及其制品价格下降1.8%，影响居民消费价格总水平下降约0.14个百分点，其中猪肉价格下降6.7%，影响居民消费价格总水平下降约0.21个百分点。

从国家统计局近期公布的50个城市主要食品平均价格变动情况（2014年4月1~10日）来看，4月初各类食品的价格变动基本上延续了3月下旬的趋势，猪肉等肉禽类价格下降趋势依然没有改变（见图2）。同时，随着天气暖和，鲜果、鲜菜价格也出现下降，短期内食品价格的上涨会进一步放缓。

食品价格走势存在不确定性，居住价格上涨是影响未来物价走势的重要因素。当然，不能仅据此判断4月或者第二季度CPI会持续下降。随着多雨季节

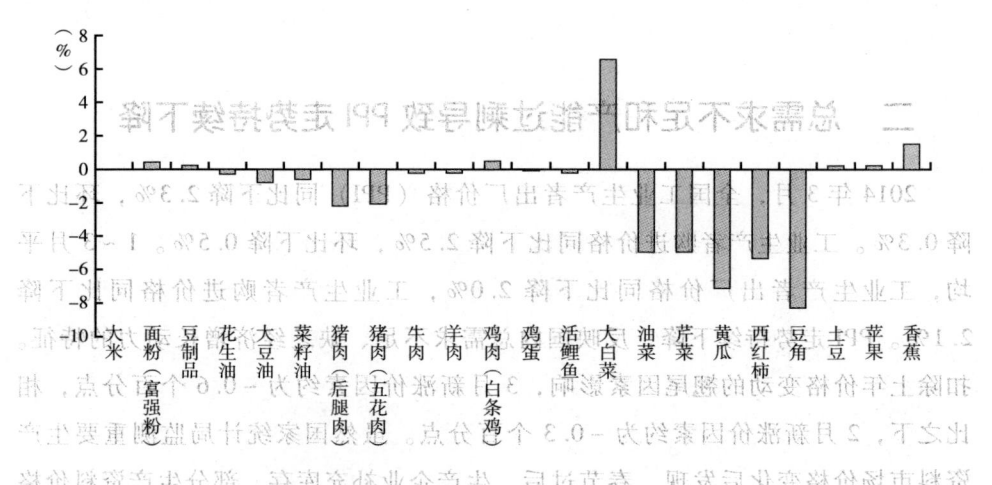

图 2　50 个城市主要食品平均价格变动情况（2014 年 4 月 1～10 日）

资料来源：国家统计局网站。

到来，极端天气出现的可能性增大，食品价格走势仍存在不确定性。猪肉等肉禽价格下跌有阶段性特征，随着国家保护政策的干预，其未来价格将逐渐稳定。需防止猪肉价格大跌大涨、剧烈波动对生产者和消费者的不利影响。除食品价格之外，居住价格上涨是影响未来物价走势的重要因素，应高度关注。

PPI 有可能随着经济增长力量的增强而触底反弹。从国家统计局近期公布的流通领域重要生产资料市场价格变动情况（2014 年 4 月 1～10 日）来看，在九大类 50 种重要生产资料中，与 3 月下旬相比，4 月上旬价格上涨的由 18 种增加到 24 种，价格下降的由 26 种减少到 18 种。其中，煤炭价格止跌回稳和黑色金属以及化工类中的塑料产品价格明显上涨最为引人注目。这些迹象表明，PPI 或将随着经济增长力量的再次蓄积而出现触底反弹。

总之，当前物价水平总体稳定，居民消费价格指数上涨幅度温和可控，生产者价格指数持续下降。随着 CPI 的稳定和 PPI 的触底，未来两者之间的差距是否会缩窄，还将取决于在国内经济结构积极调整过程中增长基础是否稳固、宏观经济政策的微调动向以及国际上主要经济体复苏的持续程度等因素。

（执笔人：王振霞、张群群）

四月份物价形势分析

- 物价水平持续温和上涨，CPI同比涨幅重回"1%"时代
- 鲜菜肉禽领跑价格回落，肉禽蛋价初现止跌回升之势
- 工业生产者价格降幅缩窄，可否持续改善有待观察
- 未来物价走势面临几方面不确定性，需要密切监测

CPI涨幅重回"1%"时代，温和上涨特征持续。国家统计局数据显示，2014年4月全国居民消费价格总水平同比上涨1.8%，这是自2012年10月以来，CPI同比涨幅首次回到"1%"时代（见图1）。其中，城市同比上涨1.9%，农村上涨1.6%；食品价格上涨2.3%，非食品价格上涨1.6%。在4月1.8%的居民消费价格总水平同比涨幅中，上年价格上涨的翘尾因素约为1.1个百分点，而新涨价因素约为0.7个百分点，比3月减小了约0.4个百分点。

从环比数据来看，4月全国居民消费价格总水平环比下降0.3%，降幅小于3月的-0.5%。其中，城市下降0.3%，农村下降0.4%；食品价格下降1.3%，非食品价格上涨0.2%。1~4月，全国居民消费价格总水平比上年同期上涨2.2%，温和上涨特征持续。

CPI八大类商品价格同比"七涨一降"，肉禽蛋价格或现拐点。在CPI构成的八大类商品中，除烟酒及用品价格同比下降0.6%外，其余七大类商品同比价格依然温和上涨。其中，食品价格同比上涨2.3%，影响居民消费价格总水平同比上涨约0.76个百分点。衣着价格同比上涨2.3%，涨幅较高，具有明显的季节性上涨的特点。居住价格同比上涨2.4%，特别是住房租金价格上涨3.7%，应当引起关注。娱乐教育文化用品及服务价格同比上涨2.0%，主

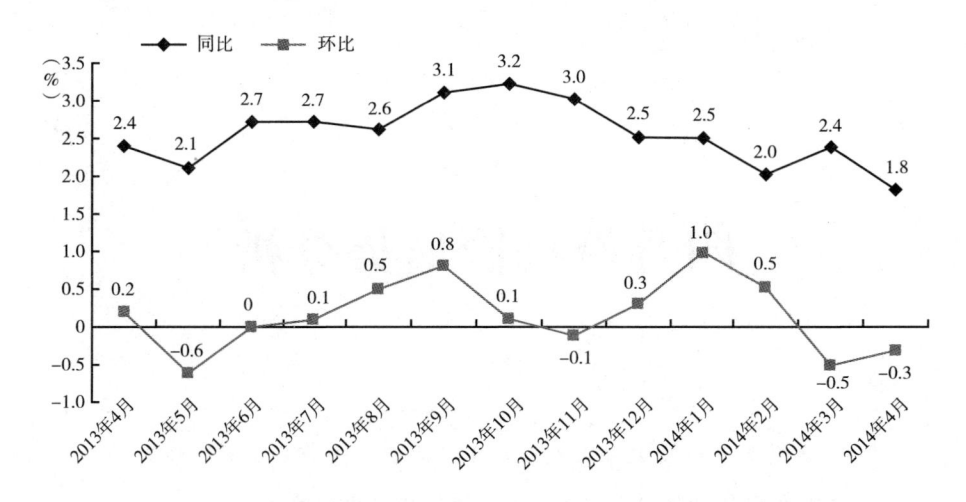

图1　2013年4月至2014年4月CPI同比、环比走势

资料来源：国家统计局数据库。

要由旅游价格带动（上涨7.2%）。其余商品价格微幅调整，家庭设备用品及维修服务价格同比上涨1.2%，医疗保健和个人用品价格同比上涨1.2%，交通和通信价格同比上涨0.1%。

鲜菜、肉禽等价格回落是抑制4月CPI上涨的重要因素。根据国家统计局公布的数据，4月鲜菜价格下降7.9%，影响居民消费价格总水平下降约0.28个百分点。肉禽及其制品价格下降0.7%，影响居民消费价格总水平下降约0.05个百分点，其中，猪肉价格下降7.2%，影响居民消费价格总水平下降约0.21个百分点。鲜菜、猪肉价格下降合计影响CPI下降0.51个百分点，超过了CPI的总降幅。

从食品价格的未来走势看，肉禽蛋和鲜菜等主要食品价格或已现涨跌逆转的拐点。2014年以来，猪肉价格持续走低，国家采取收储、保险等多种手段抑制价格下跌，保护生产者利益。同时，随着气温升高、极端天气的出现，鲜菜、鲜果的生产和运输也将面临不确定性。从4月下旬和5月上旬的食品价格数据来看，猪肉价格有止跌回升趋势，鸡蛋价格继续走强，成为涨幅最高的品种，而豆角、黄瓜等价格降幅则有所缩窄，未来青菜价格将逐步趋于稳定（见表1）。

PPI下跌趋势小幅改善，尚未出现持续好转迹象。2014年4月，全国工业生产者出厂价格同比下降2.0%，环比下降0.2%。工业生产者购进价格同比

表1 2014年4月下旬~5月上旬猪肉、鲜菜价格走势对比

食品类别	4月21~30日		5月1~10日	
	价格(元/千克)	涨跌幅(%)	价格(元/千克)	涨跌幅(%)
猪肉(后腿肉)	21.22	-1.6	21.99	3.6
鸡蛋	10.32	3.4	10.88	5.4
黄瓜	4.81	-10.8	4.46	-5.9
豆角	9.86	-8.6	9.58	-2.5
西红柿	6.83	-3.5	6.69	-2.1
大白菜	2.45	-3.5	2.46	0.4

资料来源：国家统计局数据库。

下降2.3%，环比下降0.4%。1~4月，工业生产者出厂价格同比下降2.0%，工业生产者购进价格同比下降2.2%。在4月-2.0%的全国工业生产者出厂价格总水平同比降幅中，上年价格变动的翘尾因素约为-1.2个百分点，新涨价因素约为-0.8个百分点。

在工业生产者出厂价格中，生产资料价格同比下降2.6%，影响全国工业生产者出厂价格总水平下降约2.0个百分点（见图2）。其中，采掘工业价格下降6.1%，原材料工业价格下降3.1%，加工工业价格下降2.1%。在工业生产者购进价格中，有色金属材料及电线类价格同比下降6.1%，黑色金属材料类价格下降5.1%，燃料动力类价格下降2.7%，化工原料类价格下降2.1%，建筑材料及非金属类价格上涨0.7%。2013年4月至2014年4月工业生产者购进价格指数如图3所示。

与3月相比，4月PPI数据虽然降幅缩窄，但尚未表现出明显、持续改善的迹象。这一方面反映了国内部分产业产能过剩严重，在短期内难以消化，国内经济发展动力仍然不足；另一方面，也与国际能源等大宗商品市场价格下降以及国际经济复苏缓慢有关。

4月下旬，流通领域九大类50种重要生产资料的市场价格监测数据显示，与4月中旬相比，20种产品的价格上涨，23种下降，7种持平。与4月下旬相比，5月上旬有17种产品的价格上涨，22种下降，11种持平。除生猪外，出现价格上涨的品种涨幅都不大；价格下跌的品种集中于黑色金属、非金属建材和半数化工产品，但跌幅一般较小。4月末5月初，整体上的表现是大多数生产资料的价格上涨或下跌都趋于缓和。

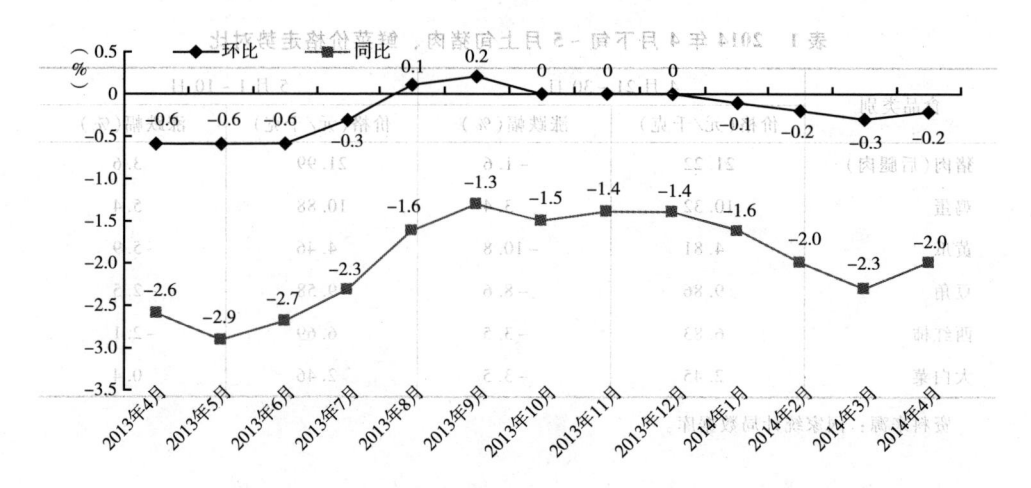

图 2　2013 年 4 月至 2014 年 4 月工业生产者出厂价格指数

资料来源：国家统计局数据库。

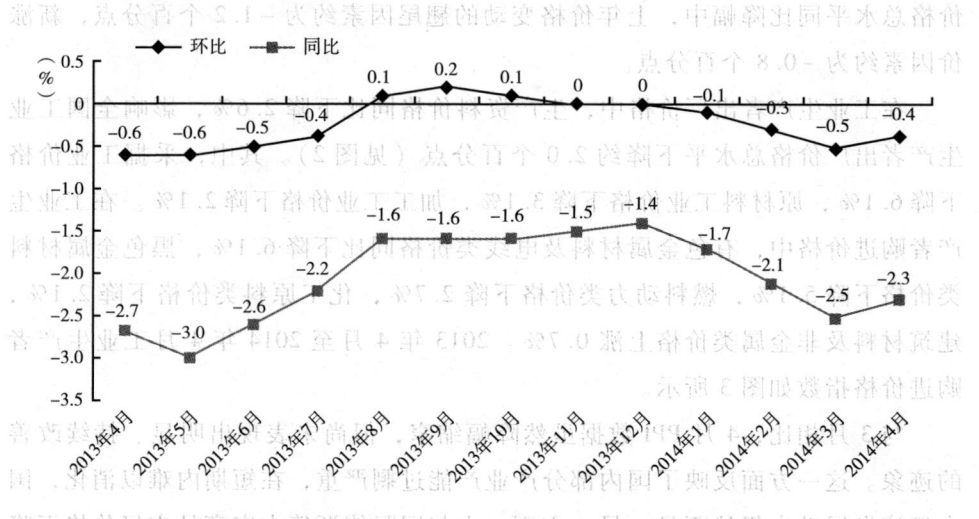

图 3　2013 年 4 月至 2014 年 4 月工业生产者购进价格指数

资料来源：国家统计局数据库。

从国内来看，中国人民银行《2014 年第一季度货币政策执行报告》指出，未来应坚持"总量稳定、结构优化"的取向，保持定力，主动作为，适时适度预调微调，增强调控的预见性、针对性和有效性，统筹稳增长、促改革、调结构、惠民生和防风险的关系，继续为经济结构调整与转型升级营造稳定的货币金融环境。这预示近期不会出现大规模投资刺激政策，加上去产能是缓慢的过程，短期内 PPI 走势不会骤然改变，但会趋于缓和。

从国际来看，由于乌克兰等国家政治局势不明朗等原因，国际能源市场价格面临不确定性，美国已经逐步调高对 2014 年下半年天然气等能源价格走势的预期，这也导致未来国内生产资料价格上行的压力，应引起重视（见图4）。

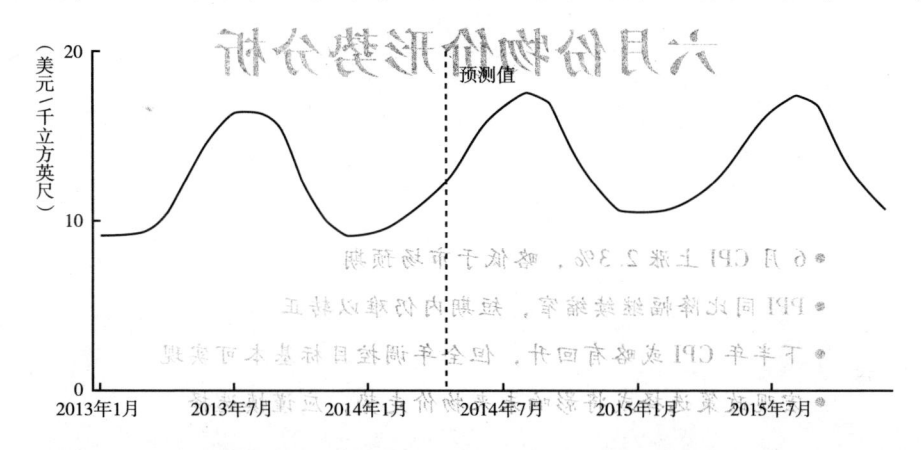

图 4 美国能源信息署对未来天然气价格预测分析

资料来源：*EIA Short - Term Energy Outlook*。

未来物价走势仍存在不确定因素。从 2014 年 1~4 月数据来看，国内物价走势温和稳定，通胀压力较小。但是，未来物价走势面临几方面不确定性，需要密切监测。首先，应高度关注价格改革对物价总水平的影响。3 月以来，国家发改委等部门陆续推出价格改革方案，如《关于建立健全居民生活用气阶梯价格制度的指导意见》、非公立医疗机构提供的所有医疗服务价格实行市场调节等，这些价格改革方案将可能引起能源资源价格和服务类价格上涨，并直接影响物价总水平。其次，房地产开发增速回落和市场价格动向及其可能引起的政策调整和后续对通货膨胀预期的影响，需要密切关注。再次，国际能源等部分大宗商品的价格因需求预期的变化可能回调或上涨。最后，中国人民银行货币政策的基调基本保持不变，但会根据经济发展状况实施"定点调整"，货币政策对未来投资、消费以及房地产市场影响的程度和方向，直接影响未来价格走势，需高度重视。

（执笔人：王振霞、张群群）

六月份物价形势分析

- 6月CPI上涨2.3%，略低于市场预期
- PPI同比降幅继续缩窄，短期内仍难以转正
- 下半年CPI或略有回升，但全年调控目标基本可实现
- 宏观政策选择或将影响未来物价走势，应谨慎选择

据国家统计局数据，6月CPI同比上涨2.3%（见图1）。其中，城市上涨2.4%，农村上涨2.1%；食品价格上涨3.7%，非食品价格上涨1.7%；消费品价格上涨2.2%，服务价格上涨2.6%。2014年上半年，CPI总水平比上年同期上涨2.3%。在数据发布之前，市场普遍预期6月CPI同比上涨2.4%~2.6%，实际数据略低于市场预期。

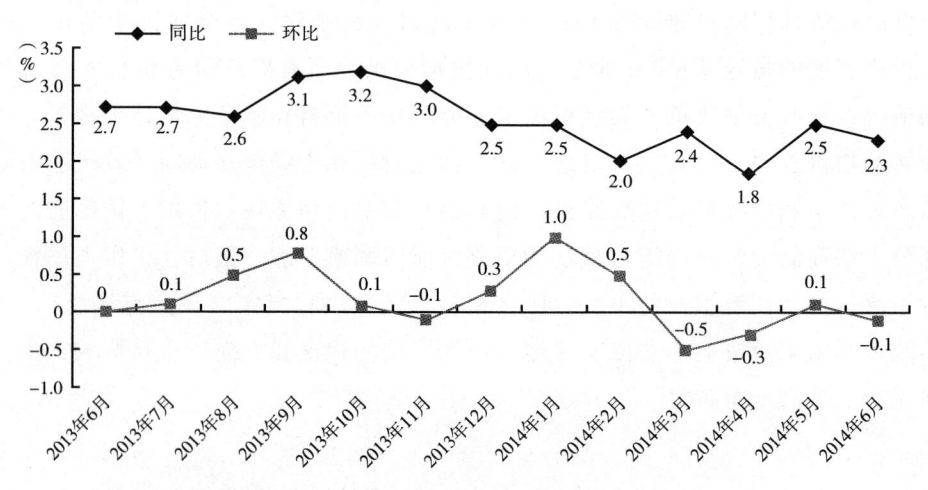

图1 2013年6月至2014年6月CPI同比、环比走势

资料来源：国家统计局数据库。

从6月环比数据来看,CPI环比下降0.1%。其中,城市下降0.1%,农村下降0.1%;食品价格下降0.4%,非食品价格持平;消费品价格下降0.2%,服务价格上涨0.1%。由于翘尾因素对5月和6月的影响因素相同,均为1.7个百分点,6月CPI环比下降使得物价总水平温和可控的特点更加明显。

在CPI八大类商品价格中,除烟酒及用品价格同比下降0.6%之外,其余七大类商品价格同比均上涨。其中,衣着价格同比上涨2.6%,居住价格同比上涨2.2%,娱乐教育文化用品及服务价格同比上涨2.1%,医疗保健和个人用品价格同比上涨1.3%,家庭设备用品及维修服务价格同比上涨1.2%,交通和通信价格同比小幅上涨0.6%。

与5月食品价格同比上涨4.1%相比,6月食品价格上涨幅度略有下降,同比上涨3.7%,影响CPI上涨约1.21个百分点。虽然由于季节因素,鲜果类价格依然保持上涨,且涨幅达到19.8%,但是由于肉禽类特别是猪肉价格同比下跌2.7%,影响CPI下降约0.08个百分点。在其他类别食品中,水产品价格上涨4.0%,粮食上涨3.2%,鲜菜下降1.8%。6月下旬~7月上旬,除鸡蛋和牛羊肉外,主要食品价格的涨跌幅度多数进一步趋于缓和(见表1)。

表1 2014年6月下旬和7月上旬50个城市主要食品平均价格变动情况

单位:元/升(油)、元/千克(其他食品)

品名与规格	6月下旬价格	涨跌幅(%)	7月上旬价格	涨跌幅(%)
大米(粳米)	5.97	0.2	5.98	0.2
面粉(标粉)	4.54	0.7	4.54	0.0
大豆油(5L)	10.73	-0.6	10.71	-0.2
猪肉(后腿)	23.56	-0.7	23.46	-0.4
牛肉(腿肉)	66.14	-0.1	66.24	0.1
鸡蛋(散鲜)	10.77	0.2	11.05	2.6
大白菜	2.93	8.9	3.05	4.1
油菜	5.03	10.6	5.33	6.0
苹果(富士)	14.15	2.2	14.41	1.8
香蕉(国产)	8.68	-2.4	8.67	-0.1

资料来源:国家统计局数据库。

6月,全国工业生产者出厂价格同比下降1.1%,环比下降0.2%。工业生产者购进价格同比下降1.5%,环比下降0.1%。1~6月,PPI同比下降1.8%,工业生产者购进价格同比下降2.0%。中国PPI同比降幅继续缩窄,与全球主要经济体工业品价格趋于企稳回升的态势大致保持同步。

从同比数据看,在工业生产者出厂价格中,生产资料价格同比下降1.5%,影响 PPI 下降约1.16个百分点,其中采掘业价格下降较突出。在工业生产者购进价格中,黑色金属材料类价格同比下降4.1%,有色金属材料及电线类价格下降3.6%,燃料动力类价格下降1.3%,化工原料类价格下降1.2%,建筑材料及非金属类价格上涨0.5%,农副产品类价格上涨0.1%。从环比数据看,在工业生产者出厂价格中,生产资料价格环比下降0.3%,影响 PPI 下降约0.2个百分点。在工业生产者购进价格中,黑色金属材料类价格环比下降1.0%,建筑材料及非金属类价格下降0.3%,燃料动力类价格下降0.2%,农副产品类价格上涨0.3%,有色金属材料及电线类价格上涨0.1%。2013年6月至2014年6月工业生产者出厂价格涨跌幅情况如图2所示,工业生产者购进价格涨跌幅如图3所示。

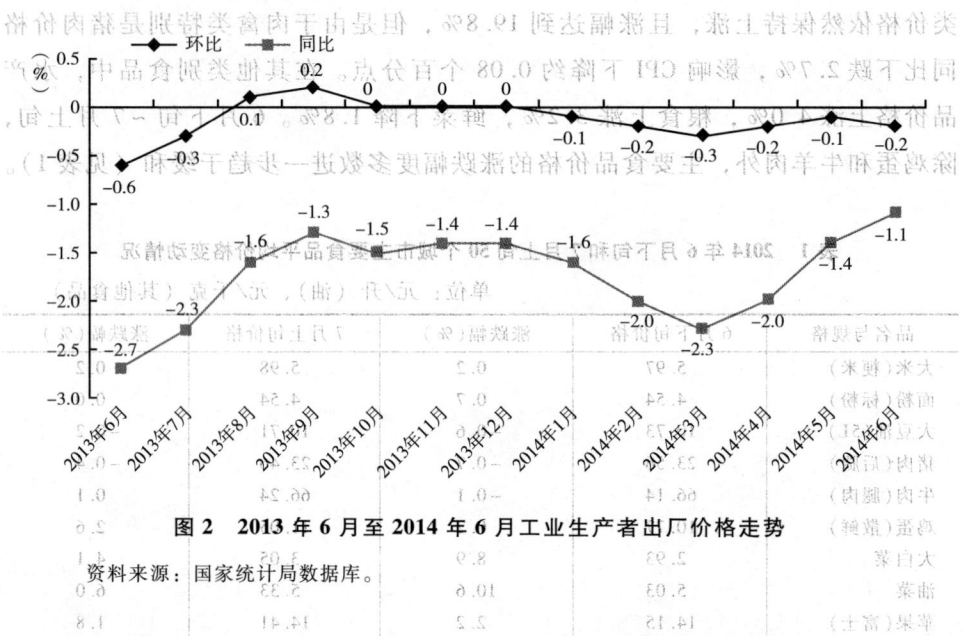

图 2 2013年6月至2014年6月工业生产者出厂价格走势

资料来源:国家统计局数据库。

2014年6月下旬,对24个省(区、市)流通领域九大类50种重要生产资料市场价格的监测显示,与6月中旬相比,20种产品的价格上涨,23种下降,7种持平。7月上旬的价格监测数据显示,与6月下旬相比,18种产品的价格上涨,29种下降,3种持平。上涨的商品仍主要集中在化工产品及有色金属行业。这说明制造业的经济刺激政策尚未完全发挥作用。2014年下半年,生产者价格指数降幅或将继续缩窄,但依然难以在短期内转正。经济下行压力仍在持续,制造业企业特别是中小企业库存压力大,经营困难等问题尚未明显缓解。

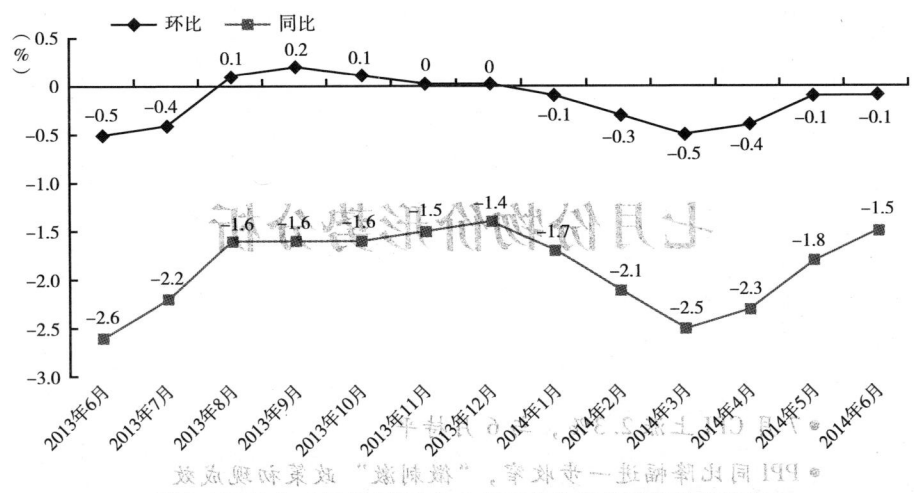

图 3　2013 年 6 月至 2014 年 6 月工业生产者购进价格走势

资料来源：国家统计局数据库。

从目前国内外环境来看，国际粮食市场价格基本稳定、我国夏粮总产量有所增长、国内猪肉等重要食品价格涨幅不大等，都成为下半年物价形势稳定的关键因素。不过，由于经济刺激政策可能带来的增长速度变化、国内房地产市场调控对租房等居住价格影响的不确定性、劳动力成本以及国际大宗商品市场价格变化等因素，下半年 CPI 或将有所上升。但全年预计 3.5% 的物价控制目标基本仍可完成。

目前国内经济下行压力较大，企业经营困难，增长缺乏动力。在 5~6 月 CPI 温和可控的情况下，尽快实施宽松货币政策的呼声日益高涨。有些意见甚至认为，仅实施定向降准等措施惠及面还不够，下半年可考虑全面降准两三次。实际上，在经济增长缺乏动力的时期过度依靠宽松政策依然是经济增长方式尚未转变的表现，不符合新的宏观调控政策所倡导的"促改革"和"调结构"的要求。设法通过货币、财税、收入政策的灵活配合，缓解企业经营压力，增加政府和企业对融资成本、投资回报的敏感度；深化改革，促进资源配置效率的提高，才是经济可持续发展的关键。

（执笔人：王振霞、张群群）

七月份物价形势分析

- 7月CPI上涨2.3%，与6月持平
- PPI同比降幅进一步收窄，"微刺激"政策初现成效
- 食品类价格涨幅回落，"暑假因素"导致服务类价格上涨
- 全年通胀压力不大，但货币政策选择须谨慎

据国家统计局数据，2014年7月，全国居民消费价格总水平同比上涨2.3%（见图1）。其中，城市上涨2.3%，农村上涨2.1%；食品价格上涨3.6%，非食品价格上涨1.6%；消费品价格上涨2.2%，服务价格上涨2.5%。1~7月，CPI比上年同期上涨2.3%。

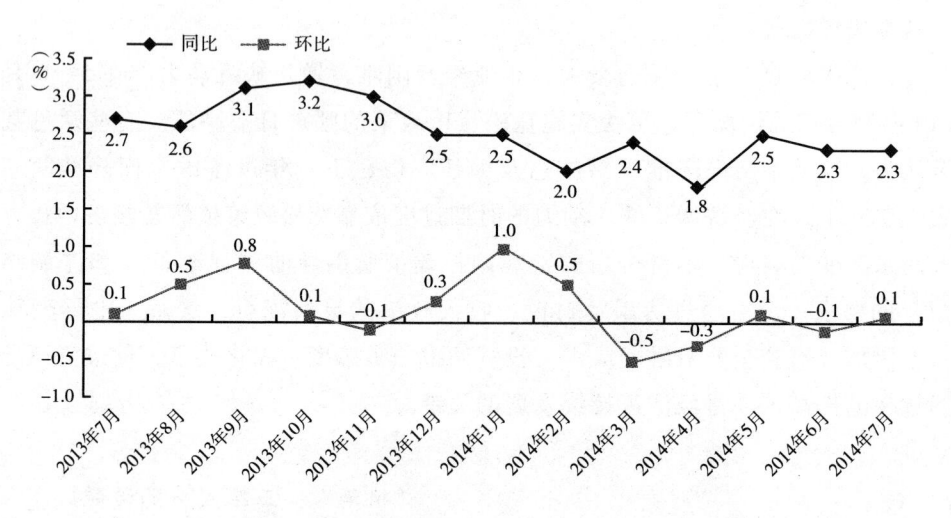

图1 2013年7月至2014年7月CPI同比、环比走势

资料来源：国家统计局数据库。

从环比数据来看，7月CPI环比上涨0.1%。其中，城市上涨0.1%，农村CPI与上月持平；食品价格下降0.1%，非食品价格上涨0.1%；消费品价格下降0.1%，服务价格上涨0.5%。

CPI八大类商品价格同比依然呈现为"七涨一降"，除烟酒及用品价格同比下降0.6%外，其余七大类商品均呈现上涨态势。其中，食品、衣着和居住价格同比分别上涨3.6%、2.6%和2.0%，家庭设备用品及维修服务价格同比上涨1.1%，医疗保健和个人用品价格同比上涨1.4%，交通和通信价格同比上涨0.7%。据测算，在7月2.3%的CPI同比涨幅中，上年价格上涨的翘尾因素约为1.4个百分点，新涨价因素约为0.9个百分点。

据统计，7月食品价格同比上涨3.6%，影响CPI上涨约1.18个百分点。其中，鲜果价格上涨20.1%，影响CPI上涨约0.40个百分点；蛋价上涨19.5%，影响CPI上涨约0.16个百分点；水产品价格上涨3.9%，影响CPI上涨约0.10个百分点；粮食价格上涨3.3%，影响CPI上涨约0.10个百分点；肉禽及其制品价格上涨1.1%，影响CPI上涨约0.08个百分点（其中，猪肉价格下降3.6%，影响CPI下降约0.11个百分点）；鲜菜价格下降1.6%，影响CPI下降约0.05个百分点。

从各类商品和服务价格环比变动情况来看，7月食品价格环比下降0.1%，其中，蛋、鲜菜、猪肉价格上涨较多，但由于西瓜、葡萄等时令鲜果大量上市，市场供应充足，鲜果价格环比下降6.3%。随着中秋节临近，食品厂商备货陆续启动，鸡蛋集中需求增加，鸡蛋价格或将维持高位。根据对8月上旬50个城市主要食品价格变动情况的统计，猪肉、鸡蛋的价格呈持续上升态势，分别比7月下旬上涨1.4%、1.5%。7月非食品价格环比上涨0.1%，其中，受"暑假因素"的影响，娱乐教育文化用品及服务、交通和通信价格分别上涨0.8%、0.3%。

2014年7月，全国工业生产者出厂价格同比下降0.9%，环比下降0.1%（见图2）。工业生产者购进价格同比下降1.1%，环比持平（见图3）。1~7月，工业生产者出厂价格同比下降1.6%，工业生产者购进价格同比下降1.9%。PPI连续第29个月负增长，但PPI同比降幅进一步收窄。综合其他数据判断，在"稳增长"政策作用下，工业领域表现出较快回暖的迹象；随着微刺激政策的进一步落实，PPI或将继续呈现降幅收窄的发展趋势。

从同比数据看，在工业生产者出厂价格中，生产资料价格同比下降

图 2 2013 年 7 月至 2014 年 7 月工业生产者出厂价格走势

资料来源：国家统计局数据库。

图 3 2013 年 7 月至 2014 年 7 月工业生产者购进价格走势

资料来源：国家统计局数据库。

2014 年 7 月，全国工业生产者出厂价格同比下降 0.9%，环比下降 0.1%（见图 2）。工业生产者购进价格同比下降 1.3%，环比持平（见图 3）。1~7 月，工业生产者出厂价格同比下降 1.2%，影响 PPI 下降约 0.92 个百分点。其中，采掘工业价格下降 3.4%，原材料工业价格下降 0.8%，加工工业价格下降 1.2%。在工业生产者购进价格中，黑色金属材料类价格同比下降 4.1%，有色金属材料及电线类和纺织原料类价格均下降 1.1%，燃料动力类价格下降 1.0%，建筑材料及非金属类和农副产品类价格小幅上涨。从环比数据来看，在工业生产者出厂价格中，生产资

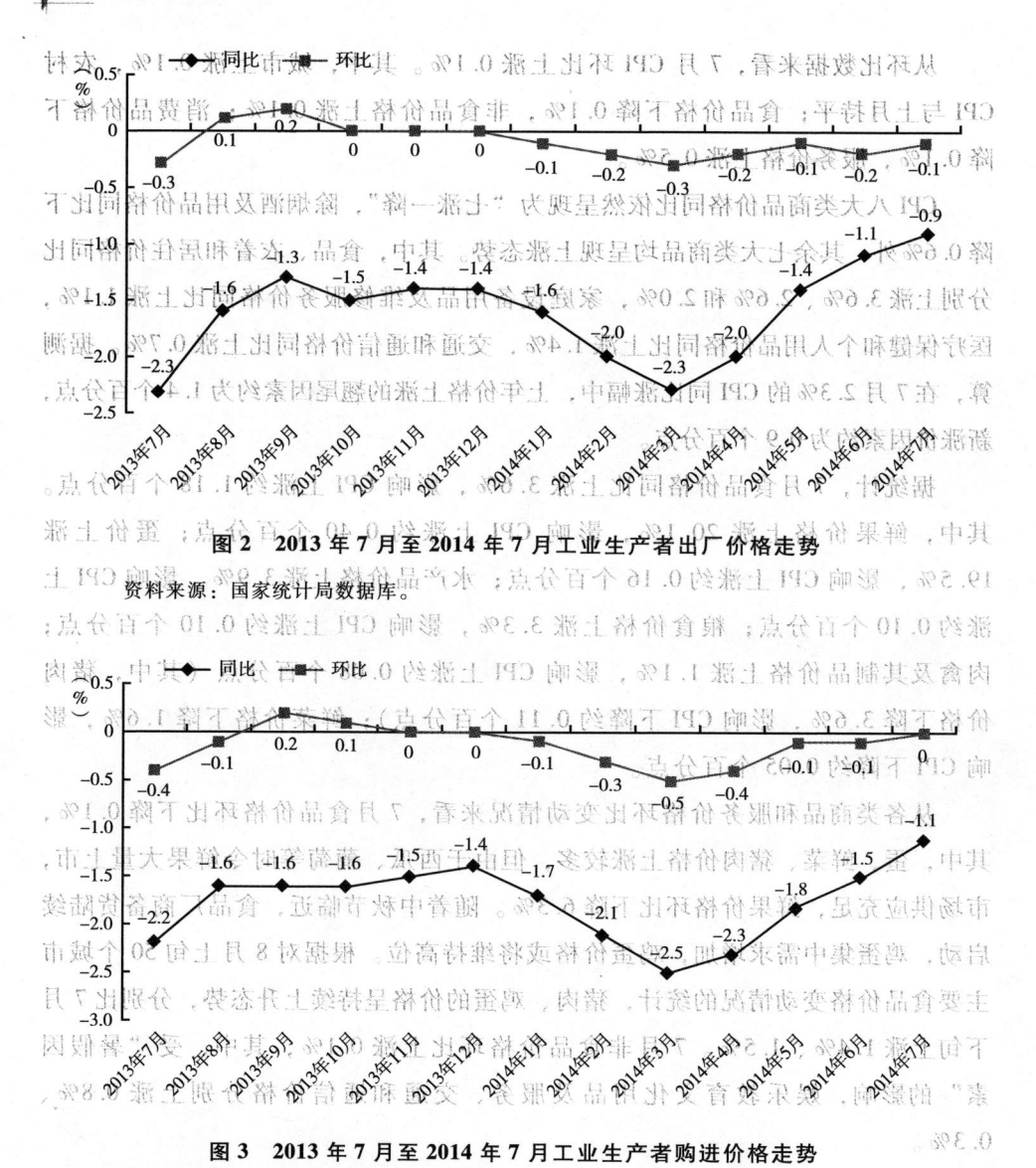

料价格环比下降0.1%，影响PPI下降约0.09个百分点。在工业生产者购进价格中，有色金属材料及电线类价格环比上涨0.9%，化工原料类价格上涨0.3%，农副产品类价格上涨0.2%，黑色金属材料类价格下降0.6%，燃料动力类价格下降0.3%。

2014年7月下旬，对24个省（市、区）流通领域九大类50种重要生产资料市场的价格监测显示，与7月中旬相比，15种产品价格上涨，31种下降，4种持平。从8月上旬的数据来看，15种产品价格上涨，28种下降，7种持平。其中，黑色金属和煤炭板块连续两期呈下降趋势。数据显示，半数以上的生产资料价格呈下降走势，PPI在短期内难以转正。

从国际形势来看，以乌克兰危机为代表的地缘政治争端将成为贯穿2014年全年最大的变数，黄金、原油市场因此波澜起伏。同时各国政府的相关政策也给市场带来了不小的扰动：印度尼西亚对原矿实施的出口禁令推动镍价飞涨；澳大利亚取消碳排放税，导致铁矿石市场继续下挫。但由于全球经济复苏缓慢、需求不足，难以支撑大宗商品价格上涨，不大可能产生输入性通货膨胀。

从目前国内环境来看，国内房地产市场调控会对租房等居住价格产生影响，部分城市对交通等公共服务的补贴力度下降和公交定价机制的调整有可能导致交通费用增加；气候反常导致部分地区秋粮减产，可能导致粮食价格上涨，且传导至食用油、鸡蛋和猪肉价格上。

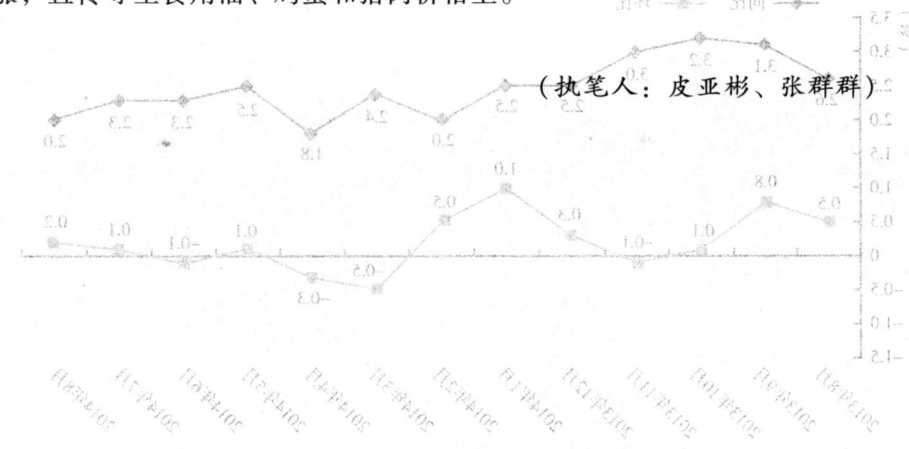

（执笔人：皮亚彬、张群群）

八月份物价形势分析

- 8月CPI同比涨幅回落，环比继续上涨
- PPI连续第30个月负增长，PMI仍处于荣枯线以上
- 食品中鲜果价格和蛋价仍处于高位，同比涨幅均在20%左右
- 全年通胀压力不大，全面降息降准的可能性不大

据国家统计局数据，2014年8月，全国居民消费价格总水平（CPI）同比上涨2.0%（见图1）。其中，城市上涨2.0%，农村上涨1.9%；食品价格上涨3.0%，非食品价格上涨1.5%；消费品价格上涨1.8%，服务价格上涨2.4%。1~8月，CPI比上年同期上涨2.2%，低于全年预期目标。

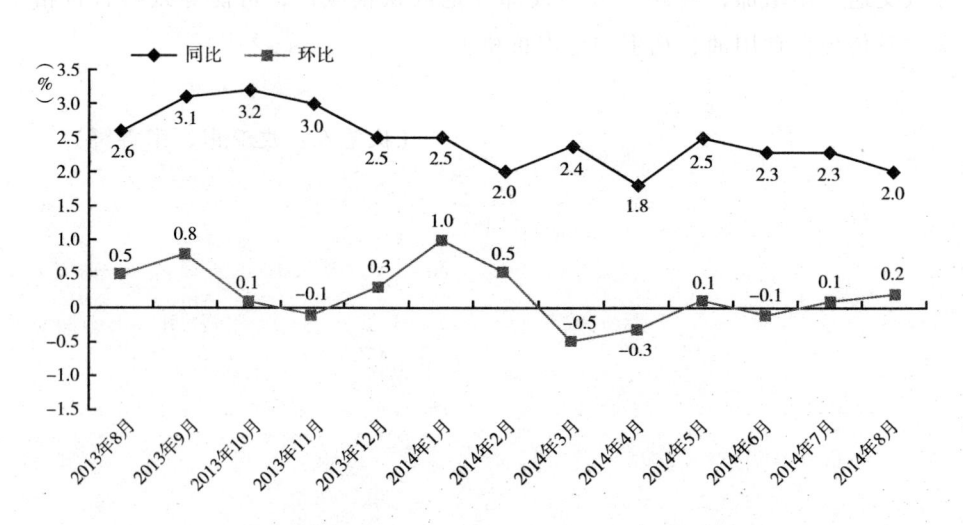

图1 2013年8月至2014年8月CPI同比、环比走势

资料来源：国家统计局数据库。

从环比数据来看，8月CPI环比上涨0.2%。其中，城市上涨0.1%，农村上涨0.3%；食品价格上涨0.7%，非食品价格下降0.1%；消费品价格上涨0.3%，服务价格与上月持平。

CPI八大类商品价格同比依然呈现为"七涨一降"的态势，除烟酒及用品价格同比下降0.6%外，其余七大类商品均呈现上涨态势。其中，衣着、居住和娱乐教育文化用品及服务价格涨幅最高，分别同比上涨2.6%、1.9%、1.9%。家庭设备用品及维修服务价格同比上涨1.1%，医疗保健和个人用品价格同比上涨1.4%。据测算，在8月2.0%的CPI同比涨幅中，上年价格上涨的翘尾因素贡献约为1.0个百分点，新涨价因素贡献约为1.0个百分点。

据统计，8月食品价格同比上涨3.0%，影响CPI上涨约1.01个百分点。其中，鲜果价格上涨21.2%，影响CPI上涨约0.41个百分点；蛋价上涨18.7%，影响CPI上涨约0.16个百分点；水产品价格上涨3.8%，影响CPI上涨约0.10个百分点；粮食价格上涨3.4%，影响CPI上涨约0.10个百分点；肉禽及其制品价格上涨1.1%，影响CPI上涨约0.08个百分点；鲜菜价格下降6.9%，影响CPI下降约0.22个百分点。

从各类商品和服务价格环比变动情况来看，8月食品价格环比上涨0.7%。其中，猪肉价格上涨5.1%，影响CPI上涨约0.15个百分点；鲜菜价格上涨1.8%，影响CPI上涨约0.05个百分点。非食品价格环比下降0.1%。其中，交通和通信、衣着、娱乐教育文化用品及服务、烟酒及用品价格分别下降0.3%、0.2%、0.2%和0.1%；家庭设备用品及维修服务价格持平；医疗保健和个人用品、居住价格均上涨0.1%。8月的物价受到中秋节因素的影响，在节日效应的推动下，8月猪肉、鸡蛋消费需求增加，而生猪及家禽市场整体供应趋紧，从而推高了肉禽类农产品价格。

从50个城市主要食品的价格监测数据看，8月香蕉、苹果和鸡蛋均价分别为每千克9.10元、14.62元和12.30元，而上年8月均价则分别为每千克6.52元、11.02元和10.01元，同比涨幅高达39.6%、32.7%和22.9%。CPI涨幅回落主要还是翘尾因素所致，新涨价因素和食品价格环比都是上升的，只是其涨幅低于翘尾因素的下降幅度。食品价格上涨及翘尾因素回落，可能导致CPI数据与居民直观感受相互背离。

2014年8月，全国工业生产者出厂价格同比下降1.2%，环比下降0.2%（见图2）。工业生产者购进价格同比下降1.4%，环比下降0.1%（见图3）。

1~8月，工业生产者出厂价格同比下降1.6%，工业生产者购进价格同比下降1.8%。PPI连续第30个月负增长。

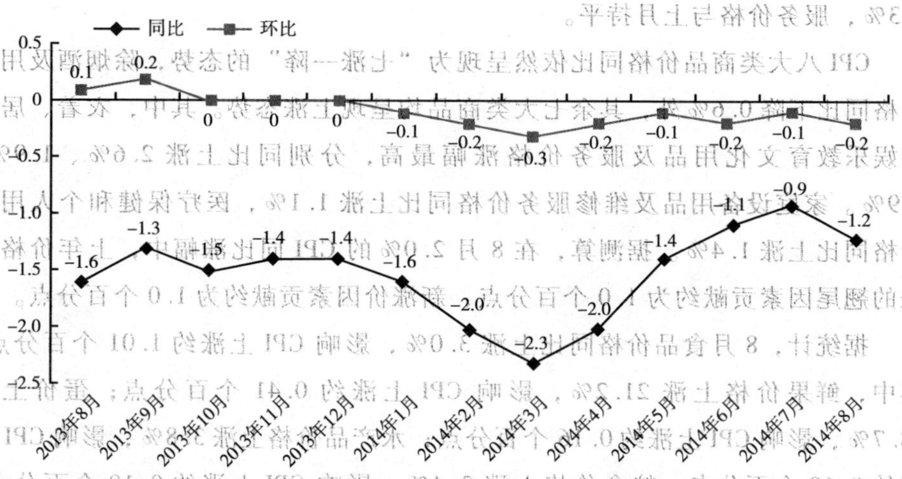

图2 2013年8月至2014年8月工业生产者出厂价格走势
资料来源：国家统计局数据库。

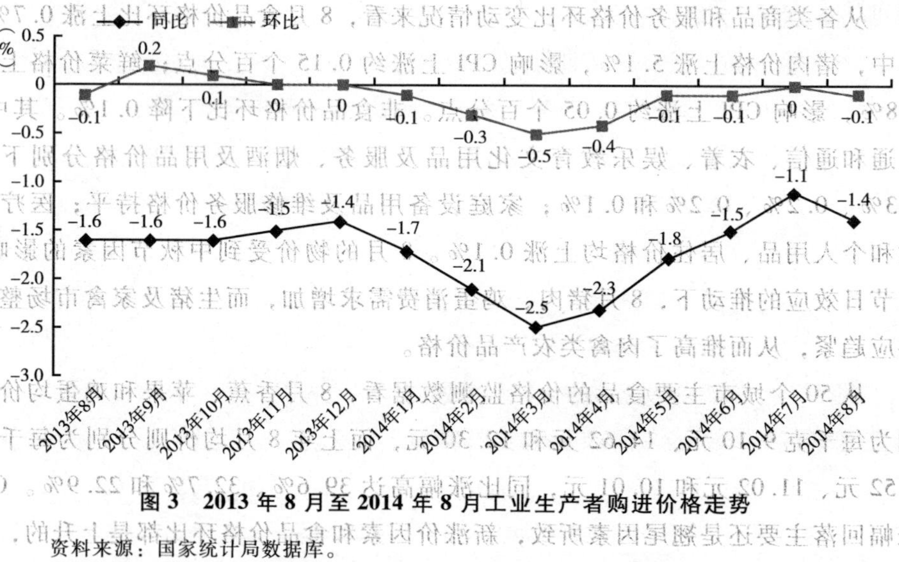

图3 2013年8月至2014年8月工业生产者购进价格走势
资料来源：国家统计局数据库。

从同比数据来看，在工业生产者出厂价格中，生产资料价格同比下降1.7%，影响PPI下降约1.3个百分点。生活资料价格同比上涨0.2%，影响PPI上涨约0.1个百分点。据测算，在8月-1.2%的PPI同比降幅中，上年价格变动的翘尾因素约为 0.2 个百分点，新涨价因素约为 -1.4 个百分点。从环比数据来看，在工业生产者出厂价格中，生产资料价格环比下降 0.3%，影响 PPI 下降约 0.2 个百分点。PPI 已经长达 30 个月连续同比下滑，而上次如此长时间的下滑要追溯到 1997~1999 年。PPI 持续为负，反映出内需不足、产能过剩仍是我国宏观经济的一个主要矛盾。

从采购经理人指数来看，2014 年 8 月中国制造业 PMI 为 51.1%，为 2014 年以来的次高点，表明企业对未来一段时间的市场预期仍比较乐观。其中，小型企业 PMI 为 49.1%，低于上月 1.0 个百分点，表明小型企业回升基础并不稳固，生产经营依然面临较多困难，扶持小微企业的定向政策措施还须进一步加强并落到实处。

从国际形势来看，世界经济复苏不及预期，外需增长放缓。美国量化宽松货币政策退出的不确定性增加；欧元区第二季度经济环比零增长，德国、意大利 GDP 环比均下降 0.2%；日本经济受提高消费税影响，第二季度 GDP 环比下降 1.8%；新兴经济体面临的困难增加；乌克兰危机引发的国际制裁对俄罗斯经济的不利影响持续发酵。由于全球经济复苏缓慢、需求不足，难以支撑大宗商品价格上涨，不大可能产生输入性通货膨胀。据海关总署 8 日公布的统计数据，8 月我国进出口总值达 2.26 万亿元人民币，比上年同期增长 3.9%。其中，进口达 0.98 万亿元，同比下降 2.4%；贸易顺差为 3061 亿元，再创新高。进口下降显示我国国内需求也增长乏力。

鉴于我国上半年经济增长率为 7.4%，城镇新增就业接近 1000 万人，比上年上半年有所增加，李克强总理在达沃斯论坛上表示，当前经济仍在合理区间运行，是可以接受的；中国经济未来的可持续动力来自改革，未来政策重心仍将放在促改革、调结构上。短期之内，财政和货币可能会维持之前的基调，货币政策仍将以稳健为主，年内全面降息降准的可能性不大。

综合来看，未来几个月外部输入通胀和货币政策不大可能带来 CPI 的大幅度波动，全年通货膨胀压力不大，但食品价格的变动有可能成为未来几个月 CPI 上升的主要推手。2014 年夏季气候反常造成部分地区秋粮减产，可能导致粮食价格上涨，并将可能传导至食用油、鸡蛋和猪肉价格上；鲜果价格也会持续处于高位。食品作为生活必需品，老百姓对其价格上涨的直观感受最深，因而未来几个月应重点关注食品价格的波动。

（执笔人：皮亚彬、张群群）

九月份物价形势分析

- 9月CPI重回"1"时代，创56个月来新低
- PPI指数持续下跌，经济增长下行压力加大
- 预计将继续保持定向宽松的调控政策
- 国内外环境有利于全年通货膨胀控制目标的实现

据国家统计局数据，2014年9月，全国居民消费价格总水平同比上涨1.6%（见图1）。其中，城市上涨1.7%，农村上涨1.4%；食品价格上涨2.3%，非食品价格上涨1.3%；消费品价格上涨1.4%，服务价格上涨2.3%。1~9月，CPI比上年同期上涨2.1%。

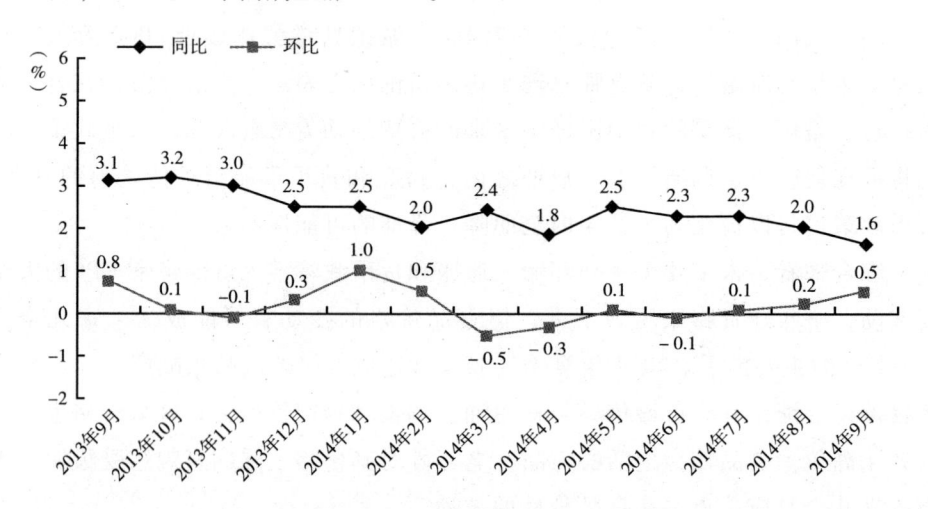

图1 2013年9月以来全国居民消费价格走势

资料来源：国家统计局数据库。

从环比数据来看，9月CPI环比上涨0.5%。其中，城市上涨0.5%，农村上涨0.4%；食品价格上涨0.8%，非食品价格下降0.3%；消费品价格上涨0.5%，服务价格上涨0.4%。

CPI八大类商品价格同比呈现为"六涨两降"的态势，烟酒及用品价格同比下降0.6%，交通和通信价格同比下降0.3%，其余六大类商品均呈现上涨态势。其中，衣着类价格上涨2.4%，食品价格同比上涨2.3%，娱乐教育文化用品及服务价格上涨1.9%，居住价格上涨1.6%，医疗保健和个人用品价格上涨1.2%，家庭设备用品及维修服务价格上涨1.1%。

从环比数据来看，9月食品价格环比上涨0.8%。其中，鲜菜价格上涨3.9%，影响CPI上涨约0.11个百分点；猪肉价格上涨2.3%，影响CPI上涨约0.07个百分点；鲜果价格上涨1.5%，影响CPI上涨约0.03个百分点；水产品价格下降0.7%，影响CPI下降约0.02个百分点。非食品价格环比上涨0.3%。衣着、娱乐教育文化用品及服务、居住价格分别上涨1.0%、0.9%和0.1%，家庭设备用品及维修服务、医疗保健和个人用品价格持平（涨跌幅度为0），交通和通信、烟酒及用品价格分别下降0.3%和0.1%。

2014年9月CPI同比涨幅1.6%，是2010年2月以来的新低点。主要源于2013年价格上涨的翘尾因素贡献仅约为0.3个百分点，大幅低于8月的水平（1个百分点）。9月新涨价因素贡献也仅约为1.3个百分点，低于近5年的平均水平。食品价格涨幅回落也是9月CPI保持较低水平的重要原因，特别是鲜菜价格下降明显以及鲜果、禽蛋类价格涨幅明显回落。

未来食品价格走势将直接影响第四季度价格总水平的变化。目前对未来食品价格走势也存在争议。有的研究认为，9月食品价格以及CPI已经是年内低谷，随着天气转冷，元旦等节假日到来，第四季度价格同比将上升。也有意见认为，9月食品价格和CPI虽然同比涨幅降低，但是环比涨幅并不低，随着中秋、国庆等节日过去，第四季度价格将进一步走低。

2014年9月，全国工业生产者出厂价格同比下降1.8%，环比下降0.4%（见图2）；工业生产者购进价格同比下降1.9%，环比下降0.4%（见图3）。1~9月，工业生产者出厂价格同比下降1.6%，工业生产者购进价格同比下降1.8%。

从同比数据看，在工业生产者出厂价格中，生产资料价格同比下降2.4%，影响PPI下降约1.8个百分点；生活资料价格同比上涨0.1%，影响

PPI 上涨约 0.1 个百分点。据测算，在 9 月 -1.8% 的 PPI 同比降幅中，上年价格变动的翘尾因素约为 0 个百分点，新涨价因素约为 -1.8 个百分点。从环比数据来看，在工业生产者出厂价格中，生产资料价格环比下降 0.5%，影响 PPI 下降约 0.4 个百分点。

图 2　2013 年 9 月以来工业生产者出厂价格走势

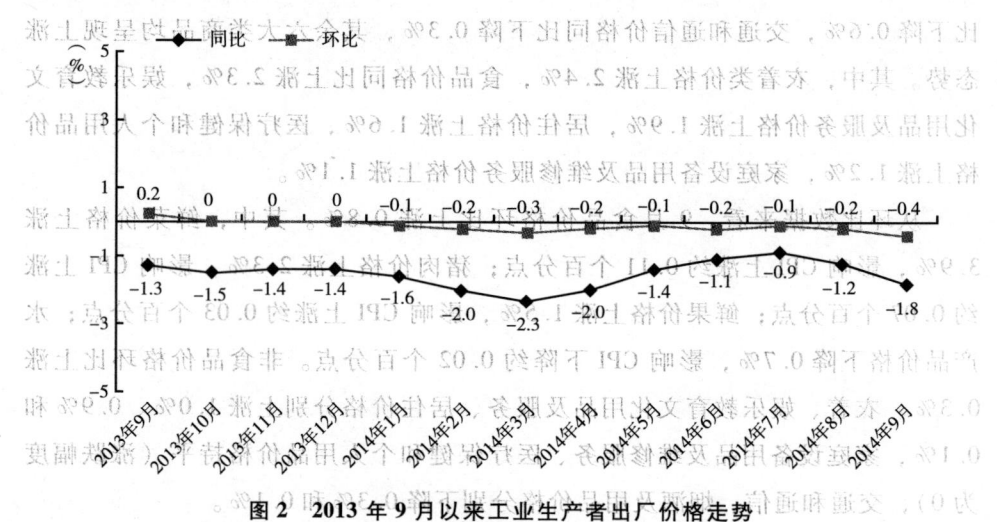

资料来源：国家统计局数据库。

图 3　2013 年 9 月以来工业生产者购进价格走势

资料来源：国家统计局数据库。

与 8 月相比，PPI 降幅有所扩大，表明工业企业经营困难的局面没有得到改善，去库存压力较大，经济增长存在下行风险。9 月中国制造业采购经理指数（PMI）为51.1%，与上月持平。当月中国非制造业商务活动指数为54.0%，虽高于荣枯线4.0个百分点，但比8月回落0.4个百分点。

8~9月CPI平稳低位运行以及经济增长压力加大，使得实施更加宽松的调控政策的呼声高涨。9月，国内新增人民币贷款8572亿元，超过8月份水平，高于市场预期。这也被很多研究者视为央行实施更为宽松货币政策的信号。但考虑到调结构、促改革的任务，全面的宽松甚至"双降"的可能性不大。第四季度货币政策将继续维持定向宽松、微刺激的原则，实施结构性调整。

但是，未来政策导向有两个方面需要引起关注。一是货币供给与企业融资成本之间的关系。有的机构统计显示，把工业生产价格指数下降的因素考虑在内，当前实际的放贷成本是8.5%左右，远高于同期实际GDP增速7.5%的水平。在工业企业经营困难、经济疲软的情况下，兼顾货币政策原则与降低企业融资成本之间的关系值得关注。二是各地方政府对房地产行业发展政策的变化。近期很多地方政府实施的房地产限购、利率等调控政策发生改变。有的研究认为，短期内使工业企业经营企稳依然需要依靠房地产行业的带动。这些因素可能不会导致物价总水平的短期变化，但势必影响其长期走势。

总体来看，虽然当前经济增长的短期下行压力加大，但是市场化、全球化和城镇化带来的增长动力将有助于经济稳步增长。近日高层强调，应从当前我国经济发展的阶段性特征出发，适应经济增长的新常态，保持战略上的平常心态。中国将不再以过去高速的经济增长作为发展目标和政策取向，经济改革与转型将是接下来努力的方向。这说明，未来的经济刺激和增长也将是以调整结构、定向调整为主。可见，国内经济战略导向有助于物价走势的平稳。

从国际形势来看，世界银行认为由于面临全球贸易复苏比预期缓慢、全球利率突然提高等经济风险，下调了东亚和太平洋发展中国家和地区2014年和2015年两年的经济增长率。加之欧洲PPI指数以及全球工业原料初级产品价格指数的下降，国际市场价格走势也将有利于中国国内价格走势的基本稳定。

（执笔人：王振霞、张群群）

十月份物价形势分析

- CPI低位运行，全年物价总水平将低于预期
- PPI指数降幅持续扩大，年内难以转正
- 国内外大宗商品价格走低，抑制物价总水平上涨
- 现阶段物价走势有利于深化重点领域的价格改革

2014年10月，全国居民消费价格总水平（CPI）同比上涨1.6%（见图1）。其中，城市上涨1.7%，农村上涨1.4%；食品价格上涨2.5%，非食品价格上涨1.2%；消费品价格上涨1.4%，服务价格上涨2.0%。1~10月，CPI比上年同期上涨2.1%。

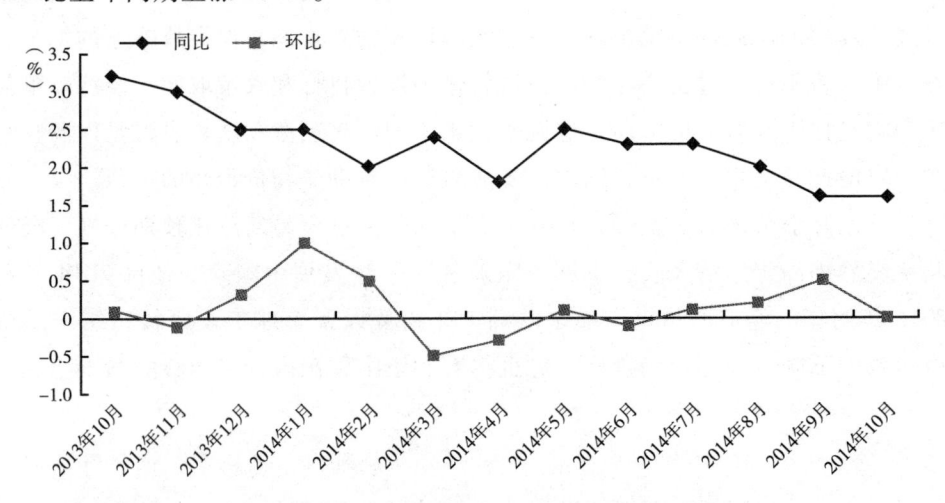

图1 2013年10月以来全国居民消费价格走势

资料来源：国家统计局数据库。

从环比数据来看，10月CPI与上月持平（涨幅为0）。其中，城市上涨0.1%，农村持平；食品价格下降0.2%，非食品价格上涨0.2%；消费品价格持平，服务价格上涨0.1%。

与9月相同，在10月1.6%的CPI同比涨幅中，上年价格上涨的翘尾因素约为0.3个百分点，新涨价因素约为1.3个百分点，低于近5年来的平均水平。

10月食品价格同比上涨2.5%，影响CPI上涨约0.83个百分点。一方面，由于供给不足、成本上涨以及季节性等原因，蛋价和鲜果价格分别上涨16.4%和15.2%，是推动食品价格同比小幅上涨的主要原因。另一方面，猪肉价格下降3.1%，影响CPI下降0.10个百分点；鲜菜价格下降7.2%，影响CPI下降约0.24个百分点。在各类农产品价格此消彼长的影响下，食品价格总体涨幅平稳。由于生猪存栏率持续下降，以及即将到来的元旦、春节等节日的影响，猪肉价格或将止跌回升。但是，年内肉禽价格快速上涨，并大幅推高CPI的可能性不大，应高度关注2015年上半年猪肉价格走势。

其余七大类商品呈现"五涨两降"格局。其中，烟酒及用品价格同比下降0.5%。受汽油价格持续下降等因素的影响，交通和通信价格同比下降0.3%。在同比上涨的商品类别中，衣着价格同比上涨2.4%，居住价格同比上涨1.6%，医疗保健和个人用品价格同比上涨1.3%，家庭设备用品及维修服务价格同比上涨1.2%，娱乐教育文化用品及服务价格同比上涨1.1%。

2014年10月，全国工业生产者出厂价格（PPI）同比下降2.2%，环比下降0.4%（见图2）；工业生产者购进价格同比下降2.5%，环比下降0.6%（见图3）。1~10月，工业生产者出厂价格同比下降1.7%，工业生产者购进价格同比下降1.9%。据测算，在10月-2.2%的PPI同比降幅中，上年价格变动的翘尾因素约为0，新涨价因素约为-2.2个百分点。

与9月相比，10月PPI降幅有所扩大。10月下旬，对24个省（区、市）流通领域九大类50种重要生产资料市场价格的监测显示，与10月中旬相比，16种产品价格上涨，30种下降，4种持平。其中采掘、原材料等上游产业价格下降幅度较大，煤炭开采、黑色金属矿采选业同比降幅达到-11.4%和-14.7%。与下游需求相关的钢铁、有色金属行业价格也持续下跌。同月，中国制造业采购经理指数（PMI）为50.8%，比上月回落0.3个百分点。种种迹象表明工业生产领域通货紧缩压力不断加大，短期内难以摆脱经营困境，也使

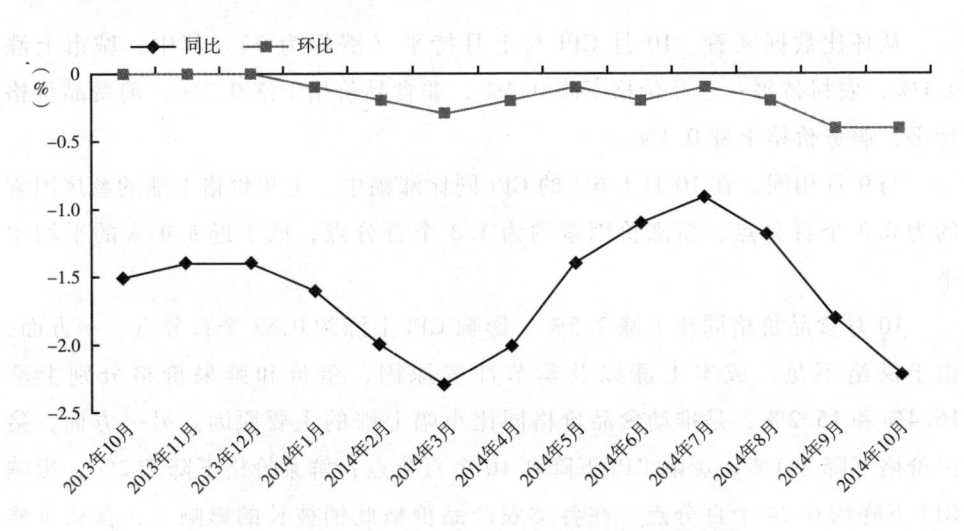

图 2　2013 年 10 月以来工业生产者出厂价格走势

资料来源：国家统计局数据库。

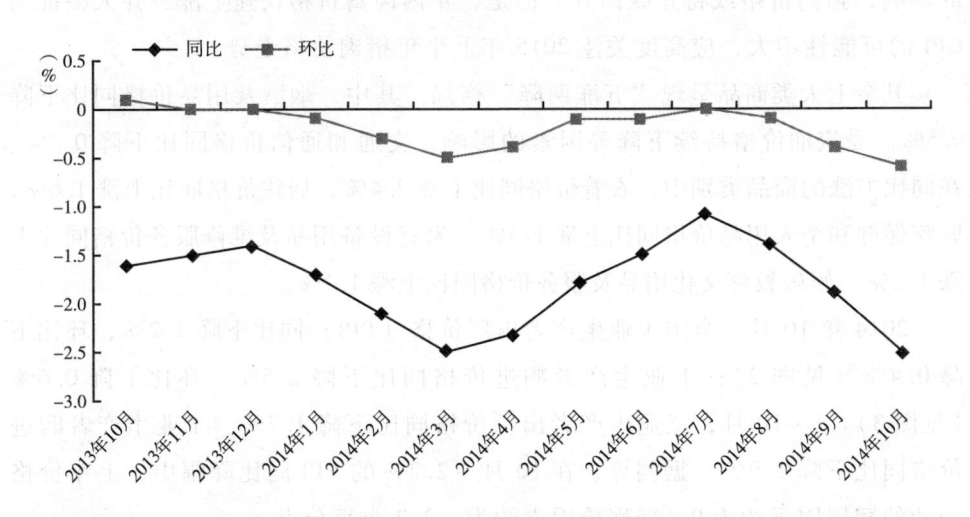

图 3　2013 年 10 月以来工业生产者购进价格走势

资料来源：国家统计局数据库。

得 PPI 年内将不会由负转正。9 月以来，政府主导的公共交通、道路运输等行业的投资增长较快，表明政府保持定点刺激的政策导向不变。这些措施可能会带动工业制造行业发展，但难以带来根本改变。此外，受 APEC 会议影响，北方部分省份对高耗能产业实行限产，可能导致 11 月 PPI 数据进一步下调。

从国际环境来看，10 月欧洲能源价格虽然有所上涨，但仍然低于 2013 年的水平。近期，美国政府放松国内原油出口禁令，沙特阿拉伯等主要石油生产国也主动调低石油出口价格，受这些因素的影响，国际石油价格持续下降。由于国际天然气定价多与油价挂钩，国际原油价格下调导致国际天然气价格持续下降。资源能源等生产资料进口价格稳定，有助于抑制国内物价总水平上涨。

从国内情况来看，9~10月中国南方大部分地区气候适宜，用电、用气量基本保持稳定。北方虽然已经逐渐进入供暖期，但是由于能源清洁化利用等要求，对煤炭的需求量并没有大幅增加。近期大型煤炭生产企业普遍提高煤炭售价，但是煤炭市场有价无市特征明显。进入11月后，随着气温下降，煤炭、天然气、石油等资源产品的消费量可能有所上升，但是价格涨幅不会很大。

深化重点领域的价格改革是2014年中央经济工作的重点之一。继全面实施居民阶梯电价和阶梯水价之后，进一步深化天然气、成品油等领域的价格改革逐渐提上日程。除资源能源领域之外，北京等城市地铁、公交车等公共交通价格改革，以及药品等价格改革也在有序推进。深化价格形成机制改革符合经济可持续发展的基本需要。在现阶段，物价总水平不高，有利于平稳推进公共领域的价格改革，使价格反映真实价值。但是，应警惕价格改革中的"乱涨价"现象，切实发挥市场机制在价格形成中的作用。同时，应关注低收入群体生活成本上升的问题，对贫困家庭实施补贴。

（执笔：王振霞、张群群）

十一月份物价形势分析

- CPI 连续 3 月低于 2%，全年物价总水平将低于预期
- 食品价格总体平稳，但显现区域差异
- 受能源成本下降的驱动，PPI 指数降幅持续扩大
- 央行降息，给未来物价走势带来不确定性影响

2014 年 11 月，全国居民消费价格总水平（CPI）同比上涨 1.4%（见图 1）。其中，城市上涨 1.5%，农村上涨 1.3%；食品价格上涨 2.3%，非食品价格上涨 1.0%；消费品价格上涨 1.3%，服务价格上涨 1.8%。1～11 月，全国居民消费价格总水平比去年同期上涨 2.0%。从环比数据来看，11 月全国

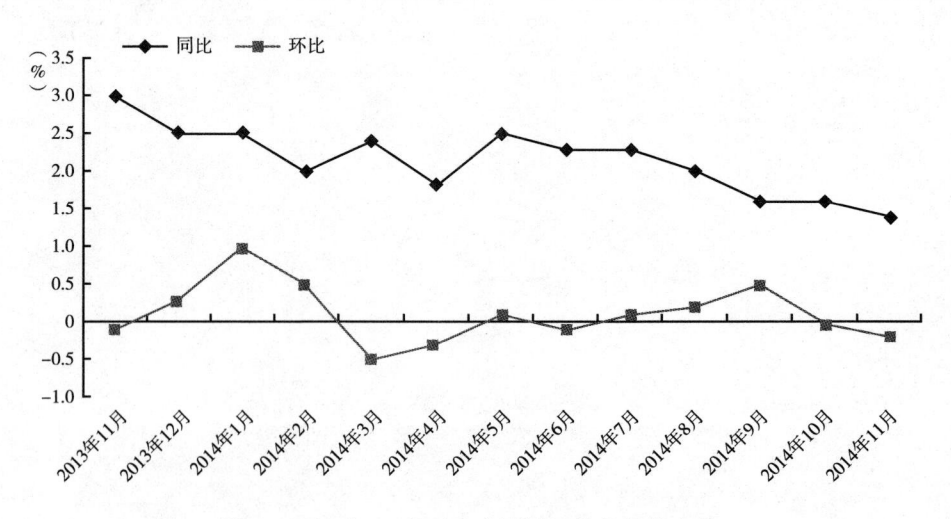

图 1　2013 年 11 月以来全国居民消费价格走势

资料来源：国家统计局数据库。

CPI 环比下降 0.2%。其中，城市下降 0.2%，农村下降 0.2%；食品价格下降 0.4%，非食品价格下降 0.1%；消费品价格下降 0.2%，服务价格下降 0.3%。在 11 月 1.4% 的 CPI 同比涨幅中，上年价格上涨的翘尾因素约为 0.3 个百分点，新涨价因素约为 1.1 个百分点。新涨价因素较上月有所减少，主要是受到天气、季节和国际环境的影响。

11 月，食品价格同比上涨 2.3%，影响 CPI 上涨约 0.77 个百分点。其中，蛋价上涨 16.5%，鲜果价格上涨 14.0%，粮价上涨 3.2%，分别影响 CPI 上涨约 0.14 个、0.28 个和 0.10 个百分点，这些是食品价格上涨的主要原因。鲜菜价格整体下降 5.2%，但其变动呈现区域性差异，东北、西北和华北地区鲜菜价格环比以涨为主，而华东、中南和西南地区鲜菜价格环比以降为主。据国家统计局数据，2014 年全国粮食总产量达 12142 亿斤，比上年增长 0.9%，预期未来粮食价格将大致保持稳定，回归粮价长期平均涨幅。此外，肉禽及其制品价格上涨 0.5%，影响 CPI 上涨约 0.04 个百分点。其中，猪肉价格下降 3.8%，影响 CPI 下降约 0.12 个百分点。

其余七大类商品仍然呈现"五涨两降"的格局。其中，受汽油价格持续下跌的影响，交通和通信价格同比下降 0.8%，烟酒及用品价格同比下降 0.7%。衣着价格同比上涨 2.6%，居住价格同比上涨 1.4%，医疗保健和个人用品价格同比上涨 1.3%，家庭设备用品及维修服务价格同比上涨 1.2%，娱乐教育文化用品及服务价格同比上涨 1.0%。

CPI 同比已经连续三个月维持在"1%"时代，1~11 月，CPI 比上年同期上涨 2.0%，大大低于预期，部分机构随之下调全年 CPI 预期至 2% 左右。

2014 年 11 月，全国工业生产者出厂价格（PPI）同比下降 2.7%，同比降幅比 10 月扩大 0.5 个百分点；环比下降 0.5%，环比降幅比 10 月扩大 0.1 个百分点（见图 2）；工业生产者购进价格同比下降 3.2%，环比下降 0.7%。1~11 月，PPI 同比下降 1.8%，工业生产者购进价格同比下降 2.0%（见图 3）。据测算，在 11 月 -2.7% 的 PPI 同比降幅中，上年价格变动的翘尾因素约为 0，新涨价因素约为 -2.7 个百分点。

11 月 PPI 环比继续下降主要是受国际油价连续下跌的影响。从影响程度看，石油和天然气、成品油、化学原料和制品分别影响 PPI 下降约 0.2 个、0.1 个、0.1 个百分点，三者合计影响 0.4 个百分点，占总降幅的 80%。从行业来看，电力、热力生产和供应、纺织服装、煤炭开采和洗选等行业出厂价格

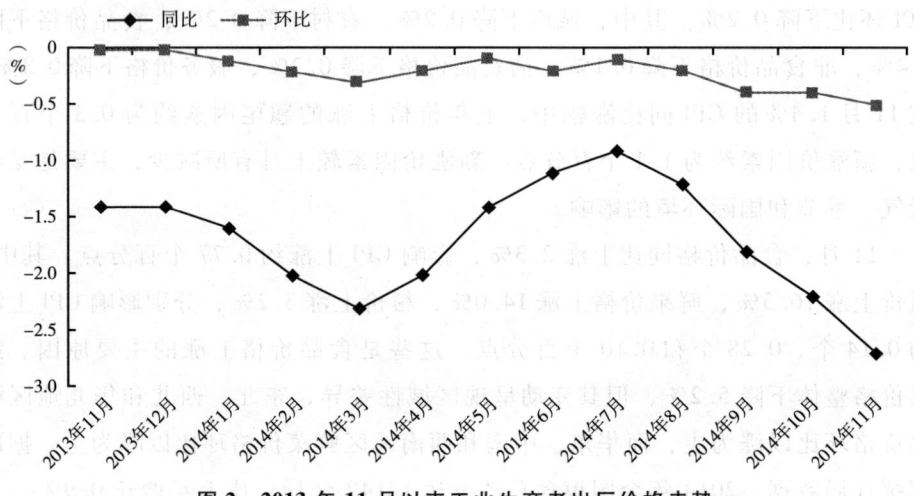

图 2 2013 年 11 月以来工业生产者出厂价格走势

资料来源：国家统计局数据库。

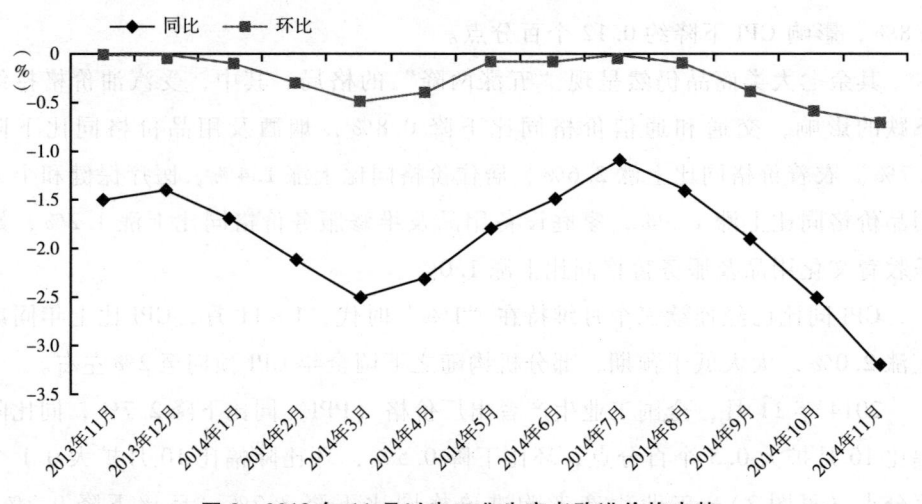

图 3 2013 年 11 月以来工业生产者购进价格走势

资料来源：国家统计局数据库。

环比上涨。对 24 个省（区、市）流通领域九大类 50 种重要生产资料市场价格的监测显示，与 11 月中旬相比，11 月下旬有 12 种产品价格上涨，30 种下降，8 种持平；12 月上旬与 11 月下旬相比，有 14 种产品价格上涨，29 种下降，7 种持平。

2014 年 11 月，中国制造业采购经理指数（PMI）为 50.3%，比上月回落

0.5个百分点，但继续高于临界点，表明我国制造业总体上仍保持扩张态势。从分类指数看，在构成制造业 PMI 的 5 个分类指数中，生产指数、新订单指数和供应商配送时间指数高于临界点。值得注意的是从业人员指数为 48.2%，低于临界点，表明企业用工数量减少。中国非制造业商务活动指数为 53.9%，比上月微升 0.1 个百分点，高于荣枯线 3.9 个百分点，表明我国非制造业发展态势总体良好。分行业来看，服务业商务活动指数为 52.6%，与上月持平，表明服务业业务总量继续保持平稳增长。

从国际环境来看，联合国发布《2015 年世界经济形势与展望》报告指出，虽然部分经济指标向好，但未来两年世界经济仍面临风险和不确定因素，其中包括美联储提高利率给金融市场和新兴经济体带来的不确定性，欧元区经济仍然存在脆弱性，新兴经济增长继续下行等。近期，美国原油库存增加以及石油出口大国沙特阿拉伯重申将不会减产在过去两周令油价暴跌。随着美国页岩气勘探开发程度及商业化程度提高，石油市场将可能出现供过于求的情况。自金融危机以来，美国通过三轮 QE，成功地释放流动性压低了国债收益率，同时也促进了房地产市场的复苏，推升了股市价格。美国今后将逐步退出 QE，导致美元相对新兴市场国家货币升值，进而影响新兴市场国家的货币政策。

中国人民银行自 2014 年 11 月 22 日起下调金融机构人民币贷款和存款基准利率。金融机构一年期贷款基准利率下调 0.4 个百分点至 5.6%，一年期存款基准利率下调 0.25 个百分点至 2.75%。本次降息的背景是经济增长速度连续十几个季度下行以及物价紧缩的趋势。此次利率调整的重点是发挥基准利率的引导作用，有针对性地引导市场利率和社会融资成本下行，促进实际利率逐步回归合理水平，缓解企业融资成本高这一突出问题。但降息能否真正解决实体经济"融资难、融资贵"的问题，仍需要进一步观察。同时，降息虽然将给股市、债市和房地产市场带来利好，但实体经济层面特别是生产领域价格运行的颓势目前尚无全面逆转的征兆。

（执笔人：皮亚彬、张群群）

十二月份物价形势分析

- 2014年全年CPI涨幅为2%，明显低于预期目标
- 鸡蛋、蔬菜和水果价格有所上涨，但对CPI的拉动作用有限
- PPI指数降幅继续扩大，制造业持续低迷
- 研究普遍认为2015年物价总水平将保持平稳运行
- 2015年深化价格改革或将影响物价总水平走势

2014年12月，全国居民消费价格总水平（CPI）同比上涨1.5%（见图1）。其中，城市上涨1.6%，农村上涨1.3%；食品价格上涨2.9%，非食品价格上涨0.8%；消费品价格上涨1.4%，服务价格上涨1.8%。2014年，CPI比上年上涨2.0%，明显低于年初3.5%的预期目标。据测算，在12月1.5%的CPI同比涨

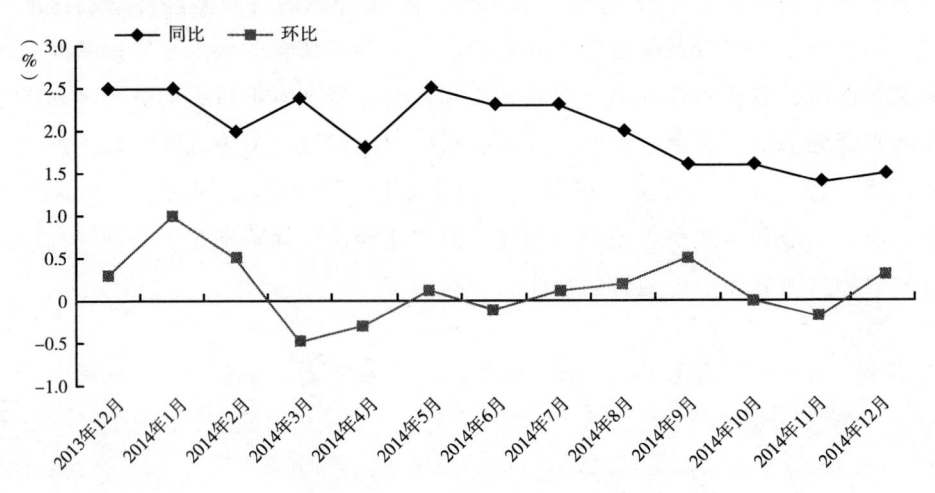

图1 2013年12月以来全国居民消费价格走势

资料来源：国家统计局数据库。

幅中，上年价格上涨的翘尾因素消失为0，新涨价因素约为1.5个百分点。

从食品价格上涨情况来看，由于元旦、春节等节日影响，以及气候逐渐转冷，鸡蛋、蔬菜和水果价格均出现上涨。从同比数据看，蛋价上涨14.0%，影响CPI上涨约0.12个百分点；鲜果价格同比上涨10.4%，影响CPI上涨约0.22个百分点；鲜菜价格上涨7.2%，影响CPI上涨约0.22个百分点。从环比数据来看，鲜菜价格上涨11.3%，影响CPI上涨约0.33个百分点；鲜果价格上涨1.9%，影响CPI上涨约0.04个百分点。但由于猪肉等肉禽价格走低（肉禽及其制品价格下降0.2%，影响CPI下降约0.02个百分点。其中，猪肉价格下降4.9%，影响CPI下降约0.16个百分点），食品价格整体涨幅稳定，对CPI的影响有限。

从2014年全年数据看，猪肉等肉禽价格涨幅在3~4月达到最低点，虽然随后价格有所上涨，但是9月之后持续维持低位。与猪肉销售价格持续低迷相对应，随着养殖业环保法案等出台，禽类养殖成本不断提高，主产区猪农亏损严重，很多中小生猪养殖者面临退出市场的风险。猪农亏损退市带来的供给减少或将增加2015年物价走势的不确定性。

除食品价格以外，其余七大类商品呈现"五升两降"的格局，交通和通信类价格下降幅度有所扩大。受国际石油价格持续走低以及国内电信价格改革等影响，12月交通和通信价格同比下降1.4%，是CPI构成中同比降幅最大的商品。此外，烟酒及用品价格同比下降0.7%。在其余商品中，衣着价格同比上涨2.6%，医疗保健和个人用品价格同比上涨1.5%，家庭设备用品及维修服务价格同比上涨1.1%，居住价格同比上涨1.0%，娱乐教育文化用品及服务价格同比上涨0.9%。

2014年12月，全国工业生产者出厂价格（PPI）同比下降3.3%，环比下降0.6%（见图2）；工业生产者购进价格同比下降4.0%，环比下降0.8%（见图3）。2014年，工业生产者出厂价格同比下降1.9%，工业生产者购进价格同比下降2.2%。

生产资料价格大幅下降是PPI持续低迷的重要原因。12月生产资料价格同比下降4.3%，影响PPI下降约3.3个百分点。其中，采掘工业价格下降13.2%，原材料工业价格下降6.4%，加工工业价格下降2.5%。生活资料价格同比下降0.2%。2015年1月上旬，对24个省（区、市）流通领域九大类50种重要生产资料市场价格的监测显示，与2014年12月下旬相比，7种产品

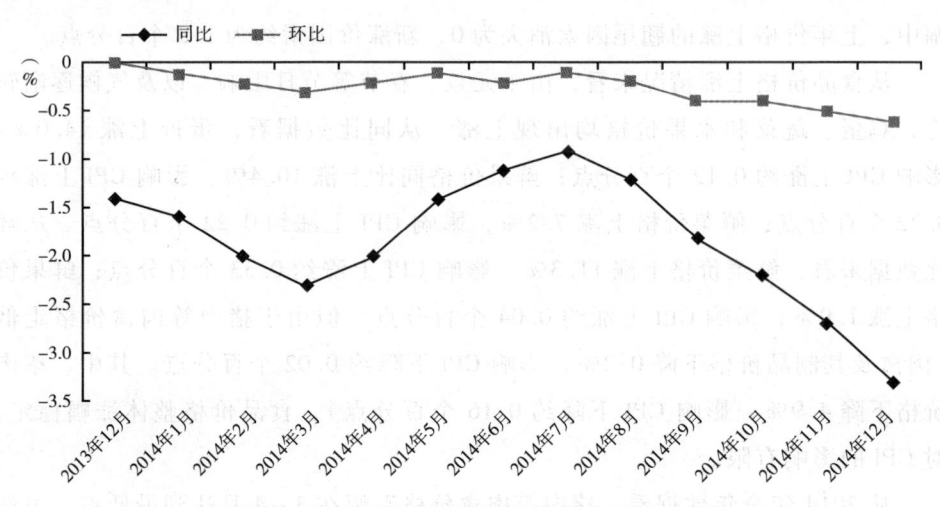

图 2　2013 年 12 月以来工业生产者出厂价格走势

资料来源：国家统计局数据库。

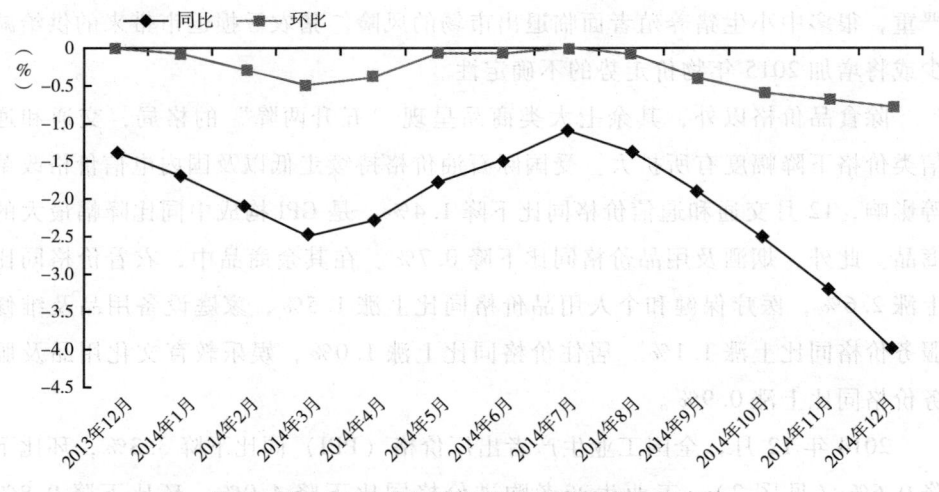

图 3　2013 年 12 月以来工业生产者购进价格走势

资料来源：国家统计局数据库。

价格上涨，38 种下降，5 种持平。这表明进入 2015 年之后，化工、能源等行业的经营困境尚没有改善。

由于经济增长速度下降、总需求不足，以及多年累积的产能过剩问题没有较好地解决，中国制造业的增长动力明显不足。特别是中小制造企业的经营困难加大，风险不断加大。2014 年 12 月，中国制造业采购经理指数（PMI）为

50.1%，比上月回落 0.2 个百分点，微高于临界点。其中，大型企业 PMI 为 51.4%，比上月小幅回落 0.2 个百分点，继续位于临界点以上；中型企业 PMI 为 48.7%，比上月回升 0.3 个百分点，仍处于临界点以下；小型企业 PMI 为 45.5%，比上月下降 2.1 个百分点，继续处于收缩区间。

研究普遍认为，由于经济增长"新常态"下国内增长速度放缓、总需求不足，以及国际市场复苏不如预期和大宗商品价格低位运行等原因，2015 年国内物价总水平将继续保持平稳运行，全年涨幅为 2%~2.5%。

本报告认为，2015 年物价走势受诸多因素影响，面临很多不确定性。从重要商品价格走势看，以猪肉等为代表的肉禽价格是影响 CPI 走势的重要商品。2014 年肉禽生产亏损严重，供给持续减少，可能导致其价格呈现周期性波动。从国家经济形势来看，虽然经济稳速增长和结构调整正在成为新常态，但是以往宏观政策制定的惯性依然存在，并可能随时改变市场预期。从国际市场来看，以能源为代表的国际大宗商品的价格走势目前尚难准确预测，或将通过输入型途径影响国内。

2014 年，我国加快推进价格领域深化改革，先后放开多种政府定价或政策指导价商品，重视市场机制在价格形成中的作用。2015 年这个趋势会继续保持，并将重点推进天然气、电力等资源能源价格改革，铁路运价等垄断产品价格改革，以及药品和医疗服务等公用事业产品价格改革。这些都是与居民生活相关度较高、长期被管制的领域，其改革难度大、涉及面广，且改革效果难以预期。改革过程中供求关系的快速变化、利益集团的阻碍和抵触，以及由成本上升带来的产业竞争力下降和居民生活成本上涨等，不仅是重大的经济问题，也是关系到社会和谐稳定的政治问题，应引起各界高度重视。

（执笔人：王振霞、张群群）

系列七　住房月度形势分析

第一季度住房形势分析

- 全国住房市场出现调整迹象,城市间分化趋势明显
- 前期刚性需求释放及购房者预期不乐观导致供需结构调整
- 推进房地产调控长效机制,稳定预期平衡供求,城市分化治之

住房投资增速回落,延续前期增速放缓趋势。第一季度住房投资额达10530亿元,同比增长16.8%。住房投资占房地产投资比重为68.7%,较上年同期增加0.1个百分点。第一季度住房投资受宏观经济及房地产市场供求结构转变的影响,房地产开发商观望情绪渐浓,住房投资额增速回落(见图1)。

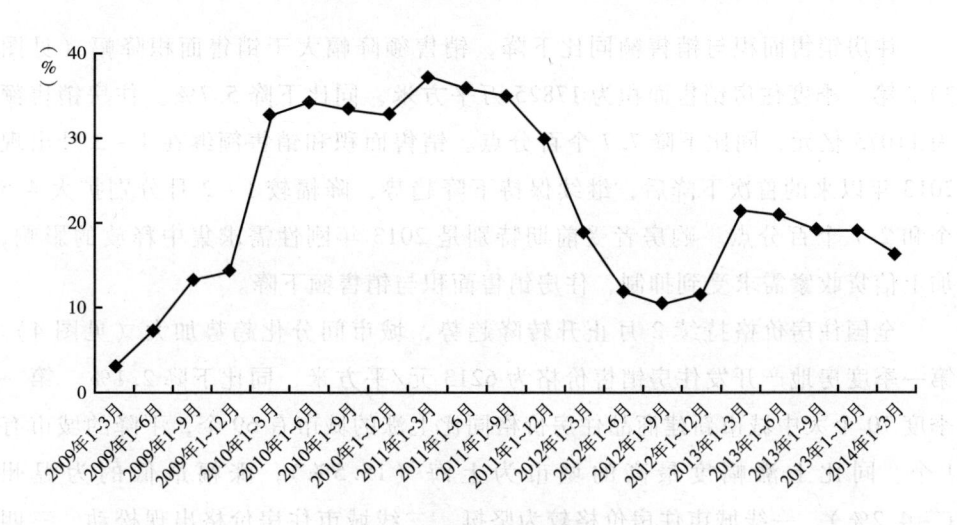

图1 住房投资额增速

住房施工面积增速回落,新开工与竣工面积同比大幅下降。第一季度住房新开工面积为21238万平方米,同比下降27.2%;住房施工面积为393206万

平方米,同比增长11.4%;住房竣工面积为13190万平方米,同比下降7.3%(见图2)。新开工面积是反映房地产开发商信心的重要指标,进一步判断出房地产开发商预期不乐观。竣工面积同比降幅也较大,开发商信心不足,开工与竣工面积均下降,开发进度缓慢。

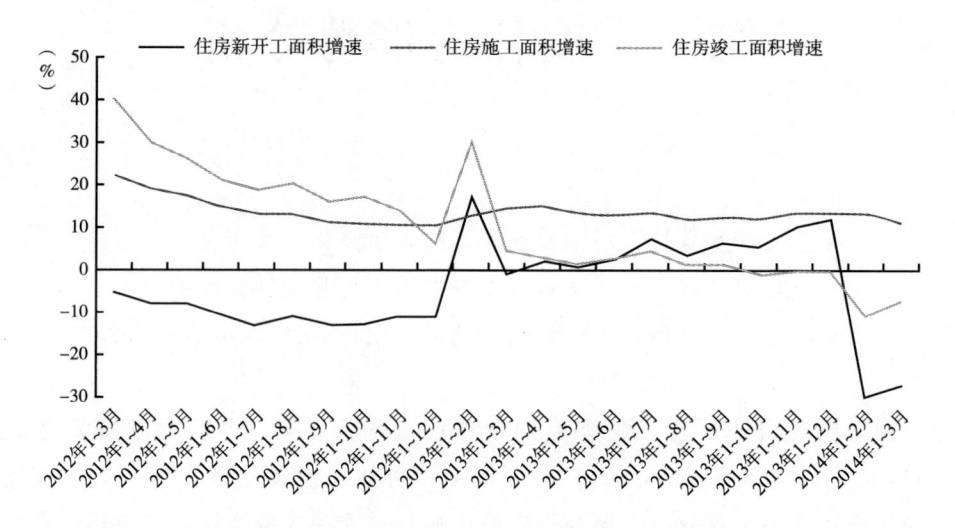

图2 住房新开工面积、施工面积及竣工面积增速

住房销售面积与销售额同比下降,销售额降幅大于销售面积降幅(见图3)。第一季度住房销售面积为17825万平方米,同比下降5.7%。住房销售额为11075亿元,同比下降7.7个百分点。销售面积和销售额继在1~2月出现2013年以来的首次下降后,继续保持下降趋势,降幅较1~2月分别扩大4.5个和2.7个百分点。购房者受前期特别是2013年刚性需求集中释放的影响,加上信贷收紧需求受到抑制,住房销售面积与销售额下降。

全国住房价格持续2月止升转降趋势,城市间分化趋势加大(见图4)。第一季度房地产开发住房销售价格为6213元/平方米,同比下降2.1%。第一季度70个大中城市新建商品住房价格同比上涨的城市有69个,下降的城市有1个。同比上涨幅度最高的城市为上海(15.5%),涨幅最低的为温州(-4.2%)。一线城市住房价格较为坚挺,二线城市住房价格出现松动,三四线城市住房价格呈现下降趋势。从全国整体住房价格下降可判断出,没有统计进入70个大中城市的不少三四线城市的住房价格在下降。由此可见,全国住房市场整体出现调整势头,城市间分化趋势明显。

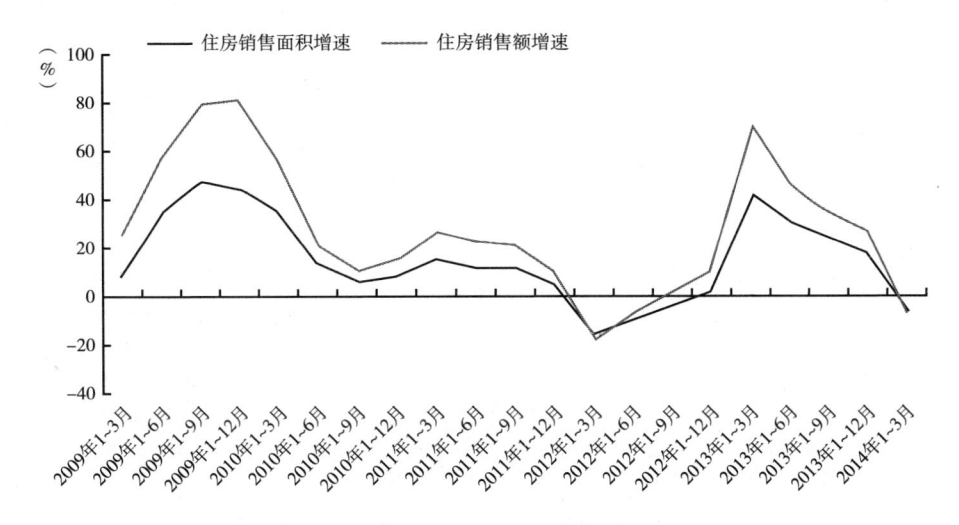

图 3　住房销售面积与销售额增速

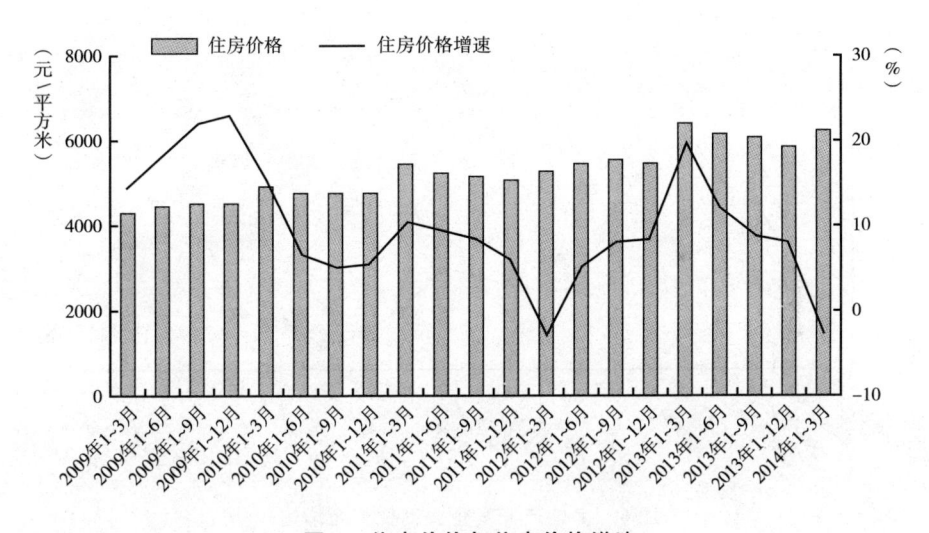

图 4　住房价格与住房价格增速

土地购置面积同比下降，成交价款增速回落（见图5）。第一季度房地产开发土地购置面积为5990万平方米，同比下降2.3%；土地成交价款为1556亿元，同比增长11.4%。由此可知，开发商拿地热情下降，土地购置面积下降。

房地产开发到位资金增速持续放缓，利用外资同比降幅大（见图6）。第一季度房地产开发企业到位资金共计28731亿元，同比增长6.6%。其中，

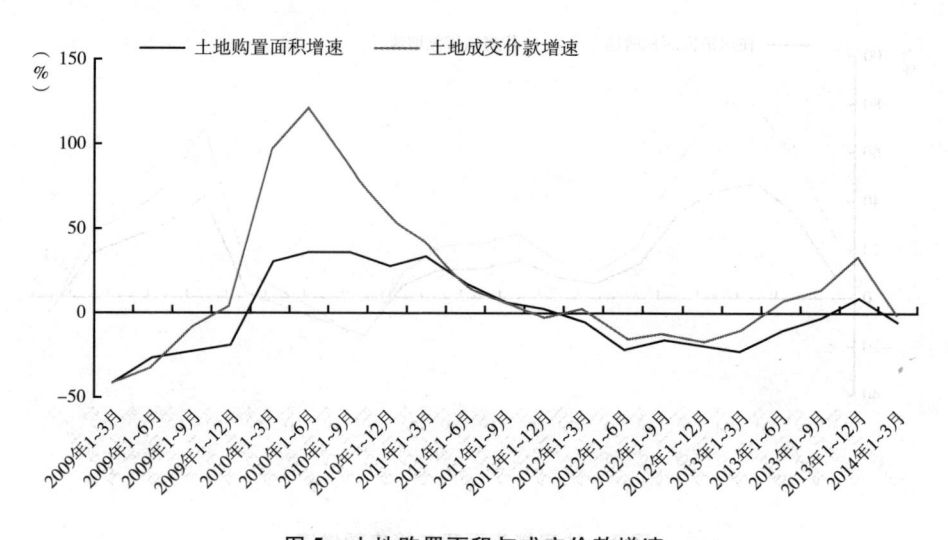

图5 土地购置面积与成交价款增速

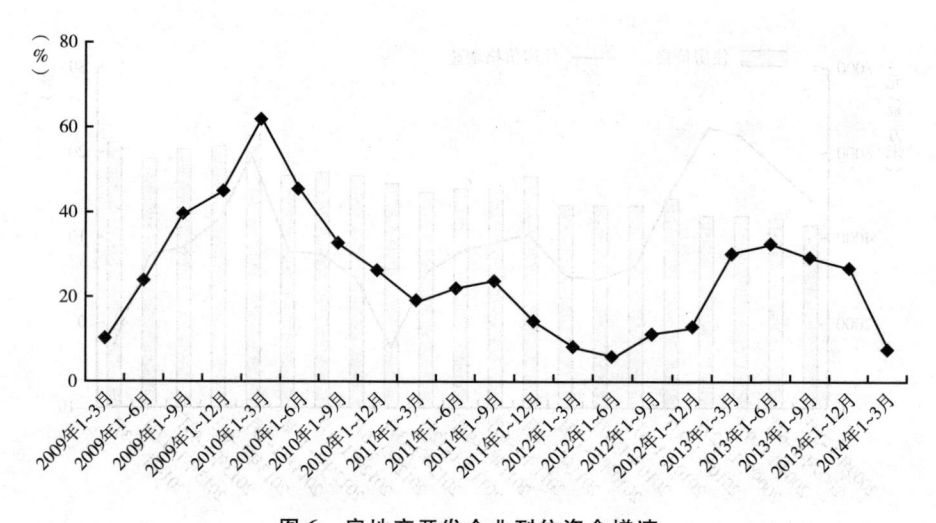

图6 房地产开发企业到位资金增速

国内贷款为6226亿元，同比增长20.4%。利用外资、自筹资金和其他资金分别为84亿元、11093亿元和11327亿元，同比分别增长 -33.9%、9.6% 和 -1.6%。在其他资金来源中，定金和预收款为6837亿元，同比下降3.6%；按揭贷款为3191亿元，同比增长0.1个百分点。开发商到位资金增速下降，进一步导致资金紧张，从而大举推盘回笼资金，客观上扩大了住房供给。

总体而言，2014年第一季度全国住房市场出现调整迹象，城市间分化明显。预计第二季度全国住房市场调整力度继续加大，城市间分化趋势延续。今后一段时期政府住房调控的主要任务是：推进房地产调控长效机制，平衡供求，稳定价格；结合宏观经济环境，调整结构，加快改革。住房调控的基本方向应以市场调节为主，城市分化治之。要防止部分三四线城市供给过剩导致住房价格暴跌（超过 –30%），做好防范和应对的政策措施准备。

（执笔人：倪鹏飞、杨慧）

四月份住房形势分析

- 全国住房供求结构调整继续，开发商与消费者预期未有明显好转
- 东部价格持续3个月负增长，中部增幅回升，西部增幅下降
- 70个大中城市价格总体上涨，东部三四线城市价格下跌最突出

住房投资增幅持续回落，达2013年以来的最低增速。1~4月住房投资额为15299亿元，同比增长16.6%，增速较1~3月回落0.2个百分点，较1~2月回落1.8个百分点。1~4月住房投资受住房市场供求结构转变及2014年初以来销售低迷的影响，房地产开发商继续保持观望，住房投资额增速持续回落（见图1）。

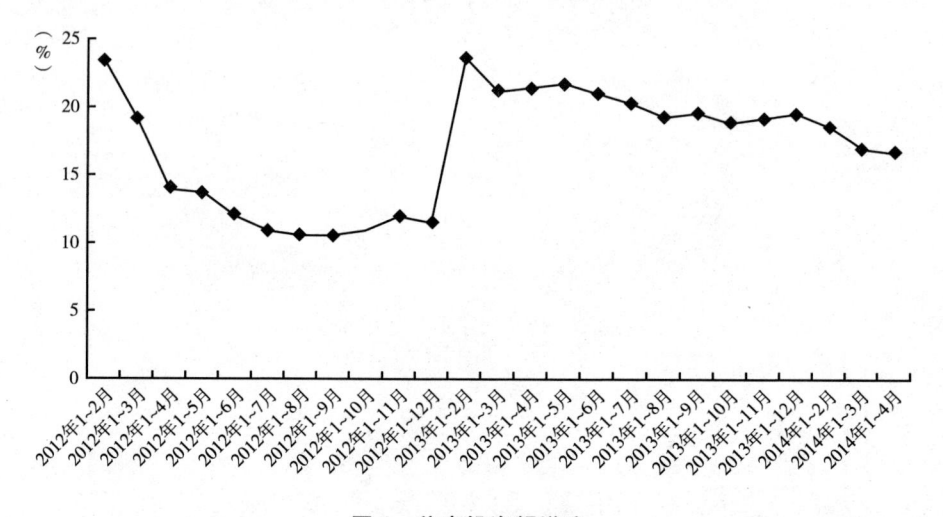

图1 住房投资额增速

住房施工面积增幅持续回落，竣工与新开工面积持续下降但降幅有所收窄。1~4月住房施工面积为405408万平方米，同比增长9.9%，增速较1~3

月回落1.5个百分点，较1~2月回落3.6个百分点；住房竣工面积为17883万平方米，同比下降2.1%，降幅较1~3月收窄5.2个百分点，较1~2月收窄8.5个百分点；住房新开工面积为31184万平方米，同比下降24.5%，降幅较1~3月收窄2.7个百分点，较1~2月收窄5.1个百分点（见图2）。新开工面积的降幅虽然有所收窄，但是仍然高达-24.5%，表明开发商信心不足。

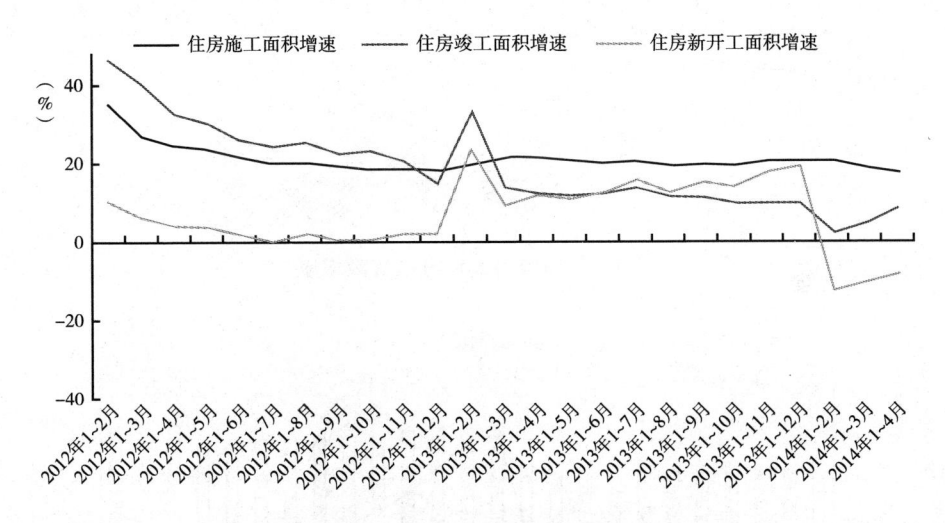

图2 住房新开工面积、施工面积及竣工面积增速

住房销售面积与销售额连续3个月负增长，待售面积持续上升（见图3）。1~4月住房销售面积为24515万平方米，同比下降8.6%，降幅较1~3月扩大2.9个百分点，较1~2月扩大7.4个百分点。住房销售额为15259亿元，同比下降9.9个百分点，降幅较1~3月扩大2.2个百分点，较1~2月扩大4.9个百分点。随着住房销售低迷的持续，住房待售面积达34878万平方米，较1~3月增幅扩大0.7个百分点，较1~2月增幅扩大1个百分点。

全国住房价格连续3个月下跌，降幅有所收窄。1~4月房地产开发住房销售价格为6224元/平方米，同比下降1.4%，降幅较1~3月收窄0.7个百分点，较1~2月收窄2.4个百分点（见图4）。

土地购置面积持续下降，成交价款增速回落。1~4月房地产开发土地购置面积为8130万平方米，同比下降7.9%，降幅较1~3月扩大5.6个百分点；土地成交价款为2214亿元，同比增长9.6%，增幅较1~3月收窄1.8个百分点（见图5）。

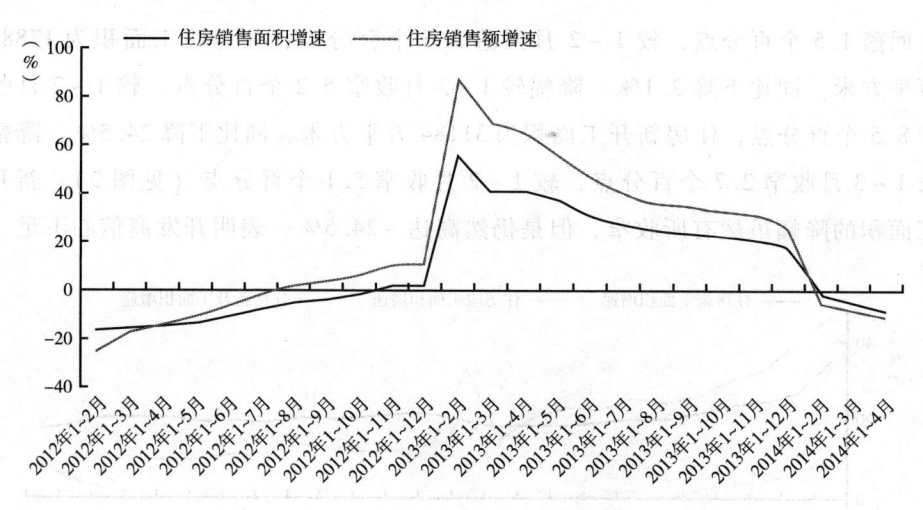

图3　住房销售面积与销售额增速

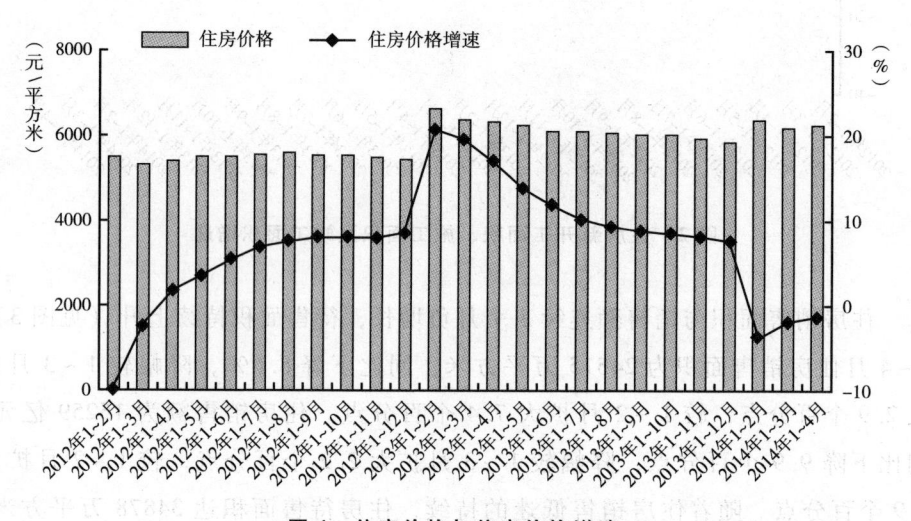

图4　住房价格与住房价格增速

房地产开发到位资金增速持续放缓，按揭贷款出现2013年以来的首次下跌（见图6）。1~4月房地产开发企业到位资金共计37200亿元，同比增长4.5%，增速较1~3月回落2.1个百分点，较1~2月回落7.9个百分点。其中，国内贷款为7709亿元，同比增长16.5%。利用外资、自筹资金和其他资金分别为116亿元、14376亿元和14999亿元，同比分别增长-28.7%、11.0%和-5.5%。在其他资金来源中，定金和预收款为9019亿元，同比下降7.8%；按揭贷款为4238亿元，同比下降3.1个百分点。

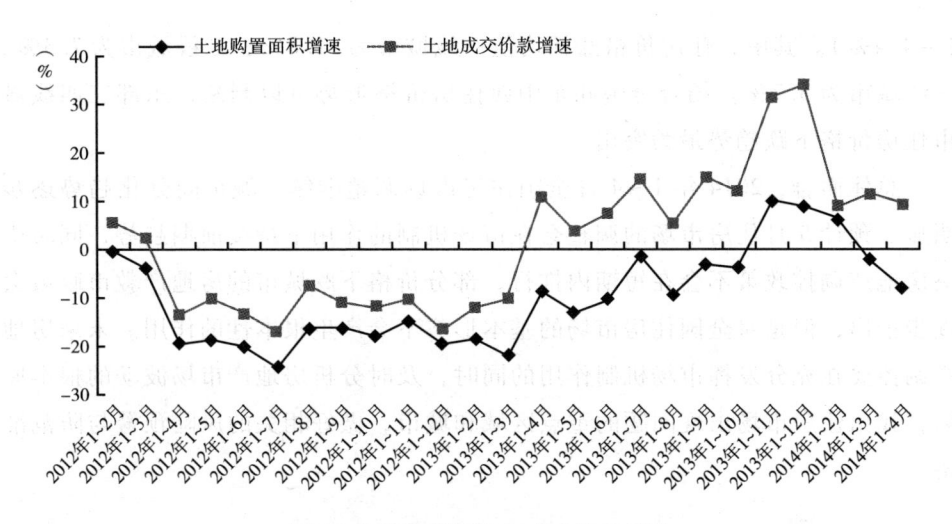

图5 土地购置面积与成交价款增速

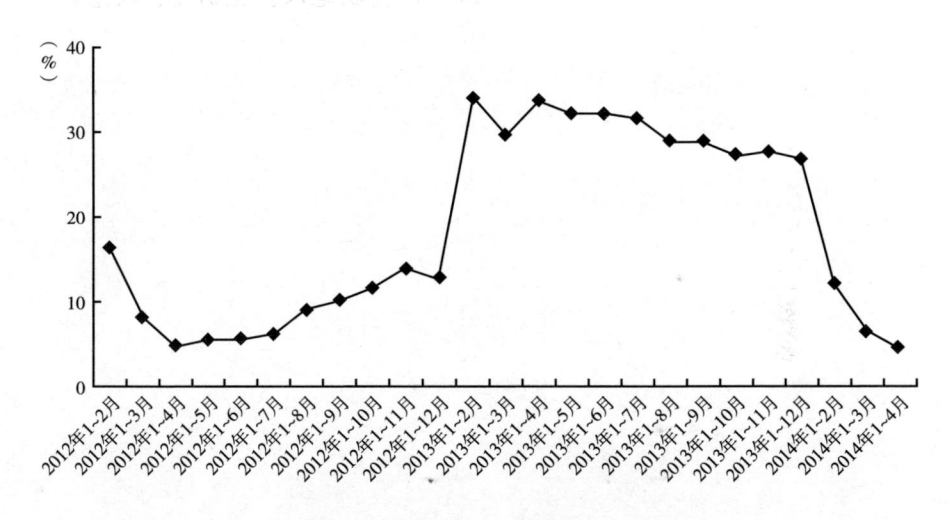

图6 房地产开发企业到位资金增速

1~4月东部商品房销售价格为8221元/平方米,同比下降0.7%,降幅较1~3月收窄1.0个百分点,较1~2月收窄3.2个百分点;中部为5008元/平方米,同比增长2.3%,增幅较1~3月扩大0.8个百分点,较1~2月扩大2.9个百分点;西部为5210元/平方米,同比增长4.6个百分点,增幅较1~3月收窄0.4个百分点,较1~2月扩大1.6个百分点。

70个大中城市新建商品住房价格同比上涨的城市有69个,下降的城市有1个。同比上涨幅度最高的城市为上海(13.6%),涨幅最低的为温州

(-4.4%)。其中，住房价格涨幅均值一线城市为11.8%，二线城市为7.3%，三线城市为5.7%。结合全国和东中西住房价格形势可以判断，东部三四线城市住房价格下跌趋势最为突出。

总体而言，2014年1~4月全国住房市场调整继续，城市间分化趋势逐步明显。预计5月住房市场的调整会在市场机制的作用下持续前期趋势，同时中央房地产调控政策不会在短期内推行，部分价格下跌城市的房地产救市政策会逐步推出，但是对全国住房市场的基本形势不会产生根本性的作用。未来房地产调控要在充分发挥市场机制作用的同时，及时分析房地产市场波动的根本原因，找出住房市场出现问题的重点区域和城市，做好相关的风险预警与防范准备。

（执笔人：倪鹏飞、杨慧）

五月份住房形势分析

- 全国住房市场调整趋势确立,房价已持续4个月下跌
- 房地产开发资金增速达2009年以来最低,按揭贷款同比下跌明显
- 70个大中城市房价增速持续回落,二三线城市内部分化趋势明显

住房投资增速连续4个月回落,为2013年以来最低增速。1~5月住房投资额为21043亿元,同比增长14.6%,增速较1~4月和1~2月分别回落2个和3.8个百分点(见图1)。1~5月住房投资受前期住房销售低迷影响,开发商预期不再乐观,加上资金紧张导致投资额难以快速上涨。

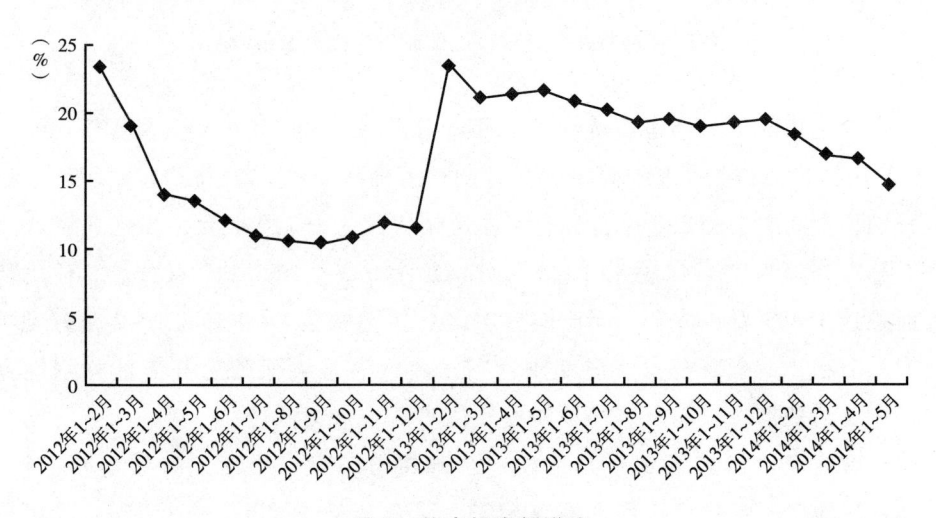

图1 住房投资额增速

住房施工面积增速持续回落,竣工面积增速止跌回升,但仍处于历史低位,新开工面积跌幅收窄,但仍然超过-20%。1~5月住房施工面积为

419883万平方米，同比增长9.1%，增速较1~4月和1~2月分别回落0.8个和4.4个百分点。住房竣工面积为23388万平方米，同比增长5.3%，增幅较1~4月和1~2月分别扩大7.4个和15.9个百分点。住房新开工面积为42588万平方米，同比下降21.6%，降幅较1~4月和1~2月分别收窄2.9个和8.0个百分点。销售低迷致住房库存持续上升，出清周期进一步延长，同时开发信贷收缩，导致住房开发进度缓慢。相关情况如图2所示。

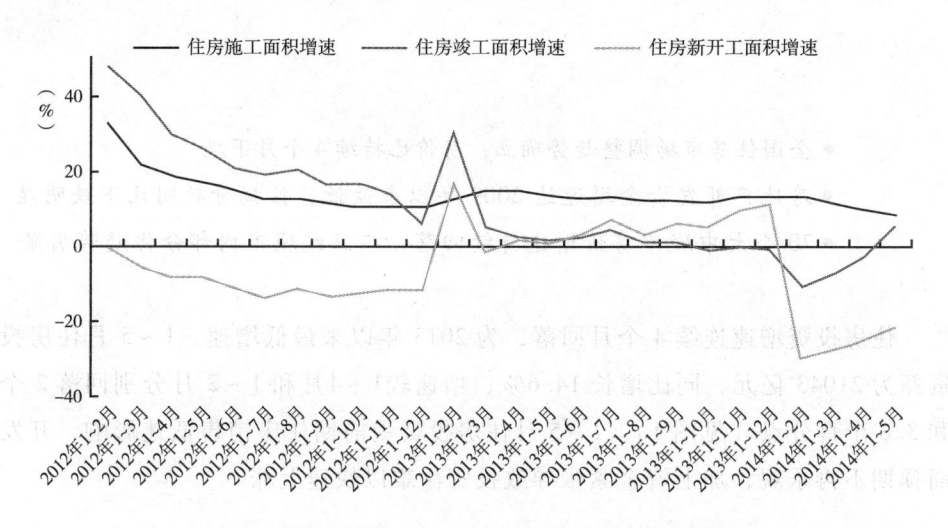

图2 住房新开工面积、施工面积及竣工面积增速

住房销售面积与销售额持续4个月负增长，降幅持续扩大（见图3）。1~5月住房销售面积为31946万平方米，同比下降9.2%，降幅较1~4月和1~2月分别扩大2.9个和8.0个百分点。住房销售额为19720亿元，同比下降10.2个百分点，降幅较1~4月和1~2月分别扩大0.3个和5.2个百分点。住房待售面积达35283万平方米，同比增长25.0%，增幅较1~4月和1~2月分别扩大1.1个和2.1个百分点。前期刚性需求集中释放，保障房分流部分刚性需求，住房消费信贷收缩及市场预期导致住房需求持续低迷。

全国住房价格连续4个月下跌，东部持续下跌，中西部持续小幅上涨。1~5月房地产开发住房销售价格为6173元/平方米，同比下降1.2%，降幅较1~4月和1~2月分别收窄0.2个和2.6个百分点（见图4）。商品住房库存持续增加，保障房供给稳定上升；住房刚性需求前期已大量释放，市场预期悲观。两方面共同导致供求结构转变，住房市场调整趋势确定。

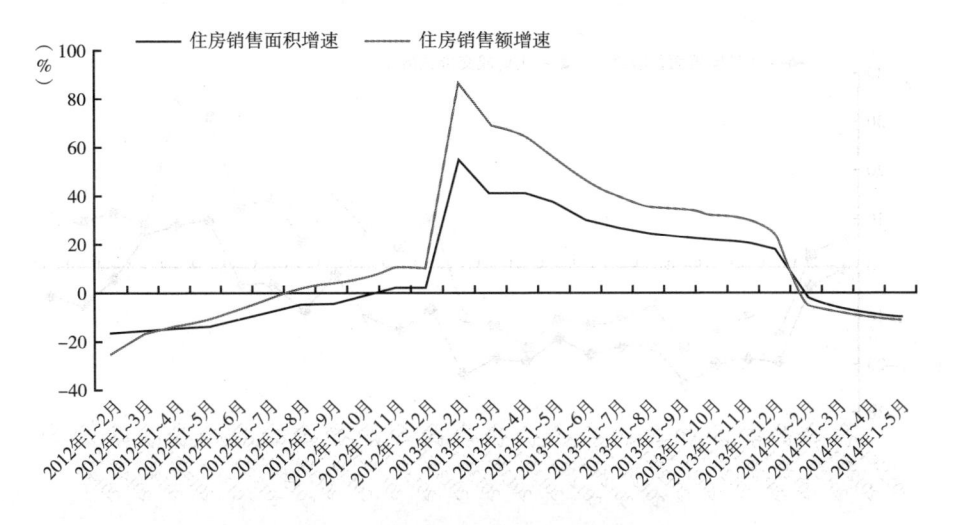

图3 住房销售面积与销售额增速

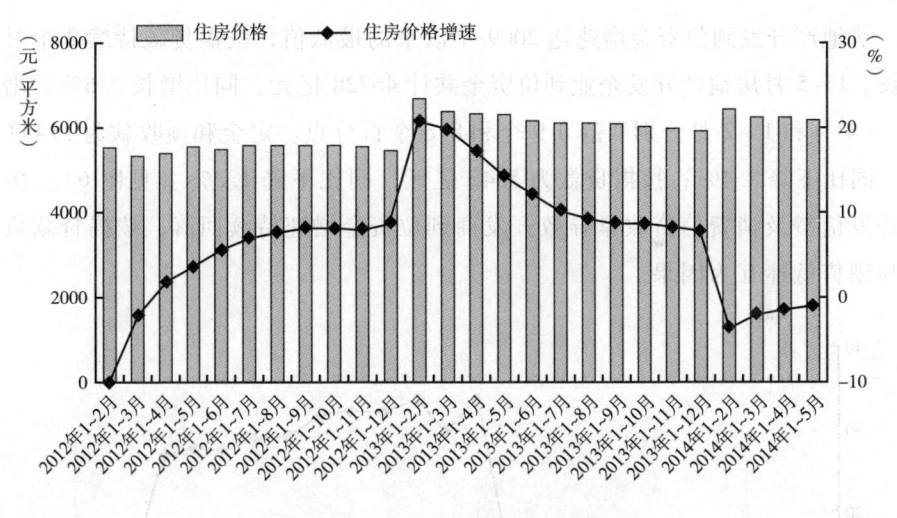

图4 住房价格与住房价格增速

土地购置面积持续3个月负增长，成交价款增速持续回落。1~5月房地产开发土地购置面积为11090万平方米，同比下降5.7%，降幅较1~4月和1~2月分别收窄2.2个和12.2个百分点；土地成交价款为2954亿元，同比增长8.7%，增幅较1~4月和1~2月分别收窄0.9个和0.2个百分点（见图5）。住房销售低迷、去库存慢引致土地需求下降，住房市场调整趋势确定，导致开发商预期悲观，拿地热情下降。

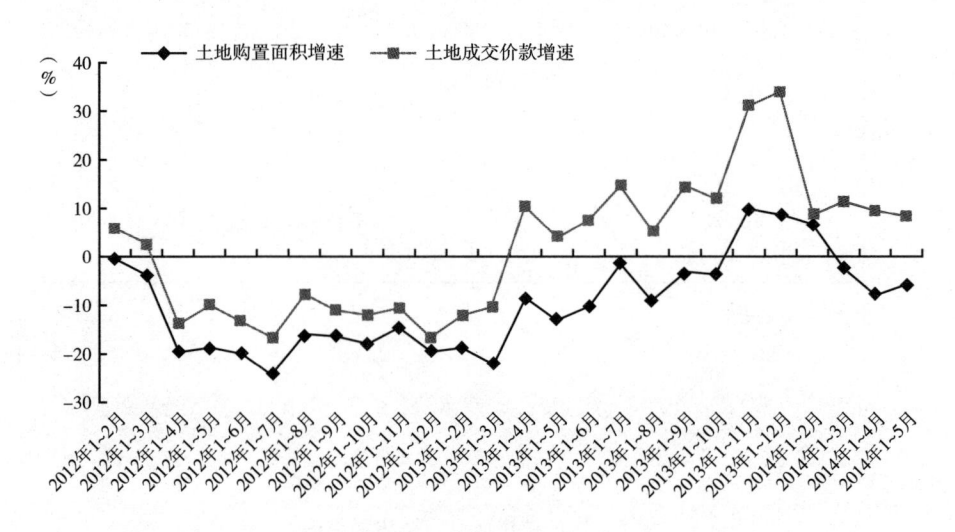

图 5 土地购置面积与成交价款增速

房地产开发到位资金增速达2009年以来的最低值，按揭贷款持续2个月负增长。1~5月房地产开发企业到位资金共计46728亿元，同比增长3.6%，增速较1~4月和1~2月分别回落0.9个和8.8个百分点。定金和预收款为11458亿元，同比下降8.4%；按揭贷款为5342亿元，同比下降1.2%（见图6）。房地产开发信贷及消费信贷收紧导致开发商到位资金增速持续回落，按揭贷款负增长与销售低迷互为因果。

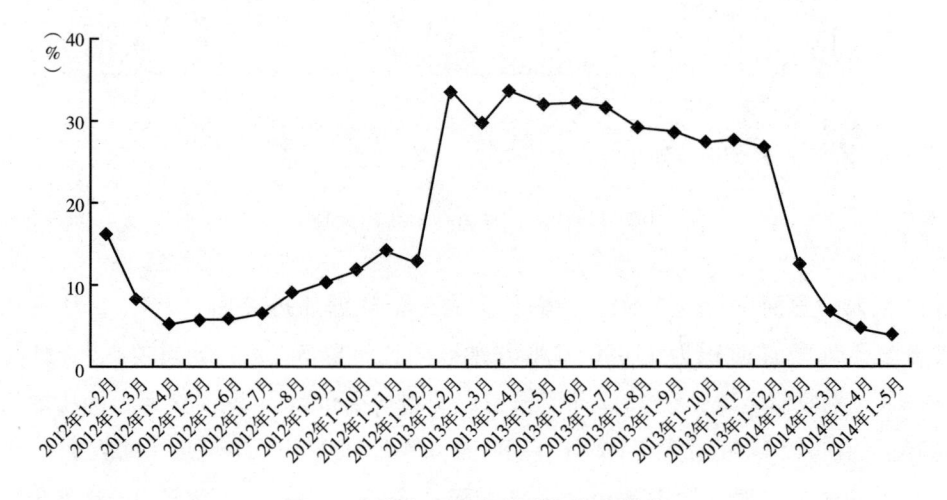

图 6 房地产开发企业到位资金增速

70个大中城市房价增速持续4个月回落，二三线城市内部分化趋势明显（见图7）。5月新建商品房价同比上涨的城市有69个，下降的城市有1个。同比上涨幅度最高的城市为上海（11.3%），涨幅最低的为温州（-4.8%）。其中，房价涨幅均值一线城市为9.9%，二线城市为6.1%，三线城市为4.7%，较1月分别回落9.3个、3.9个和3.2个百分点。住房供求矛盾短期内缓解致一线城市房价增速趋缓；二三线城市内部分化加剧，部分城市供大于求矛盾突出，房价下行压力巨大。

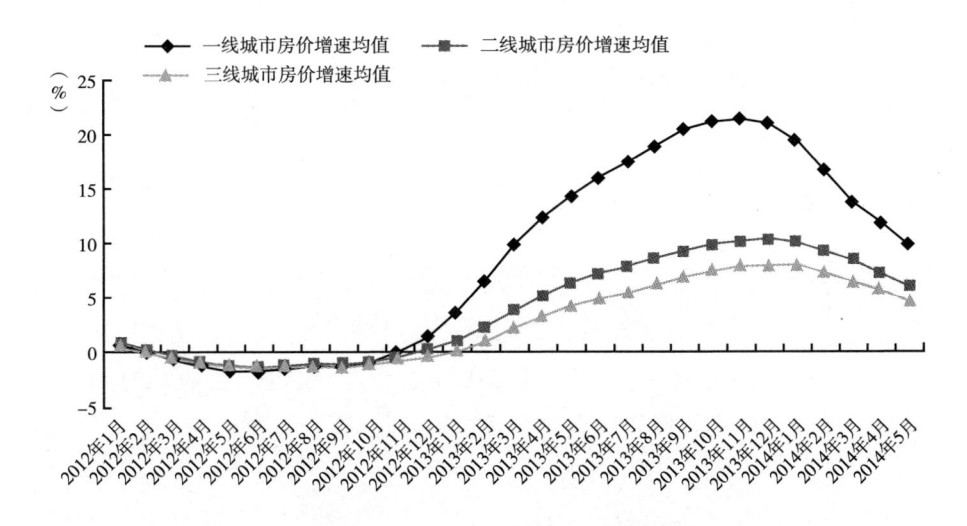

图7　70个大中城市一线、二线和三线城市房价增速均值

总体而言，2014年1~5月全国住房市场调整趋势已经确定，住房投资、供给、需求、价格及土地购置均出现超过3个月的负增长或增速回落。5月"央五条"要求商业银行支持首次购房消费信贷，积极支持刚性需求，部分价格下跌城市的房地产救市政策已经逐步推出。6月会有更多的地方政府尝试通过微调政策刺激住房需求，住房市场仍将以"分类调控"为主，全国性住房调控政策在短期内推出的可能性不大，从而对全国住房市场的基本形势不会产生根本性的作用。预计6月住房市场调整趋势确立的现象会进一步明朗化，住房市场基本面经过前5个月的调整会进一步稳定。

未来住房市场调控要在充分发挥市场机制作用的同时，尊重区域性特征，分析各类城市住房市场波动的根本原因，采取"分类调控"的方法，对住房需求潜力仍很强大的城市不能放松住房调控；对住房供求基本平衡、房价合理回归的城市，主要通过市场的力量自动调整；对供给大于需求、住房需求严重不足的城市，则要允许地方政府采取合理的调控政策消化现有库存，做好这些城市的风险预期与防范措施。

（执笔人：倪鹏飞、杨慧）

六月住房形势分析

- 住房市场调整深化，主要指标均持续4~6个月下跌或增速回落
- 房地产资金增速持续5个月回落，自筹资金成为主要资金来源
- 70个大中城市房价增速持续6个月回落，一线城市回落最为显著

住房投资增速连续5个月回落，持续低位运行。1~6月住房投资额为28689亿元，同比增长13.7%，增速较1~5月和1~2月分别回落0.9个和4.7个百分点（见图1）。

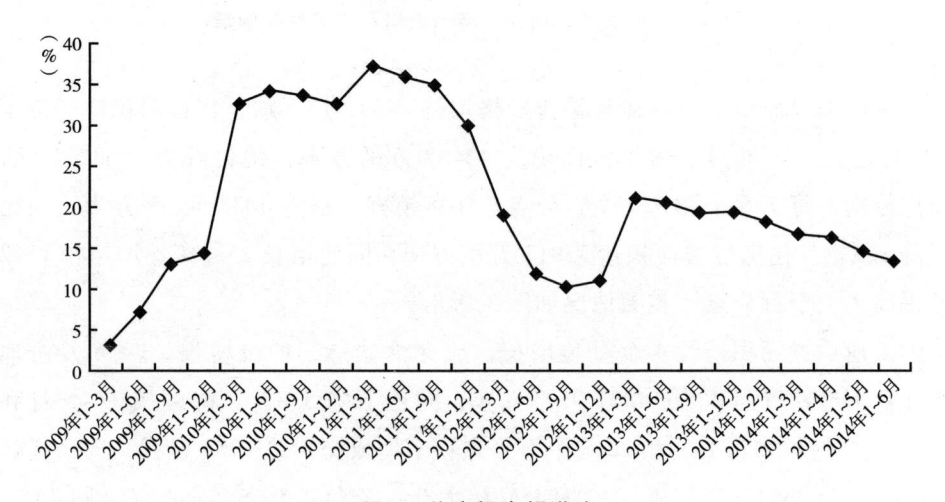

图1　住房投资额增速

住房施工面积增速持续4个月回落，竣工面积增速小幅回升但仍处于历史低位，新开工面积跌幅收窄但仍接近-20%。1~6月住房施工面积为437195万平方米，同比增长8.3%，增速较1~5月和1~2月分别回落0.8个和5.2

个百分点。住房竣工面积为29168万平方米，同比增长6.3%，增幅较1~5月和1~2月分别扩大1.0个和16.9个百分点。住房新开工面积为56674万平方米，同比下降19.8%，降幅较1~5月和1~2月分别收窄1.8个和9.8个百分点。相关情况如图2所示。

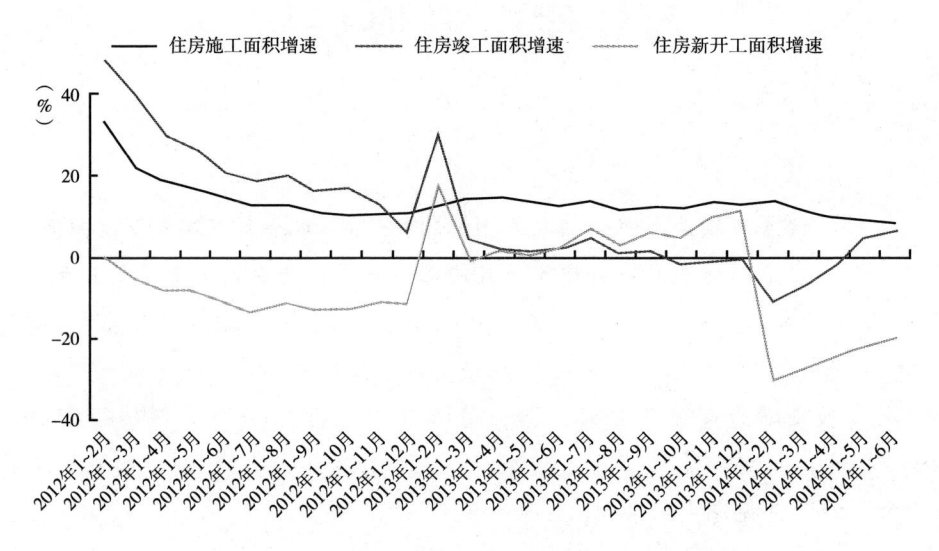

图2 住房新开工面积、施工面积及竣工面积增速

住房销售面积、销售额与销售价格均持续5个月下跌，待售面积增速持续5个月提高。1~6月住房销售面积为42487万平方米，销售额为25632亿元，同比分别下降7.8个和9.2个百分点。住房销售价格为6033元/平方米，同比下降1.5%。住房待售面积达35917万平方米，同比增长25.0%，增速较1~2月提高2.1个百分点。相关情况如图3所示。

土地购置面积持续4个月负增长，成交价款持续低位增长。1~6月房地产开发土地购置面积为14807万平方米，同比下降5.8%，降幅较1~5月和1~2月分别扩大0.1个和12.3个百分点；土地成交价款2954亿元，同比增长9.0%，增幅较1~5月和1~2月分别扩大0.3个和0.1个百分点（见图4）。

房地产开发到位资金增速连续5个月回落，自筹资金比重上升明显。1~6月房地产开发企业到位资金共计58913亿元，同比增长3.0%，增速较1~5月和1~2月分别回落0.6个和9.4个百分点。到位资金增速回落的直接原因是各项资金来源增速普遍下滑，同比降幅最大的依次为利用外资（-20.6%）

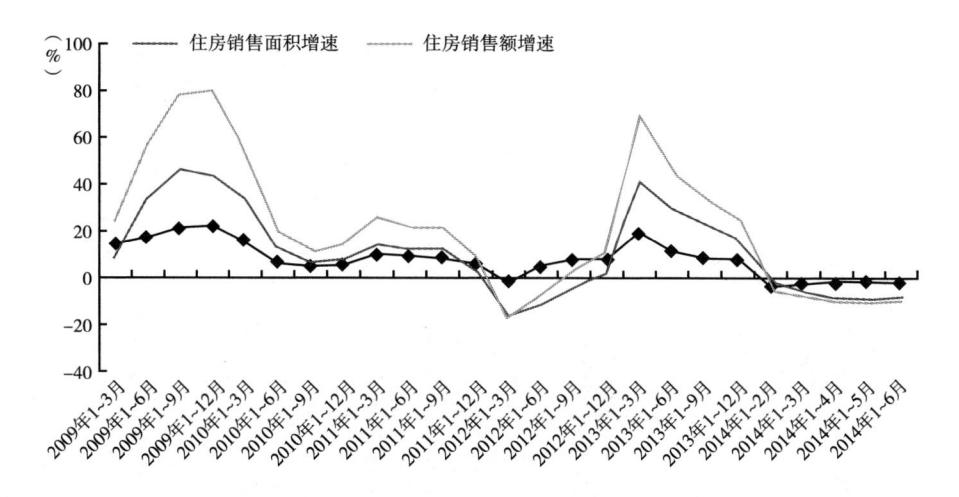

图3 住房销售面积、销售额及销售价格增速

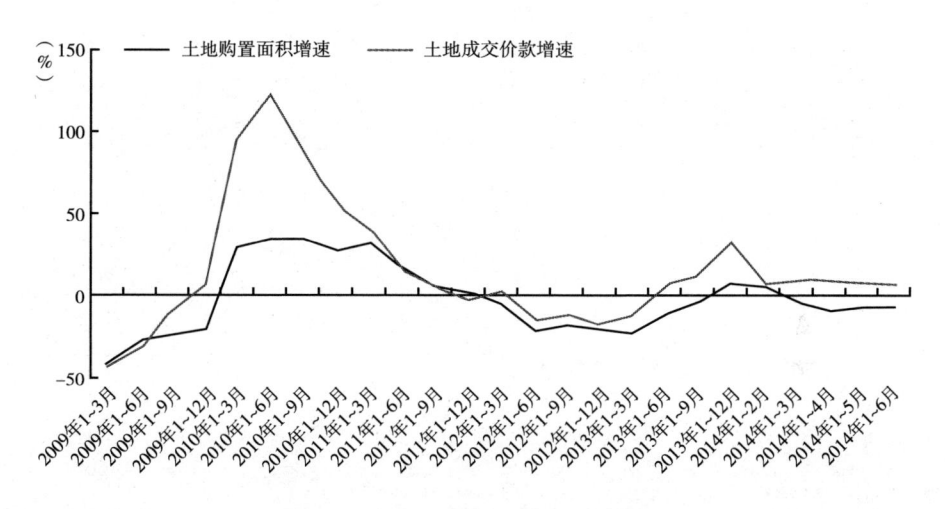

图4 土地购置面积与成交价款增速

和其他资金（其中定金及预收款 -9.3%；按揭贷款 -3.7%），在其他资金来源有限的背景下，自筹资金比重上升明显。相关情况如图5所示。

70个大中城市房价增速持续6个月回落，一线城市增速回落最为显著（见图6）。6月新建商品房价同比上涨的城市有69个，下降的城市有1个。同比上涨幅度最大的为厦门（9.4%），最小的为温州（-5.3%）。一、二、三线城市房价涨幅均值分别为7.6%、4.7%和3.5%，较1月分别回落11.6个、5.4个和4.4个百分点。

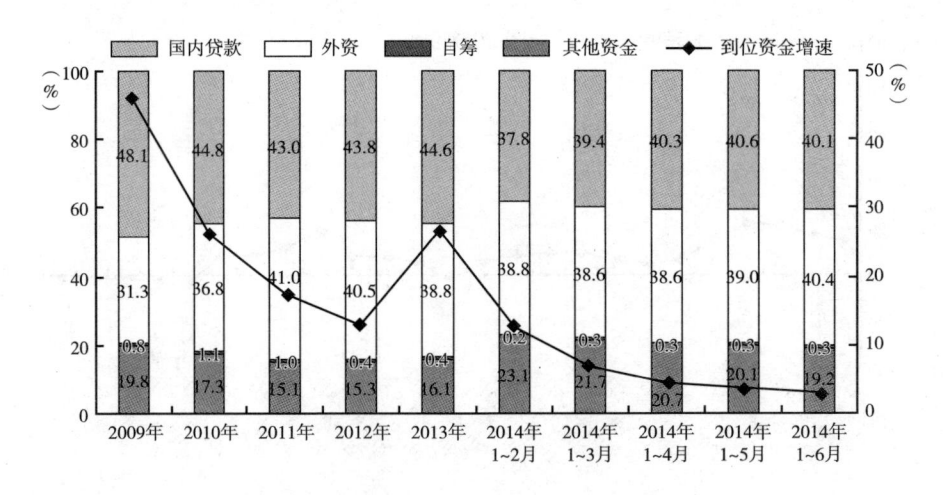

图 5 房地产开发企业到位资金增速及比重

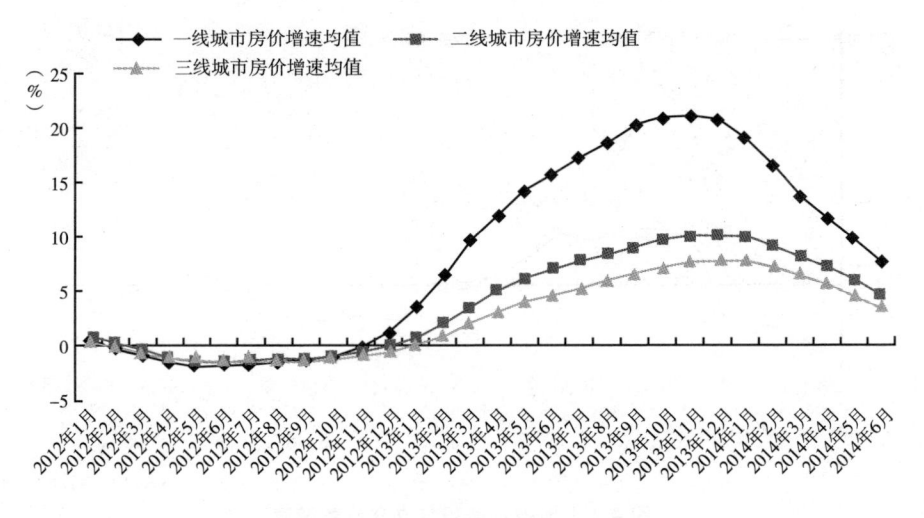

图 6 一线、二线和三线城市房价增速均值

总体而言，1~6月全国住房市场调整持续深化，住房投资、供给、需求、价格及土地购置均出现超过4个月的负增长或增速回落。从70个大中城市来看，一、二、三线城市住房价格增速均持续回落。在住房市场低迷的背景下，不少城市已经开始采取刺激楼市的政策。6月呼和浩特成为全国第一个正式发文松绑限购的城市，同时还有诸多城市通过放松户籍制度、调整公积金、契税补贴等间接措施松绑限购。

下半年在中央"微刺激"保障宏观经济稳中趋稳的大背景下，住房市场调控将继续关注中长期制度建设，同时在"分类指导"和"双向调控"的思想指导下，地方政府进行局部调控的自主空间扩大，调控政策也将更趋于灵活，对住房市场各项指标回升将有一定的刺激作用。但鉴于上半年成交低迷导致库存不断攀升及前两年大量施工建设的住房陆续入市，住房供给在下半年将保持较为饱和的状态；而受前期住房销售低迷的影响，消费者的观望情绪仍将持续，住房需求增加有限。因此住房市场难以有较大幅度的回升，调整趋势将延续至下半年。

下半年住房市场调控要继续充分发挥市场机制的作用，通过市场机制促进住房市场深化调整，逐渐解决长期以来住房市场存在的供求量及供求结构不合理的问题，促进住房市场健康发展。但是也要尊重区域性特征，正确研判各类城市住房市场波动的根本原因，严格按照"分类指导"和"双向调控"的要求，确保住房市场稳定健康发展。

（执笔人：倪鹏飞、杨慧）

七月份住房形势分析

- 投资增速持续回落，但幅度有所缩小。销售持续低迷及库存不断攀升导致开发商预期悲观，信心不足
- 信贷环境有所宽松，土地价格有所上涨
- 全国由整体调整向全面调整转变，整体降幅有所收窄

住房投资额增速持续6个月回落，较年初回落超5个百分点。1~7月住房投资额为34365亿元，同比增长13.3%，增速较1~6月和1~2月分别回落0.4个和5.1个百分点（见图1）。

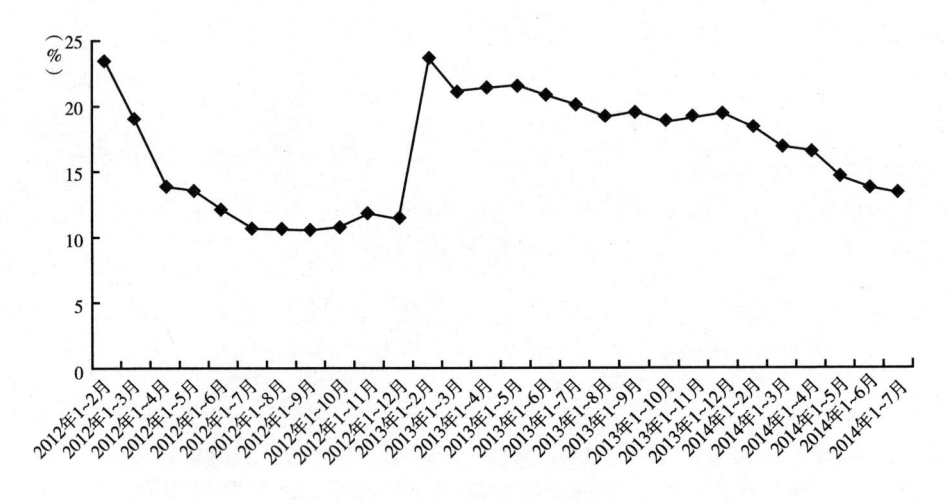

图1 住房投资额增速

住房施工面积增速持续5个月回落，竣工面积增速结束回升态势出现回落，新开工面积降幅持续收窄但仍超过-16%。1~7月住房施工面积为

451577万平方米,同比增长8.2%,增速较1~6月和1~2月分别回落0.1个和5.3个百分点。住房竣工面积为33270万平方米,同比增长2.7%,增幅较1~6月回落3.6个百分点,较1~2月扩大13.3个百分点。住房新开工面积为69069万平方米,同比下降16.4%,降幅较1~6月和1~2月分别收窄3.4个和13.2个百分点。相关情况如图2所示。

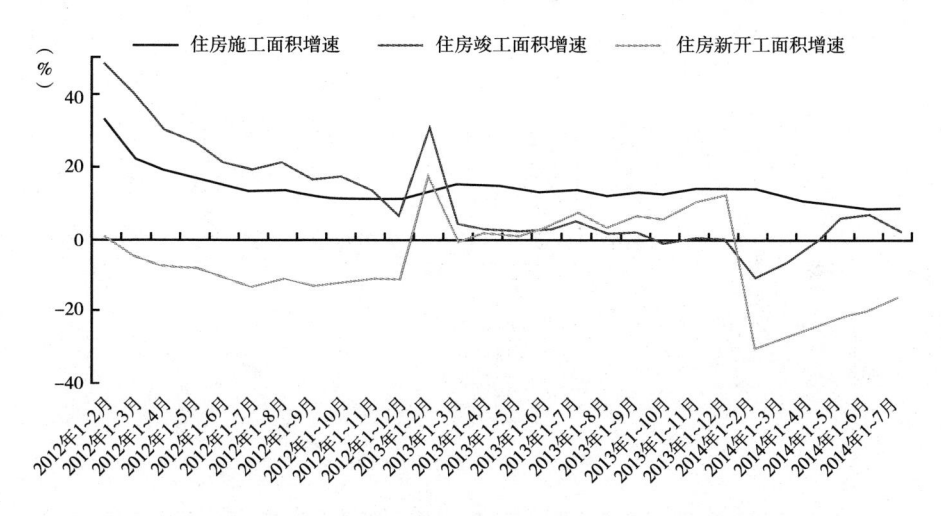

图2 住房新开工面积、施工面积及竣工面积增速

住房销售面积、销售额与销售价格均持续6个月下跌,待售面积增速持续5个月提高。1~7月住房销售面积和销售额分别为49592万平方米和29874亿元,同比分别下降9.4%和10.5%。住房销售价格为6024元/平方米,同比下降1.2%。住房待售面积达36458万平方米,同比增长25.0%。相关情况如图3所示。

土地购置面积持续5个月负增长,成交价款增速低位运行。1~7月房地产开发土地购置面积17824万平方米,同比下降4.8%,降幅较1~6月收窄1个百分点,较1~2月扩大11.3个百分点;土地成交价款为4828亿元,同比增长9.8%,增幅较1~6月和1~2月分别扩大0.8个和0.9个百分点(见图4)。

国内贷款增速回升带动到位资金增速首次小幅回升,定金预收款和按揭贷款持续6个月的负增长是资金增速持续低位运行的直接原因。1~7月房地产开发企业到位资金共计68987亿元,同比增长3.2%,增幅较1~6月扩大0.2

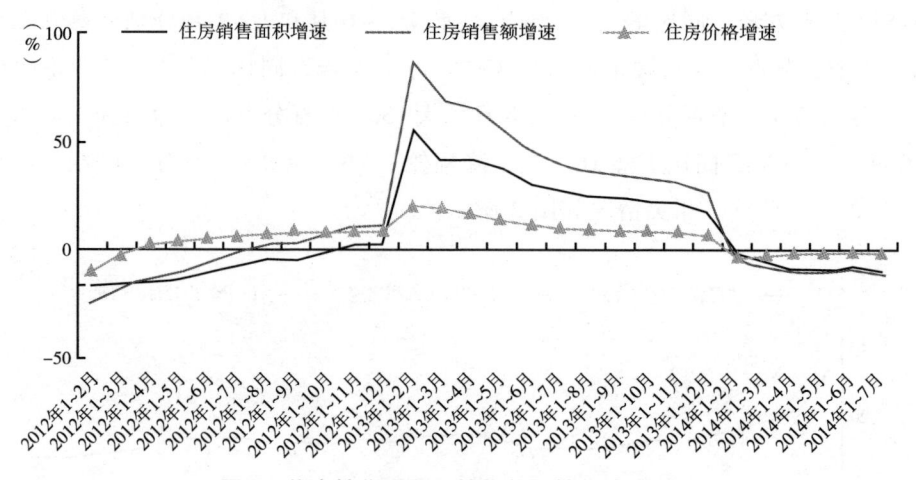

图 3　住房销售面积、销售额及销售价格增速

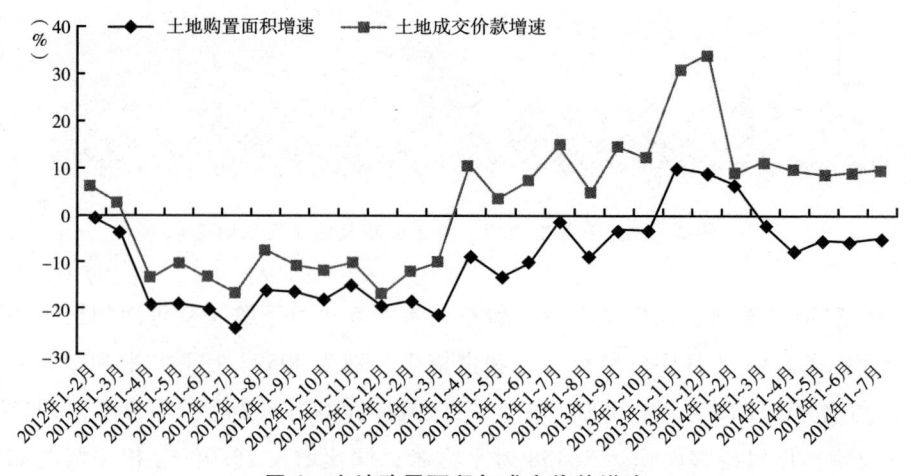

图 4　土地购置面积与成交价款增速

个百分点，较 1~2 月回落 9.2 个百分点。在资金趋紧的状态下，房地产开发企业资金来源中自筹资金比重不断提高，其他资金比重不断降低。相关情况如图 5 所示。

70 个大中城市房价增速持续 7 个月回落，各类城市增速均大幅回落（见图 6）。6 月新建商品房价格同比上涨的城市有 65 个，下降的城市有 3 个。同比上涨幅度最大为厦门（7.2%），最小的为温州（-4.9%）。一、二、三线城市房价涨幅均值分别为 5.0%、2.8% 和 2.0%，较 1 月分别回落 14.2 个、7.2 个和 5.9 个百分点。

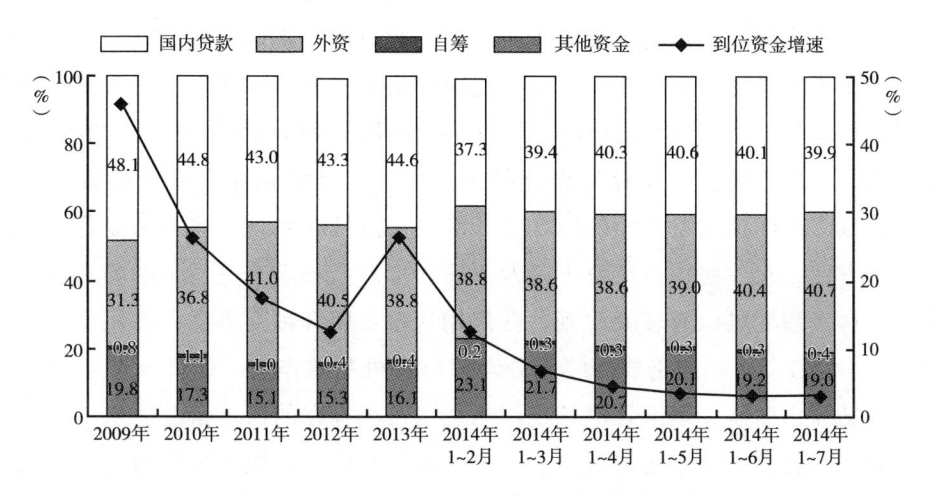

图5 房地产开发企业到位资金增速及比重

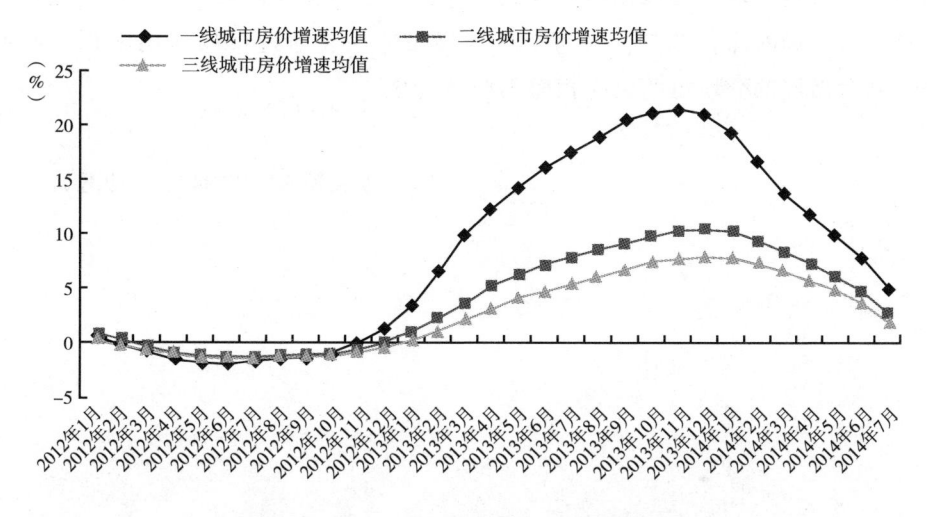

图6 一线、二线和三线城市房价增速均值

总体而言，1~7月全国住房市场调整持续深化，住房投资、供给、需求、价格及土地购置均出现超过5个月的负增长或增速回落，但是大多指标的回落幅度有所收窄，住房市场从整体调整向全面调整转变。从70个大中城市来看，一、二、三线城市住房价格增速均持续7个月回落。在住房市场低迷的背景下，不少城市已经开始采取刺激楼市的政策，截至7月底全国松绑限购城市已经超过半数。

8月，在央行宏观指导下，银行金融机构的房地产信贷政策会有所放松，同时在中央力推长效机制建设背景下，地方政府的宏观调控将更趋灵活，放松限购的城市数量还将不断增多，以上说明住房政策环境有利于住房市场的回暖发展。但鉴于1~7月销售低迷导致库存不断攀升及后续大量商品住房陆续竣工入市，住房市场的去库存压力仍较大。房地产开发企业在资金趋紧的压力下，采取降价促销策略从而保障销售业绩的可能性在8月或将更为显著。在住房需求方面，在住房价格持续下降及限购松绑对市场未有明显影响的宏观环境下，购房者预期难以有较大改观，住房销售量价回升幅度不会太大。

8月住房市场调控仍要继续充分发挥市场机制的作用，通过市场机制促进住房市场深化调整，逐渐解决长期以来住房市场存在的供求量及供求结构的不合理问题，促进住房市场健康发展。一线城市和热点二线城市应通过长效机制建设正确引导市场预期，促进住房市场稳定健康发展。其他二线城市和热点三线城市应根据当地及区域住房市场的发展特征，逐步放松限购，通过市场机制促进住房市场的深化调整。大量三四线城市应主要通过市场作用消化现有库存，同时做好部分城市的风险预警与防范措施。

（执笔人：倪鹏飞、杨慧）

八月份住房形势分析

- 投资、需求及资金等指标的下行态势持续，住房市场仍处下行调整期
- 购房者预期悲观导致消费信贷降幅继续扩大，总资金增速持续回落
- 70个大中城市的房价增速连续8个月回落，房价下跌城市大幅增加
- 预计9月在前期严峻住房市场形势的带动下，松绑限购城市或将继续扩容

住房投资增速持续7个月回落，增速较年初回落6个百分点。1~8月住房投资额为40159亿元，同比增长12.4%，增速较1~7月和1~2月分别回落0.9个和6个百分点（见图1）。

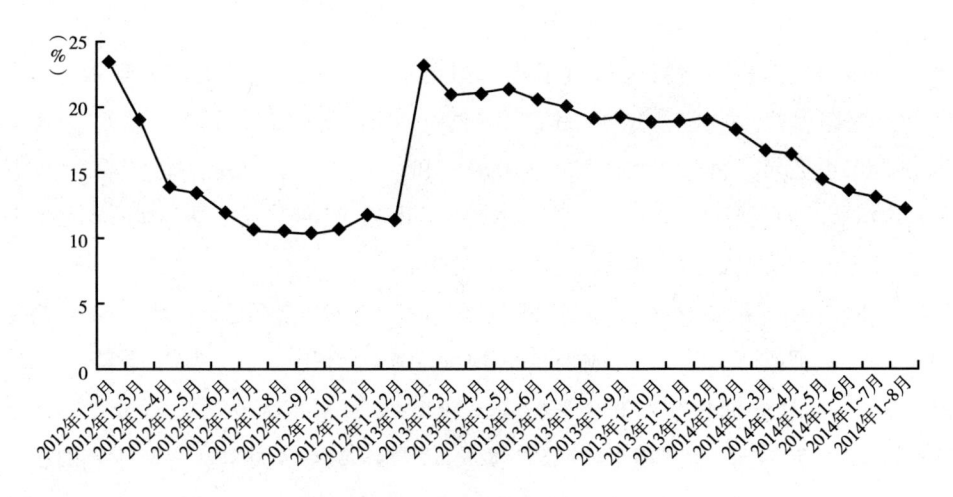

图1 住房投资额增速

住房施工面积增速持续5个月回落后首次上升，竣工面积增速在波动中不断回升，新开工面积降幅持续收窄。1~8月住房施工面积为465243万平方米，同比增长8.3%，增速较1~7月扩大0.1个百分点，实现年初以来同比增幅的首次回升。住房竣工面积为38036万平方米，同比增长4.8%，增幅较1~7月和1~2月分别扩大2.1个和15.4个百分点。住房新开工面积为80174万平方米，同比下降14.4%，降幅较1~7月和1~2月分别收窄2.0个和15.2个百分点。相关情况如图2所示。

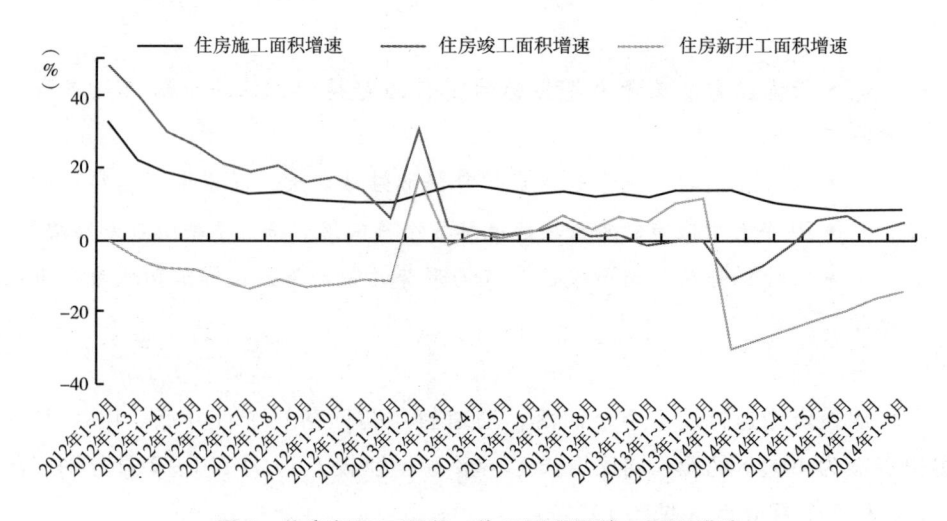

图2 住房新开工面积、施工面积及竣工面积增速

住房销售面积和销售额持续下降，但销售面积降幅高于销售额降幅，导致销售价格降幅持续收窄。1~8月住房销售面积和销售额分别为57094万平方米和34314亿元，同比分别下降-10.0%和-10.9%。住房销售价格为6010元/平方米，同比下降1.1%。住房待售面积达37047万平方米，同比增长26.9%。相关情况如图3所示。

土地购置面积持续负增长但降幅不断收窄，成交价款增速不断提高至13%。1~8月房地产开发土地购置面积为20787万平方米，同比下降3.2%，降幅较1~7月分别收窄1.6个百分点，较1~2月份扩大9.7个百分点；土地成交价款为5694亿元，同比增长12.8%，增幅较1~7月和1~2月分别扩大3.0个和3.9个百分点（见图4）。

房地产开发企业总资金增速持续回落，定金预收款和按揭贷款持续负增长

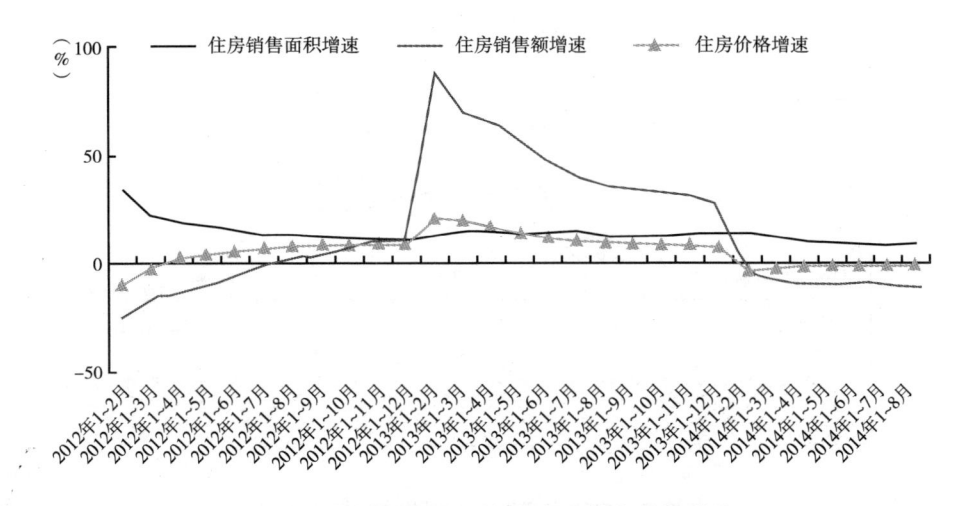

图3 住房销售面积、销售额及销售价格增速

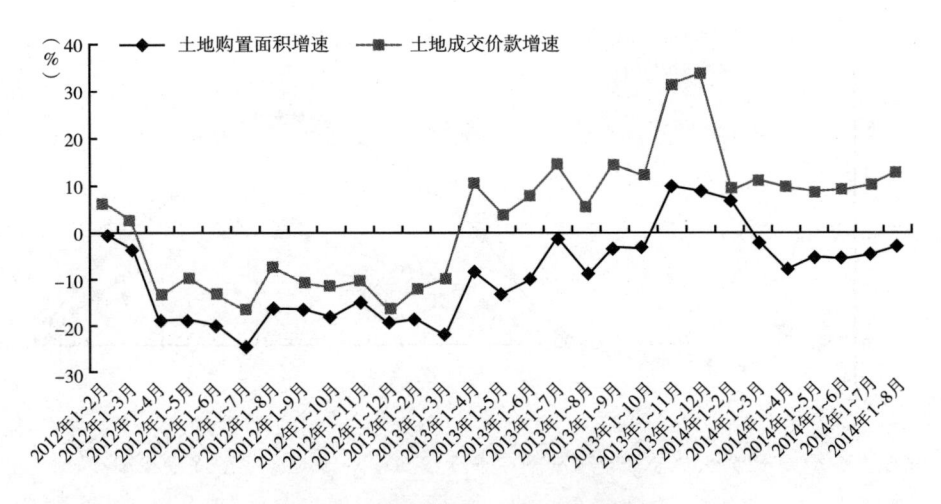

图4 土地购置面积与成交价款增速

且降幅扩大。1~8月房地产开发企业到位资金共计79062亿元，同比增长2.7%，增幅较1~7月缩小0.5个百分点，较1~2月回落9.7个百分点（见图5）。房地产到位资金增速低位运行并持续回落的主要原因是：年初以来消费者预期悲观导致其购房意愿降低，从而按揭贷款及定金预收款持续下降。

70个大中城市房价增速持续8个月回落，房价同比下降的城市数量大幅增加（见图6）。6月新建商品住房价格同比上涨的城市有48个，较7月减少17个；下降的城市有19个，较7月增加16个。同比上涨幅度最大的为厦门

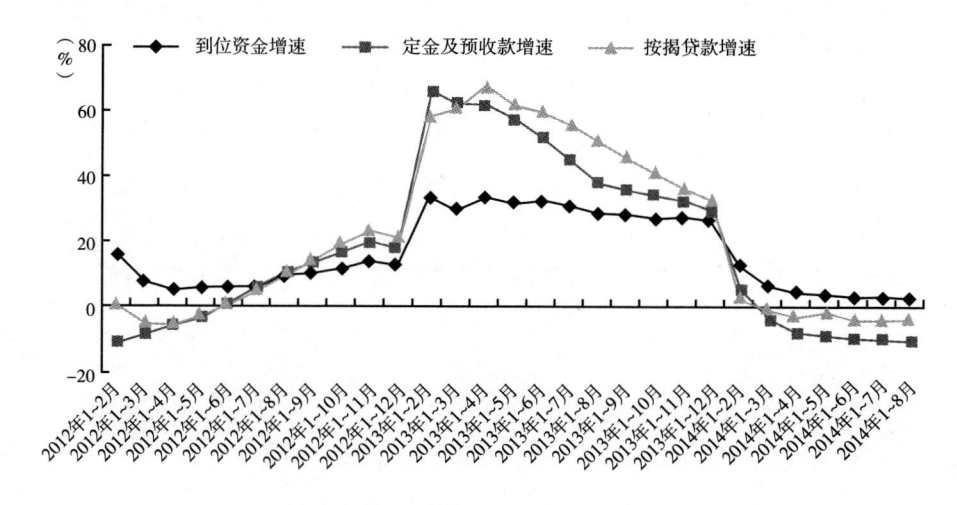

图5 房地产开发企业到位资金增速

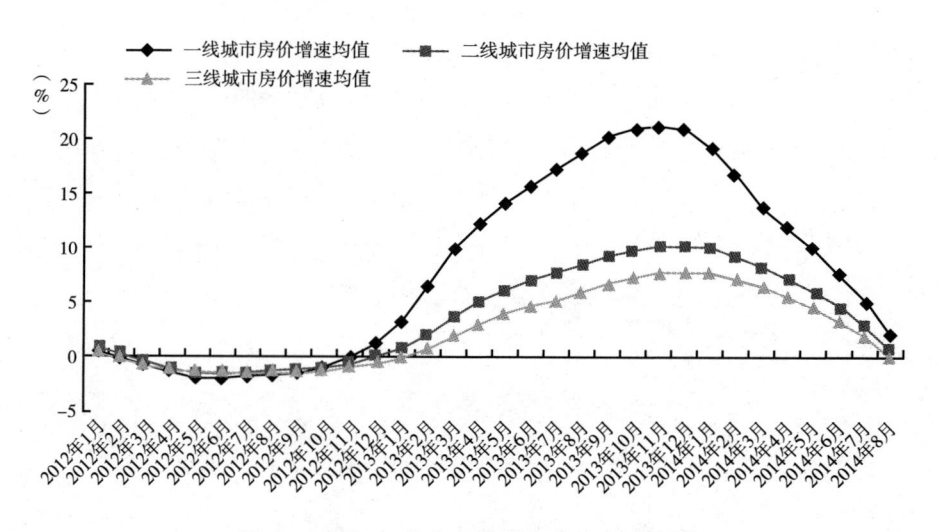

图6 一线、二线和三线城市房价增速均值

（6.4%），最小的为杭州（-5.6%）。一、二、三线城市房价涨幅均值分别为2.3%、0.8%和0.1%，较1月分别回落17.0个、9.3个和7.8个百分点。

总体而言，1~8月住房投资、销售及资金来源相关指标增速回落或持续负增长，住房供给和土地购置相关指标增速提高或降幅收窄。70个大中城市增速已经连续8个月回落，同比增速下降城市较上个月大幅度增加，杭州取代温州成为70个城市中降幅最大的城市。截至8月底全国已经有超过30个城市通过直接或间接措施松绑限购，仅北京、上海、广州和深圳等少数城市仍在坚守严厉的限购政策。

预计9月在前期严峻住房市场形势的带动下，松绑限购城市或将继续扩容；地方政府在土地财政的压力下刺激楼市的政策也将陆续出台；银行金融机构的房地产信贷支持力度也将进一步加大，以上说明住房政策环境有利于住房市场回暖发展。同时9月在"金九银十"的带动下，也会助力住房市场回暖。但是从住房供给来看，年初以来住房市场库存不断攀升会加大9月的去库存压力，加之9月房地产开发商一般都会加大推盘量，从而使住房供给过于饱和。在住房需求方面，购房者在前期市场持续低迷及"买涨不买跌"的心理下，预期恐难以有较大改观。综上可以看出，9月住房市场主要指标将持续前期下行趋缓态势，但是市场大幅回升的可能性不大。

建议全国住房市场调控仍以坚持市场自身调控为主，通过市场机制作用消化现有库存，解决长期以来存在的高库存问题和市场结构不合理问题。同时地方政府可通过微刺激政策合理引导消费预期，对于住房市场波动较大的城市则要做好相应的风险预警和防范措施。

（执笔人：倪鹏飞、杨慧）

九月份住房形势分析

● 住房市场下行调整趋势继续，部分指标向好但多数指标仍持续下行，开发商经营压力加大，投资持续放缓

● 消费者预期未有明显好转，价格降幅持续缩小但销售量持续下跌

● 开发商信心有所回升，资金趋紧、拿地谨慎，但竣工面积和新开工面积持续回升

住房投资额增速持续8个月回落，增速较年初回落超7个百分点。1~9月住房投资额为46725亿元，同比增长11.3%，增速较1~8月和1~2月分别回落1.1个和7.1个百分点（见图1）。

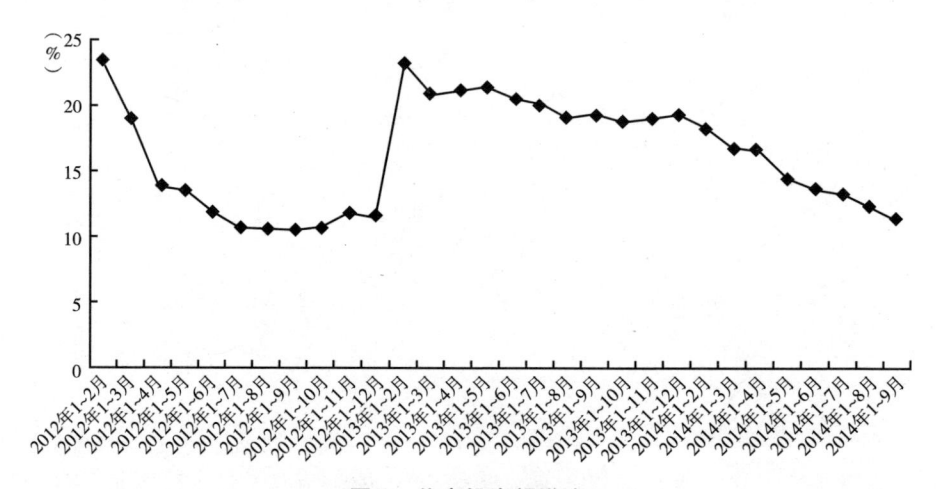

图1 住房投资额增速

住房施工面积增速持续回落，竣工面积增速连续2个月回升，新开工面积降幅持续收窄。1~9月住房施工面积为479017万平方米，同比增长

8.1%，增幅较1~8月和1~2月分别缩小0.2个和5.4个百分点。住房竣工面积为43269万平方米，同比增长5.1%，增幅较1~8月和1~2月分别扩大0.3个和15.7个百分点。住房新开工面积为91754万平方米，同比下降13.5%，降幅较1~8月和1~2月分别收窄0.9个和16.1个百分点。相关情况如图2所示。

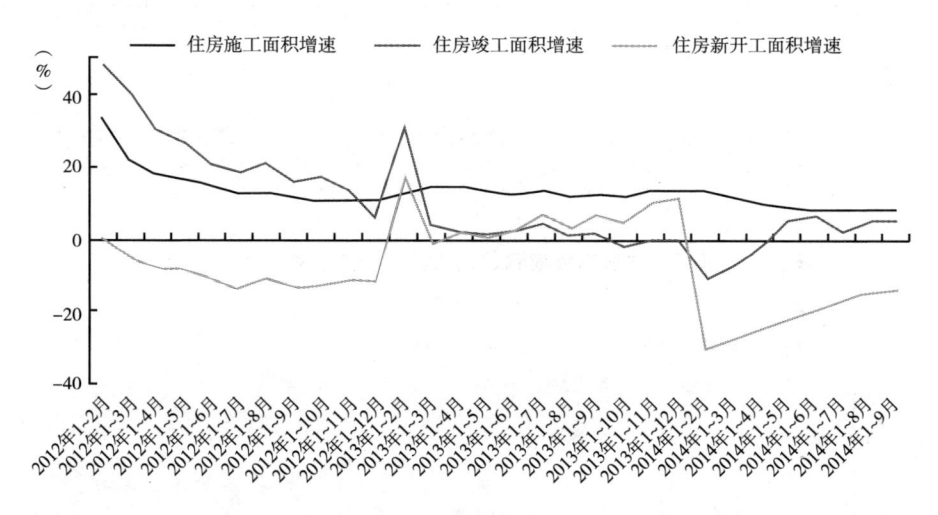

图2 住房新开工面积、施工面积及竣工面积增速

住房销售量持续负增长且降幅扩大，销售价格持续负增长但降幅持续收窄，住房待售面积持续增加且增幅持续扩大。1~8月住房销售面积和销售额分别为67669万平方米和40516亿元，同比分别下降-10.3%和-10.8%。住房销售价格为5987元/平方米，同比下降0.6%，降幅较1~8月和1~2月分别缩小0.5个和3.2个百分点。住房待售面积达37676万平方米，同比增长28.5%，增幅较1~8月和1~2月分别扩大1.6个和5.6个百分点。相关情况如图3所示。

土地购置面积降幅收窄后开始扩大，成交价款增速持续3个月扩大后开始回落。1~9月房地产开发土地购置面积为24014万平方米，同比下降4.6%，降幅较1~8月和1~2月分别扩大1.4个和11.1个百分点；土地成交价款为6781亿元，同比增长11.5%，增幅较1~8月缩小1.3个百分点，较1~2月扩大2.6个百分点（见图4）。

到位资金总额、国内贷款和自筹资金增幅持续回落，以定金预收款和按揭

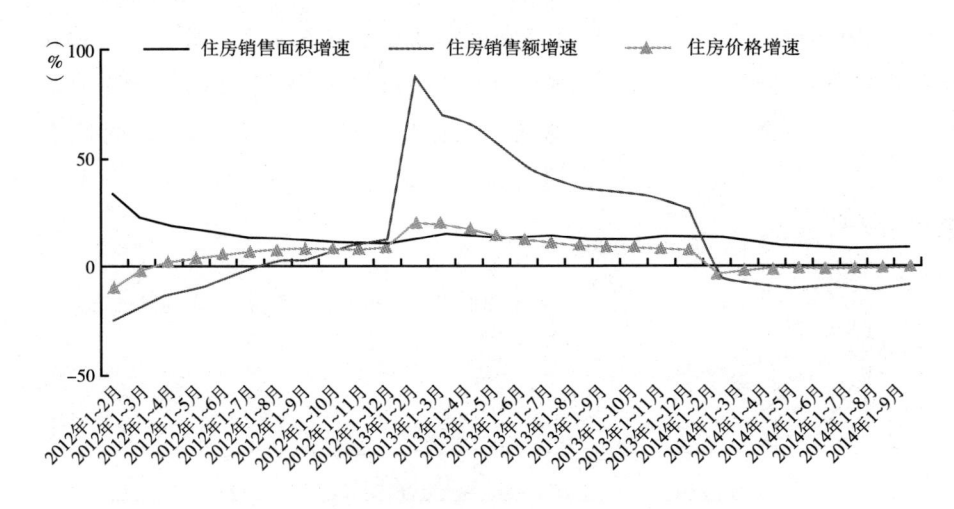

图 3 住房销售面积、销售额及销售价格增速

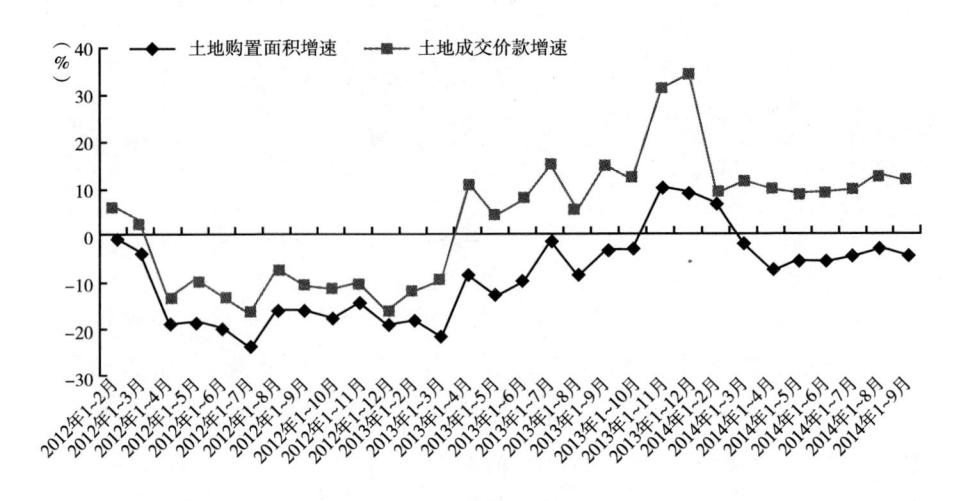

图 4 土地购置面积与成交价款增速

贷款为主的其他资金降幅持续扩大,到位资金中利用外资出现年初以来的首次正增长。1~9月房地产开发企业到位资金共计89869亿元,同比增长2.3%,增幅较1~8月和1~2月分别缩小0.4个和10.1个百分点。其中,国内贷款为16288亿元,同比增长11.8%,增速较1~8月和1~2月分别回落2.0个和13.0个百分点;利用外资430亿元,同比增长9.9个百分点,增速出现年初以来的首次同比正增长,增速较1~8月和1~2月分别扩大10.8个和53.1个百分点;自筹资金为37535亿元,增速较1~8月和1~2月分别回落0.1个和

1.1个百分点；其他资金（定金预收款和按揭贷款）共计35616亿元，同比下降9.1%，降幅较1~8月和1~2月分别扩大0.2个和15.4个百分点（见图5）。

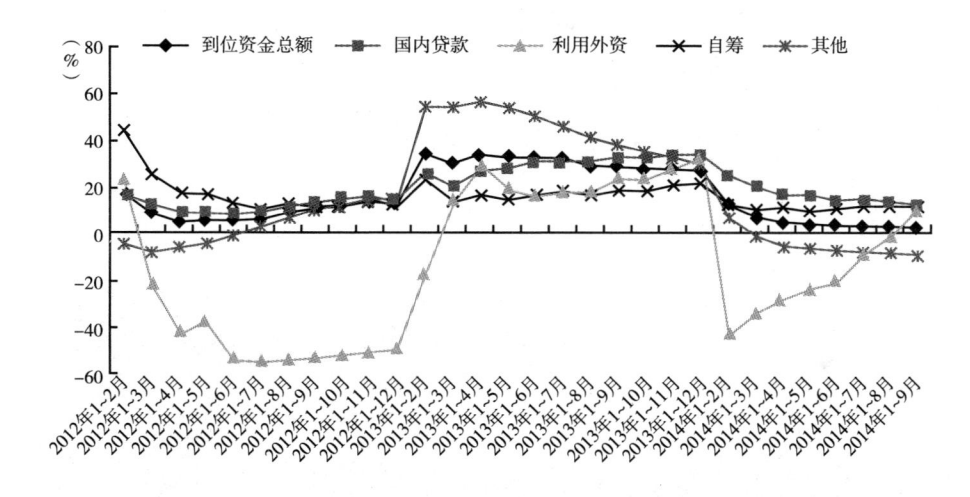

图5 房地产开发企业到位资金增速

总体而言，1~9月住房投资、施工面积、销售量、待售面积、土地购置及资金来源主要指标（利用外资除外）增速回落或持续负增长，住房竣工面积、新开工面积、销售价格及资金来源中的利用外资增速提高或降幅收窄。由此可见，住房市场主要指标仍然具有较大的下行压力，住房市场全面调整趋势继续。少数指标已经开始出现回暖迹象，但是回调的指标数量及幅度还十分有限。

截至9月底，全国47个城市中仅4个一线城市和三亚仍在坚持限购，其他42个城市均相继松绑取消限购，限购政策由局部调整转向全面放开；9月30日，央行、银监会共同发布通知，全面放宽限贷政策，松绑程度超出市场主体预期。同时，不动产统一登记等房地产市场长效机制建设继续稳步推进，在中央长效机制建设下，地方政府调整房地产政策的灵活性加大。较为宽松的政策环境将助力10月房地产市场回暖。但是从住房供给来看，年初以来住房市场库存不断攀升，供给过剩仍将是10月住房市场的主要矛盾。在住房需求方面，在住房贷款利率下调及"认房不认贷"等刺激刚需政策的作用下，预期或将开始改观，住房需求将被刺激入市。综上所述，10月住房市场主要指标回调可能性加大，但是受供求基本面的影响，回调幅度有限。

建议10月住房市场调控仍坚持市场自主调控为主，通过市场机制作用消化现有库存，解决长期以来存在的高库存问题和市场结构不合理问题。同时将对住房市场刚性需求的优惠政策长期化、制度化，充分保障刚性需求群体的住房需求，稳定住房市场预期，促进住房市场健康稳定发展。

（执笔人：倪鹏飞、杨慧）

十月份住房形势分析

- 住房市场在政策刺激下有所回升，多数指标增速提高或降幅收窄
- 消费者预期有所好转，销售量价虽然持续负增长但降幅收窄
- 开发商信心有所回升，土地购置面积自年初以来首次正增长

住房投资增速持续回落，但回落幅度有所收窄。1~10月住房投资额为52464亿元，同比增长11.1%，增速较1~9月和1~2月分别回落0.2个和7.3个百分点（见图1）。

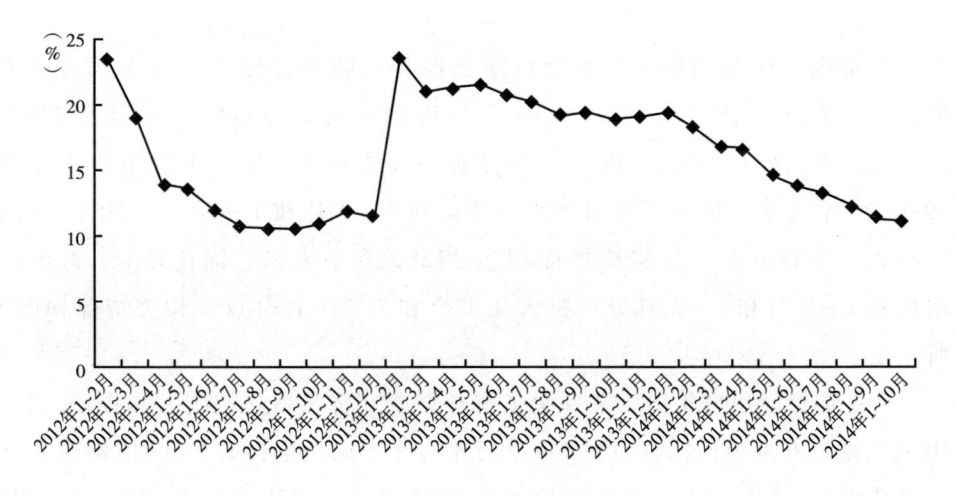

图1 住房投资额增速

住房施工面积增速小幅提高，竣工面积增速与上月持平，新开工面积降幅持续收窄。1~10月住房施工面积为491855万平方米，同比增长8.8%，增幅较1~9月提高0.7个百分点，但较年初仍然收窄4.7个百分点。住房竣

工面积为 48749 万平方米，同比增长 5.1%，增幅与 1~9 月持平，较 1~2 月扩大 15.7 个百分点。住房新开工面积为 102879 万平方米，同比下降 9.8%，降幅较 1~9 月和 1~2 月分别收窄 3.7 个和 19.8 个百分点。相关情况如图 2 所示。

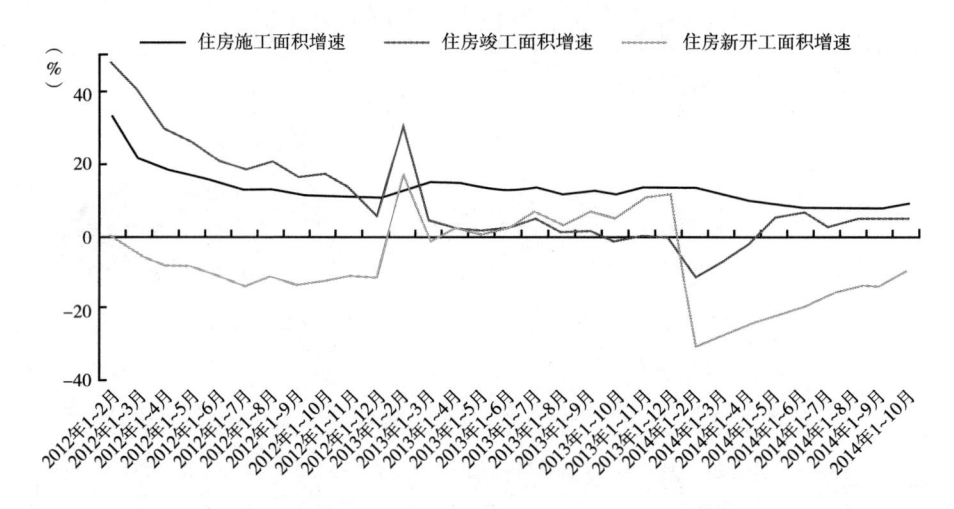

图 2 住房新开工面积、施工面积及竣工面积增速

住房销售量和销售价格持续负增长但降幅收窄，住房待售面积持续增加，去库存压力依旧较大。1~10 月住房销售面积和销售额分别为 77607 万平方米和 46375 亿元，同比分别下降 9.5% 和 9.9%。住房销售价格为 5976 元/平方米，同比下降 0.5%，降幅较 1~9 月和 1~2 月分别缩小 0.1 个和 3.3 个百分点。住房待售面积达 38286 万平方米，同比增长 28.6%，增幅较 1~9 月和 1~2 月分别扩大 0.1 个和 5.7 个百分点。相关情况如图 3 所示。

土地购置面积自年初以来首次正增长，成交价款增速持续大幅提高。1~10 月房地产开发土地购置面积 26972 万平方米，同比增长 1.2%，增幅较 1~9 月提高 5.8 个百分点；土地成交价款为 7747 亿元，同比增长 20.4%，增幅较 1~9 月和 1~2 月分别扩大 8.9 个和 11.5 个百分点（见图 4）。

到位资金总额、利用外资和自筹资金与其他资金（定金预收款和按揭贷款）增幅扩大或降幅收窄，仅国内贷款增幅持续缩小。1~10 月房地产开发企业到位资金共计 100241 亿元，同比增长 3.1%，增幅较 1~9 月扩大 0.8 个百

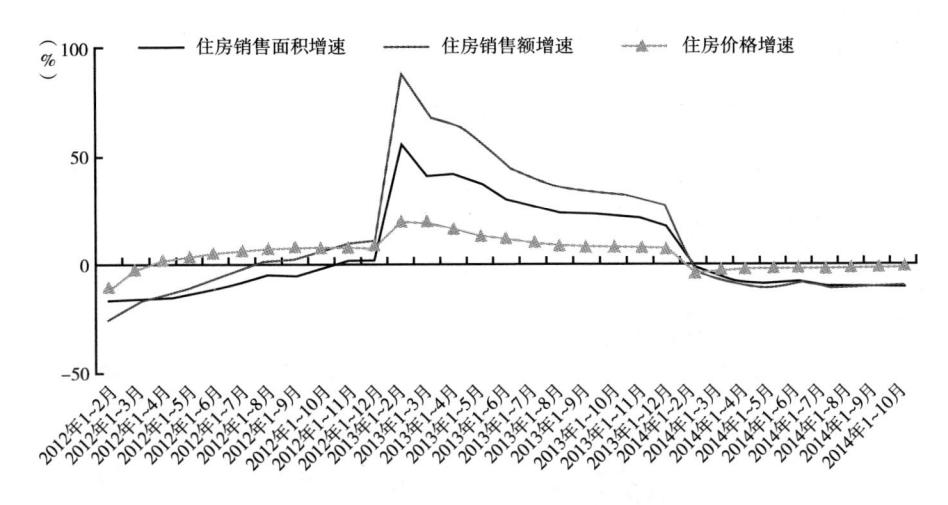

图3 住房销售面积、销售额及销售价格增速

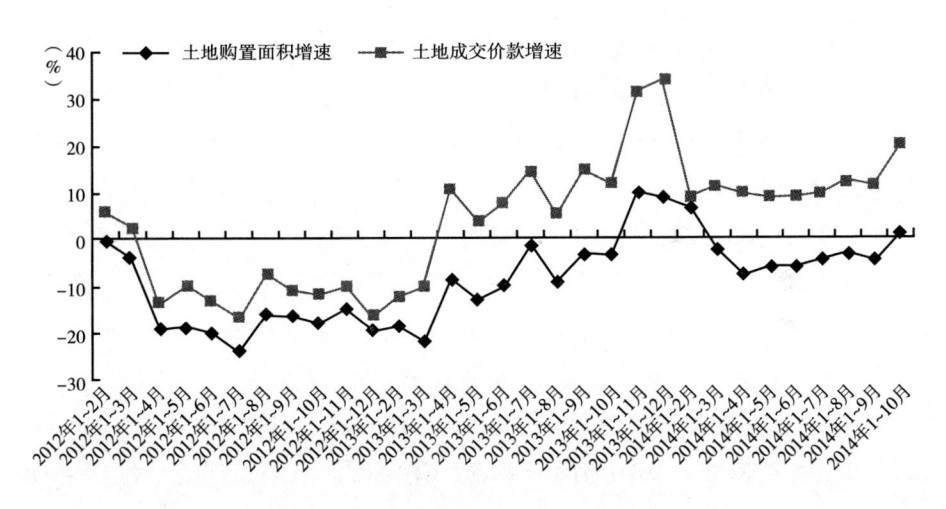

图4 土地购置面积与成交价款增速

分点。其中，国内贷款为17735亿元，同比增长11.1%，增速较1~9月和1~2月分别回落0.7个和13.7个百分点；利用外资489亿元，同比增长17.6个百分点，增速持续2个月大幅增长，增速较1~9月和1~2月分别扩大7.7个和60.8个百分点；自筹资金为42232亿元，增速较1~9月和1~2月分别增长2.3个和1.2个百分点；其他资金共计39786亿元，同比下降9.0%，降幅较1~9月收窄0.1个百分点（见图5）。

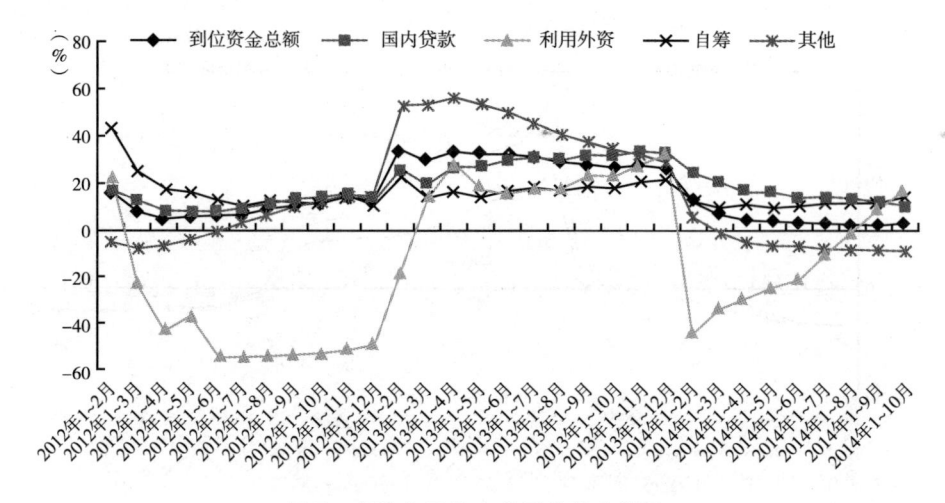

图 5　房地产开发企业到位资金增速

总体而言，1~10月住房投资、施工面积、新开工面积、销售量价、待售面积、土地购置面积及价款、资金来源主要指标（国内贷款除外）均出现增速提高或回落幅度收窄趋势，住房竣工面积增速与1~9月持平。由此可见，住房市场主要指标已经开始出现回暖迹象，住房市场经过长达10个月左右的自主调整后开始回升。

从宏观调控政策来看，"930房贷新政"实施后，部分银行房贷利率优惠政策已经开始实施。各地首套房贷利率普遍下调，部分银行可达9折优惠。10月9日三部门联合发文，各地灵活调整公积金政策以支持住房消费需求。10月29日，国务院总理李克强在国务院常务会议上指出要"稳定住房消费"，意味着住房调控政策将趋于稳定。10月的宏观调控政策将有利于11月住房市场的继续回升。从住房供给来看，开发商信心开始回升，推盘力度开始加大。加之年底各开发商为达成年底销售业绩必然采取平价跑量的销售策略，住房供给仍然较为饱和；从住房需求来看，随着宏观调控政策的刺激作用日益凸显，消费者的消费信心有所增强，在逐步宽松的信贷政策作用下，其需求将逐步回升。综上所述，11月住房市场主要指标将继续回升，但是受前期住房库存及年底开发商冲刺销售业绩的影响，住房市场仍将以去库存为主基调，住房销售量回升的同时销售价格回升有限，但是下降幅度或将继续收窄。

建议未来住房市场调控在市场回暖趋势延续的背景下，通过刚性需求支持的长期化、制度化，稳定刚性需求群体的市场预期，有效刺激并释放刚性需求。同时合理控制保障性住房的供给方式及供给量，在未来商品房与保障性住房"两条腿"同时走路的大趋势下，要对保障性住房的供给方式及数量进行合理研判，确保保障性住房与商品性住房的互补互促，实现两者持续协调发展。

（执笔：倪鹏飞、杨慧）

十一月份住房形势分析

- 住房市场上月回升后本月下调，多数指标增速回落或降幅扩大
- 消费者预期有所好转，住房销售价格首次止跌反涨
- 开发商信心持续悲观，土地购置量价急剧大幅下降

住房投资增速连续 10 个月回落，回落幅度在上月收窄后放宽。1～11 月住房投资额为 58676 亿元，同比增长 10.5%，增速较 1～10 月和 1～2 月分别回落 0.6 个和 7.9 个百分点（见图 1）。

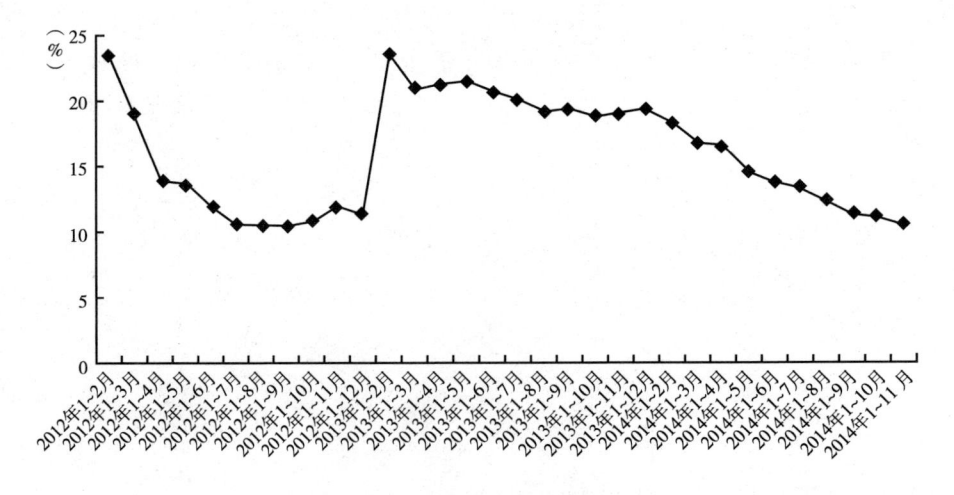

图 1　住房投资额增速

住房施工面积增速在上月小幅提高后又回落，竣工面积增速小幅提升，新开工面积降幅持续多月收窄后首次扩大。1～11 月住房施工面积为 504915 万平方米，同比增长 6.8%，增幅较 1～10 月和年初分别回落 2.0 个和 6.7 个百

分点。住房竣工面积为57236万平方米，同比增长5.5%，增幅较1~10月和1~2月提高0.4个和16.1个百分点。住房新开工面积为114637万平方米，同比下降13.1%，降幅较1~10月扩大3.3个百分点，较年初收窄16.5个百分点。相关情况如图2所示。

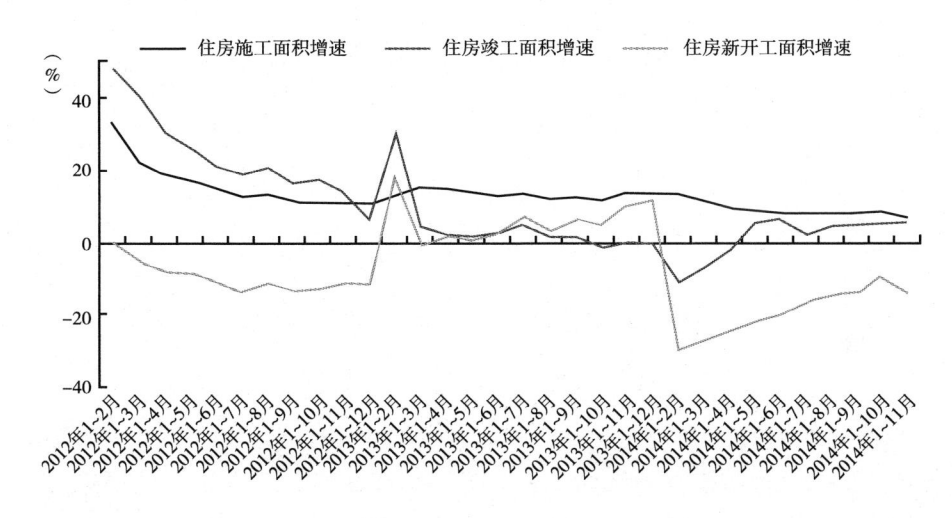

图2 住房新开工面积、施工面积及竣工面积增速

住房销售量和销售额持续负增长，住房销售价格首次止跌反涨，住房待售面积持续攀升但增速有所回落。1~11月住房销售面积和销售额分别为89014万平方米和53012亿元，同比分别下降10.0%和9.7%。住房销售价格为5955元/平方米，同比上涨0.3%，增幅较1~10月和1~2月分别提高0.8个和4.2个百分点。住房待售面积达39332万平方米，同比增长28.1%，增幅较1~10月收窄0.5个百分点，较1~2月扩大5.2个百分点。相关情况如图3所示。

土地购置面积与成交价款急剧下降，成交价款出现年初以来的首次负增长。1~11月房地产开发土地购置面积为29736万平方米，同比下降14.5%，降幅较1~10月和1~2月分别放宽15.7个和21.0个百分点；土地成交价款为8657亿元，同比下降0.1%，降幅较1~10月和1~2月分别放宽20.5个和9.0个百分点（见图4）。

到位资金总额、国内贷款、利用外资、自筹资金和其他资金（定金预收款）增幅回落或降幅扩大，仅其他资金中的按揭贷款降幅持续收窄。1~11月

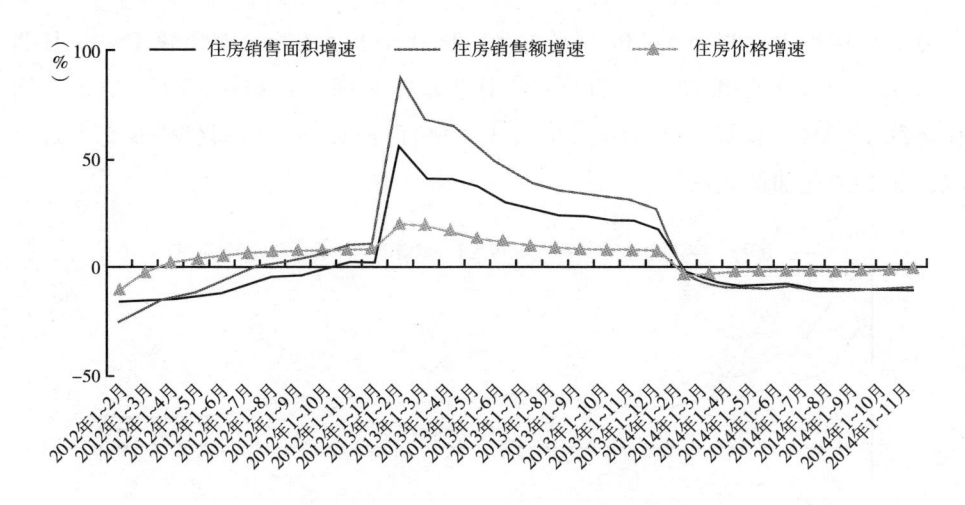

图 3　住房销售面积、销售额及销售价格增速

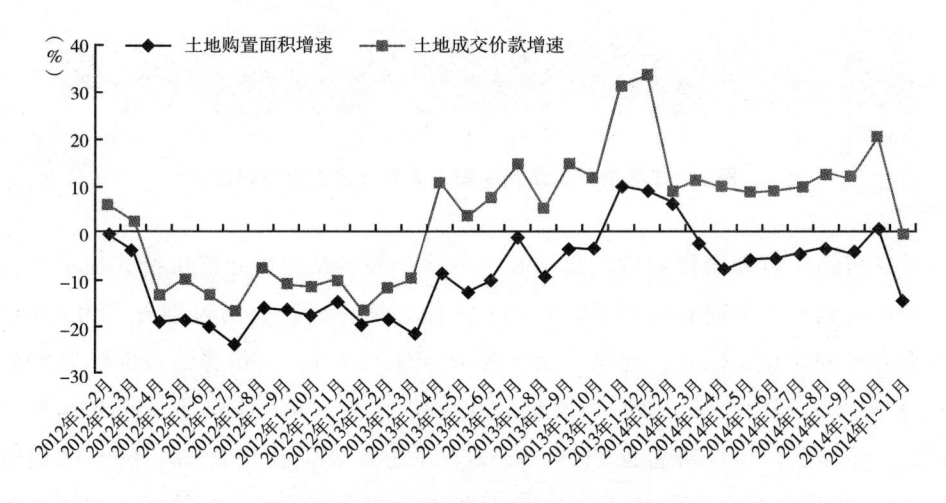

图 4　土地购置面积与成交价款增速

房地产开发企业到位资金共计 110115 亿元，同比增长 0.6%，增幅较 1～10 月缩小 2.5 个百分点。其中，国内贷款为 19252 亿元，同比增长 9.0%，增速较 1～10 月和 1～2 月分别回落 2.1 个和 15.8 个百分点；利用外资 530 亿元，同比增长 11.8 个百分点，增速较 1～10 月回落 5.8 个百分点，较 1～2 月扩大 55.0 个百分点；自筹资金 46243 亿元，增速较 1～10 月和 1～2 月分别回落 5.6 个和 4.4 个百分点；其他资金共计 44089 亿元，同比下降 9.3%，降幅较 1～10 月扩大 0.3 个百分点（见图 5）。

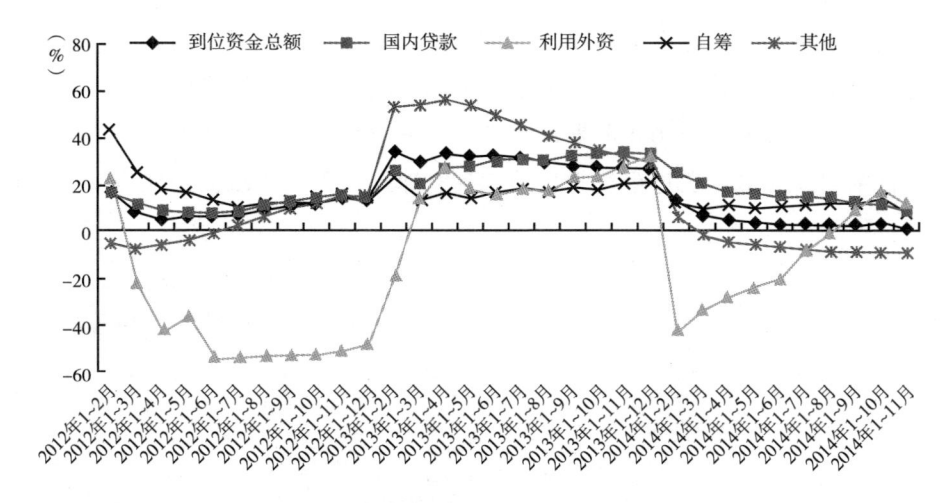

图5 房地产开发企业到位资金增速

总体而言，1~11月住房投资、施工面积、新开工面积、销售量、土地购置面积及成交价款、资金来源主要指标均出现增速下降或降幅扩大趋势，住房竣工面积增速有所提高，住房销售价格连续多月下降后首次上涨。由此可见，住房市场主要指标在上月出现回暖迹象后再次出现波动下调，住房市场在回暖过程中波动性较大。

从宏观调控政策来看，"930房贷新政"实施后，虽然部分银行的房贷利率优惠政策已经开始实施，但是优惠力度有限。10月29日，国务院总理李克强在国务院常务会议上指出要"稳定住房消费"，意味着住房调控政策将趋于稳定。随着住房市场全面深度调整的持续，中央和地方层面的住房宏观调控政策对市场回暖将起到积极的促进作用。从住房供给来看，住房销售面积持续负增长导致住房库存不断攀升，加之年底放弃冲刺销售业绩的影响，以价换量仍为开发商的主要策略，所以12月在住房库存及新增住房供给持续增加的态势下，住房供给量仍较为充足，住房市场仍将以去库存为主；从住房需求来看，随着宏观调控政策的刺激作用日益凸显，消费者的消费信心有所增强，一线城市的住房销售量不断攀升，全国住房销售价格出现止跌反涨，都在一定程度上说明宏观调控政策对购房者预期的引导作用开始显现。综上所述，12月住房宏观调控政策持续利好市场，住房需求将在价格回涨及宏观政策的双重刺激下有所好转，但是住房库存仍旧较为严重，去库存仍旧为12月的主基调。

住房市场主要指标在上月出现全面回升，本月又出现了全面回落。这在很大程度上说明住房市场在供给、需求及住房宏观调控三大因素影响下，波动起伏性较大。未来住房市场在前期逐步去行政化的背景下，宏观调控仍应以坚持市场自主调控为主，通过市场力量消化现有库存，平衡供求促进住房市场健康发展。

（执笔：倪鹏飞、杨慧）

十二月份住房形势分析

- 住房投资增速逐月回落,预期不乐观、资金紧张及施工进度减缓为主要原因
- 单月住房销售翘尾明显,但全年销售仍不及2013年
- 到位资金同比负增长,开发商的资金压力不断增大
- 住房供给类指标表现低迷,销售类指标转好趋势较为明显;全年住房销售增速有限,住房库存不断增加,市场以去库存为主要特征

住房投资增速逐月回落,从年初近20%回落至年末低于10%。1~12月住房投资额为64352亿元,同比增长9.2%,增速较1~11月和1~2月分别回落1.3个和9.2个百分点(见图1)。

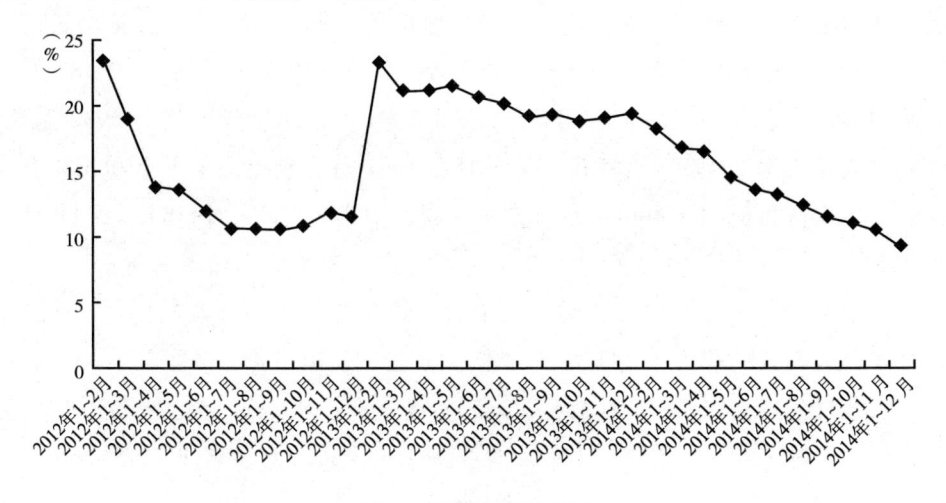

图1 住房投资额增速

住房施工面积、竣工面积和新开工面积增速持续上调后开始下滑。1~12月住房施工面积为515096万平方米，同比增长5.9%，增幅较1~11月和年初分别回落0.9个和7.6个百分点。住房竣工面积为80868万平方米，同比增长2.7%，增幅较1~11月回落2.8个百分点，较1~2月提高13.3个百分点。住房新开工面积为124877万平方米，同比下降14.4%，降幅较1~11月扩大1.3个百分点，较年初收窄15.2个百分点。相关情况如图2所示。

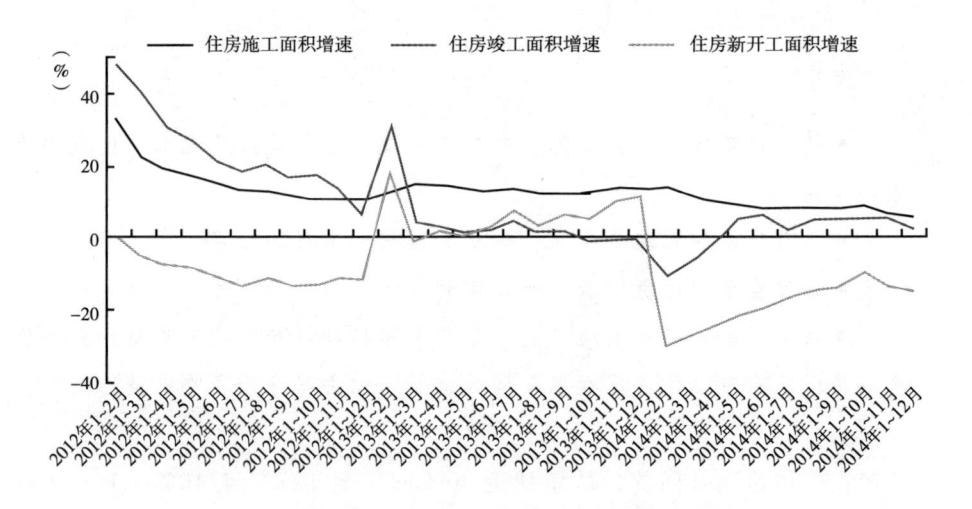

图2 住房新开工面积、施工面积及竣工面积增速

住房销售量和销售额降幅持续收窄，住房销售价格连续2个月正增长，住房待售面积增速不断回落。1~12月住房销售面积和销售额分别为105182万平方米和62396亿元，同比分别下降9.1%和7.8%。住房销售价格为5932元/平方米，同比上涨1.4%，增幅较1~11月和1~2月分别提高1.1个和5.2个百分点。住房待售面积达40684万平方米，同比增长25.6%，增幅较1~11月收窄2.5个百分点，较1~2月扩大2.7个百分点。相关情况如图3所示。

土地购置面积与成交价款增速在上月急剧下降后小幅回调。1~12月房地产开发土地购置面积为33383万平方米，同比下降14.0%，降幅较1~11月收窄0.5个百分点，较1~2月放宽20.5个百分点；土地成交价款为10020亿元，同比下降1.0%，增幅较1~11月提高1.1个百分点，较1~2月回落7.9个百分点（见图4）。

到位资金总额、国内贷款、自筹资金和其他资金中的定金预收款增幅回落

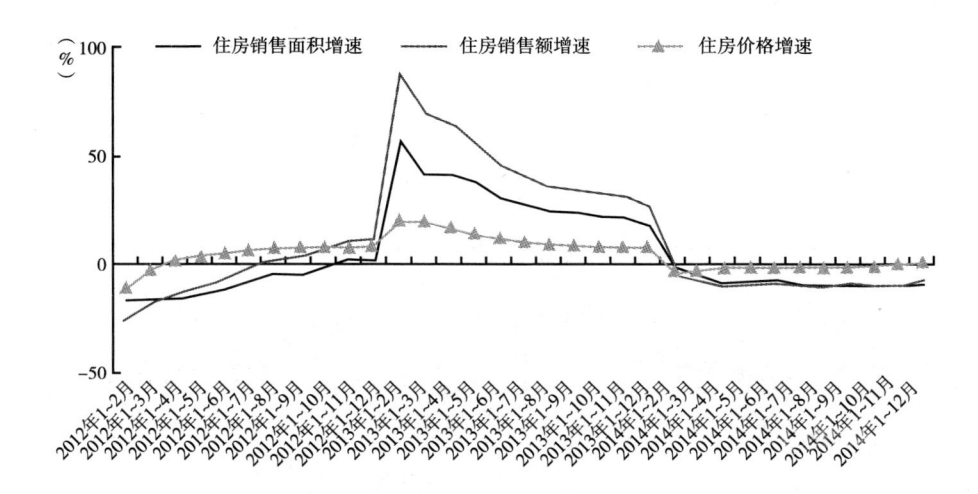

图3 住房销售面积、销售额及销售价格增速

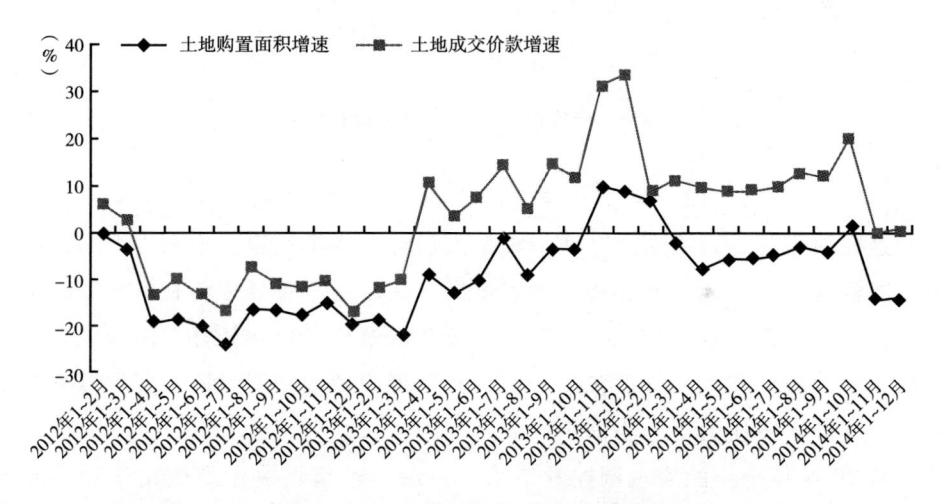

图4 土地购置面积与成交价款增速

或降幅扩大,利用外资增速持续提升近20%,其他资金中的按揭贷款降幅持续收窄。1~12月房地产开发企业到位资金共计121991亿元,同比下降0.1%,增降幅较1~11月放宽0.7个百分点。其中,国内贷款为21243亿元,同比增长8.0%,增速较1~11月和1~2月分别回落1.0个和16.8个百分点;利用外资639亿元,同比增长19.7个百分点,增速较1~11月和1~2月分别扩大7.9个和62.9个百分点;自筹资金50420亿元,增速较1~11月和1~2月分别回落1.9个和6.3个百分点;其他资金共计49690亿元,同比下降

8.8%，降幅较 1~11 月缩小 0.5 个百分点，较 1~2 月扩大 15.1 个百分点。但是其他资金来源中的按揭贷款增速呈现持续收窄趋势，1~12 月同比下降 2.6%，降幅较 1~11 月收窄 1.6 个百分点。相关情况如图 5 所示。

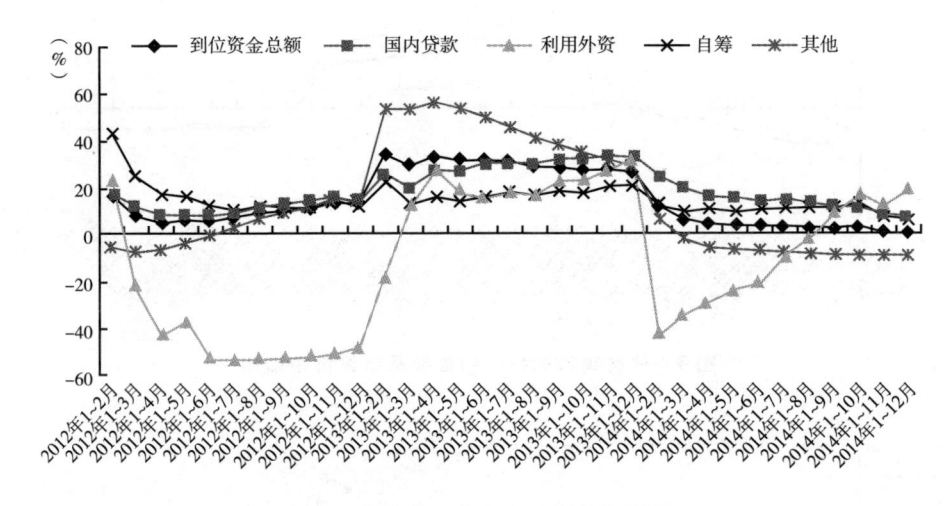

图 5　房地产开发企业到位资金增速

总体而言，1~12 月住房投资、施工面积、竣工面积、新开工面积、资金来源这几项指标出现增速下降或降幅扩大趋势；住房销售量价和土地购置量价出现降幅收窄或增幅上升趋势。由此可见，在房地产市场多项利好政策的刺激下，住房需求翘尾现象初现，住房及土地需求量价状况均较好。但是住房投资及新开工、施工和竣工进度较为缓慢，充分说明房地产开发商在到位资金有限及高库存的双重压力下，当前仍以去库存为主。

从 2014 年全年的宏观调控政策来看，房地产市场刺激政策始于 4 月底南宁等部分城市的地方性政策，随后松绑限购城市逐渐扩大，后来除了一线城市及三亚外，其他参与限购的城市均松绑或取消限购。之后"930 房贷新政"出台，地方性刺激政策上升到全国层面，房地产市场刺激力度不断加大。预计 2015 年住房市场宏观调控政策无论是在地方层面还是在中央层面均利好住房市场发展。从住房需求来看，随着宏观调控政策的刺激作用日益凸显，预计 2015 年消费者的消费信心将增强，全国住房销售量价趋势会不断转好，特别是一线城市销售量价尤其是销售量将出现较大幅度的上升；从住房供给来看，2014 年在住房需求低迷的态势下，住房待售面积不断增加，开发商的去库存压力加大。预计 2015 年房地产开发商仍然面临较高的去库存压力，住房供给较为充足。但是随着各类城市住房需求提高速度及程度的差异，不同城市的住房供给状况将分化严重。

综上所述，2015年全年住房宏观调控政策持续利好市场；住房需求在房贷刺激政策作用下由潜在需求转换为现实需求的可能性加大，需求回暖态势将逐渐从一线城市向二线城市及三四线城市扩大；住房供给较为充足，开发商仍以去库存为主，但是不同城市因销售回暖程度不同，分化趋势将更为突出。

（执笔：倪鹏飞、杨慧）

系列八　改革动态

上半年改革动态

- 2014年上半年金融改革涵盖了金融市场改革、价格形成机制以及金融对外开放等核心领域
- 以市场化改革为导向的全方位的金融改革初露端倪,特别是互联网金融发展倒逼利率市场化改革
- 货币政策进入"微调时代",拉开"结构化调控"序幕
- "沪港通"开创以开放促资本市场的改革思路
- 未来金融改革的关键在于利率市场化,货币政策转型须市场化改革支撑

十八届三中全会为我国金融领域的改革指明了方向,就2014年上半年来看,我国金融领域改革的市场化目标明显,改革进入全面提速阶段。

一 金融体制改革既有进展

2013年党的十八届三中全会明确了金融领域的市场化改革方向,提出要完善金融市场体系,完善人民币利率、汇率形成机制以及落实金融监管改革措施等重要目标。就2014年上半年来看,金融领域的改革措施基本涵盖了上述领域。

完善金融市场体系。2014年3月25日召开的国务院常务会议,对进一步促进资本市场健康发展进行了部署,明确提出要积极稳妥地推进股票发行注册制度改革,并规范发展债券市场、培育私募市场以及推进期货市场建设等措施。2014年5月,国务院印发《关于进一步促进资本市场健康发展的若干意

见》。当月，证监会发布施行《首次公开发行股票并在创业板上市管理办法》和《创业板上市公司证券发行管理暂行办法》，适当放宽财务准入指标，简化其他发行条件；并强化信息披露约束，落实保护中小投资者合法权益和完善新股发行体制的改革意见。

完善利率、汇率形成机制，人民币汇率形成机制日趋完善。3月15日，中国人民银行宣布，扩大外汇市场人民币兑美元汇率浮动幅度，自2014年3月17日起，银行间即期外汇市场人民币兑美元交易价浮动幅度由1%扩大至2%。人民币汇率双向波动元年正式开启，由市场力量决定人民币汇率价格形成的时间亦渐行渐近。

扩大金融对外开放，我国金融对外开放程度加深。2014年4月11日，中国证监会和香港证监会即发布联合公告，宣布将在6个月内推出"沪港股票市场交易互联互通机制"试点（简称"沪港通"）。沪港通有利于巩固上海和香港两个金融中心的地位。"沪港通"成熟之后，其"以开放倒逼改革"的思路可复制到其他领域，以开放促改革，以改革为经济增长注入动力。

人民币国际化进程加快。6月18日，经中国人民银行授权，中国外汇交易中心宣布在银行间外汇市场开展人民币对英镑直接交易，英镑成为继美元、日元、澳元和新西兰元之后，第五个可以和人民币实现直兑的货币，此举标志着人民币国际化又向前迈出了非常重要的一步。

2014年上半年，利率市场化并未有重大举措，但值得注意的是，互联网金融和货币市场基金的兴起成了加快推进利率市场化的助推器：一方面，为了应对存款搬家，利率上浮基本覆盖了股份制商业银行，五大国有银行也悉数加入存款利率上浮到顶的队伍，即在官方存款利率基础上浮10%；另一方面，货币市场基金规模日益庞大，且大多以协议存款回流银行，推高了商业银行的负债成本。

二 宏观调控方式转型

2014年是货币政策调控的转型之年，货币政策由宽松进入稳健的"微调时代"，目标精准定位于实体经济。3月20日，中国人民银行下发通知，正式创设支小再贷款，专门用于支持金融机构扩大小微企业信贷投放，同时下达全国支小再贷款额度共500亿元。5月30日召开的国务院常务会议，部署落实和加大金融对实体经济的支持。会议强调应加大"定向降准"措施的力度,对发放"三农"、小微企业等符合结构调整需要、能够满足市场需求的实体经济贷款达到一定比例的银行业金融机构适当降低准备金率。为贯彻落实国务院常务会议精神,进一步有针对性地加大对"三农"和小微企业的支持,中国人民银行决定从2014年6月16日起,对符合审慎经营要求且"三农"和小微企业贷款达到一定比例的商业银行下调人民币存款准备金率0.5个百分点,此次定向降准"覆盖大约2/3的城商行、80%的非县域农商行和90%的非县域农合行"。

在货币投放方面,继5月外汇占款仅增3.61亿元(较4月暴跌99%)之后,6月外汇占款净减少412亿元人民币,出现7个月以来的首次负增长。外汇占款下降并未对货币供应量造成实质性影响。2014年6月,新增人民币贷款、未贴现银行承兑汇票和企业债券融资助推社会融资总量大幅回升,社会融资总量达1.97万亿元,较去年同期大幅增加9325亿元,这是由于新增人民币贷款显著超出市场预期,央行前期结构性宽松政策的效果逐渐显现。贷款派生促发存款和货币增速大幅回升,M2同比增速达14.7%,较5月上升1.3个百分点。结构性宽松以及再贷款导致贷款同比大幅增加,财政投放积极导致财政存款同比减少,这两者共同导致M2增速大幅回升。

三 未来金融改革展望

争取在一两年内基本建成覆盖广泛的强制性存款保险制度。放松存款利率的管制,应延续小步快行的调子,遵循"先长期、大额;后短期、小额"的原则,渐进有序地推进利率市场化改革,在进一步扩大存款利率浮动区间的同时,减少受监管的存款利率期限数量,长期存款利率可最早市场化,占银行体系总负债比重较大的活期存款利率可最晚市场化。终极目标是取消存款利率上限,实现银行利率自由浮动。

(执笔人:汪川)

七月份改革动态

- 改革处于起步阶段，进展相对缓慢
- 改革处于胶着状态，各方面的积极性有待提高
- 深层次问题尚未解决，利益机制尚未理顺，规则尚未建立
- 十八届三中全会之后改革进展与展望

一　整体进展

第一，成立了领导和组织改革的专门机构。十八届三中全会之后，中央专门成立了跨越部门的全面深化改革领导小组（简称"深改组"），并由习近平总书记任组长，显示了中央对改革的决心。

第二，迄今为止深改组分别举行了四次会议，审议了多项方案，通过了部分方案，逐步开始进行顶层设计，并审议具体实施方案。1月22日召开的第一次会议，对深改组的工作本身做了规定；2月28日召开了第二次会议，审议通过了《深改组2014年工作要点》等方案；6月6日召开的第三次会议审议了《深化财税体制改革总体方案》和《关于进一步推进户籍制度改革的意见》，通过了《关于司法体制改革试点若干问题的框架意见》、《上海市司法改革试点工作方案》和《关于设立知识产权法院的方案》。最终，中共中央政治局审议通过了《深化财税体制改革总体方案》。8月18日，审议通过了《重要改革举措实施规划》和《上半年改革进展报告》等方案，并审议了教育、央企薪酬等问题。

第三，确立了第三方评估机构，对改革进度进行动态跟踪。决定由中国社科院、中国科学院、国务院发展研究中心等机构作为独立的第三方机构，对改革的进展进行独立评估。

二 具体进展与举措

以2014年已经启动并需要在3年内完成的50项举措为参照系,目前已经取得的具体进展有如下8项。

第一,在坚持和完善基本经济制度上,混合所有制有所松动,国资委选择四家央企进行混合所有制改革;铁路投融资体制有所放松;电力体制改革取得一定进展;正式印发《关于印发注册资本登记制度改革方案的通知》。

第二,在加快完善现代市场体系上,设立了新兴产业基金,出台了科研管理办法,大幅增加国家创投引导资金,促进新兴产业发展;《中小企业发展专项资金管理暂行办法》颁布实施;开始布局创新驱动发展战略。

第三,在加快政府职能转变上,减少了部分行政审批事项;在地区和部门的政绩考核上,相对淡化了以GDP论成绩的思路;国务院公开了各部门行政审批事项汇总清单。

第四,在推进社会事业单位改革创新上,出台了事业单位管理条例;对民间资本参与养老服务有所放宽;印发了《关于建立统一的城乡居民基本养老保险制度的意见》。

第五,深化财税金融体制是重点之一,因而措施较多。审议并通过了财税体制改革整体方案,逐步研究如何实施预算管理,探索划分中央和地方的事权,但与预期有着一定的差距;在少数地区开展地方债的试点。

在金融领域,金融机构的利率自主权有所加大;政策性金融的改革方案正在酝酿;新股发行的注册制度方案在逐步摸索;首批5家民营银行试点方案确定。

第六,在健全城乡一体化体制机制上,农村产权的交易制度在探索之中,住房制度的改革思路和长效机制仍然在争论中。征地制度改革在探索,集体资产改革尚未取得实质性进展;印发了《国家新型城镇化规划(2014~2020年)》;发布了《进一步推进户籍制度改革的意见》,提出推进市民化的进程。

第七,在构建开放型经济新体制上,外资的准入仍然在谈判之中;上海自由贸易区的改革试点在摸索,负面清单管理的风险机制在讨论;亚洲基础设施投资银行的方案出台,《外商投资项目核准和备案管理办法》发布实施,印发了《境外投资项目核准和备案管理办法》。

第八，在加快生态文明制度建设上，《钢铁行业清洁生产评价指标体系》和《水泥行业清洁生产评价指标体系》已经施行。印发了《水土保持补偿费征收使用管理办法》和《关于加快建立完善城镇居民用水阶梯价格制度的指导意见》。

三　面临的突出问题

当前的改革在一定程度上陷入胶着状态。

第一，整体推进的规划不足，清晰度不够，步伐需要加快；在顶层设计上，对改革的把握有待进一步明晰。由于历史遗留的问题较多，如何权衡"稳"与"改"之间的关系仍然值得考虑；同时，整体改革的方案还有待进一步清晰化。

第二，为数不少的部门和地方，观望氛围很浓。由于怕担当风险和缺乏明确的主线，具体措施很少得到实质性推进，改革推进较为缓慢。据我们观察，省级层面更多的是在观望和等待；而县市则理所当然地认为改革还未入日程，至少得两年后才能到达基层。各部委的改革方案大多没有出台，即使出台一些初稿，仍然以缓解局部问题为主，突破不多，离现代国家治理要求还有相当大的差距。

第三，民众对改革的预期与实际进程有所差距。改革的步伐相对缓慢，见效周期较长，因而对改革的热情和关注逐渐减弱。

四　改革缓慢的深层次原因

初步分析，造成改革相对缓慢的主要原因包括以下三方面。

第一，改革本身尚不够透明。需要尽可能公开改革决策，对决策的过程也应尝试公开。公开透明不仅可以推进改革本身，同时也可以减少社会的忧虑和不安。公开透明本身就是一项改革。

第二，长期和短期的关系尚待进一步协调。近半年来，主要精力用于促进经济增长，出台了一系列刺激性政策，而对长期的发展目标有所偏离，对改革的重视不够。需要立足长远，减少短期干扰。

第三，利益机制尚待进一步理顺。复杂的利益机制需要加以理顺，当前混乱的利益分配模式导致规则混乱，改革难以推进。简单的利益机制能在短期内重建利益格局。

（执笔人：钟春平）

九月份改革动态

- 深改组第四次会议召开，顶层设计在加快
- 高考制度改革令人关注
- 减政放权在加快，行政审批减少，职业认证减少
- 《预算法》通过，预算公开透明化在不断推进
- 排污权办法出台
- 《预算法》通过，次日公布，财税改革取得阶段性成果

一 改革的总体规划和设计

在顶层设计层面，中央对改革的现状进行了评估，并推出了相应的实施方案，对重点领域做了部署。

9月3日，《国务院关于深化招生制度改革的实施意见》公布，就招生制度的整个改革措施做了原则性说明。第一，主要任务和措施包括：改进招生计划分配方式——提高西部和人口大省录取比例，并做了量化界定，2017年录取率最低省份与全国平均水平的差距从2013年的6个百分点缩小至4个百分点以内；增加农村生源上重点高校的人数，破解中小学招生中的择校问题。

第二，改革考试形式和内容——完善高中学业水平考试，将可能为有需要的学生提供同一科目参加两次考试的机会；规范高中生综合素质评价，推进高职院校分类考试。特别值得注意的是，深化高考考试内容改革，规定2015年增加使用全国统一命题试卷的省份。

第三，招生录取机制改革。减少和规范加分，取消了体育和艺术等特长生加分；完善和规范自主招生；推行考后填报志愿、平行志愿投档、增加双向选

择机会。

第四，改革监督管理机制，强调信息公开、制度保障，加大违规查处力度。

第五，启动高考综合改革试点。不分文理科，而改为语文、数学、外语三个科目成绩加高中学业水平考试三个科目成绩，形成总成绩，同时外语科目提供两次考试机会。在录取上，探索多元录取机制，并开展改革试点，安排2014年在上海和浙江开始试点。

二　改革的主要举措

在改革的具体措施上，在为期一个月的时间内（8月15日~9月15日）有如下较重要的具体举措。

第一，进一步简政放权，推出一系列改革措施。在8月19日国务院常务会议上，在市场经济体制建设上做出了如下安排：首先，取消和下放87项审批事项，其中取消的为68项；其次，降低进入门槛，将营利性医疗机构的设置审批、养老机构的设立许可等90项工商登记前置审批事项改为后置审批，为真正实现"自由进出"及"非禁即入"的市场化运作方式铺垫基础；再次，取消19个评比达标表彰项目，减少对企业的干扰；最后，取消一批部门和行业协会设置的职业资格许可和认定事项。

第二，财税体制改革具有进展。《预算法》修订完成，并在2014年8月31日审议通过，将于2015年1月1日正式实施。9月2日，国务院常务会议研究完善预算管理、促进财政收支透明的相关意见。指出需要强化预算约束，强化预算公开，强化国库资金管理，并开展清理整顿"小金库"的行动，规范税收征管和非税收收入管理，规范地方性、政府性债务。9月16日，财政部和国家发展改革委联合出台《关于进一步完善行政事业性收费项目目录公开制度的通知》，对财政信息公开出新规，将行政事业性收费项目纳入目录管理，对涉企收费项目编制单独的目录清单，对收费项目目录实行分级管理，并实行常态化的收费项目目录公开制度。

第三，金融体制改革。8月21日，证监会发布《私募投资基金监督管理暂行办法》。明确规定采取全口径登记备案制度，在准入环节上，不对私募基金经理人和私募基金本身进行事前审批，而只进行登记备案，在事后进行信息统计、风险预警和必要的检查。在托管上，不强制财产托管。在信息披露上，不要求信息公开，只披露重大事项。在股票市场上，A股将放开一人一户限制。第三板做市商制度正式实施。

第四，医疗卫生体制改革。针对医疗中出现的各种扭曲现象，8月27日，国务院常务会议确定加快发展商业健康保险，以此改变医患之间的力量和矛盾。通过商业健康保险，提高居民的医疗保障水平，推进服务业健康发展。主要的措施有：建立居民大病保险制度，提高大病报销比例；支持商业机构参与医疗保险；扩大覆盖面等。

第五，在市场体系建设方面，国务院在8月23日发布《企业信息公示暂行条例》公布，并自10月1日起开始实施。条例要求对企业的信息进行公示，并且要求真实和及时。就公示的内容、方式及相应的处罚方式等做了相应说明。

第六，在生态文明建设方面，8月25日，发布了《国务院办公厅关于进一步推进排污权有偿使用和交易试点工作的指导意见》。对总体要求进行了说明，提出需要在2017年基本建立试点地区的排污权有偿使用和交易制度，试点工作基本完成；提出需要建立排污权有偿使用制度，包括落实污染物总量控制制度、排污权的核定、排污权的有偿取得、规范排污权的转让方式、加强排污权出让收入管理；同时，将推进排污权交易，包括规范交易行为、控制交易范围、加强交易市场建设及交易管理等；最后还对试点领导和服务保障做了相应的安排。

第七，科技创新与创新驱动。中央财经领导小组召开第七次会议，部署加快实施创新驱动发展战略。强调深化改革，建立健全体制机制，让企业成为创新主体，深化科研院所的改革，同时转变政府职能，推进政府科技管理体制改革。8月19日，在国务院常务会议上，部署加快科技服务业改革，强调放开市场准入关。

第八，假日办撤销，成立旅游工作部际联席会议制度。对居民的休假制度做了一些前瞻性的制度安排。

三 改革聚焦——《预算法》通过的意义及存在的问题

《预算法》修订终于完成。新的修正案在2014年8月31日第十二届全国人民代表大会常务委员会第十次会议上审议通过，将于2015年1月1日起正式实施。本轮修订自2004年开始，历时10年。值得称赞的是，全国人大和财政部网站在9月1日同时公布了《预算法》修订的基本内容。

《预算法》不仅仅关乎财政收支，更涉及政府管理和公共资源使用的方方面面，关系到财与政的国家权力如何在公共部门配置、政府与市场边界的确认和国家治理现代化。《预算法》的通过，可视为全面深化改革的阶段性成果。

《预算法》历次审议稿的主要分歧在于，由谁来主导公共资金流程并获得由此带来的自由裁量政治权力。最终稿由立法部门主导，也体现了执法部门的要求，较好地体现了立法部门对执法者的权力限制和公共部门内部的权力制衡，对于发扬社会主义民主具有重要意义。除此之外，全口径预算的实施、预算公开进一步深入和细化、允许省级政府有限发债和专项转移支付的清理规范等，都具有积极意义。

但改革后的《预算法》并非完美无缺，遗留的首要问题是地方债。《预算法》规定："经国务院批准的省、自治区、直辖市的预算中必需的建设投资的部分资金，可以在国务院确定的限额内，通过发行地方政府债券举借债务的方式筹措。举借债务的规模，由国务院报全国人民代表大会或者全国人民代表大会常务委员会批准。"但是相关细则不明，存在以下两个突出问题。

第一，省级政府是发债主体，并不是用债主体。伴随着城市化的兴起，城市政府的资产负债和城市经营变得尤为重要。发达国家地方政府债券的很大部分是市政经营债券，所以省级政府的发债权会涉及向城市政府分配的二次分配问题，必须使用更加透明的规则。省级以下政府的债务分配规则不透明，会形成两类问题：第一是"跑部钱进"的内容更复杂，原来"跑部钱进"是跑专项，现在可能演化成"要钱又要债"，跑钱顺便跑债；第二是可能从各级地方政府跑财政部，演变为省级政府跑财政部、市政府跑省政府的"层层跑"恶性循环。

第二，公共体制的债务分配规则不同于市场法则。对于债务分配而言，市场分配法则的核心是效率，政治分配的核心是公平。对于市场而言，像企业一样，经营良好的城市政府总是能够受到债券市场的青睐，濒临破产的企业或政府很难获得债务收入，但是公共机构恰恰相反。如果由省级政府来分配资源，就必须面对国家保险机制带来的道德风险问题。最终演化成经营健康的政府被认为不需要债务，经营不善的政府反而更需要公共资金。"会哭的孩子有奶吃",必然导致预算软约束,助长经营不善的政府过度浪费公共资源。

财政部正在抓紧制定预算法实施条例,将在近期公布。无论如何,国务院和全国人大必须制定省级以下的债务分配规则。在分配规则上,应当参照市场法则,效率优先。

四 改革的判断与前瞻

整体而言,在改革的整体设计上,对目前的改革状态进行了自我评价,同时,也对下一阶段的改革做了部署。

在关系民生的重大领域上,具有一些较大的制度安排,包括涉及公平方面的考试制度改革;对民众非常关心的国有企业高管的薪酬做了限制性规定。这些改革措施得到了很大的关注和较充分的肯定。

各个部门出台的一些方案有着不同程度的改革成分,但仍然并不彻底,管的思维依然存在,离"非禁即入"和事后监管的模式差距仍然较大。

改革的效果还没有完全显现。一方面是因为全面改革涉及面广,整个市场赖以生存的制度环境需要大范围调整,市场主体的制度一致性预期还没有形成,行为难以锚定;另一方面则是因为本轮改革的上层设计特征明显,传导机制仍然需要设计,传导到市场尚需时间。最欠缺的传导机制是如何构建新时期的中央地方关系。

在改革措施的后续落实上,目前来看,情况依然不容乐观。观望情绪仍然很强,民众对改革的怀疑和担忧在一定程度上存在,改革本身的透明度仍然有待提高,而公职人员的积极性没有得到本质的提高。

重大议案可以考虑增加公众讨论与征求意见环节,在信息公开的同时,增加公众的参与度,同时也可以起到方案实施前的宣传作用。

(执笔人:付敏杰)

十月份改革动态

- 严把改革方案质量关、督察关是推进改革的重点
- 多项改革力度"超预期",财税体制改革仍是重中之重
- 改革步入深水区,须真枪真刀攻难关
- 深化改革的重点是打破固有利益格局,处理好政府与市场的关系

9月,政府加快了在重点领域改革的步伐。财税制度改革率先在预算制度方面取得新的突破;农村土地流转破局;新型城镇化规划的主要目标和重点任务分工方案颁布;煤炭和油气资源税改革方案出台;价格改革再出新政等。改革已经向重点领域和敏感环节纵深推进,部分项目的改革幅度和力度超出预期。然而,随着改革向深水区的推进,改革的阻力和风险也在不断加大,如何以增进人民福祉为出发点和落脚点,打破固有利益格局,真抓实干,务求实效,将进一步考验政府改革的决心、勇气和智慧。

一 改革的总体部署:严把改革方案质量关、督察关,确保改革改有所进、改有所成

深改组会议每次都强调抓落实是推进改革的重点。深改组第五次会议中,提出要高度重视改革方案的制定和落实工作,做实做细调查研究、征求意见、评估把关等关键环节,严把改革方案质量关,严把改革督察关,确保改革改有所进、改有所成。

深改组第五次会议审议通过的改革方案有:《关于引导农村土地承包经营权有序流转发展农业适度规模经营的意见》《积极发展农民股份合作赋予集体

资产股份权能改革试点方案》《关于深化中央财政科技计划（专项、基金等）管理改革的方案》。

二 改革的具体进展与举措：多项改革力度"超预期"，财税体制改革仍是重中之重

以财税体制改革为突破口，强力推进改革，依托改革创新激发市场活力和社会创造力。改革在多个领域都取得了实质性进展，改革幅度和力度都超出"预期"。9~10月，我国全面深化改革工作取得的具体进展有如下8项。

第一，在完善基本经济制度方面，进一步简政放权，加大对小微企业在税收、融资、财政等方面的支持，推动大众创业、万众创新。

9月17日国务院召开常务会议部署进一步扶持小微企业发展，会议重点推出6方面的新政策：一是进一步加大简政放权的力度，加快清理不必要的证照和资质、资格审批；二是加大税收支持，从2014年10月1日至2015年底，对月销售额不超过3万元的小微企业、个体工商户和其他个人暂免征收增值税、营业税，免征部分关税；三是采取多种措施加大融资支持力度；四是加大财政支持力度；五是加大中小企业专项资金对小微企业创业基地的支持力度；六是加强服务小微企业的信息系统建设。

9月24日召开国务院常务会议，部署完善固定资产加速折旧政策、促进企业技术改造、支持中小企业创业创新。

9月29日，国资委召开了国资委全面深化改革领导小组第十二次全体会议，审议了有关改革试点方案，并对下一步工作进行了部署。由试点央企分别提出的改革试点方案获得原则性通过。

第二，在加快完善现代市场体系方面，15类项目核准改备案，5家民营银行试点全部进入筹建阶段。

修订《政府核准的投资项目目录》，15类项目核准改备案。10月8日召开的国务院常务会议决定再次修订《政府核准的投资项目目录》，对城市道路、供水、化肥等15类项目取消核准，改为备案，并运用产业、用地、环保等相关政策和技术标准等手段，提高管理科学性和有效性。除少数另有规定外，境外投资项目一律取消核准。向地方政府全部或部分下放通用机场、非跨境跨省电网等23类项目核准权限。目录经此次修订后，中央层面政府核准的

投资事项将比2013年减少40%。

首批试点的5家民营银行全部进入筹建阶段。9月29日，银监会批复浙江网商银行和上海华瑞银行两家民营银行筹建。至此，首批试点的5家民营银行全部获批进入筹建阶段。其他三家分别为前海微众银行、天津金城银行和温州民商银行。

第三，深化财税体制改革，预算制度、资源税改革取得了实质性的进展。

深化预算管理制度改革提出7方面要求。10月8日，国务院发布《关于深化预算管理制度改革的决定》，从7个方面对全面推进、深化预算管理制度改革提出了要求：①完善政府预算体系，积极推进预算公开；②改进预算管理和控制，建立跨年度预算平衡机制；③加强财政收入管理，清理规范税收优惠政策；④优化财政支出结构，加强结转结余资金管理；⑤加强预算执行管理，提高财政支出绩效；⑥规范地方政府债务管理，防范化解财政风险；⑦规范理财行为，严肃财经纪律。

煤炭和油气资源税改革方案出台。10月9日和10日，财政部联合国家税务总局、国家发展改革委发布了《关于实施煤炭资源税改革的通知》、《关于调整原油、天然气资源税有关政策的通知》和《关于全面清理涉及煤炭原油天然气收费基金有关问题的通知》3项通知，宣布自2014年12月1日起，在全国范围内统一将煤炭、原油、天然气、矿产资源补偿费费率降为零，原油、天然气、矿产资源税适用税率由5%提高至6%，煤炭资源税由从量计征改为从价计征，税率幅度确定为2%~10%。

第四，健全城乡发展一体化体制机制，稳步推进新型城镇化建设。

中办、国办近期印发了《关于落实国家新型城镇化规划主要目标和重点任务的分工方案》和《2014~2015年推进新型城镇化工作重点》。《居住证管理办法》、《城镇住房保障条例》、《关于进一步做好农民工工作的若干意见》和《城市规模划分标准调整方案》等推动新型城镇化的配套政策也即将出台。

第五，在社会保障制度改革方面，建立临时救助制度。

按照《社会救助暂行办法》，全面建立临时救助制度，对遭遇突发事件、意外伤害、重大疾病或其他特殊原因导致生活陷入困境，其他社会救助暂时无法覆盖或救助之后基本生活仍有严重困难的家庭或个人，给予应急、过渡性救助，做到兜底线、救急难，填补社会救助体系的"缺项"。临时救助实行地方政府负责制，救助资金列入地方预算，中央财政给予适当补助。

第六，在涉外经济体制改革上，调整了上海自贸区外商投资准入特别管理措施，进一步开放国内快递市场。

在上海自贸区暂时调整部分法规、规章。9月28日国务院印发《关于在中国（上海）自由贸易试验区内暂时调整实施有关行政法规和经国务院批准的部门规章规定的准入特别管理措施的决定》，明确了需要在试验区内暂时调整实施的有关行政法规及部门规章的相关规定。

全面开放国内包裹快递市场。按照放管结合的原则，重点从三方面着力，确保快递行业有序健康发展。一是完善经营许可程序，加强资质审核。简化手续，提高效率。二是推进快递与电子商务、制造业联动发展，与综合交通运输体系顺畅对接，支持解决城市快递车辆通行难等问题。保障寄递安全。三是鼓励快递企业兼并重组，完善和落实重组备案、外资并购审查等制度。加强代理和加盟企业管理，严肃查处非法经营、超范围经营、违规代理等行为。

第七，人民币对欧元实现直接交易。9月29日，经中国人民银行授权，中国外汇交易中心宣布在银行间外汇市场开展人民币对欧元直接交易。

第八，加快生态文明制度建设，提升煤电高效清洁发展水平。

国家发展改革委、环保部、能源局三部门印发《煤电节能减排升级与改造行动计划》，对煤电行业全面落实"节约、清洁、安全"的能源战略方针，就加快升级与改造、提升高效清洁发展水平等工作做出具体部署。根据上述计划，全国新建燃煤发电机组平均供电煤耗将低于300克/千瓦时；到2020年，现役燃煤发电机组改造后平均供电煤耗将低于310克/千瓦时。到2020年，煤炭占一次能源消费比重力争下降到62%以内，电煤占煤炭消费比重提高到60%以上。

三 改革展望：改革步入深水区，须全力以赴攻难关

虽然目前在财税、教育制度等领域全面深化改革已经迈出了实质性的一步，但在其他领域，改革的深度还不够。下一阶段全面深化改革的工作将会在央企混改试点改革、司法体制改革、金融改革、资源性产品价格机制改革等方面重点推进。

随着改革在重点领域和关键环节的纵深推进，改革将会触及更深层次的矛

盾，既有思想观念之阻，也有利益固化之绊，改革的风险将会加大，挑战加剧。政府需要坚定改革的决心，真枪真刀，敢于啃硬骨头。全面深化改革的重点就是要改变当前利益格局，处理好政府与市场、社会的关系，把该放的权力放掉，该管好的事务管好。

（执笔人：李雪慧、冯明）

十一月份改革动态

- 全面深化改革需要法治保障
- 促消费、稳投资成为近期改革的重点
- 行政审批、投融资、金融和价格改革领域推出多项重要措施
- 重点部署价格改革，明确核心"让市场定价"

10月以来，深改组召开第六次会议，强调依法治国和依法改革的重要性。国务院先后召开5次常务会议，出台多项扩内需政策帮扶内贸发展。通过精准寻找既能有效稳增长、又可促进调结构，既利于当前、又惠及长远的消费增长点和产业增长点，带动新产业、新业态发展，打造中国经济升级版。

一 全面深化改革需要法治保障

10月27日中央全面深化改革领导小组第六次会议提出，全面深化改革需要法治保障，需要依靠法治思维和法治方式，同时，全面推进依法治国也需要深化改革。会议审议了《关于加强社会主义协商民主建设的意见》、《关于中国（上海）自由贸易试验区工作进展和可复制改革试点经验的推广意见》和《关于加强中国特色新型智库建设的意见》，审议通过了《关于国家重大科研基础设施和大型科研仪器向社会开放的意见》。

此次深改组会议和审议（或审议通过）的文件，不仅体现了中央落实依法治国理念的明确态度，还使自由贸易试验区试点、新型智库建设和科研体制等重要改革有章可循，这对下一步的完善开放型市场环境、促进重大决策的科学化和推动科研创新体制改革，都具有重要意义。

二 通过改革增强消费对经济增长的贡献

10月29日召开的国务院常务会议对促进消费发展的相关政策做出重要部署。会议体现了将消费扩大升级与产业转型和经济升级相结合的思路,明确了通过市场力量促进有效供给的理念。会议强调了收入增长、社会保障和消费环境对消费扩大升级的重要影响,明确了推动消费者"能"消费、"敢"消费和"愿"消费的系统化改革措施。

会议要求重点推进六大领域消费:一是扩大移动互联网、物联网等信息消费;二是促进绿色消费;三是稳定住房消费;四是升级旅游休闲消费;五是提升教育文体消费;六是鼓励养老健康家政消费用更好的产品与服务,让人们放心消费、享受生活。

长期以来,中国的经济增长过度依赖投资驱动,导致部分领域的投资增长贡献率出现下降态势,而消费对经济增长的贡献率仍有巨大潜力。配合市场机制的不断完善,消费增长和消费升级不但将直接拉动经济增长,还将更合理地引导国内经济结构的调整和经济增长方式的转变,为实现中国经济升级版探索出更合理的增长机制。为推动这一改革进程,加强科学的全局性、前瞻性规划引导必不可少。

三 多领域部署重要改革措施

临近年末,面对国内经济下行的压力,国务院密集出台了多项扩内需政策,依托改革创新稳定有效投资和促进消费,力推价格改革。

第一,在完善基本经济制度方面,削减前置审批,推行投资项目网上核准,实施普遍性降费,大力减轻企业特别是小微企业的负担。

削减前置审批,推行投资项目网上核准。实行五个"一律",更大限度地方便企业投资。对属于企业经营自主权的事项,一律不再作为前置条件;对法律法规未明确规定为前置条件的,一律不再进行前置审批;对法律法规有明确规定的前置条件,除确有必要保留的外,通过修法一律取消;核准机关能通过征求部门意见解决的,一律不再进行前置审批;除特殊需要并有法律法规依据的外，一律不得设定强制性中介服务和指定中介机构。对确须保留的前置审批及中介服务，要制定目录，并向社会公布。此外，还规定企业自主选择中介服务。推行前置审批与项目核准"并联"办理。强化事中、事后监管。实施普遍性降费，进一步为小微企业减负。自 2015 年 1 月 1 日起，取消或暂停征收依法合规设立但属于政府提供普遍公共服务或体现一般性管理职能的收费。对小微企业免征组织机构代码证书费等 42 项行政事业性收费。从 2015 年 1 月 1 日至 2017 年底，对月销售额或营业额不超过 3 万元的小微企业，自登记注册之日起 3 年内免征教育费附加、文化事业建设费等 5 项政府性基金。对安排残疾人就业未达到规定比例、在职职工总数不超过 20 人的小微企业，自登记注册之日起 3 年内免征残疾人就业保障金。对养老和医疗服务机构建设减免土地复垦费、房屋所有权登记费等 7 项收费。继续对高校毕业生、登记失业人员、残疾人和复转军人自主择业创业，免收管理、登记和证照类行政事业性收费。

五个"一律"是政府全面收缩对企业不合理干预，实施依法行政的重要举措；允许企业自主选择中介服务，既有利于提升中介服务质量，又有利于防止相关部门与不正当经济利益挂钩；前置审批与项目核准"并联"办理，能够切实提高政府部门的办事效率，降低中小企业的成本；强化事中、事后监管，无疑为放权简政提供了保障。实施普遍性降费则切实减轻了中小微企业的经营负担，将有力助推"全民创业"浪潮的形成。

第二，金融体制改革方面，进一步放开和规范银行卡清算市场，完善退市制度，"沪港通"试点开通。

进一步放开和规范银行卡清算市场。10 月 29 日召开的国务院常务会议决定，放开银行卡清算市场，符合条件的内外资企业，均可申请在我国境内设立银行卡清算机构。仅为跨境交易提供外币清算服务的境外机构原则上无须在境内设立清算机构。

证监会发布《关于改革完善并严格实施上市公司退市制度的若干意见》，从五个方面改革、完善了退市制度：一是健全上市公司主动退市制度；二是明确实施重大违法公司强制退市制度；三是严格执行市场交易类、财务类强制退市指标；四是完善与退市相关的配套制度安排；五是加强对退市公司投资者合法权益的保护。另外，针对退市工作的特殊性，重点强调了退市中的信息披露、主动退市异议股东保护问题。

"沪港通"试点开通。11 月 10 日，中国证监会与香港证监会发布联合公告，批准上海证券交易所、香港联合交易所以及双方的结算机构正式启动"沪港通"股票交易互联互通机制试点，"沪港通"下的股票交易已于11月17日开始。"沪港通"运行后的短时期内，市场反应尚比较稳定。

第三，在投融资体制改革方面，创新重点领域投融资机制，为社会有效投资拓展更大空间。

创新投融资机制，在更多领域向社会投资特别是民间资本敞开大门，主要包括：①能源领域内的水电、核电等项目，跨区输电通道、区域主干电网、分布式电源并网等工程和电动汽车充换电设施；②电信领域内的宽带接入网络建设运营，卫星导航地面应用系统等国家民用空间设施建设，以及商业遥感卫星的研制、发射和运营等；③交通市政基础设施领域内的铁路项目，港口、内河航运设施及枢纽机场、干线机场等建设，城镇供水供热、污水垃圾处理、公共交通等；④农村农业领域内的生态建设项目，农业、水利工程等；⑤社会公平服务领域内的教育、医疗、养老、体育健身和文化设施。为切实有效地扩大社会有效投资，必须大力创新融资方式，积极探索推广政府与社会资本合作（PPP）的模式，使社会投资和政府投资相辅相成。

第四，加快推进价格改革，明确核心"让市场定价"。

11月15日召开的国务院会议确定，要充分考虑竞争条件和对市场、社会的影响，以逐步有序的方式，改革能源、交通、环保等价格形成机制，疏导价格矛盾，稳步放开与居民生活没有直接关系的绝大部分专业服务价格。要抓紧制定价格改革方案，做到统筹配套，成熟一项、推出一项。同时要完善监管措施，维护良好价格秩序。

深圳电改试点启动。11月4日，国家发展改革委下发了《关于深圳市开展输配电价改革试点的通知》，正式启动了中国新一轮输配电价改革的试点。

第五，农村集体资产产权改革试点将全面展开，发展农民股份合作、赋予农民集体资产股份权能的改革试点方案审议通过。

试点方案提出，通过试点，依法保障集体经济组织成员享有的土地承包经营权、宅基地使用权、集体收益分配权，落实好农民对集体经济活动的民主管理权利。积极创建试点，赋予农民对集体资产股份的占有权、收益权，建立健全农村集体资产股权台账管理制度和收益分配制度。改革试点将兼顾东、中、西不同区域，选择若干有条件的县（市）为单位开展，试点工作在2017年底完成。

第六，在科技体制方面，新的中央财政科技计划管理方案即将出台，中央事业单位深化科技成果管理改革启动。

新的中央财政科技计划管理方案将出台。由科技部、财政部共同起草的《关于深化中央财政科技计划（专项、基金等）管理改革的方案》已经党中央、国务院批准，即将发布实施。

中央事业单位深化科技成果管理改革启动。经国务院批准，财政部、科技部和国家知识产权局于近日发出《关于开展深化中央级事业单位科技成果使用、处置和收益管理改革试点的通知》，将在国家自主创新示范区、合芜蚌自主创新综合试验区，对部分符合条件的中央级事业单位开展科技成果使用、处置和收益管理改革试点。

第七，在生态文明体制改革方面，实施煤炭总量控制。

能源局出台《关于调控煤炭总量优化产业布局的指导意见》，提出在今后一段时期内，东部地区原则上将不再新建煤矿项目；中部地区（含东北）将保持合理开发强度，按照"退一建一"模式，适度建设资源枯竭煤矿生产接续项目；西部地区将加大资源开发与生态环境保护统筹协调力度，重点围绕以电力外送为主的千万级大型煤电基地和现代煤化工项目的用煤需要，在充分利用现有煤矿生产能力的前提下，新建配套煤矿项目。上述意见要求，各地不得核准新建30万吨/年以下煤矿、90万吨/年以下煤与瓦斯突出矿井。

四　改革展望：啃下价格改革这块"硬骨头"

总体来看，依法治国理念的落实将有力推动全面改革的不断深化。近期内促消费、稳投资成为改革的侧重点，但背后体现出将稳增长与调机制有机结合的科学改革理念。近期重要改革措施的覆盖面更大，改革力度更大，特别是针对市场经济体制改革核心内容的价格改革，李克强总理在11月15日的国务院常务会议中，表现了政府要啃下价格改革这块"硬骨头"，破除行业垄断的坚强决心。但由于价格改革牵一发而动全身，公众在面对价格改革时或许有疑虑，企业在面对价格改革时或许有冲动，这就需要政府做好平衡的工作，尤其是要通过打造透明度取信于民，正如李克强总理所要求的，"要尽早形成公开透明的市场化定价机制"。如此，我们的改革进程才能跨过一道坎，啃掉"硬骨头"，打胜这场攻坚战。

（执笔：李雪慧、冯永晟）

十二月份改革动态

- 2014年是全面深化改革的开局之年,重点领域改革措施逐步展开,将为改革红利的释放创造良好基础
- 行政审批改革成为一大亮点,简政放权力度空前
- 财税体制改革总体方案明晰,成熟改革措施继续推进,新改革领域不断拓展
- 金融体制改革加速,积极支持实体经济发展,人民币国际化步伐加快
- 自贸区试点扩大和"一带一路"战略助推对外经济新格局的形成
- 能源革命与国际合作成为保障我国能源安全的基石

2014年是落实党的十八届三中全会精神、全面深化改革的开局之年,行政审批、财税体制、金融投资、开放经济和能源等领域均有重要改革措施出台并取得了积极进展。2014年的改革成效不仅体现在一些顶层设计方案的出台,更体现在一些关键性、引导性和全局性的改革措施取得了实际效果。随着各项改革措施的稳步落实,改革红利效应有望在"十三五"初开始得到有效释放,助推中国经济迈向健康稳健的新常态。

一 行政审批制度改革

行政审批制度改革可谓2014年改革的一大亮点,行政审批权的取消和下放力度空前,简政放权的措施贯穿全年。1月国务院常务会议确定了三项重要措施,即公开国务院各部门全部行政审批事项清单,清理并逐步取消各部门非

行政许可审批事项，重点围绕生产经营领域继续取消和下放行政审批事项；3月，国务院审改办即公开了各部门行政审批事项汇总清单；4月国务院又发出清理非行政许可审批事项的通知；8月，《国务院关于修改部分行政法规的决定》公布施行，国务院常务会议决定进一步简政放权、持续扩大改革成效；11月，国务院又印发《关于取消和调整一批行政审批项目等事项的决定》。除此之外，中央职能部门和各级地方政府也不断出台取消和下放行政权力的具体规定。

行政审批制度改革是社会主义市场经济体制的内在要求，是当前理顺政府与市场关系的关键环节，2014年行政审批制度改革措施为政府自我革命和创新宏观调控方式开了一个好头——政府自我革命的"先手棋"已经占得先机，宏观调控的"当头炮"已经打开局面。

二 财政税收体制改革

财政税收体制改革在2014年全面推进。第一，新一轮财税体制改革总体方案出台。6月底召开的中共中央政治局会议审议通过了《深化财税体制改革总体方案》，决定重点推进3个方面的改革：加快建立现代预算制度；建立有利于科学发展、社会公平、市场统一的税收制度体系；调整中央和地方政府间财政关系，建立事权和支出责任相适应的制度。上述方案提出要在2016年基本完成重点工作和任务，2020年基本建立现代财政制度。9月，国务院又印发《关于深化预算管理制度改革的决定》，明确了改革完善预算管理、建立与实现现代化相适应的现代财政制度是财税体制改革的"重头戏"，也是政府自我革命的重要举措。

第二，营改增范围继续扩大。1月，将铁路运输和邮政业纳入营改增试点；6月，将电信业纳入营改增试点范围。6月召开的国务院常务会议还决定简化合并增值税特定一般纳税人征收率，继续减轻企业负担。

第三，地方债自发自还试点开始。5月，财政部印发的《2014年地方政府债券自发自还试点办法》启动了地方债自发自还试点，首批试点地区包括上海、浙江、广东、深圳、江苏、山东、北京、江西、宁夏、青岛。

第四，资源税改革全面推进。9月，国务院常务会议决定实施煤炭资源税改革，推进清费立税，减轻企业负担。10月，财政部、国家税务总局联合发布《关于实施煤炭资源税改革的通知》。从12月1日起，在全国范围实施煤炭资源税从价计征。12月，财政部、国家发展改革委又联合发布《关于全面清理涉及煤炭原油天然气收费基金有关问题的通知》，开始全面清理涉及煤炭、原油、天然气的收费基金。

党的十八届三中全会吹响了新一轮财税体制改革的号角，2014年的财税体制改革正是对这一号角的全面响应，具体表现在：顶层设计方案顺利出台；已取得成熟效果的改革措施继续得到完善；新的改革领域不断得到拓展。可以预见，在上述方案的指导下，我国的财税体制将向现代财政制度稳步迈进。

三　金融投资体制改革

金融体制改革稳步推进。首批5家民营银行试点方案确定并进入筹建阶段，部分试点银行已开业。股票发行注册制改革展开，优先股试点正式启动，新三板做市商制度正式实施，退市制度得到改革和完善。《社会信用体系建设规划纲要（2014~2020年）》获得原则性通过。上市公司员工持股计划试点展开，A股将放开一人一户限制。

在投融资体制改革方面，积极推广政府与社会资本合作（PPP）模式，使社会投资和政府投资相辅相成。首批推出80个符合规划布局要求、有利转型升级的示范项目，面向社会公开招标，鼓励和吸引社会资本以合资、独资、特许经营等方式参与建设营运，涉及铁路、港口、信息基础设施、发电、油气管网等领域。

为支持实体经济发展、降低实体企业的融资成本，人民银行创设支小再贷款，专门用于支持金融机构扩大小微企业信贷投放；推出定向降准等结构性的货币政策，适时适度预调微调，疏通金融服务实体经济的"血脉"，加强对金融机构支小、支农的政策扶持。国家开发银行成立专门机构，支持棚户区改造及城市基础设施等相关工程建设。设立铁路发展基金、创新铁路建设债券发行品种和方式、扩大社会资本投资规模，以确保铁路建设加快推进。

在涉外金融方面，沪港股市交易开展互联互通试点，RQFII试点进一步拓展到韩国、德国、法国。中国外汇交易中心开展人民币对欧元直接交易，银行间外汇市场开展人民币对英镑和新加坡元直接交易。人民币兑美元汇率浮动幅度由1%扩至2%，人民币汇率制度改革又向前迈出一步。人民银行发布《银行办理结售汇业务管理办法》，将结售汇业务区分为即期结售汇业务和人民币与外汇衍生产品业务，降低银行结售汇业务的市场准入条件，赋予银行更大的自主权。

四 开放经济体制改革

中国（上海）自由贸易试验区设立一年多来，围绕外商投资负面清单管理、贸易便利化、金融服务业开放、完善政府监管制度等，在体制机制上进行了积极探索和创新，形成了一批可复制、可推广的经验做法。包括投资、贸易、金融、服务业开放和事中事后监管等方面的28项改革试点经验将在全国推广，6项海关监管和检验检疫制度创新措施将在全国其他海关特殊监管区域推广，自贸区小额外币存款利率市场化改革向全上海推广等。

第二轮自贸区试点工作已经展开，国家决定在广东、天津、福建的特定区域再设三个自由贸易园区，以上海自贸试验区试点内容为主体，依托现有新区、园区，结合地方特点，充实新的试点内容。

在对外经济合作方面，金砖国家开发银行和亚洲基础设施投资银行成立并开始筹建，"一带一路"战略扎实、稳步推进，"丝路基金"设立。在扩大对外开放、推动内外资公平有序竞争方面，进一步开放了国内快递市场、银行卡清算市场。

五 能源体制改革

作为一项最难啃的"硬骨头"，能源领域改革直接关系到我国转方式、调结构、惠民生改革工程的成功与否。2014年，在国家大力反腐的背景下，能源改革也在逐步推进，具体如下。

在总体战略上，积极推动"四个革命"和"一个合作"，实现能源生产和消费革命；《能源发展战略行动计划（2014~2020年）》推出54个能源类项目，鼓励社会资本参与电力建设、电网建设，以及油气管网、储存设施和煤炭储运建设运营，推进石油、天然气、电力等领域的价格改革。

分行业来看，电力行业进一步疏导了环保电价，印发《煤电节能减排升级与改造行动计划》，公布了水电上网电价形成机制方案，下发《关于深圳市开展输配电价改革试点的通知》；油气行业推出居民阶梯气价方案，全面清理原油、天然气的收费基金，调整资源税费率和消费税；煤炭行业清费立税，实施总量控制；重启核电。

正确处理政府与市场的关系，还原能源商品属性是能源改革的关键。2014年政府力推能源领域改革，特别是在电力改革方面迈出了重要的一步，但在破除垄断方面尚未取得实质性的进步。进一步简政放权、引入竞争、打破垄断，尽快出台新的电改方案，完善油气价格形成机制，依法规范能源领域的财税改革，促进能源生产和消费革命，确保能源安全和生态安全将是未来我国能源领域改革的重点。

六　2015年改革展望

2014年的改革既为全面深化改革开了一个好头，也为未来的改革确定了基调。要持续破除制约中国经济发展的桎梏，要持续释放社会主义市场经济的活力，要持续发现并扩大中国经济稳定健康增长的新源泉。可以预见，2015年的改革力度仍将加大，改革领域仍将拓展，当然改革的困难也会不断显现，除了已经取得重要进展的各项改革外，现代市场体系建设和价格体制改革、国有企业改革、重点行业改革、农村改革、社会保障改革等都将继续取得进展，为实现改革红利进一步夯实基础。

（执笔人：冯永晟、李雪慧、冯明）

图书在版编目(CIP)数据

NAES月度经济分析报告.2014/高培勇,夏杰长主编.—北京:社会科学文献出版社,2015.4
（中国社会科学院财经战略研究院报告）
ISBN 978-7-5097-7256-0

Ⅰ.①N… Ⅱ.①高… ②夏… Ⅲ.①中国经济-宏观经济运行-研究报告-2014 Ⅳ.①F123.16

中国版本图书馆CIP数据核字（2015）第052962号

·中国社会科学院财经战略研究院报告·
NAES月度经济分析报告2014

主　　编／高培勇　夏杰长

出 版 人／谢寿光
项目统筹／恽　薇　林　尧
责任编辑／林　尧　颜林柯

出　　版／社会科学文献出版社·经济与管理出版分社（010）59367226
　　　　　　地址：北京市北三环中路甲29号院华龙大厦　邮编：100029
　　　　　　网址：www.ssap.com.cn
发　　行／市场营销中心（010）59367081　59367090
　　　　　　读者服务中心（010）59367028
印　　装／北京季蜂印刷有限公司
规　　格／开　本：787mm×1092mm　1/16
　　　　　　印　张：22.25　字　数：352千字
版　　次／2015年4月第1版　2015年4月第1次印刷
书　　号／ISBN 978-7-5097-7256-0
定　　价／89.00元

本书如有破损、缺页、装订错误，请与本社读者服务中心联系更换

▲ 版权所有 翻印必究